N
단어

이규환 지음

길벗 이지:톡

시나공 JLPT 일본어 능력시험 N1 단어장

Crack the Exam! – JLPT N1 Voca

초판 발행 2022년 4월 5일
초판 2쇄 발행 2023년 11월 30일

지은이 · 이규환
발행인 · 이종원
발행처 · (주)도서출판 길벗
브랜드 · 길벗이지톡
출판사 등록일 · 1990년 12월 24일
주소 · 서울시 마포구 월드컵로 10길 56(서교동)
대표 전화 · 02)332-0931 | 팩스 · 02)323-0586
홈페이지 · www.gilbut.co.kr | 이메일 · eztok@gilbut.co.kr

기획 및 책임 편집 · 박정현(bonbon@gilbut.co.kr) | **디자인** · 최주연 | **제작** · 이준호, 손일순, 이진혁, 김우식
마케팅 · 이수미, 최소영, 장봉석 | **영업관리** · 김명자, 심선숙 | **독자지원** · 윤정아, 전희수

편집진행 및 교정교열 · 김혜숙 | **전산편집** · 조영라
녹음 및 편집 · 와이알미디어 | **CTP 출력 및 인쇄** · 예림인쇄 | **제본** · 예림바인딩

ISBN 979-11-407-0705-8 03730
(길벗 도서번호 301179)

정가 24,000원

단어 때문에 N1 시험 준비에 어려움을 겪고 계신 여러분께

어떤 어학시험이라도 가장 핵심이 되는 것은 단연 어휘입니다. 특히 JLPT N1의 경우, 어휘 파트가 합격 불합격을 좌우한다고 해도 과언이 아닙니다. 하지만 잘못된 학습 방향으로 인해 탈락의 쓴맛을 보신 분들을 수도 없이 많이 봐왔습니다. 이러한 실패의 가장 큰 원인은, 단순히 표제어와 뜻 나열에 급급한 기존 단어 교재들의 무책임한 구성에 있습니다. 이와 같은 문제점을 해결하고자 기존 방식에서 벗어나 체계적이고 차별화된 구성으로 학습자 입장에서 심혈을 기울여 집필하였습니다.

학습 단계별로 선정한 1,200단어!

우선 실제 시험의 정확한 난이도를 제시하고자 2010년부터 출제된 기출 단어 500개를 수록하였고, 기출 문제를 심층 분석하여 난이도에 맞는 적중 예상 단어 500개를 심사숙고하여 선정하였습니다. 그리고 만점 및 JLPT 이상의 시험에도 대응할 수 있도록 고득점 단어 200개를 실었습니다.

24일 안에 완벽한 단어 암기를 돕는 치밀한 구성!

또한 본 교재에서는 각 표제어를 STEP 1~3의 3단계로 구성하여 보다 체계적이고 효율성 높은 학습을 유도하였습니다. 표제어의 뜻과 한자 풀이를 시작으로 STEP 1에서는 해당 표제어가 지닌 미묘한 뉘앙스와 어떤 장면에서 사용되는지를 의미와 용법으로 설명하였고, 문제 푸는 시간을 단축하고 문장 구사력과 회화력 향상까지 고려하여 짧은 패턴 형식의 빈출 표현을 실었습니다. STEP 2에서는 동의어, 유의어, 반의어, 참고 단어 및 뉘앙스 차이를 자세히 다루어 폭넓고 뿌리 깊은 학습은 물론, 시험에 어떤 단어가 등장할지 짐작할 수 있도록 하였습니다. 그리고 다년간의 연구 끝에 확립된 필자만의 독창적인 단어 연상 기억법을 암기 팁으로 제시하여 더욱 빠르고 재미있게 N1 어휘를 외울 수 있도록 했습니다. STEP 3에서는 예문을 통해 어휘의 완성 및 응용력 확장을 꾀하였습니다. 이렇게 습득한 어휘를 자가진단할 수 있도록 Day마다 다양하고 풍부한 확인 문제를 수록하였고, 마지막으로 실전에 완벽 대응할 수 있도록 실전 문제와 똑같은 유형의 문제를 WEEK 단위로 수록하였습니다.

여러분의 N1 합격을 기원합니다!

부디 본 교재를 통해 N1 시험에 합격하여 대학 입시, 유학, 학위 취득, 취업, 승진 등을 준비하는 여러분께 축복이 가득하길 기원합니다. 마지막으로 항상 곁에서 응원을 아끼지 않은 제자님들, 그리고 본 교재가 출판되기까지 아낌없는 배려와 큰 도움을 주신 길벗출판사 박정현 님을 비롯한 모든 관계자분께 깊은 감사의 마음을 전합니다.

저자 이규환

JLPT N1 문자·어휘 출제 유형

유형 1 한자읽기

밑줄 친 한자를 히라가나로 어떻게 읽는지를 고르는 문제로, 총 6문제 출제됩니다.

1 見覚えがあると思ったら、案の定高校の同級生だった。

1 あんのじょう　2 あんのてい　3 あんのさだめ　4 あんのさだまり

Tip | 음독/훈독, 장음/단음, 청음/탁음, 촉음을 주의!

유형 2 문맥

문맥에 맞는 적절한 단어를 찾는 문제로, 총 7문제 출제됩니다.

7 お話は(　　)伺っておりますが、具体的な内容に関しては知りません。

1 かねがね　2 がやがや　3 どろどろ　4 はるばる

Tip | 유의어, 반의어, 동의어 등을 외워 두면 도움!

유형 3 유의표현

밑줄 친 어휘의 대체어를 찾는 문제로, 총 6문제 출제됩니다.

14 新しく来た経理部長はシビアな人だそうです。

1 太っ腹な　2 経験豊かな　3 手厳しい　4 寛大な

Tip | 제시된 단어의 뜻을 정확하게 알아 두기!

유형 4 용법

주어진 문장에서 밑줄 친 어휘가 올바르게 쓰였는지를 묻는 문제로, 총 6문제 출제됩니다.

20 一律

1 私の一律でお返事いたしかねますので、責任者に申し伝えます。
2 試合終了と同時に観客が一律に立ち上がり、盛大な拍手を送った。
3 一律の経費は文部科学省が持ちます。
4 配送料は全国一律500円でございます。

Tip | 해당 단어가 어떤 단어와 함께 쓰이는지 평소에 익혀 두기!

목차&스케줄러

하루 분량을 이틀에 나눠서 공부해도 좋습니다.

각 분량을 복습한 날짜를 쓰세요.

나의 다짐	학습 시작일	목표 완료일

	페이지	학습 날짜	학습 범위	복습 날짜	복습 체크
Day 11	247~268쪽	월 일	☐ 1~25번	월 일	☐ 단어 풀이
			☐ 26~50번		☐ 연관 단어
			☐ DAY 문제		☐ 예문
Day 12	269~290쪽	월 일	☐ 1~25번	월 일	☐ 단어 풀이
			☐ 26~50번		☐ 연관 단어
			☐ DAY 문제		☐ 예문
Day 13	291~312쪽	월 일	☐ 1~25번	월 일	☐ 단어 풀이
			☐ 26~50번		☐ 연관 단어
			☐ DAY 문제		☐ 예문
Day 14	313~334쪽	월 일	☐ 1~25번	월 일	☐ 단어 풀이
			☐ 26~50번		☐ 연관 단어
			☐ DAY 문제		☐ 예문
Day 15	335~356쪽	월 일	☐ 1~25번	월 일	☐ 단어 풀이
			☐ 26~50번		☐ 연관 단어
			☐ DAY 문제		☐ 예문
Day 16	363~384쪽	월 일	☐ 1~25번	월 일	☐ 단어 풀이
			☐ 26~50번		☐ 연관 단어
			☐ DAY 문제		☐ 예문
Day 17	385~406쪽	월 일	☐ 1~25번	월 일	☐ 단어 풀이
			☐ 26~50번		☐ 연관 단어
			☐ DAY 문제		☐ 예문
Day 18	407~428쪽	월 일	☐ 1~25번	월 일	☐ 단어 풀이
			☐ 26~50번		☐ 연관 단어
			☐ DAY 문제		☐ 예문
Day 19	429~450쪽	월 일	☐ 1~25번	월 일	☐ 단어 풀이
			☐ 26~50번		☐ 연관 단어
			☐ DAY 문제		☐ 예문
Day 20	451~472쪽	월 일	☐ 1~25번	월 일	☐ 단어 풀이
			☐ 26~50번		☐ 연관 단어
			☐ DAY 문제		☐ 예문

	페이지	학습 날짜	학습 범위	복습 날짜	복습 체크
Day 21	481~502 쪽	월 일	□ 1~25번	월 일	□ 단어 풀이
			□ 26~50번		□ 연관 단어
			□ DAY 문제		□ 예문
Day 22	503~524 쪽	월 일	□ 1~25번	월 일	□ 단어 풀이
			□ 26~50번		□ 연관 단어
			□ DAY 문제		□ 예문
Day 23	525~546 쪽	월 일	□ 1~25번	월 일	□ 단어 풀이
			□ 26~50번		□ 연관 단어
			□ DAY 문제		□ 예문
Day 24	547~568 쪽	월 일	□ 1~25번	월 일	□ 단어 풀이
			□ 26~50번		□ 연관 단어
			□ DAY 문제		□ 예문

PART 1

기출 단어 500

JLPT N1 시험에서는 기존에 출제되었던 단어들이 자주 다시 나옵니다. 조금씩 변형되어 나오기도 하고요. 그래서 PART 1에서는 시험에 나올 법한 중요한 **기출 단어 500**개를 정리했습니다. 하루 50개씩, 10일 동안 기출 단어를 확실히 익혀봅시다!

WEEK 1

WEEK 2

WEEK 1

Day 1

Day 2

Day 3

Day 4

Day 5

WEEK 문제

강의와 예문 듣기

WEEK 1

Day 1

매일 품사별로 골고루! 오늘의 50단어 한눈에 보기!

음독명사

01. 愛着
02. 安静
03. 安堵
04. 遺憾
05. 意地
06. 異色
07. 一任
08. 一律
09. 一環
10. 逸材
11. 一掃
12. 逸脱
13. 異例
14. 閲覧
15. 円滑
16. 改革
17. 回顧
18. 解除
19. 会心
20. 回想

고유어

21. 跡地
22. 意気込み
23. 憤り
24. 憩い

い형용사

25. 呆気ない
26. 淡い
27. 潔い

な형용사

28. ありきたりだ
29. 裏腹だ
30. 旺盛だ
31. 大らかだ
32. 億劫だ

동사

33. 値する/価する
34. 当てはめる
35. 危ぶむ
36. 有り触れる
37. 言い張る
38. 憤る
39. 否む
40. 戒める
41. 打ち込む
42. 項垂れる

부사

43. 予め
44. ありありと
45. 案の定
46. 至って
47. いとも

가타카나

48. ウエイト
49. エレガント

의태어

50. せかせか

표제어	Step 1 | 단어 풀이(용법·의미)
1 **愛着** 애착 (한자풀이) **愛** 사랑 애, **着** 붙을 착	あいちゃく 의미 오랫동안 아끼고 사랑해온 것에 정이 붙어 떨어질 수 없는 것 용법 아끼고 사랑해온 사물이나 장소에 사용 ★빈출표현 愛着がある/湧く(애착이 있다/가다), 愛着を感じる(애착을 느끼다) *출제가능유형 : 한자읽기-음독 / 문맥
2 **安静** 안정 (한자풀이) **安** 편안할 안, **静** 고요할 정	あんせい 의미 병의 치료를 위하여 몸과 마음을 편안하게 하여 조용히 지내는 것 ★빈출표현 絶対安静(절대안정), 安静を取る(안정을 취하다) *출제가능유형 : 문맥 / 용법
3 **安堵** 안도, 안심 (한자풀이) **安** 편안할 안, **堵** 담 도	あんど 의미 [편안한 울타리 속이란 뜻] (불안이 가시고) 마음을 놓음 용법 근심거리가 해소된 것에 사용 ★빈출표현 安堵する(안도하다), 安堵の胸をなでおろす(안도의 한숨을 쉬다) *출제가능유형 : 한자읽기-음독 / 유의표현
4 **遺憾** 유감 (한자풀이) **遺** 남길 유, **憾** 섭섭할 감	いかん 의미 언짢은 마음 용법 공공장소나 격식 차린 장면에서 사용 ★빈출표현 遺憾なく(유감없이, 충분히), 遺憾の意を表する(유감의 뜻을 표하다) *출제가능유형 : 문맥 / 유의표현
5 **意地** 고집, 심술 (한자풀이) **意** 뜻 의, **地** 땅 지	いじ 의미 ① 고집, 오기 ② 심술, 성미 ★빈출표현 意地を張る(고집을 부리다), 意地が悪い(심술궂다) *출제가능유형 : 문맥 / 용법

음독명사

Step 2 | 연관 단어	Step 3 | 예문
유 愛情(あいじょう) 애정 ↳ 사람 이외에도 사용 유 情愛(じょうあい) 정애, 애정 ↳ 부모와 자식 · 부부 · 연인 등 가까운 관계에 있는 사람에게 향하는 감정	私(わたし)はこの古(ふる)い帽子(ぼうし)に**愛着**がある。 나는 이 오래된 모자에 애착이 있다.
유 安定(あんてい) 안정 ↳ 흔들림 없이 안전하게 자리 잡혀 있는 것 예 物価(ぶっか)の安定 물가 안정	2週間(しゅうかん)の絶対(ぜったい)**安静**が必要(ひつよう)です。 2주간의 절대 안정이 필요합니다.
유 安心(あんしん) 안심 ↳ 근심거리가 없는 상태 유 放心(ほうしん) 안심 ↳ 근심거리를 마음에서 떨쳐버리는 것 유 ほっと 긴장이 풀려 마음을 놓는 모양	彼(かれ)は**安堵**の胸(むね)をなでおろした。 그는 안도의 한숨을 쉬었다.
유 残念(ざんねん) 유감 ↳ 일상생활에서도 공공장소에서도 사용 참 遺感(×) *한자 주의!*	政府(せいふ)は**遺憾**の意(い)を表(ひょう)した。 정부는 유감의 뜻을 표했다.
유 強情(ごうじょう) 고집이 셈 유 気立(きだ)て 타고난 마음씨	今更(いまさら)**意地**を張(は)っても始(はじ)まらない。 이제 와서 고집을 부려도 소용이 없다.

표제어	Step 1 | 단어 풀이(용법·의미)

음독명사

6

異色
이색

(한자풀이) **異** 다를 이, **色** 빛 색

いしょく

의미 상태나 성질 등이 색다름

용법 보통과는 다른 특색을 가지고 있는 것에 사용

빈출표현 異色な作風(さくふう)(이색적인 작풍),
異色の顔(かお)ぶれ(색다른 멤버)

*출제가능유형 : [문맥] [용법]

7

一任
일임

(한자풀이) **一** 한 일, **任** 맡길 임

いちにん

의미 도맡김, 모두 다 맡김

빈출표현 ～に一任する(~에게 일임하다)

*출제가능유형 : [문맥] [유의표현]

8

一律
일률

(한자풀이) **一** 한 일, **律** 법 률

いちりつ

의미 일률, 한결같음

용법 다수의 대상에게 기준을 적용하여 의도적으로 모두 똑같게 하는 것에 사용

빈출표현 一律に上(あ)げる(일률적으로 올리다),
千篇(せんぺん)一律(천편일률, 모두 비슷함)

*출제가능유형 : [유의표현] [용법]

9

一環
일환

(한자풀이) **一** 한 일, **環** 고리 환

いっかん

의미 [쇠사슬의 고리 하나라는 뜻] 일환

용법 서로 밀접한 관계로 연결되어 있는 여러 개 중의 한 개라는 의미로 사용

빈출표현 ～の一環として(~의 일환으로서)

*출제가능유형 : [문맥] [용법]

10

逸材
일재

(한자풀이) **逸** 달아날 일, **材** 재목 재

いつざい

의미 뛰어난 재능, 뛰어난 인재, 또는 그 사람

빈출표현 門下(もんか)の逸材(문하의 일재)

*출제가능유형 : [한자읽기-음독] [문맥]

Step 2 │ 연관 단어	Step 3 │ 예문
유 異彩(いさい) 이채 └, 독특하고 우수한 가치를 가지고 있어 특출나게 빛나 보이는 것 ↔ 平凡(へいぼん) 평범 참 色가 앞에 오면 しき, 뒤에 오면 しょく로 발음 예 色彩(しきさい) 색채 예 色素(しきそ) 색소	これは異色な作品(さくひん)ですね。 이것은 이색적인 작품이네요.
유 人任せ(ひとまかせ) 남에게 맡김	家計管理(かけいかんり)は妻(つま)に一任している。 가계 관리는 아내에게 일임하고 있다.
유 一様(いちよう) 똑같음, 한결같음 └, 다수의 대상에게 기준이나 의도를 적용한 것이 아니라, 결과적으로 모두 똑같이 되는 것 참 '률'로 발음되는 한자는 律(법 률)과 率(비율 률) 2개인데 모두 りつ로 발음 예 確率(かくりつ) 확률	一律に2割引(わりび)きで売(う)る。 일률적으로 20% 할인으로 팔다.
유 一端(いったん) 일부분 └, 전체 중의 일부분을 의미 예 見解(けんかい)の一端 견해의 일부분 참 一還(×)*한자 주의!*	環境教育(かんきょうきょういく)の一環としてごみ拾(ひろ)いキャンペーンを開催(かいさい)します。 환경교육의 일환으로 쓰레기 줍기 캠페인을 개최합니다.
= 逸才(いっさい) 일재, 뛰어난 재능	彼(かれ)は隠(かく)れた逸材だ。 그는 숨은 일재다.

표제어	Step 1 ｜ 단어 풀이(용법·의미)

음독명사

11

一掃
일소

한자풀이 **一** 한 일, **掃** 쓸 소

いっそう

의미 모조리 쓸어버림, 죄다 없애버림

★ **빈출표현** 不安[ふあん]/疑惑[ぎわく]/悪習[あくしゅう]を一掃する(불안/의혹/악습을 일소하다)

＊**출제가능유형 :** 문맥 | 유의표현

12

逸脱
일탈

한자풀이 **逸** 달아날 일, **脱** 벗을 탈

いつだつ

의미 빗나감, 벗어남

★ **빈출표현** 逸脱行為[こうい](일탈행위), 本分[ほんぶん]を逸脱する(본분을 일탈하다), 目的[もくてき]から逸脱する(목적에서 벗어나다)

＊**출제가능유형 :** 문맥 | 용법

13

異例
이례

한자풀이 **異** 다를 이, **例** 법식 례

いれい

의미 보통의 예와 다름, 전례가 없음

★ **빈출표현** 異例の昇進[しょうしん]/措置[そち](이례적인 승진/조치)

＊**출제가능유형 :** 문맥 | 유의표현

14

閲覧
열람

한자풀이 **閲** 검열할 열, **覧** 볼 람

えつらん

의미 도서관 등에서 책이나 신문 등을 쭉 훑어봄

★ **빈출표현** 閲覧室[しつ](열람실), 閲覧者[しゃ](열람자)

＊**출제가능유형 :** 한자읽기-음독 | 용법

15

円滑
원활

한자풀이 **円** 둥글 원, **滑** 미끄러울 활

えんかつ

의미 ① 걱정 없이 일이 막힘없이 잘 진행됨, 원활
② 모나지 않고 원만함

★ **빈출표현** 円滑に進[すす]む(원활하게 진행되다), 円滑な人間関係[にんげんかんけい](원활한 인간관계)

＊**출제가능유형 :** 문맥 | 용법

Step 2 │ 연관 단어	Step 3 │ 예문
= 払拭(ふっしょく) 불식, 일소 ㄴ 불안 등 정신적으로 바람직하지 못한 것을 완전히 없애는 것 예 疑惑(ぎわく)を払拭する 의혹을 불식하다 참 掃(は)く 쓸다	食料品(しょくりょうひん)に対(たい)する消費者(しょうひしゃ)の不安(ふあん)を一掃しなければならない。 식료품에 대한 소비자의 불안을 일소하지 않으면 안 된다(없애야 한다).
참 逸品(いっぴん) 일품, 걸작품 참 逸話(いつわ) 일화	それは本分(ほんぶん)を逸脱した行為(こうい)である。 그것은 본분을 일탈한 행위이다.
유 珍(めずら)しい 드물다, 진귀하다 유 例外的(れいがいてき) 예외적	彼(かれ)は25歳(さい)で異例の昇進(しょうしん)をして課長(かちょう)になった。 그는 25세에 이례적인 승진을 하여 과장이 되었다.
참 検閲(けんえつ) 검열 참 展覧会(てんらんかい) 전람회	閲覧室(しつ)の利用時間(りようじかん)は午前(ごぜん)9時(じ)から午後(ごご)5時(じ)までです。 열람실 이용 시간은 오전 9시부터 오후 5시까지입니다.
유 順調(じゅんちょう) 순조 ㄴ 걱정되는 가운데 일이 아무 탈 없이 순조롭게 진행됨 ↔ 停滞(ていたい) 정체	交渉(こうしょう)は円滑に進(すす)んでいる。 교섭은 원활하게 진행되고 있다.

표제어	Step 1 │ 단어 풀이(용법·의미)

음독명사

16

改革
개혁

(한자풀이) **改** 고칠 개, **革** 가죽 혁

かいかく

의미 제도·방법·기구 등을 새롭게 고침

★빈출표현 改革案《あん》(개혁안), 改革派《は》(개혁파), 機構《きこう》改革(기구 개혁)

＊출제가능유형 : [한자읽기-음독] [문맥]

17

回顧
회고, 회상

(한자풀이) **回** 돌 회, **顧** 돌아볼 고

かいこ

의미 자신의 체험이나 객관적인 과거의 일을 돌이켜보는 것

★빈출표현 回顧録《ろく》(회고록), ～時代《じだい》を回顧する(~ 시절을 회고하다)

＊출제가능유형 : [한자읽기-음독] [문맥]

18

解除
해제

(한자풀이) **解** 풀 해, **除** 덜 제

かいじょ

의미 특별히 정한 제약·제한·금지 등의 조치를 중지하고 평상시의 상태로 되돌리는 것

★빈출표현 契約《けいやく》解除(계약 해제), 武装《ぶそう》解除(무장 해제), 警報《けいほう》解除(경보 해제)

＊출제가능유형 : [문맥] [용법]

19

会心
회심

(한자풀이) **会** 모일 회, **心** 마음 심

かいしん

의미 마음에 듦, 마음에 흡족함

★빈출표현 会心の笑《え》み/投球《とうきゅう》(회심의 미소/투구), 会心の作《さく》(회심작)

＊출제가능유형 : [문맥] [유의표현]

20

回想
회상

(한자풀이) **回** 돌 회, **想** 생각할 상

かいそう

의미 자신의 체험을 돌이켜보는 것

★빈출표현 回想にふける(회상에 빠지다), 昔《むかし》を回想する(옛날을 회상하다)

＊출제가능유형 : [유의표현]

Step 2 | 연관 단어

Step 3 | 예문

유 変革(へんかく) 변혁

참 革(かわ) 가죽
ㄴ 가공하여 부드럽게 한 가죽

참 皮(かわ) 가죽
ㄴ 가공하지 않은 천연 가죽

経営(けいえい)改革の必要性(ひつようせい)を感(かん)じる。

경영 개혁의 필요성을 느끼다.

유 回想(かいそう) 회상
ㄴ 자신의 체험을 돌이켜보는 것

참 解雇(かいこ) 해고

* 回顧와 한자 비교
ㄴ 머리로 회고하기 때문에 頁(머리 혈)이 빠지면 안 됨

学生時代(がくせいじだい)を回顧する。

학창 시절을 회고(회상)하다.

유 解禁(かいきん) 해금
ㄴ 금지하였던 상태를 풀어 자유롭게 하는 것

↔ 設定(せってい) 설정

緊急事態宣言(きんきゅうじたいせんげん)が解除された。

긴급사태 선언이 해제되었다.

유 満足(まんぞく) 만족

유 得意(とくい) 바라는 대로 되어 흐뭇함

참 会得(えとく) 터득

참 会釈(えしゃく) 가벼운 인사

彼(かれ)は会心の笑(え)みを浮(う)かべた。

그는 회심의 미소를 띠었다.

유 回顧(かいこ) 회고, 회상
ㄴ 자신의 체험이나 객관적인 과거의 일을 돌이켜보는 것

참 思(おも)い返(かえ)す 회상하다, 회고하다

楽(たの)しかった昔(むかし)を回想する。

즐거웠던 옛날을 회상하다.

표제어	Step 1 ㅣ 단어 풀이(용법·의미)

고유어

21

跡地

터

(한자풀이) **跡** 자취 적, **地** 땅 지

あとち

의미 건물 등을 철거하고 난 땅

★ 빈출표현 ビルの跡地(빌딩 터, 빌딩이 있던 자리), 工場(こうじょう)の跡地(공장 터, 공장이 있던 자리)

*출제가능유형 : 한자읽기-훈음독 / 용법

22

意気込み

의욕, 패기

(한자풀이) **意** 뜻 의, **気** 기운 기, **込** 담을 입

いきごみ

의미 일을 꼭 해내려는 적극적인 마음가짐

★ 빈출표현 意気込みが違(ちが)う(의욕이 다르다), 意気込みを感(かん)じる(의욕을 느끼다), 仕事(しごと)に対(たい)する意気込み(일에 대한 의욕)

*출제가능유형 : 유의표현 / 용법

23

憤り

분노, 분개

(한자풀이) **憤** 결낼 분, 분할 분

いきどおり

의미 몹시 화를 내는 것, 매우 분하게 여기는 것

용법 명확히 드러내지 않고 마음속으로 화를 내는 것에 사용

★ 빈출표현 憤りを覚(おぼ)える/感(かん)じる(분노를 느끼다), 憤りを禁(きん)じ得(え)ない(분노를 금할 수 없다)

*출제가능유형 : 한자읽기-훈독 / 유의표현

24

憩い

쉼, 휴식

(한자풀이) **憩** 쉴 게

いこい

의미 몸과 마음을 느긋하게 쉬는 것

용법 休憩(きゅうけい)에 비해 비교적 긴 시간 느긋하게 쉬며 보내는 것에 사용

★ 빈출표현 憩いの場(ば)(휴식의 장), 憩いの場所(ばしょ)(휴식처), 憩いの時間(じかん)(휴식 시간), 憩いの一時(ひととき)(휴식의 한때)

*출제가능유형 : 한자읽기-훈독 / 유의표현

い형용사

25

呆気ない

어이없다, 싱겁다

(한자풀이) **呆** 어리석을 매, **気** 기운 기

あっけない

의미 어이없다, 싱겁다, 맥없다 **용법** 허무한 결과에 사용

★ 빈출표현 あっけない結末(けつまつ)(어이없는 결말), あっけなく終(お)わる(싱겁게 끝나다), あっけなく敗(やぶ)れる(맥없이 패하다)

*출제가능유형 : 문맥 / 유의표현

Step 2 ｜ 연관 단어	Step 3 ｜ 예문
유 空き地(あきち) 공터 ㄴ 사용하지 않거나 건물이 들어서지 않은 땅	工場(こうじょう)の跡地を公園(こうえん)にする。 공장 터를 공원으로 만들다.
= 意気組み(いきぐみ) 의욕, 패기, 기세 유 意欲(いよく) 의욕 유 気勢(きせい) 기세 유 熱意(ねつい) 열의	彼(かれ)の仕事(しごと)に対(たい)する意気込みを感(かん)じた。 그의 일에 대한 의욕을 느꼈다.
= 憤慨(ふんがい) 분개 유 立腹(りっぷく) 화를 냄 유 怒り(いか) 노여움, 분노 ㄴ 표정이나 행동으로 명확히 드러내며 화를 내는 것	このような残酷(ざんこく)な犯行(はんこう)に対(たい)しては強(つよ)い憤りを覚(おぼ)える。 이러한 잔혹한 범행에 대해서는 강한 분노를 느낀다.
= 休息(きゅうそく) 휴식 = 寛ぎ(くつろ) 편히 쉼, 느긋이 지냄 유 休憩(きゅうけい) 휴게 ㄴ 지금 하고 있는 일이나 운동 등을 일시 정지하고 잠시 쉬는 것	家族(かぞく)で楽(たの)しい憩いの一時(ひととき)を過(す)ごした。 가족과 함께 즐거운 휴식의 한때를 보냈다.
유 物足りない(ものた) 뭔가 아쉽다, 어딘가 미흡하다 참 意外(いがい)につまらない 의외로 시시하다 참 呆れる(あき) 어이없다, 기가 막히다	映画(えいが)はあまりにもあっけない結末(けつまつ)だった。 영화의 결말은 너무나 어이없었다.

표제어	Step 1 │ 단어 풀이(용법·의미)

い형용사

26 淡い

연하다, 희미하다

한자풀이 淡 묽을 담

あわい

의미 ① (색·향기·맛 등이) 연하다, 옅다, 담백하다
② (형태·빛 등이) 희미하다

빈출표현 淡い色(연한 색), 淡い味付け(담백한 맛),
淡い期待(희미한 기대)

*출제가능유형 : 한자읽기-훈독 | 문맥

27 潔い

맑고 깨끗하다, 결백하다, 단념이 빠르다

한자풀이 潔 깨끗할 결

いさぎよい

의미 ① 맑고 깨끗하다 ② 깨끗하다, 결백하다, 떳떳하다
③ 단념이 빠르다, 미련 없이 깨끗하다

빈출표현 潔い態度(떳떳한 태도), 潔く諦める/認める/謝る
(깨끗이 포기하다/인정하다/사과하다)

*출제가능유형 : 한자읽기-훈독 | 용법

な형용사

28 ありきたりだ

흔히 있다, 평범하다

ありきたりだ

의미 본래부터 있었다, 흔히 있다, 얼마든지 있다, 평범하다, 진부하다

용법 대개 마이너스적인 의미에 사용

빈출표현 ありきたりの話(흔히 있는 이야기),
ありきたりなアイディア/意見(평범한 아이디어/의견)

*출제가능유형 : 문맥 | 유의표현

29 裏腹だ

정반대다, 모순되다

한자풀이 裏 속 리, 腹 배 복

うらはらだ

의미 정반대다, 거꾸로 되다, 모순되다

빈출표현 ～と～が裏腹だ(～와 ～이 정반대다),
気持ちと裏腹な言葉(마음과 정반대인 말),
裏腹なことを言う(모순된 말을 하다)

*출제가능유형 : 한자읽기-훈독 | 용법

30 旺盛だ

왕성하다

한자풀이 旺 왕성할 왕, 盛 담을 성

おうせいだ

의미 왕성하다

빈출표현 元気旺盛(원기 왕성),
旺盛な食欲/好奇心(왕성한 식욕/호기심)

*출제가능유형 : 문맥 | 유의표현

Step 2	연관 단어	Step 3	예문
유 薄い 얇다, 연하다, 담백하다 유 微か 희미함, 어렴풋함 유 ぼんやり 희미함, 어렴풋함 ↔ 濃い (색·향기·맛·농도 등이) 진하다	彼との再会に淡い期待を持っている。 그와의 재회에 희미한 기대를 가지고 있다.
참 さっぱり 깨끗이 참 あっさり 깨끗이	ミスは潔く認めましょう。 실수는 깨끗이 인정합시다.
유 平凡だ 평범하다 유 陳腐だ 진부하다 유 有り触れる 어디에나 있다, 흔하다 ↔ 風変りだ 보통과 다르다, 색다르다, 별나다	ありきたりな意見が多いので、何も進歩がない。 평범한 의견이 많아서 전혀 진척되지 않다.
유 反対だ 반대다 유 あべこべだ 반대다, 거꾸로다	彼は言う事とやる事が裏腹だ。 그는 말하는 것과 행동이 정반대다.
유 盛んだ 번성하다, 왕성하다, 유행하다 유 活発だ 활발하다 ↔ 不振だ 부진하다 ↔ 無関心だ 무관심하다	彼は食欲旺盛で、いつもおかわりをしている。 그는 식욕이 왕성해서 항상 추가로 더 먹는다.

표제어	Step 1 ｜ 단어 풀이(용법・의미)

な형용사

31

大らかだ

대범하고 느긋하다, 너글너글하다

(한자풀이) 大 큰 대

おおらかだ

의미 대범하고 느긋하다, 너글너글하다

★빈출표현 大らかな人(ひと)/性格(せいかく)(너글너글한 사람/성격),
大らかな心(こころ)(느긋한 마음)

*출제가능유형 : [문맥] [유의표현]

32

億劫だ

귀찮다, 마음이 내키지 않는다

(한자풀이) 億 억 억, 劫 위협할 겁

おっくうだ

의미 귀찮다, 마음이 내키지 않는다

★빈출표현 出掛(でか)けるのが/後片付(あとかたづ)けが億劫だ
(나가는 것이/뒷정리가 귀찮다),
口(くち)を利(き)くのも億劫だ(말하기도 귀찮다)

*출제가능유형 : [문맥] [유의표현]

33

値する/価する

가치가 있다, ~할 만하다

(한자풀이) 値 값 치, 価 값 가

あたいする

의미 가치가 있다, ~할 만하다

용법 주로 '~に値する'의 형태로 사용

★빈출표현 ~円(えん)に値する(~엔의 가치가 있다),
賞賛(しょうさん)に値する(칭찬할 만하다),
一見(いっけん)/一読(いちどく)に値する(한 번 볼/한 번 읽을 만하다)

*출제가능유형 : [한자읽기-훈독] [용법]

동사

34

当てはめる

맞추다, 적용하다

(한자풀이) 当 마땅할 당

あてはめる

의미 꼭 들어맞추다, 적용시키다

★빈출표현 パターン/規則(きそく)に当てはめる(패턴/규칙에 적용하다),
要求(ようきゅう)に当てはめる(요구에 맞추다)

*출제가능유형 : [유의표현] [용법]

35

危ぶむ

위태로워하다, 걱정하다

(한자풀이) 危 위태할 위

あやぶむ

의미 위태로워하다, 위험스럽게 여기다, 불안해하다, 걱정하다, 의심하다

★빈출표현 成功(せいこう)を危ぶむ(성공을 의심하다),
健康(けんこう)/卒業(そつぎょう)が危ぶまれる(건강/졸업이 걱정되다)

*출제가능유형 : [한자읽기-훈독] [용법]

Step 2 | 연관 단어 / Step 3 | 예문

유 大まかだ（おお） 대범하다, 대략적이다, 대충이다
유 寛大だ（かんだい） 관대하다, 너그럽다

彼女（かのじょ）は大らかな性格（せいかく）の持（も）ち主（ぬし）である。
그녀는 너글너글한 성격의 소유자이다.

유 面倒だ（めんどう） 귀찮다, 성가시다
유 煩わしい（わずら） 귀찮다, 성가시다
↔ 熱心だ（ねっしん） 열심이다

後片付（あとかたづ）けが億劫でしようがない。
뒷정리가 귀찮아 죽겠다.

= 価値（かち）がある 가치가 있다
= 値打（ねう）ちがある 가치가 있다
참 価（あたい）·値（あたい） (물건) 값, 가격, 가치, 값어치, (수학) 값

この映画（えいが）は一見（いっけん）に値する。
이 영화는 한 번 볼 만하다.

= 合（あ）わせる 맞추다
= 適用（てきよう）する 적용하다

規則（きそく）に当てはめて処分（しょぶん）する。
규칙에 적용하여 처분하다.

유 不安（ふあん）がる 불안해하다
유 心配（しんぱい）する 걱정하다
유 疑（うたが）う 의심하다

単位（たんい）が足（た）りなくて、卒業（そつぎょう）が危ぶまれる。
학점이 부족해서 졸업이 위태롭다.

표제어	Step 1 | 단어 풀이(용법·의미)

동사

36

有り触れる

흔하다, 평범하다

한자풀이 **有** 있을 유, **触** 닿을 촉

ありふれる

의미 흔하게 있다, 흔해 빠지다, 평범하다, 쌔고 쌔다

용법 주로 '有り触れた～'의 형태로 사용

빈출표현 有り触れた考え/話/顔(평범한 생각/이야기/얼굴), 有り触れた事件(흔한 사건)

*출제가능유형 : 문맥 유의표현

37

言い張る

우겨대다, 주장하다

한자풀이 **言** 말씀 언, **張** 베풀 장

いいはる

의미 우겨대다, 주장하다

용법 주위 사람에 대항하며 자기 혼자 끝까지 강하게 주장함

빈출표현 正しい/知らないと言い張る(옳다/모른다고 우기다), 無実だと言い張る(억울하다고 주장하다)

*출제가능유형 : 문맥 유의표현

38

憤る

분개하다, 성내다

한자풀이 **憤** 결낼 분, 분할 분

いきどおる

용법 도리에 어긋난 것에 대한 비난으로, 태도·표정·목소리에 드러나지 않게 내면적으로 화내는 것에 사용

빈출표현 不正を憤る(부정을 분개하다), 政府/政治家に憤る(정부/정치가에게 분개하다)

*출제가능유형 : 한자읽기-훈독 유의표현

39

否む

부정하다, 거절하다

한자풀이 **否** 아닐 부

いなむ

용법 주로 뒤에 부정문이 따름

빈출표현 否めない(부정할 수 없다, 거절할 수 없다), 否むことができない(부정할 수 없다, 거절할 수 없다), 否み難い(부정하기 어렵다, 거절하기 어렵다)

*출제가능유형 : 한자읽기-훈독 유의표현

40

戒める

훈계하다, 징계하다

한자풀이 **戒** 경계할 계

いましめる

의미 ① 훈계하다, 타이르다, 주의를 주다 ② 징계하다, 벌주다

빈출표현 子供を戒める(아이에게 주의를 주다), 親不孝を戒める(불효를 훈계하다), 軽く戒める(가볍게 벌주다)

*출제가능유형 : 한자읽기-훈독 용법

Step 2 │ 연관 단어	Step 3 │ 예문
유 平凡(へいぼん) 평범 유 陳腐(ちんぷ) 진부, 낡고 케케묵음 유 ありきたり 본래부터 흔히 있음, 평범함, 진부함 ↔ 珍(めずら)しい 드물다, 희귀하다 참 どこにでもある 어디에나 있다	有り触れた日常(にちじょう)の中(なか)で、小(ちい)さな幸(しあわ)せを見付(みつ)ける。 평범한 일상 속에서 작은 행복을 찾다.
유 言(い)い通(とお)す 끝까지 주장하다 └ 처음부터 끝까지 일관적으로 주장함	自分(じぶん)が正(ただ)しいと言い張る。 자기가 옳다고 우겨대다.
= 憤慨(ふんがい)する 분개하다 유 怒(おこ)る (구체적·물리적인 원인으로) 화내다, 성내다 유 怒(いか)る (추상적·정신적인 원인으로) 화내다, 성내다 └ 怒(おこ)る와 怒(いか)る는 태도·표정·목소리에 드러나게 화내는 것 예 足(あし)を踏(ふ)まれて怒(おこ)る 발을 밟혀서 화내다 예 侮辱的(ぶじょくてき)な発言(はつげん)に怒(いか)る 모욕적인 발언에 화내다	無策(むさく)な行政(ぎょうせい)を憤る。 대책 없는 행정을 분개하다.
= 断(ことわ)る 거절하다 = 否定(ひてい)する 부정하다 = 打(う)ち消(け)す 부정하다 참 や否(いな)や ~하자마자 **N1 문법**	それは否み難(がた)い事実(じじつ)だ。 그것은 부정하기 어려운 사실이다.
유 言(い)い聞(き)かす 타이르다 유 教(おし)え諭(さと)す 타이르다 유 罰(ばっ)する 벌주다 참 械める(×) *한자 주의!*	嘘(うそ)を吐(つ)いた子供(こども)を戒める。 거짓말을 한 아이를 훈계하다.

DAY 1

동사

41

打ち込む
몰두하다, 열중하다

(한자풀이) 打 칠 타, 込 담을 입

うちこむ

의미 몰두하다, 열중하다, 전념하다 **용법** '打ち'는 접두어

빈출표현 研究/仕事/勉強に打ち込む(연구/일/공부에 몰두하다)

*출제가능유형 : 문맥 | 유의표현

42

項垂れる
고개(머리)를 숙이다

(한자풀이) 項 항목 항, 목 항, 垂 드리울 수

うなだれる

용법 실망·슬픔·수치 등으로 힘없이 고개를 떨굴 때 사용

빈출표현 悲しみに/しょんぼりと項垂れる(슬픔에/힘없이 고개를 떨구다),
恥じ入って項垂れる(부끄러워 고개를 숙이다)

*출제가능유형 : 유의표현 | 용법

43

予め
미리, 사전에

(한자풀이) 予 미리 예

あらかじめ

의미 미리, 사전에 **용법** '前もって'보다 격식 차린 말투

빈출표현 予め準備する/備える(미리 준비하다/대비하다),
予め調べておく(미리 조사해 두다),
予めご了承ください(미리 양해 부탁드립니다)

*출제가능유형 : 유의표현 | 용법

부사

44

ありありと
뚜렷이, 역력히, 똑똑히

ありありと

용법 현실이 아닌 것이, 마치 현실을 눈으로 보는 것처럼 뚜렷이 보이는 것에 사용

빈출표현 ありありと目に浮かぶ(생생히 눈에 떠오르다),
ありありと夢に見る(똑똑히 꿈에 보다),
様子がありありと見える(모습이 역력히 보이다)

*출제가능유형 : 문맥 | 유의표현

45

案の定
아니나 다를까, 생각한 대로

(한자풀이) 案 책상 안, 생각 안, 定 정할 정

あんのじょう

용법 주로 '案の定～た/だった'의 형태로 사용

빈출표현 案の定の結末(예상했던 결말),
案の定雨になった/失敗した(아니나 다를까 비가 내렸다/실패했다)

*출제가능유형 : 한자읽기-음독 | 유의표현

Step 2 | 연관 단어	Step 3 | 예문
유 熱中(ねっちゅう)する 열중하다 유 夢中(むちゅう)になる 열중하다, 몰두하다 유 取(と)り組(く)む 몰두하다	彼(かれ)は研究(けんきゅう)に**打ち込んで**いる。 그는 연구에 몰두하고 있다.
유 がっかりする 실망하다 유 しょんぼりする 풀이 죽다 유 肩(かた)を落(お)とす 어깨를 떨구다 유 うつむく 고개(머리)를 숙이다 암기 TIP 저 친구 고개 떨구고 우나?(うな) 달래(だれ)주자	しょんぼりと**項垂れて**先生(せんせい)の説教(せっきょう)を聞(き)く。 풀이 죽어 고개를 숙이고 선생님의 설교를 듣다.
= 前(まえ)もって 미리, 사전에 = 事前(じぜん)に 사전에 암기 TIP 티켓은 미리 예매(予め)하죠	ご欠席(けっせき)の場合(ばあい)は**予め**お知(し)らせください。 결석하는 경우에는 미리 알려 주십시오.
유 はっきり 뚜렷이, 분명히, 똑똑히, 확실히 ㄴ 물건의 형태나 윤곽, 생각하고 있는 내용 등을 명확하게 구별·식별할 수 있는 상태 유 明(あき)らか 분명함, 명백함, 뚜렷함 ㄴ 어떤 일에 대해서 의심할 여지가 없이 명백한 것 ↔ 仄々(ほのぼの) 어렴풋이, 희미하게	亡(な)き祖母(そぼ)の顔(かお)が**ありありと**浮(う)かんできた。 돌아가신 할머니의 얼굴이 생생히 떠올랐다.
유 やはり 역시, 예상대로 유 予想(よそう)どおり 예상대로 유 果(は)たして 역시, 과연, 생각했던 대로 ↔ 案外(あんがい) 의외(로), 예상외(의)	見覚(みおぼ)えがあると思(おも)ったら、**案の定**高校(こうこう)の同級生(どうきゅうせい)だった。 본 기억이 있다고 생각했는데, 아니나 다를까 고등학교 동급생이었다.

표제어	Step 1 │ 단어 풀이(용법·의미)

부사

46 至って

(지)극히, 매우

한자풀이 至 이를 지

いたって

의미 (지)극히, 매우, 몹시, 대단히

용법 정도가 대단한 것을 의미함

빈출표현 至って健康(けんこう)だ(매우 건강하다), 至って正常(せいじょう)だ/普通(ふつう)だ(극히 정상이다/보통이다)

*출제가능유형 : [한자읽기-훈독] [유의표현]

47 いとも

매우, 아주

いとも

의미 매우, 아주, 대단히

빈출표현 いとも容易(たやす)い(아주 손쉽다), いとも簡単(かんたん)に(매우 간단히)

*출제가능유형 : [문맥] [유의표현]

가타카나

48 ウエイト

무게, 중점

weight

의미 ① 웨이트, 무게, 중량 ② 중점, 중요도

빈출표현 ウエイトを増(ふ)やす(무게를 늘리다), ~にウエイトを置(お)く(~에 중점을 두다), ウエイトを占(し)める(중요도를 차지하다)

*출제가능유형 : [문맥] [유의표현]

49 エレガント

우아함

elegant

의미 우아함, 고상함

빈출표현 エレガントな服装(ふくそう)/髪型(かみがた)/女性(じょせい) (우아한 복장/헤어스타일/여성)

*출제가능유형 : [유의표현] [용법]

의태어

50 せかせか

성급하게, 조급하게

せかせか

의미 동작·말 등이 침착하지 못한 모양, 성급하게, 조급하게

용법 성급하게 돌아다니며 침착하지 못한 것에 사용

빈출표현 せかせか(と)歩(ある)き回(まわ)る(성급하게 돌아다니다), せかせか(と)話(はな)す(조급하게 이야기하다), せかせかした気持(きも)ち(조급한 마음)

*출제가능유형 : [문맥] [유의표현]

Step 2	연관 단어	Step 3	예문
유 極(きわ)めて (지)극히, 더없이, 대단히 유 非常(ひじょう)に 매우, 상당히 유 甚(はなは)だ 대단히, 매우, 심히 ㄴ 非常に와 甚だ는 보통의 정도를 넘어선 것을 의미하며, 주로 마이너스적인 일에 사용 참 至(いた)る 이르다 암기 TIP いたる 이(い)르(る)다(た)	有名店(ゆうめいてん)だったけど、至って普通(ふつう)の味(あじ)だった。 유명한 가게였지만 맛은 지극히 평범했다.
유 極(きわ)めて (지)극히, 더없이, 대단히 유 非常(ひじょう)に 매우, 상당히	彼(かれ)は難問(なんもん)をいとも容易(たやす)く解(と)いた。 그는 어려운 문제를 아주 손쉽게 풀었다.
= ウエート 웨이트 = 重(おも)さ 무게, 중요함 = 重点(じゅうてん) 중점 = 重要度(じゅうようど) 중요도	新人(しんじん)の養成(ようせい)にウエイトを置(お)く。 신인 양성에 중점을 두다.
유 上品(じょうひん) 품위가 있음, 고상함 유 優美(ゆうび) 우미, 우아하고 아름다움 유 優雅(ゆうが) 우아 ↔ 下品(げひん) 품위가 없음	えりかさんはエレガントな女性(じょせい)ですね。 에리카 씨는 우아한 여성이네요.
유 そわそわ 침착하지 못한 기분이나 태도, 안절부절못하는 모양 ㄴ 무언가 마음속에서 기대하는 것이 있어서 침착하지 못하게 기다리는 것 ↔ ゆったり 느긋이, 느긋하게 참 気(き)ぜわしい 부산하다, 성급하다	せかせかした気持(きも)ちが少(すこ)し落(お)ち着(つ)いてきた。 조급했던 마음이 조금 안정되었다.

Day 1

문제로 확인하기

❶ 다음 단어의 한자 읽는 법을 고르세요.

1. 回顧　A. かいこう　B. かいこ
2. 憤り　A. いきどおり　B. いかり
3. 戒める　A. いましめる　B. はずかしめる

❷ 다음 단어의 한자 표기를 고르세요.

4. あんせい　A. 安静　B. 安定
5. いさぎよい　A. 潔い　B. 喫い
6. あらかじめ　A. 預め　B. 予め

❸ 다음 빈칸에 공통으로 들어갈 수 있는 한자 또는 단어로 적절한 것을 고르세요.

7. (　)着　(　)情　情(　)
   A. 癒　B. 愛　C. 緒
8. (　)産　(　)跡　(　)憾
   A. 財　B. 貴　C. 遺
9. 閲(　)　観(　)　回(　)
   A. 覧　B. 光　C. 想

❹ 빈칸에 들어갈 단어로 적절한 것을 고르세요.

A. 裏腹　B. うなだれて　C. ウエイト

10. 彼は言う事とやる事が＿＿＿＿＿だ。
11. 新人の養成に＿＿＿＿＿を置く。
12. しょんぼりと＿＿＿＿＿先生の説教を聞く。

정답 | 1. B　2. A　3. A　4. A　5. A　6. B　7. B　8. C　9. A　10. A　11. C　12. B

WEEK 1

Day 2

강의와 예문 듣기

매일 품사별로 골고루! 오늘의 50단어 한눈에 보기!

음독명사

01. 開拓
02. 該当
03. 解明
04. 概略
05. 可決
06. 加工
07. 合致
08. 合併
09. 稼働
10. 加味
11. 過密
12. 完結
13. 還元
14. 鑑定
15. 緩和
16. 規制
17. 基調
18. 軌道
19. 基盤
20. 起伏

고유어

21. 偽り
22. 糸口
23. 嫌味
24. 内訳

い형용사

25. 夥しい
26. 賢い

な형용사

27. 愚かだ
28. 画一的だ
29. 頑なだ
30. 画期的だ
31. 寡黙だ

동사

32. 潤う
33. 潤す
34. うろたえる
35. 怠る
36. 怯える
37. 帯びる
38. 思い詰める
39. 及ぼす
40. 抱え込む
41. 駆ける
42. 嵩張る

부사

43. 今更
44. 薄々
45. おおむね
46. 自ずと
47. 格段に

가타카나

48. キープ
49. キャリア

의태어

50. そわそわ

표제어	Step 1 단어 풀이(용법·의미)

음독명사

1

開拓
개척

한자풀이 **開** 열 개, **拓** 주울 척, 넓힐 척

かいたく

의미 거친 땅을 일구어 농지를 만드는 것, 새로운 영역을 처음으로 열어 나가는 것

빈출표현 開拓者(しゃ)(개척자), 開拓地(ち)(개척지), 開拓者精神(しゃせいしん)(개척자 정신)

*출제가능유형 : 한자읽기-음독 용법

2

該当
해당

한자풀이 **該** 갖출 해, **当** 마땅할 당

がいとう

의미 조건에 들어 맞는 것

용법 '該当+する', '該当+명사'의 형태로 사용

빈출표현 ~に該当する(~에 해당하다), 該当者(しゃ)(해당자), 該当事項(じこう)(해당사항)

*출제가능유형 : 문맥 용법

3

解明
해명

한자풀이 **解** 풀 해, **明** 밝을 명

かいめい

의미 불명확한 점을 풀어서 밝히는 것

빈출표현 原因(げんいん)/真相(しんそう)を解明する(원인/진상을 해명하다)

*출제가능유형 : 유의표현 용법

4

概略
개략, 대략

한자풀이 **概** 대개 개, **略** 간략할 략

がいりゃく

의미 대강 간추려 줄임, 대략, 개요

빈출표현 調査(ちょうさ)の概略(조사의 개략), 概略を述(の)べる(개략을 말하다)

*출제가능유형 : 한자읽기-음독 유의표현

5

可決
가결

한자풀이 **可** 옳을 가, **決** 결단할 결

かけつ

의미 제출된 의안을 좋다고 인정하여 결정함

빈출표현 満場一致(まんじょういっち)で可決する(만장일치로 가결하다), 議案(ぎあん)を可決する(의안을 가결하다)

*출제가능유형 : 문맥 용법

Step 2 | 연관 단어	Step 3 | 예문
유 開墾(かいこん) 개간 └, 거친 땅을 일구어 농지를 만드는 것 참 懇 정성 간	新(あたら)しい販路(はんろ)を開拓した。 새로운 판로를 개척했다.
유 当該(とうがい) 해당, 그 └, 그것에 관계가 있음 * '当該+명사'의 형태로 쓰임 예 当該官庁(かんちょう) 해당 관청, 그 관청 (어떤 일이나 사건, 사고를 담당하는 관청이라는 의미)	この条件(じょうけん)に該当する方(かた)はお申(もう)し出(で)ください。 이 조건에 해당하는 분은 신청해주세요.
유 釈明(しゃくめい) 석명 └, 자신의 입장과 생각을 설명하여 오해 · 비난을 풀고 이해를 구하는 것	事件(じけん)の真相(しんそう)を解明する。 사건의 진상을 해명하다.
= 概要(がいよう) 개요 = あらまし 줄거리, 개요	交渉(こうしょう)の内容(ないよう)は概略こうである。 교섭의 내용은 개략(대략) 이러하다.
↔ 否決(ひけつ) 부결	賛成(さんせい)多数(たすう)で可決された。 찬성 다수로 가결되었다.

표제어	Step 1 ㅣ 단어 풀이(용법·의미)

음독명사

6 **加工**
가공
한자풀이 **加** 더할 가, **工** 장인 공

かこう
의미 원료나 재료를 인공적으로 처리하여 새로운 물건을 만드는 것
빈출표현 加工品(가공품), 加工食品(가공식품), 加工貿易(가공무역)
*출제가능유형 : 문맥 | 용법

7 **合致**
합치, 일치
한자풀이 **合** 합할 합, **致** 이를 치

がっち
의미 의견이나 경향 따위가 꼭 들어맞는 것, 일치함
용법 추상적인 경우에 사용
빈출표현 目的/趣旨に合致する(목적/취지에 합치하다)
*출제가능유형 : 한자읽기-음독 | 용법

8 **合併**
합병, 병합
한자풀이 **合** 합할 합, **併** 아우를 병

がっぺい
의미 둘 이상의 사물이나 조직을 하나로 합치는 것
빈출표현 吸収合併(흡수 합병), 新設合併(신설 합병), 町村合併(읍면 합병)
*출제가능유형 : 한자읽기-음독 | 문맥

9 **稼働**
가동
한자풀이 **稼** 농사 가, 심을 가, **働** 일본에서 만든 한자

かどう
의미 ① 돈벌이를 위하여 일함 ② 기계를 움직임
빈출표현 稼働人口(가동 인구), 稼働日数(가동 일수), 稼働時間(가동 시간)
*출제가능유형 : 문맥 | 유의표현

10 **加味**
가미
한자풀이 **加** 더할 가, **味** 맛 미

かみ
의미 어떤 것에 다른 요소를 덧붙이거나 곁들이는 것
빈출표현 ～を加味して(～을 가미해서), ～も加味して(～도 가미해서)
*출제가능유형 : 문맥 | 용법

Step 2 │ 연관 단어	**Step 3** │ 예문
유 人工(じんこう) 인공 └ 자연물에 사람이 손을 가하는 것 유 細工(さいく) 세공	加工貿易(ぼうえき)は、鉱物資源(こうぶつしげん)の乏(とぼ)しい国(くに)で盛(さか)んだ。 가공무역은 광물 자원이 부족한 국가에서 성행한다.
유 一致(いっち) 일치 └ 구체적 · 추상적인 경우에 사용 예 指紋(しもん)が一致する 지문이 일치하다 참 合唱(がっしょう) 합창 참 合奏(がっそう) 합주	二人(ふたり)の見解(けんかい)が合致する。 두 사람의 견해가 합치하다.
= 併合(へいごう) 병합, 합병 유 合同(ごうどう) 합동	二(ふた)つの銀行(ぎんこう)が合併した。 두 은행이 합병했다.
참 稼働＝稼動 참 稼(かせ)ぐ (돈 · 시간을) 벌다 참 嫁 시집갈 가 예 嫁(とつ)ぐ 시집가다	この工場(こうじょう)は24時間(じかん)稼働している。 이 공장은 24시간 가동하고 있다.
참 付(つ)け加(くわ)える 덧붙이다, 곁들이다 예 説明(せつめい)を付け加える 설명을 곁들이다	日常(にちじょう)の成績(せいせき)を加味して点(てん)をつける。 평소의 성적을 가미해서 점수를 매기다.

DAY 2

표제어	Step 1 │ 단어 풀이(용법·의미)

11

過密
과밀

(한자풀이) **過** 지날 과, **密** 빽빽할 밀

かみつ

의미 인구·건물·산업 따위가 한곳에 지나치게 집중되어 있는 것

★빈출표현 人口過密(인구 과밀), 過密都市(과밀 도시), 過密なスケジュール(꽉 짜인 스케줄), 過密化(과밀화)

*출제가능유형 : [문맥] [용법]

12

完結
완결

(한자풀이) **完** 완전할 완, **結** 맺을 결

かんけつ

의미 완전하게 끝맺는 것

★빈출표현 完結編(완결편)

*출제가능유형 : [문맥] [용법]

음독명사

13

還元
환원

(한자풀이) **還** 돌아올 환, **元** 으뜸 원

かんげん

의미 ① 본래의 상태로 되돌아가는 것
② 산화된 물질을 본래의 상태로 되돌리는 것

★빈출표현 還元主義(환원주의), 還元剤(환원제)

*출제가능유형 : [한자읽기-음독] [용법]

14

鑑定
감정

(한자풀이) **鑑** 거울 감, **定** 정할 정

かんてい

의미 사물의 값어치, 좋고 나쁨, 진위 등을 분별하여 판정하는 것

용법 주로 미술품·증거물 감정에 사용

★빈출표현 鑑定士(감정사), 鑑定書(감정서), 筆跡鑑定(필적 감정)

*출제가능유형 : [한자읽기-음독] [유의표현]

15

緩和
완화

(한자풀이) **緩** 느릴 완, **和** 화할 화

かんわ

의미 긴장된 상태나 급박한 것을 느슨하게 하는 것

★빈출표현 緊張緩和(긴장 완화), 制限/規制を緩和する(제한/규제를 완화하다)

*출제가능유형 : [한자읽기-음독] [유의표현]

Step 2 ㅣ 연관 단어	Step 3 ㅣ 예문
유 すし詰(づ)め (도시락에 담은 초밥처럼) 꽉 들어 참, 콩나물 시루 같음 ↔ 過疎(かそ) 과소, 지나치게 성김	都市部(としぶ)では過密化(か)が顕著(けんちょ)に進(すす)んでいる。 도시에서는 과밀화가 현저히 진행되고 있다.
유 終了(しゅうりょう) 종료 유 完了(かんりょう) 완료 ↔ 未完(みかん) 미완	連続(れんぞく)ドラマが完結する。 연속 드라마가 완결되다.
유 復元(ふくげん) 복원 └ 원래의 상태나 원래의 위치로 회복시키는 것 예 仏像(ぶつぞう)を復元する 불상을 복원하다 ↔ 酸化(さんか) 산화	利益(りえき)の一部(いちぶ)を社会(しゃかい)に還元する。 이익의 일부를 사회에 환원하다.
= 目利(めき)き 감정 유 鑑別(かんべつ) 감별 예 ひなの雌雄(しゆう)を鑑別する 병아리의 암수를 감별하다 유 鑑識(かんしき) 감식 예 指紋(しもん)の鑑識 지문 감식	鑑定士(し)に骨董品(こっとうひん)を鑑定してもらった。 감정사에게 골동품을 감정 받았다.
참 緩(ゆる)い 느슨하다, 엄하지 않다, 완만하다, 느리다 참 和(やわ)らぐ 완화되다 예 対立(たいりつ)が和らぐ 대립이 완화되다 예 痛(いた)みが和らぐ 통증이 완화되다	両国間(りょうこくかん)の緊張(きんちょう)緩和が期待(きたい)される。 양국 간의 긴장 완화가 기대된다.

음독명사

16

規制
규제

(한자풀이) **規** 법 규, **制** 억제할 제

きせい

의미 어떤 규칙을 정하여 제한하는 것, 또는 그 규칙

빈출표현 規制緩和(규제 완화), 交通規制(교통 규제), デモを規制する(데모를 규제하다)

*출제가능유형 : 문맥 | 용법

17

基調
기조

(한자풀이) **基** 터 기, **調** 고를 조

きちょう

의미 사상 · 작품 · 학설 등의 기본적인 생각 · 경향

빈출표현 ～を基調とした(~을 기조로 한), 基調演説(기조 연설)

*출제가능유형 : 문맥 | 용법

18

軌道
궤도

(한자풀이) **軌** 바퀴 자국 궤, **道** 길 도

きどう

의미 ① 물체가 일정한 법칙으로 운동하는 길
② 일이 정상적으로 진행되어 가는 길

빈출표현 月の軌道(달의 궤도), 軌道を外れる(궤도를 벗어나다), 軌道に乗る(궤도에 오르다)

*출제가능유형 : 한자읽기-음독 | 문맥

19

基盤
기반

(한자풀이) **基** 터 기, **盤** 소반 반

きばん

의미 기초가 되는 바탕

빈출표현 基盤を固める(기반을 다지다), 生活の基盤(생활의 기반), 経済基盤(경제 기반)

*출제가능유형 : 문맥 | 용법

20

起伏
기복

(한자풀이) **起** 일어날 기, **伏** 엎드릴 복

きふく

의미 세력이나 기세가 강해졌다 약해졌다 하는 것

빈출표현 起伏が激しい(기복이 심하다), 起伏に富んだ～(기복이 많은 ~), 感情の起伏(감정의 기복)

*출제가능유형 : 문맥 | 유의표현

Step 2 | 연관 단어	Step 3 | 예문
유 抑制(よくせい) 억제 유 統制(とうせい) 통제 참 製 옷지을 제	集団行動(しゅうだんこうどう)を**規制**する。 집단 행동을 규제하다.
= キーノート 키노트, 기조	この絵(え)は青(あお)を**基調**とした作品(さくひん)です。 이 그림은 파랑을 기조로 한 작품입니다.
유 レール 레일 유 線路(せんろ) 선로	新規事業(しんきじぎょう)がいよいよ**軌道**に乗(の)ってきた。 신규 사업이 드디어 궤도에 올랐다.
유 基礎(きそ) 기초 유 基本(きほん) 기본 유 ベース 베이스	不景気(ふけいき)の影響(えいきょう)で、多(おお)くの人(ひと)が生活(せいかつ)の**基盤**を失(うしな)った。 불경기의 영향으로 많은 사람이 생활의 기반을 잃었다.
유 浮(う)き沈(しず)み 부침, 영고성쇠 예 浮き沈みの激(はげ)しい業界(ぎょうかい) 부침(흥망)이 심한 업계	彼女(かのじょ)は感情(かんじょう)の**起伏**が激(はげ)しい。 그녀는 감정의 기복이 심하다.

표제어	Step 1	단어 풀이(용법·의미)
21 **偽り** 거짓(말), 허위 한자풀이 偽 거짓 위	いつわり 의미 거짓, 거짓말, 허위 빈출표현 偽りを言う(거짓말을 하다), 偽り言(거짓말, 헛소리), 偽りの証言(거짓 증언) *출제가능유형 : 한자읽기-훈독 / 문맥
22 **糸口** 실마리, 단서 한자풀이 糸 실 사, 口 입 구	いとぐち 의미 ① 감았거나 헝클어진 실의 끝 ② 일이나 사건을 풀어 나갈 수 있는 첫머리 빈출표현 糸口を見付ける(실마리를 찾다), 糸口を掴む(실마리를 잡다), 話/解決の糸口(이야기/해결의 실마리) *출제가능유형 : 유의표현 / 용법
23 **嫌味** 불쾌감을 주는 언동 한자풀이 嫌 싫어할 혐, 味 맛 미	いやみ 의미 상대에게 불쾌감을 주는 말이나 행동, 비아냥거림 빈출표현 嫌味を言う(상대가 싫어할 말을 하다), 嫌味を並べる(남이 싫어하는 말을 늘어놓다), 嫌味な人(불쾌감을 주는 사람), 嫌味な言い方(비아냥거리는 말투) *출제가능유형 : 문맥 / 유의표현
24 **内訳** 내역, 명세 한자풀이 内 안 내, 訳 번역할 역	うちわけ 의미 물품이나 금액 따위의 내용 빈출표현 内訳書(내역서), 費用の内訳(비용 내역), 支出の内訳(지출 내역) *출제가능유형 : 유의표현 / 용법
25 **夥しい** (수·양이) 굉장히 많다, (정도가) 심하다 한자풀이 夥 많을 과	おびただしい 의미 ① (수·양이) 굉장히 많다 ② (정도가) 심하다 빈출표현 夥しい数/量(많은 수/양), 夥しい人出(많은 나들이 인파), 夥しい損害(심한 손해) *출제가능유형 : 문맥 / 유의표현

(21–24: 고유어, 25: い형용사)

Step 2 ｜ 연관 단어	Step 3 ｜ 예문
= 嘘(うそ) 거짓말 ↔ 真実(しんじつ) 진실 ↔ 誠(まこと) 진실, 사실 참 為 할 위	彼(かれ)の言葉(ことば)には偽りがない。 그의 말에는 거짓이 없다.
= 手掛(てが)かり 단서, 실마리 유 キー 열쇠, 관건 유 ヒント 힌트, 암시	警察(けいさつ)は事件解決(じけんかいけつ)の糸口を掴(つか)んだ。 경찰은 사건 해결의 실마리를 잡았다.
= 嫌(いや)がらせ 일부러 상대가 싫어하는 언동을 함, 또는 그런 언동 유 皮肉(ひにく) 빈정거림, 비꼼	彼(かれ)はたまに嫌味な言(い)い方(かた)をする。 그는 간혹 비아냥거리는(불쾌감을 주는) 말투로 말을 한다.
= 明細(めいさい) 명세, 아주 상세하고 명확함	工事費用(こうじひよう)の内訳は以下(いか)の通(とお)りです。 공사 비용 내역은 다음과 같습니다.
유 多(おお)い 많다 유 酷(ひど)い 심하다 유 甚(はなは)だしい 매우 심하다	年末(ねんまつ)の街(まち)は夥しい人出(ひとで)で溢(あふ)れている。 연말의 거리는 많은 나들이 인파로 넘쳐난다.

표제어 | **Step 1 | 단어 풀이(용법·의미)**

い형용사

26 賢い
현명하다, 영리하다

(한자풀이) 賢 어질 현

かしこい

의미 현명하다, 영리하다, 어질다

★빈출표현 賢い子供(こども)/犬(いぬ)(영리한 아이/개), 賢い選択(せんたく)/判断(はんだん)(현명한 선택/판단)

*출제가능유형 : 한자읽기-훈독 | 유의표현

な형용사

27 愚かだ
어리석다

(한자풀이) 愚 어리석을 우

おろかだ

의미 어리석다, 미련하다

★빈출표현 愚かな考(かんが)え/言動(げんどう)(어리석은 생각/언동), 言(い)うも愚かな事(こと)(말할 필요조차 없는 일)

*출제가능유형 : 한자읽기-훈독 | 문맥

28 画一的だ
획일적이다

(한자풀이) 画 그을 획, 그림 화, 一 한 일, 的 과녁 적

かくいつてきだ

의미 모두가 한결같아서 다름이 없는 것

★빈출표현 画一的な教育(きょういく)/考(かんが)え/方法(ほうほう)/サービス
(획일적인 교육/생각/방법/서비스)

*출제가능유형 : 한자읽기-음독 | 유의표현

29 頑なだ
완고하다, 고집스럽다

(한자풀이) 頑 완고할 완

かたくなだ

의미 완고하다, 고집스럽다

용법 고분고분하게 남의 말을 받아들이지 않고 마음을 닫는 마이너스적인 언동이나 상태에 사용

★빈출표현 頑なな態度(たいど)(완고한 태도), 頑なに拒(こば)む/信(しん)じる(완고하게 거절하다/믿다)

*출제가능유형 : 유의표현 | 용법

30 画期的だ
획기적이다

(한자풀이) 画 그을 획, 期 기약할 기, 的 과녁 적

かっきてきだ

의미 어떤 일에서 새로운 시대가 열릴 만큼 뚜렷이 구분되는 것

★빈출표현 画期的な発明(はつめい)/出来事(できごと)/アイデア/商品(しょうひん)
(획기적인 발명/사건/아이디어/상품)

*출제가능유형 : 문맥 | 유의표현

Step 2 ｜ 연관 단어	Step 3 ｜ 예문
유 利口(りこう)だ 영리하다, 똑똑하다 유 賢明(けんめい)だ 현명하다 ↔ 愚(おろ)かだ 어리석다 참 ずる賢(がしこ)い 약삭빠르다, 교활하다	それは賢い選択(せんたく)ですね。 그것은 현명한 선택이네요.
유 のろまだ 아둔하다, 미련하다, 얼간이다 유 浅(あさ)はかだ 어리석다, 생각이 얕다 ↔ 賢(かしこ)い 현명하다, 영리하다 참 ～は疎(おろ)か ～은커녕 N1 문법	彼(かれ)の言葉(ことば)を愚かにも信(しん)じてしまった。 그의 말을 어리석게도 믿고 말았다.
유 一様(いちよう)だ 똑같다, 한결같다 유 一律(いちりつ)だ 일률적이다, 한결같다 ↔ 多面的(ためんてき)だ 다면적이다 ↔ 多様的(たようてき)だ 다양적이다	チェーン店(てん)では画一的なサービスを提供(ていきょう)している。 체인점에서는 획일적인 서비스를 제공하고 있다.
유 頑固(がんこ)だ 완고하다 ㄴ 자기의 생각이 있어서 남의 의견을 들으려 하지 않고 자기 생각과 태도를 지키려 하는 성격 유 強情(ごうじょう)だ 고집이 세다, 완강하다 ㄴ 일의 잘잘못은 따지지 않고 자기 고집을 밀고 나감 ↔ 素直(すなお)だ 고분고분하다, 순진하다	誰(だれ)が説得(せっとく)しても、彼(かれ)は頑なに自分(じぶん)の考(かんが)えを変(か)えない。 누가 설득해도 그는 고집스럽게 자기 생각을 바꾸지 않는다.
= エポックメーキングだ 에폭메이킹(epoch-making)이다, 획기적이다 유 未曾有(みぞう)だ 미증유이다, 역사상 처음이다, 아직 있어 본 적이 없다 유 前代未聞(ぜんだいみもん)だ 전대미문이다 ↔ 因習的(いんしゅうてき)だ 인습적이다	インターネットの登場(とうじょう)は画期的な出来事(できごと)だった。 인터넷의 등장은 획기적인 사건이었다.

DAY 2

표제어	Step 1 ｜ 단어 풀이(용법·의미)

な형용사

31 **寡黙だ**
과묵하다
(한자풀이) 寡 적을 과, 黙 묵묵할 묵

かもくだ

의미 말수가 적다 **용법** 문어체적인 말투

빈출표현 寡黙な人/男性(과묵한 사람/남성)

*출제가능유형 : [한자읽기-음독] [유의표현]

동사

32 **潤う**
축축해지다, 넉넉해지다
(한자풀이) 潤 윤택할 윤

うるおう

의미 ① 축축해지다, 눅눅해지다
② 넉넉해지다, 윤택해지다, 혜택을 받다

용법 적당한 수분을 띠는 것으로 플러스의 의미로 사용

빈출표현 雨で潤う(비로 촉촉해지다),
懐/生活が潤う(주머니/생활이 넉넉해지다)

*출제가능유형 : [한자읽기-훈독] [유의표현]

33 **潤す**
축축하게 하다, 윤택하게 하다
(한자풀이) 潤 윤택할 윤

うるおす

의미 ① 축축하게 하다, 눅눅하게 하다
② 넉넉하게 하다, 윤택하게 하다, 혜택을 주다

빈출표현 喉を潤す(목을 축이다),
国/経済/心を潤す(나라/경제/마음을 윤택하게 하다)

*출제가능유형 : [한자읽기-훈독] [유의표현]

34 **うろたえる**
당황하다, 허둥대다

うろたえる

의미 당황하다, 허둥대다, 갈팡질팡하다

용법 예상하지 못한 뜻밖의 일에 놀라 허둥대는 것에 사용

빈출표현 ～がばれてうろたえる(～이 들통이 나서 당황하다),
突然の～にうろたえる(갑작스런 ～에 당황하다)

*출제가능유형 : [유의표현] [용법]

35 **怠る**
게을리하다, 소홀히 하다
(한자풀이) 怠 게으를 태

おこたる

의미 게을리하다, 태만히 하다, 소홀히 하다

용법 당연히 해야 할 의무·책임 등을 소홀히 하는 것에 사용

빈출표현 義務/準備/注意を怠る(의무/준비/주의를 소홀히 하다),
仕事を怠る(일을 게을리하다)

*출제가능유형 : [한자읽기-훈독] [용법]

Step 2 | 연관 단어

Step 3 | 예문

= 無口(むくち)だ 과묵하다, 말수가 적다

유 無言(むごん)だ 말이 없다

유 口数(くちかず)が少(すく)ない 말수가 적다

↔ 多弁(たべん)だ 말이 많다

彼(かれ)は寡黙な人(ひと)ですね。

그는 과묵한 사람이군요.

유 湿(しめ)る 축축해지다, 눅눅해지다

ㄴ 수분이나 습기를 조금 머금은 상태

유 濡(ぬ)れる 젖다

ㄴ 물 등이 튀거나 튄 물이 스며들어 수분을 띠는 상태, 수분을 머금은 정도가 湿る보다 큼

유 豊(ゆた)かになる 풍부해지다, 풍족해지다

新(あたら)しい駅(えき)ができて商店(しょうてん)が潤う。

새로운 역이 생겨서 상점이 혜택을 받다.

유 湿(しめ)す 축이다, 적시다 유 濡(ぬ)らす 적시다

유 豊(ゆた)かにする 풍부하게 하다, 풍족하게 하다

참 閏す(×)*한자 주의!* 참 閏 윤달 윤

암기 TIP ULOS(우르오스)라는 화장품은 피부를 촉촉하게 해주죠 ^^

観光(かんこう)が地域(ちいき)の経済(けいざい)を潤す。

관광이 지역 경제를 윤택하게 하다.

유 慌(あわ)てる 당황하다, 허둥거리다

ㄴ 빨리 어떻게든 하고 싶지만 어떻게 하면 좋을지 몰라서 급하고 허둥거리며 소란스러운 것

유 まごつく 허둥거리다, 갈팡질팡하다

ㄴ 처음이거나 익숙하지 않아서 어찌할 바를 몰라 허둥대는 것

참 うろうろ 허둥지둥

突然(とつぜん)の客(きゃく)にうろたえる。

갑작스런 손님에 당황하다.

유 怠(なま)ける 게으름 피우다

ㄴ 시간적 여유가 있음에도 불구하고 귀찮거나 편히 지내고 싶어서 해야 할 일을 하지 않고 게으름 피우는 것

注意(ちゅうい)を怠ると失敗(しっぱい)の元(もと)になる。

주의를 소홀히 하면 실패의 원인이 된다.

표제어	Step 1 ㅣ 단어 풀이(용법·의미)

동사

36

怯える
무서워하다, 겁내다

(한자풀이) 怯 겁낼 겁

おびえる

의미 무서워하다, (무서워서 벌벌) 떨다, 겁내다

용법 공포를 느끼고 있는 내면의 심리에 중점을 둔 것

☆빈출표현 不安に怯える(불안에 떨다), 戦争に怯える(전쟁을 무서워하다), 雷に怯える(벼락에 겁내다)

*출제가능유형 : 문맥 유의표현

37

帯びる
띠다

(한자풀이) 帯 띠 대

おびる

의미 (경향·성질·성분·책임 등을) 띠다

☆빈출표현 傾向/活気/酒気/使命を帯びる(경향/활기/취기/사명을 띠다)

*출제가능유형 : 문맥 용법

38

思い詰める
골똘히 생각하다, 깊이 생각하다

(한자풀이) 思 생각할 사, 詰 물을 힐

おもいつめる

의미 골똘히 생각하다, 외곬으로 깊이 생각하다

☆빈출표현 思い詰めた表情(골똘히 생각한 표정), 思い詰めて辞任する(골똘히 생각하여 사임하다), 思い詰めたあげく(골똘히 생각한 끝에)

*출제가능유형 : 문맥 용법

39

及ぼす
미치게 하다, 끼치다

(한자풀이) 及 미칠 급

およぼす

의미 (어떤 작용·영향 등을) 미치게 하다, 미치다, 끼치다

☆빈출표현 作用を及ぼす(작용을 미치게 하다), 影響/被害を及ぼす(영향/피해를 끼치다)

*출제가능유형 : 한자읽기-훈독 문맥

40

抱え込む
껴안다, 떠맡다

(한자풀이) 抱 안을 포, 込 담을 입

かかえこむ

의미 ① (양팔로) 껴안다, 부둥켜안다 ② (많은 일을) 떠맡다

☆빈출표현 かばんを抱え込む(가방을 껴안다), 頭を抱え込む(머리를 감싸고 고민하다), 仕事を抱え込む(일을 떠맡다)

*출제가능유형 : 유의표현 용법

Step 2 ｜ 연관 단어	Step 3 ｜ 예문
유 怖(こわ)がる 무서워하다, 두려워하다 유 恐(おそ)れる 무서워하다, 두려워하다 └ 怖がる와 恐れる는 공포의 대상에 중점을 둔 것 ↔ 落(お)ち着(つ)く 안정되다, 침착하다, 차분하다	飛行機(ひこうき)の爆音(ばくおん)に怯えて子供(こども)が泣(な)く。 비행기의 폭음을 무서워하며 아이가 울다.
= 含(ふく)む 띠다 참 帯(おび) (허리에 두르는) 띠	彼(かれ)の意見(いけん)は保守的(ほしゅてき)な傾向(けいこう)を帯びている。 그의 의견은 보수적인 경향을 띠고 있다.
유 悩(なや)む 고민하다, 괴로워하다, 번민하다 유 煩(わずら)う 번민하다, 괴로워하다 참 詰(つ)める (가득) 채우다, (사이를) 좁히다, 줄이다, 짧게 하다, (의논·회의 등을) 매듭짓다	彼女(かのじょ)は思い詰めたような表情(ひょうじょう)をしていた。 그녀는 골똘히 생각하는 듯한 표정을 하고 있었다.
유 響(ひび)く 영향을 주다, 영향을 미치다, 영향을 끼치다 참 及(およ)ぶ 미치다, 이르다	タバコの煙(けむり)は人体(じんたい)に悪影響(あくえいきょう)を及ぼす。 담배 연기는 인체에 악영향을 미친다.
유 抱(だ)き込(こ)む 껴안다, 끌어안다 유 しょい込(こ)む (힘겨운·귀찮은 일을) 떠맡다 참 抱(かか)える (포옹 이외) 안다, 껴안다, 끼다, 감싸쥐다, (해결해야 할 문제점을) 안다	一人(ひとり)で仕事(しごと)を抱え込む。 혼자서 (많은) 일을 떠맡다.

표제어	Step 1 ｜ 단어 풀이(용법·의미)

동사

41

駆ける

달리다, 뛰다

(한자풀이) 駆 몰 구

かける

의미 달리다, 뛰다

용법 사람·동물 등이 급해서 전속력으로 빨리 달리는 것에 사용

★ **빈출표현** 駅(えき)まで駆けていく(역까지 달려가다), 馬(うま)が駆ける(말이 달리다), 精一杯(せいいっぱい)駆ける(힘껏 달리다)

*출제가능유형 : [한자읽기-훈독] [문맥]

42

嵩張る

부피가 커지다, 부피가 늘다

(한자풀이) 嵩 높을 숭, 張 베풀 장

かさばる

의미 부피가 커지다, 부피가 늘다

용법 무게에 비해 부피가 크거나 커서 장소를 차지할 때 사용

★ **빈출표현** 嵩張る品物(しなもの)(부피가 큰 물건), 荷物(にもつ)が嵩張る(짐의 부피가 커지다), 重(おも)さのわりに嵩張る(무게에 비해 부피가 커지다)

*출제가능유형 : [문맥] [용법]

부사

43

今更

이제 와서, 새삼스럽게

(한자풀이) 今 이제 금, 更 다시 갱

いまさら

의미 ① 이제 와서 ② 새삼스럽게 **용법** 비난의 감정이 담겨 있음

★ **빈출표현** 今更どうしようもない(이제 와서는 어찌 할 수 없다), 今更言(い)っても始(はじ)まらない(이제 와서 말해도 소용없다), 今更言(い)うまでもない(새삼스럽게 말할 것까지도 없다)

*출제가능유형 : [문맥] [용법]

44

薄々

어렴풋이, 희미하게

(한자풀이) 薄 엷을 박

うすうす

의미 어렴풋이, 희미하게, 어슴푸레하게

용법 어렴풋이 의식하고(알고) 있는 것에 사용

★ **빈출표현** 薄々気付(きづ)く(어렴풋이 눈치채다), 薄々感(かん)づく(어렴풋이 낌새를 채다), 薄々知(し)っている(어렴풋이 알고 있다)

*출제가능유형 : [문맥] [유의표현]

45

おおむね

대체로, 대개

おおむね

의미 대체로, 일반적으로, 대개

용법 그 상태가 대부분을 차지하고 있는 것에 사용

★ **빈출표현** おおむね良好(りょうこう)だ/順調(じゅんちょう)だ/満足(まんぞく)する(대체로 양호하다/순조롭다/만족하다)

*출제가능유형 : [유의표현] [용법]

DAY 2

Step 2 | 연관 단어

Step 3 | 예문

유 走る(はしる) 달리다, 뛰다
ㄴ 사람·동물·전차·자동차 등이 빠르게 혹은 천천히 달리는 것, 즉 걷지 않는 것을 의미

참 ゆっくり駆ける (×) 천천히 달리다

참 電車が駆ける (×) 전철이 달리다

終(しゅう)バスに乗(の)ろうとバス停(てい)まで駆けていった。

막차를 타려고 버스 정류장까지 뛰어갔다.

유 嵩む(かさむ) (부피·분량이) 커지다, 늘다, (빚·비용이) 많아지다, 늘다
ㄴ 주로 수량이 큰 것

예 仕事(しごと)が嵩む 일이 늘다

예 費用(ひよう)が嵩む 비용이 늘다

嵩張る物(もの)は邪魔(じゃま)だから、早(はや)く片付(かたづ)けましょう。

부피가 큰 물건은 방해가 되니까 빨리 치웁시다.

= 今頃(いまごろ) 이제 와서, 지금쯤, 이맘때

= 今時(いまどき) 이제 와서, 요즘, 오늘날

今更後悔(こうかい)しても始(はじ)まらない。

이제 와서 후회해도 소용없다.

유 ぼんやり(と) 어렴풋이, 희미하게, 아련히
ㄴ 색·윤곽·기억·의식 등이 어렴풋한 것

예 ぼんやりと見(み)える 어렴풋이 보이다

↔ はっきり(と) 확실히, 분명히, 뚜렷이

참 薄い(うすい) 얇다, 연하다, 싱겁다, 적다, 희박하다

そのことは前(まえ)から薄々気付(きづ)いていた。

그 일은 전부터 어렴풋이 눈치채고 있었다.

유 ほぼ 거의, 대강, 대략
ㄴ 전부 혹은 완전에 가까운 상태인 것

예 ほぼ毎日(まいにち) 거의 매일

예 ほぼ確実(かくじつ) 거의 확실

유 大体(だいたい) 대개, 대략, 대충, 대강
ㄴ 수량이나 요점 등을 대강 파악하는 것

예 大体10万円(まんえん) 대략 10만엔

参加者(さんかしゃ)はおおむね男性(だんせい)だ。

참가자는 대체로(대개) 남성이다.

표제어	Step 1 ㅣ 단어 풀이(용법·의미)

부사

46

自ずと
저절로, 자연히

한자풀이 **自** 스스로 자

おのずと

의미 저절로, 자연히 **용법** 주로 문어체로 사용

★ 빈출표현 自ずと頭が下がる(저절로 머리가 숙여지다), 自ずと明らかになる(저절로 밝혀지다), 自ずと治った(저절로 나았다)

*출제가능유형 : 한자읽기-훈독 | 유의표현

47

格段に
현격하게, 각별히

한자풀이 **格** 격식 격, **段** 구분 단

かくだんに

의미 현격하게, 각별히

용법 어떤 사물의 정도의 차가 매우 큰 경우에 사용

★ 빈출표현 格段に違う/優れる/上達する(현격하게 다르다/우수하다/향상되다)

*출제가능유형 : 유의표현 | 용법

가타카나

48

キープ
(그 상태를) 유지함, 확보함

keep

의미 ① (그 상태를) 유지함, 지킴 ② 확보함, 잡아 둠

★ 빈출표현 体重/体型をキープする(체중/체형을 유지하다), 場所をキープする(장소를 확보하다)

*출제가능유형 : 문맥 | 유의표현

49

キャリア
커리어, 경력

career

의미 커리어, 경력

★ 빈출표현 キャリアがある(커리어가 있다), キャリアを積む(커리어를 쌓다), キャリア不足(커리어 부족), キャリアウーマン(커리어 우먼)

*출제가능유형 : 문맥 | 유의표현

의태어

50

そわそわ
침착하지 못한 모양, 안절부절못하는 모양

そわそわ

용법 무언가 마음속에서 기대하는 것이 있어서 침착하지 못하게 기다리는 것

★ 빈출표현 そわそわした様子(안절부절못하는 모양), 発表待ちでそわそわしている(발표를 기다리며 안절부절못하고 있다)

*출제가능유형 : 문맥 | 유의표현

Step 2 │ 연관 단어	**Step 3** │ 예문
= 自ずから(おの) 저절로, 자연히 └ 문어체로 사용 = 自然に(しぜん) 자연히, 저절로 = 独りでに(ひと) 자연히, 저절로 └ 自然に와 独りでに는 회화체로 사용 참 自ら(みずか) 스스로, 몸소, 손수	努力(どりょく)すれば自ずと道(みち)は開(ひら)ける。 노력하면 저절로 길은 열린다.
유 段違い(だんちが) 차이가 큼, 현격한 차이 예 段違いに強い(つよ) 현격하게 강하다 참 桁違い(けたちが) 차이가 매우 큼, 월등함, 비교가 되지 않음 예 桁違いに大きい(おお) 월등하게 크다	木村君(きむらくん)は一年前(いちねんまえ)に比(くら)べて実力(じつりょく)が格段に上達(じょうたつ)した。 기무라 군은 1년 전에 비해서 실력이 현격하게 향상되었다.
= 維持(いじ) 유지 = 確保(かくほ) 확보 참 押さえる(お) 누르다, 확보하다	海(うみ)の見(み)えるホテルをキープする。 바다가 보이는 호텔을 확보하다.
= 経歴(けいれき) 경력 유 職歴(しょくれき) 직력 유 履歴(りれき) 이력	彼(かれ)は10年(ねん)のキャリアがある。 그는 10년의 커리어가 있다.
유 せかせか 성급하게, 조급하게 └ 성급하게 돌아다니며 침착하지 못한 것 ↔ ゆったり 느긋이, 느긋하게	彼女(かのじょ)はさっきから立(た)ったり座(すわ)ったりそわそわしている。 그녀는 아까부터 앉았다가 섰다가 안절부절못하고 있다.

Day 2

문제로 확인하기

❶ 다음 단어의 한자 읽는 법을 고르세요.

1. 合併　A. ごうへい　B. がっぺい
2. 愚かだ　A. おろそかだ　B. おろかだ
3. 潤す　A. うるおす　B. うるうす

❷ 다음 단어의 한자 표기를 고르세요.

4. がいとう　A. 刻当　B. 該当
5. かたくなだ　A. 頑なだ　B. 硬なだ
6. おびる　A. 帯びる　B. 滞びる

❸ 다음 빈칸에 공통으로 들어갈 수 있는 한자 또는 단어로 적절한 것을 고르세요.

7. (　)元　(　)暦　奪(　)
A. 復　B. 還　C. 環

8. (　)味　(　)悪　機(　)
A. 地　B. 嫌　C. 憎

9. 抱え(　)　詰め(　)　取り(　)
A. 込む　B. 掛ける　C. 入れる

❹ 빈칸에 들어갈 단어로 적절한 것을 고르세요.

A. 頑な　B. 今更　C. そわそわ

10. ＿＿＿＿＿後悔しても始まらない。
11. 彼女はさっきから立ったり座ったり＿＿＿＿＿している。
12. 誰が説得しても、彼は＿＿＿＿＿に自分の考えを変えない。

정답　1. B　2. B　3. A　4. B　5. A　6. A　7. B　8. B　9. A　10. B　11. C　12. A

WEEK 1

Day 3

강의와 예문 듣기

매일 품사별로 골고루! 오늘의 50단어 한눈에 보기!

음독명사

01. 却下
02. 究明
03. 丘陵
04. 寄与
05. 起用
06. 巨匠
07. 吟味
08. 教訓
09. 凝縮
10. 強制
11. 驚嘆
12. 仰天
13. 拠点
14. 禁物
15. 駆使
16. 工面
17. 群衆
18. 経緯
19. 傾斜
20. 契約

고유어

21. 腕前
22. 裏付け
23. 大筋
24. お手上げ

い형용사

25. 心地よい
26. 心細い

な형용사

27. 簡素だ
28. 肝心だ
29. 閑静だ
30. 強硬だ
31. 緊密だ

동사

32. 偏る/片寄る
33. 叶う
34. 庇う
35. 切り出す
36. 食い違う
37. 食い止める
38. くじける
39. 崩れる
40. 砕ける
41. 覆す
42. 貶す

부사

43. かねがね
44. がらりと
45. 辛うじて
46. ぎくしゃく
47. 急遽

가타카나

48. クレーム
49. コンスタント

의태어

50. へとへと

표제어	Step 1 │ 단어 풀이(용법·의미)

음독명사

1 **却下**
각하, 기각
(한자풀이) 却 물리칠 각, 下 아래 하

きゃっか
의미 민사 소송에서 형식이 법규에 맞지 않다 하여 신청을 물리는 것
빈출표현 申請(しんせい)/上告(じょうこく)を却下する(신청/상고를 각하하다)
*출제가능유형 : 문맥 용법

2 **究明**
구명
(한자풀이) 究 연구할 구, 明 밝을 명

きゅうめい
의미 사물의 본질이나 원인 따위를 깊이 연구하여 밝히는 것
빈출표현 真相(しんそう)/原因(げんいん)を究明する(진상/원인을 구명하다), 真理(しんり)の究明(진리의 구명)
*출제가능유형 : 유의표현 용법

3 **丘陵**
구릉
(한자풀이) 丘 언덕 구, 陵 언덕 릉

きゅうりょう
의미 땅이 비탈지고 조금 높은 곳, 언덕
빈출표현 丘陵地帯(ちたい)(구릉 지대)
*출제가능유형 : 한자읽기-음독 유의표현

4 **寄与**
기여
(한자풀이) 寄 부칠 기, 与 줄 여

きよ
의미 남이나 사회에 이익을 주는 것, 공헌
빈출표현 発展(はってん)/世界平和(せかいへいわ)に寄与する(발전/세계 평화에 기여하다)
*출제가능유형 : 문맥 유의표현

5 **起用**
기용
(한자풀이) 起 일어날 기, 用 쓸 용

きよう
의미 능력 있는 사람을 중요한 자리에 뽑아 쓰는 것
빈출표현 人材(じんざい)/新人(しんじん)を起用する(인재/신인을 기용하다)
*출제가능유형 : 문맥 용법

Step 2 | 연관 단어	Step 3 | 예문
유 棄却(ききゃく) 기각	アメリカ大使館(たいしかん)でビザを申請(しんせい)したところ、**却下**されてしまった。 미국 대사관에서 비자를 선청했더니 각하(기각)되었다.
유 解明(かいめい) 해명 └ 불명확한 점을 풀어 밝히는 것 유 糾明(きゅうめい) 규명 └ 사건 등의 사실을 자세히 캐고 따져 밝히는 것 예 責任(せきにん)を糾明する 책임을 규명하다	遺族(いぞく)は事件(じけん)の真相(しんそう)**究明**を求(もと)めている。 유족은 사건의 진상 구명을 요구하고 있다.
유 丘(おか) 언덕 유 台地(だいち) 대지 유 高台(たかだい) 고지대 참 陸 뭍 륙	この地域(ちいき)には**丘陵**地帯(ちたい)が多(おお)い。 이 지역에는 구릉 지대가 많다.
= 貢献(こうけん) 공헌 유 尽力(じんりょく) 진력, 도움, 협력 참 奇与(×) *한자 주의!*	彼(かれ)らの研究(けんきゅう)は我(わ)が国(くに)の医学(いがく)の発展(はってん)に大(おお)いに**寄与**した。 그들의 연구는 우리나라의 의학 발전에 크게 기여했다.
= 挙用(きょよう) 거용 유 抜擢(ばってき) 발탁 참 器用(きよう) 손재주가 있음, 솜씨가 좋음 예 手先(てさき)が器用だ 손재주가 좋다	監督(かんとく)は新人(しんじん)を主役(しゅやく)に**起用**した。 감독은 신인을 주역으로 기용했다.

DAY 3

표제어	Step 1 | 단어 풀이(용법·의미)

음독명사

6

巨匠
거장

(한자풀이) **巨** 클 거, **匠** 장인 장

きょしょう

의미 어떤 전문 분야에서 그 기능이 특히 뛰어난 사람, 대가, 명장

빈출표현 巨匠の作品《さくひん》(거장의 작품),
画壇《がだん》の巨匠(화단의 거장)

＊출제가능유형 : [한자읽기-음독] [유의표현]

7

吟味
음미

(한자풀이) **吟** 읊을 음, **味** 맛 미

ぎんみ

의미 사물의 내용·속뜻·질 등을 세심하게 조사하여 고르는 것

빈출표현 よく吟味する(제대로 음미하다),
意味《いみ》を吟味する(의미를 음미하다),
材料《ざいりょう》を吟味する(재료를 음미하다)

＊출제가능유형 : [유의표현] [용법]

8

教訓
교훈

(한자풀이) **教** 가르칠 교, **訓** 가르칠 훈

きょうくん

의미 앞으로의 행동이나 생활에 지침이 될 만한 것을 가르침

빈출표현 教訓を得《え》る(교훈을 얻다),
教訓を垂《た》れる(교훈을 내리다)

＊출제가능유형 : [문맥] [유의표현]

9

凝縮
응축

(한자풀이) **凝** 엉길 응, **縮** 오그라들 축

ぎょうしゅく

의미 한데 엉겨 굳어서 줄어듦

빈출표현 考《かんが》えが凝縮されている(생각이 응축되어 있다)

＊출제가능유형 : [한자읽기-음독] [용법]

10

強制
강제

(한자풀이) **強** 굳셀 강, **制** 억제할 제

きょうせい

의미 본인의 의사를 무시하고 억지로 따르게 하는 것

빈출표현 強制労働《ろうどう》(강제 노동), 強制隔離《かくり》(강제 격리)

＊출제가능유형 : [문맥] [유의표현]

Step 2 │ 연관 단어	Step 3 │ 예문
= 大家 대가 = 名匠 명장	彼女は画壇の巨匠である。 그녀는 화단(화가계)의 거장이다.
유 検討 검토 유 調査 조사 유 精査 정사, 자세히 조사함 유 品定め 우열 등을 비평하고 판정, 품평	よく吟味して選んだ材料で、料理を作っています。 제대로 음미해서 고른 재료로 요리를 만들고 있습니다.
유 教え 가르침, 교육, 교훈 유 教誨 교회, 가르치고 타일러 잘못을 뉘우치게 함	失敗は教訓を得るチャンスにもなる。 실패는 교훈을 얻는 기회이기도 하다.
유 圧縮 압축 참 凝る 엉기다, 근육이 뻐근하다, 열중하다, 공들이다	作者の心情がこの一行に凝縮されている。 작자의 심정이 이 한 줄에 응축되어 있다.
유 強要 강요 참 強いる 강요하다	労働者に残業を強制することはできない。 노동자에게 잔업을 강제(강요)할 수는 없다.

표제어	Step 1 | 단어 풀이(용법·의미)

음독명사

11

驚嘆
경탄

(한자풀이) 驚 놀랄 경, 嘆 탄식할 탄

きょうたん

의미 몹시 놀라며 감탄하는 것

빈출표현 驚嘆に値(あたい)する(경탄할 만하다),
驚嘆させる(경탄하게 하다)

＊출제가능유형 : 한자읽기-음독 | 유의표현

12

仰天
매우 놀람, 기겁을 함

(한자풀이) 仰 우러를 앙, 天 하늘 천

ぎょうてん

의미 몹시 놀람, 기겁을 함

빈출표현 びっくり仰天する(크게 놀라다)

＊출제가능유형 : 한자읽기-음독 | 유의표현

13

拠点
거점

(한자풀이) 拠 의거할 거, 点 점 점

きょてん

의미 활동의 근거지로 삼는 곳

빈출표현 拠点を築(きず)く(거점을 만들다),
拠点を失(うしな)う(거점을 잃다)

＊출제가능유형 : 한자읽기-음독 | 용법

14

禁物
금물

(한자풀이) 禁 금할 금, 物 만물 물

きんもつ

의미 해서는 안 되는 일, 바람직하지 않은 것

빈출표현 油断(ゆだん)は禁物(방심은 금물),
酒(さけ)は禁物(술은 금물)

＊출제가능유형 : 한자읽기-음독 | 문맥

15

駆使
구사

(한자풀이) 駆 몰 구, 使 하여금 사

くし

의미 능숙하게 자유자재로 쓰는 것

빈출표현 自由自在(じゆうじざい)に駆使する(자유자재로 구사하다),
三ヶ国語(さんかこくご)/技術(ぎじゅつ)を駆使する(3개 국어/기술을 구사하다)

＊출제가능유형 : 한자읽기-음독 | 문맥

Step 2 │ 연관 단어	Step 3 │ 예문
유 驚(おどろ)き 놀람 유 驚愕(きょうがく) 경악 참 嘆(なげ)く 한탄하다	最近(さいきん)の医学(いがく)の進歩(しんぽ)は驚嘆に値(あたい)するものがある。 최근의 의학의 진보는 가히 경탄할 만하다.
유 びっくり 깜짝 놀람 참 仰(あお)ぐ 우러러보다, 위를 보다, 공경하다	話(はなし)を聞(き)いてびっくり仰天した。 이야기를 듣고 크게 놀랐다.
유 根拠地(こんきょち) 근거지 유 足場(あしば) 터전	ここは戦略上(せんりゃくじょう)の重要(じゅうよう)な拠点である。 여기는 전략상 중요한 거점이다.
유 タブー 금기, 금지 예 宗教上(しゅうきょうじょう)のタブー 종교상 금기사항	完全(かんぜん)に治(なお)るまで油断(ゆだん)は禁物です。 완전히 나을 때까지 방심은 금물입니다.
참 駆(か)ける 달리다 참 駆(か)る (동물·차 등을) 몰다	彼女(かのじょ)は3ヶ国語(かこくご)を自由自在(じゆうじざい)に駆使する。 그녀는 3개 국어를 자유자재로 구사한다.

표제어	Step 1 ｜ 단어 풀이(용법·의미)

음독명사

16

工面
변통, 마련

한자풀이 工 장인 공, 面 낯 면

くめん

의미 금품을 애써 마련하는 것

빈출표현 金の工面(돈 마련)

*출제가능유형 : 유의표현 용법

17

群衆
군중

한자풀이 群 무리 군, 衆 무리 중

ぐんしゅう

의미 많은 사람의 무리

빈출표현 群衆が押し寄せる(군중이 몰려오다)

*출제가능유형 : 한자읽기-음독 유의표현

18

経緯
경위

한자풀이 経 날 경, 緯 씨 위

けいい

의미 일이 진행되어 온 과정

빈출표현 経緯を語る(경위를 말하다), 経緯を話す(경위를 이야기하다)

*출제가능유형 : 유의표현 용법

19

傾斜
경사

한자풀이 傾 기울 경, 斜 비낄 사

けいしゃ

의미 기욺, 기울기

빈출표현 傾斜面(경사면), 傾斜地(경사지), 急な傾斜(급경사)

*출제가능유형 : 한자읽기-음독 유의표현

20

契約
계약

한자풀이 契 맺을 계, 約 맺을 약

けいやく

의미 서로 지켜야 할 의무에 대하여 글이나 말로 정하여 두는 것

빈출표현 契約書(계약서), 契約を結ぶ(계약을 맺다), 契約違反(계약 위반)

*출제가능유형 : 문맥 유의표현

Step 2 │ 연관 단어	Step 3 │ 예문
= やり繰り 변통, 주변 참 工面(×)*발음 주의!* 참 工夫 궁리, 고안 참 大工 목수	旅費を工面するためにバイトをしている。 여비를 마련하기 위해서 아르바이트를 하고 있다.
= クラウド 군중 유 群集 군집 참 群れ 무리, 떼	大勢の群衆がどっと押し寄せてきた。 많은 군중이 우르르 몰려왔다.
= 経緯 경위 유 過程 과정 유 プロセス 경과, 과정	彼女は事件の経緯を細々と語った。 그녀는 사건의 경위를 자세히 이야기했다.
= 傾き 경사, 기울기 = 勾配 구배, 경사, 기울기 참 勾 굽을 구	急な傾斜を運転する時は、一気に上った方がいい。 가파른 경사를 운전할 때는 단숨에 오르는 것이 좋다.
유 約束 약속 유 協約 협약	契約書をよく読んだうえで、サインをしてください。 계약서를 잘 읽은 후에 사인을 해주세요.

표제어	Step 1 | 단어 풀이(용법·의미)

고유어

21

腕前
솜씨, 기량

한자풀이 **腕** 팔 완, **前** 앞 전

うでまえ

의미 솜씨, 기량, 역량, 재주, 수완

빈출표현 腕前が上(あ)がる(솜씨가 늘다), 腕前を見(み)せる(솜씨를 보이다), 腕前を披露(ひろう)する(솜씨를 피로하다)

*출제가능유형 : 문맥 유의표현

22

裏付け
뒷받침

한자풀이 **裏** 속 리, **付** 줄 부

うらづけ

의미 (어떤 것을 증명하는) 확실한 증거

빈출표현 裏付けを取(と)る(뒷받침하다), 裏付けとなる(뒷받침이 되다), 裏付けがない(뒷받침이 없다)

*출제가능유형 : 유의표현 용법

23

大筋
대강의 줄거리, 대략

한자풀이 **大** 큰 대, **筋** 힘줄 근

おおすじ

의미 대강의 줄거리, 대략, 요점

빈출표현 話(はなし)の大筋(이야기의 대강), 事件(じけん)の大筋(사건의 대략), 計画(けいかく)の大筋(계획의 대강)

*출제가능유형 : 문맥 유의표현

24

お手上げ
손듦, 항복

한자풀이 **手** 손 수, **上** 윗 상

おてあげ

의미 [항복하여 손을 든다는 뜻] 더 이상 어찌할 수 없게 됨, 손듦, 항복, 포기

빈출표현 もうお手上げだ(이제 손 들었다, 이제 항복이다, 이제 포기다)

*출제가능유형 : 유의표현 용법

い형용사

25

心地よい
기분 좋다, 상쾌하다

한자풀이 **心** 마음 심, **地** 땅 지

ここちよい

의미 기분 좋다, 상쾌하다

빈출표현 心地よい風(かぜ)/空気(くうき)(상쾌한 바람/공기), 心地よい季節(きせつ)(기분 좋은 계절)

*출제가능유형 : 한자읽기-훈음독 문맥

Step 2 | 연관 단어　　Step 3 | 예문

= 腕(うで) 솜씨, 기량
= 技量(ぎりょう) 기량, 수완
= 手腕(しゅわん) 수완
= 手並(てな)み 솜씨, 기량

ホームパーティーで料理(りょうり)の腕前を披露(ひろう)することになった。

홈 파티에서 요리 솜씨를 선보이게 되었다.

DAY 3

유 証拠(しょうこ) 증거
유 証明(しょうめい) 증명
유 証(あかし) 증거, 증명

この結果(けっか)は実験(じっけん)などの裏付けがない。

이 결과는 실험 등의 뒷받침이 없다.

= 粗筋(あらすじ) 대강의 줄거리, 개요
= あらまし 줄거리, 대강, 개요
참 筋(すじ) 힘줄, 근육, 핏줄, 줄거리, 줄무늬, 조리, 도리

計画(けいかく)の大筋を話(はな)します。

계획의 대강을 이야기하겠습니다.

유 ギブアップ 포기, 항복
유 降参(こうさん) 항복, 손듦, 질림
유 降伏(こうふく) 항복

この問題(もんだい)は難(むずか)しすぎて、もうお手上げだ。

이 문제는 너무 어려워서 이제 손 들었다(포기다).

= 快(こころよ)い 기분 좋다, 상쾌하다, 유쾌하다, 즐겁다
= 爽(さわ)やかだ 상쾌하다
참 心地(ここち) 기분, 느낌
참 心地(こころち)よい(×)*발음 주의!*

心地よい風(かぜ)が吹(ふ)いて気持(きも)ちいい。

상쾌한 바람이 불어서 기분 좋다.

표제어	Step 1 ❘ 단어 풀이(용법·의미)

い형용사

26

心細い

불안하다, 마음이 안 놓이다

한자풀이 **心** 마음 심, **細** 가늘 세

こころぼそい

의미 불안하다, 마음이 안 놓이다

용법 의지할 데가 적은 경우에 사용

★ **빈출표현** 老後/夜道/蓄えが心細い(노후/밤길/저축이 불안하다)

*출제가능유형 : 문맥 | 유의표현

な형용사

27

簡素だ

간소하다

한자풀이 **簡** 대쪽 간, 간략할 간, **素** 흴 소

かんそだ

의미 (생활·차림새 등이) 간략하고 소박하다, 간단하고 수수하다

★ **빈출표현** 簡素化(간소화), 簡素な生活/結婚式(간소한 생활/결혼식)

*출제가능유형 : 유의표현 | 용법

28

肝心だ

중요하다, 요긴하다

한자풀이 **肝** 간 간, **心** 마음 심

かんじんだ

용법 다른 것들과 비교해서 그중에서 특히 중요한 것에 사용

★ **빈출표현** 肝心な点(중요한 점),
最初/用心/基本が肝心だ(처음/조심하는 것/기본이 중요하다)

*출제가능유형 : 한자읽기-음독 | 유의표현

29

閑静だ

조용하다, 한적하다

한자풀이 **閑** 한가할 한, **静** 고요할 정

かんせいだ

의미 고요하다, 조용하다, 한적하다

용법 장소나 주거지에 사용

★ **빈출표현** 閑静な郊外/町並み(한적한 교외/거리),
閑静な住宅街(조용한 주택가)

*출제가능유형 : 한자읽기-음독 | 용법

30

強硬だ

강경하다

한자풀이 **強** 굳셀 강, **硬** 굳을 경

きょうこうだ

의미 굳세게 버티어 굽히지 않다

★ **빈출표현** 強硬な主張/態度(강경한 주장/태도),
強硬に反対する(강경하게 반대하다)

*출제가능유형 : 한자읽기-음독 | 문맥

Step 2	연관 단어	Step 3	예문
유 心(こころ)もとない 불안하다, 염려되다 └, 의지할 데가 적거나, 확실성과 안정감이 적은 경우에 사용 유 危(あぶ)なっかしい 위태롭다, 염려스럽다 └, 확실성과 안정감이 적은 경우에 사용 ↔ 心強(こころづよ)い 마음 든든하다	一人(ひとり)だけで行(い)くのは心細い。 혼자 가는 것은 불안하다.
유 地味(じみ)だ 수수하다 유 質素(しっそ)だ 검소하다 유 シンプルだ 단순하다, 소박하다, 검소하다 ↔ 贅沢(ぜいたく)だ 사치스럽다 ↔ 豪華(ごうか)だ 호화스럽다	朝(あさ)は時間(じかん)がないので、食事(しょくじ)は簡素にしている。 아침에는 시간이 없기 때문에 식사는 간소하게 하고 있다.
유 重要(じゅうよう)だ 중요하다 └, 무언가를 위해서 그 역할이 중요한 것 유 大事(だいじ)だ 중요하다, 소중하다 └, 주관적 · 심정적으로 필요해서 중요한 것 유 肝要(かんよう)だ 간요하다, 매우 중요하다 └, 전체 중에서 가장 중요한 부분을 의미 + TIP 신체의 오장(五臟) 중에서 간장(肝臓)과 심장(心臓)은 특히 중요(肝心)하다는 뜻	何事(なにごと)も最初(さいしょ)が肝心である。 무슨 일이든지 맨 처음이 중요하다.
유 静(しず)かだ 조용하다, 고요하다	閑静な住宅街(じゅうたくがい)に住(す)んでみたい。 조용한 주택가에 살아보고 싶다.
유 断固(だんこ)だ 단호하다 유 強行(きょうこう)する 강행하다, 억지로 시행하다, 억지로 하다 ↔ 軟弱(なんじゃく)だ 연약하다, (태도 · 의지가) 약하다	彼女(かのじょ)はあまりにも強硬な態度(たいど)を取(と)った。 그녀는 너무나도 강경한 태도를 취했다.

DAY 3

표제어	Step 1 │ 단어 풀이(용법·의미)

な형용사

31

緊密だ
긴밀하다

(한자풀이) **緊** 팽팽할 긴, **密** 빽빽할 밀

きんみつだ

의미 관계가 서로 밀접하다

빈출표현 緊密な関係/連絡/協力(긴밀한 관계/연락/협력)

*출제가능유형 : 문맥 | 용법

동사

32

偏る/片寄る
기울다, 치우치다

(한자풀이) **偏** 치우칠 편, **片** 조각 편, **寄** 부칠 기

かたよる

의미 (한쪽으로) 기울다, 치우치다, 불공평하다

빈출표현 思想が偏る(사상이 기울다), 栄養が偏る(영양이 치우치다), 偏った判定(불공평한 판정)

*출제가능유형 : 한자읽기-훈독 | 문맥

33

叶う
이루어지다, 성취되다

(한자풀이) **叶** 화합할 협

かなう

의미 이루어지다, 성취되다, 뜻대로 되다

빈출표현 夢/願い/念願が叶う(꿈/소원/염원이 이루어지다), 叶わぬ恋(이룰 수 없는 사랑)

*출제가능유형 : 문맥 | 용법

34

庇う
감싸다, 두둔하다

(한자풀이) **庇** 덮을 비

かばう

용법 약한 사람이나 상처를 입어 약해진 몸의 부분을 외부로부터의 해가 없도록 감싸 보호하는 것에 사용

빈출표현 弱者/傷口を庇う(약자/상처 부위를 감싸다), 仲間を庇う(동료를 두둔하다)

*출제가능유형 : 유의표현 | 용법

35

切り出す
자르기 시작하다, 잘라(베어)내다, (말을) 꺼내다

(한자풀이) **切** 끊을 절, **出** 날 출

きりだす

의미 ① 자르기(베기) 시작하다 ② (나무·석재를) 잘라서 실어내다 ③ 말을 꺼내다

빈출표현 原木を切り出す(원목을 베어내다), 石材を切り出す(석재를 잘라내다), 話を切り出す(이야기를 꺼내다)

*출제가능유형 : 문맥 | 용법

Step 2 | 연관 단어

Step 3 | 예문

유 密接だ(みっせつ) 밀접하다, 관계가 아주 깊다

両社(りょうしゃ)は長年(ながねん)緊密な関係(かんけい)にある。

두 회사는 다년간 긴밀한 관계에 있다.

유 傾く(かたむ) 기울다, 비스듬해지다, 치우치다

유 偏向する(へんこう) 편향되다

栄養(えいよう)が偏らないように、バランス良(よ)く食(た)べること。

영양이 치우치지 않도록 골고루 먹을 것.

참 適う(かな) (기준·조건 등에) 꼭 맞다, 들어맞다

예 理(り)に適う 이치에 맞다

참 敵う(かな) 대항할 수 있다, 필적하다

예 彼(かれ)には敵わない 그에게는 당할 수 없다

いよいよ念願(ねんがん)の夢(ゆめ)が叶った。

마침내 염원하던 꿈이 이루어졌다.

유 守る(まも) 지키다

└ 사람이나 몸뿐만 아니라 소중히 다루고 있는 것이 외부의 공격으로부터 침해받지 않도록 지키는 것

↔ やっつける 해치우다, 혼내주다

↔ 虐める(いじ) 괴롭히다

암기 TIP 약자를 cover(カバー)해 주다

虐(いじ)められている子(こ)を庇ってやる。

괴롭힘당하고 있는 아이를 감싸주다.

= 言い出す(い・だ) 말을 꺼내다

유 口を切る(くち・き) 말하기 시작하다

彼女(かのじょ)に結婚(けっこん)の話(はなし)を切り出す。

여자 친구에게 결혼 이야기를 꺼내다.

표제어	Step 1 ㅣ 단어 풀이(용법·의미)

동사

36 食い違う

어긋나다, 엇갈리다

한자풀이 **食** 밥 식, **違** 어길 위

くいちがう

용법 일치하지 않거나 모순이 있는 것에 사용

빈출표현 継(つ)ぎ目(め)が食い違う(이음매가 어긋나다), 意見(いけん)が食い違う(의견이 엇갈리다), 見積書(みつもりしょ)と食い違う(견적서와 일치하지 않다)

*출제가능유형 : 문맥 용법

37 食い止める

막다, 저지하다

한자풀이 **食** 밥 식, **止** 그칠 지

くいとめる

의미 막다, 저지하다, 방지하다

빈출표현 被害(ひがい)/火(ひ)の手(て)/侵入(しんにゅう)を食い止める(피해/불길/침입을 막다)

*출제가능유형 : 문맥 용법

38 くじける

삐다, (기세·의욕이) 꺾이다

くじける

의미 ① 접질리다, 삐다 ② (기세·의욕이) 꺾이다, 좌절하다

용법 지속되던 기세·의욕이 약해지는 것에 사용

빈출표현 足(あし)がくじける(발이 접질리다), 気(き)がくじける(기가 꺾이다)

*출제가능유형 : 문맥 용법

39 崩れる

무너지다, 흐트러지다

한자풀이 **崩** 무너질 붕

くずれる

의미 ① 무너지다, 붕괴하다, 허물어지다 ② 흐트러지다

빈출표현 崖(がけ)が崩れる(벼랑이 무너지다), 体調(たいちょう)が崩れる(몸의 컨디션이 안 좋아지다), 姿勢(しせい)が崩れる(자세가 흐트러지다)

*출제가능유형 : 한자읽기-훈독 문맥

40 砕ける

부서지다, 꺾이다, 알기 쉽게 되다

한자풀이 **砕** 부술 쇄

くだける

의미 ① (작은 파편으로) 부서지다, 깨지다 ② (기세가) 꺾이다 ③ (이야기·문장 등이) 알기 쉽다

빈출표현 粉々(こなごな)に砕ける(산산조각으로 부서지다), 腰(こし)が砕ける(처음의 기세가 중도에 꺾이다), 砕けた表現(ひょうげん)(알기 쉽게 된 표현)

*출제가능유형 : 한자읽기-훈독 문맥

Step 2 | 연관 단어

Step 3 | 예문

유 行(ゆ)き違(ちが)う (서로) 엇갈리다
└ 코스나 타이밍이 맞지 않는 것

유 擦(す)れ違(ちが)う 엇갈리다
└ 바로 근처에서 서로 반대 방향으로 지나가서 만나지 못하는 것

유 ずれる 벗어나다, 빗나가다
└ 기준 · 표준에서 조금 벗어나는 것

両者(りょうしゃ)の意見(いけん)が食い違って対立(たいりつ)している。

양자의 의견이 일치하지 않아 대립하고 있다.

유 抑(おさ)える (늘어나거나 퍼지는 것을) 막다, 억제하다

유 阻止(そし)する 저지하다

被害(ひがい)を最小限(さいしょうげん)に食い止める。

피해를 최소한으로 막다.

= 捻挫(ねんざ)する 삐다

유 屈(くっ)する (기세 · 정신이) 꺾이다, 굴하다
└ 무언가의 힘에 져서 저항을 중지하는 것

유 砕(くだ)ける (기세가) 꺾이다, 좌절하다
└ 장애에 부딪혀 기세가 약해지는 것

彼(かれ)はたった一回(いっかい)の失敗(しっぱい)でくじけるような人(ひと)ではない。

그는 단 한 번의 실패로 꺾일 사람이 아니다.

유 崩落(ほうらく)する 무너져 내리다

↔ 整(ととの)う 정돈되다

季節(きせつ)の変(か)わり目(め)には体調(たいちょう)が崩れやすい。

환절기에는 몸의 컨디션이 안 좋아지기 쉽다.

유 割(わ)れる 깨지다, 부서지다
└ 砕ける보다는 조금 큰 몇 개의 파편으로 깨지는 것

유 くじける (기세 · 의욕이) 꺾이다, 좌절하다

암기 TIP 좀 크다 깨라(くだける)

窓(まど)ガラスが砕けて粉々(こなごな)になる。

유리창이 깨져서 산산조각이 되다.

DAY 3

표제어	Step 1 단어 풀이(용법·의미)

동사

41

覆す
뒤집다, 전복시키다, 근본부터 고치다

한자풀이 覆 뒤집힐 복

くつがえす

의미 ① (상·하를) 뒤집다 ② (정권을) 뒤집다, 전복시키다 ③ (정설·학설 등을) 뒤집다, 근본부터 고치다

빈출표현 政権(せいけん)を覆す(정권을 전복시키다), 定説(ていせつ)を覆す(정설을 뒤집다)

*출제가능유형 : 한자읽기-훈독 | 용법

42

貶す
헐뜯다, 비방하다

한자풀이 貶 낮출 폄

けなす

의미 헐뜯다, 비방하다

빈출표현 他人(たにん)の作品(さくひん)をけなす(타인의 작품을 헐뜯다), 陰(かげ)で人(ひと)をけなす(뒤에서 남을 헐뜯다), 口(くち)でけなして心(こころ)で褒(ほ)める(말로는 헐뜯고 속으로는 칭찬하다)

*출제가능유형 : 문맥 | 유의표현

부사

43

かねがね
전부터, 진작부터

かねがね

의미 전부터, 진작부터

빈출표현 かねがね伺(うかが)う/承(うけたまわ)る(전부터 듣다/듣다), かねがね言(い)ったとおり(전부터 말한 대로)

*출제가능유형 : 문맥 | 유의표현

44

がらりと
드르륵, 싹

がらりと

의미 ① 미닫이 문 등을 세차게 여는 소리, 드르륵 ② 갑자기 변하는 모양, 싹

빈출표현 戸(と)をがらりと開(あ)ける(문을 드르륵 열다), 態度(たいど)ががらりと変(か)わる(태도가 싹 변하다)

*출제가능유형 : 문맥 | 용법

45

辛うじて
겨우, 가까스로

한자풀이 辛 매울 신

かろうじて

용법 실현되기 위해서 필요한 경계선에 겨우 도달한 것에 사용

빈출표현 辛うじて合格(ごうかく)した(간신히 합격했다), 辛うじて間(ま)に合(あ)った(겨우 시간에 맞췄다), 辛うじて勝(か)った(가까스로 이겼다)

*출제가능유형 : 문맥 | 유의표현

Step 2	연관 단어	Step 3	예문
= 引っ繰り返す (상·하를) 뒤집다, (정설·학설 등을) 뒤집다, 근본부터 고치다 유 裏返す (안·겉을) 뒤집다	これは従来の定説を覆す発見だ。 이것은 종래의 정설을 뒤집을 만한 발견이다.
= 腐す 헐뜯다, 비방하다 유 悪く言う 나쁘게 말하다 ↔ 褒める 칭찬하다	やたらに人をけなしてはいけない。 함부로 남을 헐뜯으면 안 된다.
= かねて 전부터, 진작부터 = 以前から 이전부터 = 前々から 오래전부터 암기 TIP 전부터 한번 가네가네(かねがね) 하면서 못 가고 있네 미안하네	お噂はかねがねお伺いしております。 소문은 진작부터 들었습니다.
= からりと 미닫이 문 등을 세차게 여는 소리, 드르륵, 하늘이 활짝 갠 모양, 활짝 = からっと 갑자기 변하는 모양, 싹, 하늘이 활짝 갠 모양, 활짝	家具の位置を換えただけで、部屋の雰囲気ががらりと変わった。 가구의 위치를 바꿨을 뿐인데 방의 분위기가 싹 바뀌었다.
유 やっと 겨우, 가까스로, 간신히 └ 겨우 실현된 결과만을 나타내는 것 유 ようやく 겨우, 가까스로, 간신히 └ 실현하기 위해서 많은 시간과 노력을 들인 것 유 何とか 어떻게든, 그럭저럭, 간신히 유 どうにか 겨우, 그런대로, 그럭저럭 └ 何とか와 どうにか는 실현된 일이 불충분하더라도 그럭저럭	辛うじて終電に間に合った。 겨우 마지막 전철 시간에 맞췄다.

표제어	Step 1 │ 단어 풀이(용법·의미)

부사

46 ぎくしゃく

어색함, 서먹서먹함

ぎくしゃく

의미 ① 말이나 동작이 어색한 모양, 어색함, 부자유스러움
② 사물의 진행이나 인간관계 등이 순조롭지 못함, 서먹서먹함

빈출표현 ぎくしゃくとした動作(どうさ)(어색한 동작), 会話(かいわ)がぎくしゃくする(대화가 순조롭지 못하다), 関係(かんけい)がぎくしゃくする(관계가 서먹서먹하다)

*출제가능유형 : 문맥 유의표현

47 急遽

급거, 급히

한자풀이 急 급할 급, 遽 급히 거

きゅうきょ

의미 급거, 급히, 갑작스럽게, 서둘러

용법 예상외의 사태가 발생해서 급하게 대처하는 것에 사용

빈출표현 急遽帰国(きこく)する/出発(しゅっぱつ)する(급거 귀국하다/출발하다), 急遽現場(げんば)に駆(か)け付(つ)ける(급거 현장으로 달려가다)

*출제가능유형 : 문맥 유의표현

가타카나

48 クレーム

클레임, 불평

claim

용법 주로 서비스 불만족에 대한 고객의 불평 등에 자주 사용

빈출표현 クレームをつける(클레임을 걸다), クレーム対応(たいおう)/処理(しょり)(클레임 대응/처리)

*출제가능유형 : 문맥 유의표현

49 コンスタント

항상 일정함

constant

의미 항상 일정함, 한결같음

빈출표현 コンスタントな売(う)り上(あ)げ/収益(しゅうえき)/打率(だりつ)(일정한 매상/수익/타율)

*출제가능유형 : 문맥 유의표현

의태어

50 へとへと

기진맥진함, 녹초가 됨

へとへと

의미 몹시 지쳐서 힘이 없는 모양, 기진맥진함, 녹초가 됨

용법 무언가를 해서 피곤한 경우에 사용

빈출표현 へとへとになる(녹초가 되다), へとへとに疲(つか)れた(몹시 피곤하다)

*출제가능유형 : 문맥 유의표현

Step 2 │ 연관 단어	Step 3 │ 예문
유 ぎこちない (말·동작 등이) 어색하다, 부드럽지 못하다, 딱딱하다 유 うまく行(い)かない 잘 되어 가지 않다	二人(ふたり)の関係(かんけい)がぎくしゃくしてきた。 두 사람의 관계가 서먹서먹해졌다.
= 急(いそ)いで 급히, 서둘러 유 突然(とつぜん) 돌연, 갑자기 └ 예상하지 않았던 일이 일어나는 것 유 にわかに 갑자기, 별안간, 돌연 └ 주로 상태 · 상황의 변화를 나타냄	知(し)らせを聞(き)いて急遽病院(びょういん)に駆(か)け付(つ)けた。 소식을 듣고 급히 병원으로 달려갔다.
= 苦情(くじょう) 불평, 불만, 클레임 └ 상대로부터 받은 피해나 불이익에 대한 항의를 의미하며, 주로 서비스 불만족에 대한 고객의 클레임 등에 자주 사용 참 文句(もんく) 불평, 불만, 할말 └ 상대나 어떤 일이나 사물에 대해서 마음에 들지 않아 불평을 하는 것	お客様(きゃくさま)にクレームをつけられた。 손님에게 불평을 들었다.
유 一定(いってい) 일정 유 恒常的(こうじょうてき) 항상적 ↔ バリアブル 변하기 쉬운, 가변의	毎月(まいつき)コンスタントな収益(しゅうえき)をあげる。 매달 일정한 수익을 올리다.
= くたくた 지침, 녹초가 됨, 기진맥진함 유 ぐったり 녹초가 됨, 축 늘어짐 └ 피곤한 경우뿐만 아니라 병 등으로 기운이 없는 경우에도 사용 예 熱(ねつ)が出(で)てぐったりする 열이 나서 축 늘어지다	連日(れんじつ)の残業(ざんぎょう)でへとへとに疲(つか)れた。 연일 잔업으로 몹시 피곤하다.

DAY 3

Day 3

문제로 확인하기

1 다음 단어의 한자 읽는 법을 고르세요.

1. 凝縮 A. ぎしゅく B. ぎょうしゅく
2. 肝心 A. かんじん B. かんしん
3. 覆す A. くつがえす B. ひるがえす

2 다음 단어의 한자 표기를 고르세요.

4. くずれる A. 崩れる B. 棚れる
5. くだける A. 砕ける B. 枠ける
6. ぐんしゅう A. 郡衆 B. 群衆

3 다음 빈칸에 공통으로 들어갈 수 있는 한자 또는 단어로 적절한 것을 고르세요.

7. ( )与 ( )付 ( )贈
A. 椅 B. 寄 C. 奇

8. ( )天 信( ) ( )向け
A. 晴 B. 託 C. 仰

9. 乗り( ) 居( ) ( )よい
A. 生地 B. 心地 C. 意地

4 빈칸에 들어갈 단어로 적절한 것을 고르세요.

A. かねがね B. 経緯 C. コンスタント

10. 毎月＿＿＿＿＿な収益をあげる。
11. 彼女は事件の＿＿＿＿＿をこまごまと語った。
12. お噂は＿＿＿＿＿お伺いしております。

정답 1. B 2. A 3. A 4. A 5. A 6. B 7. B 8. C 9. B 10. C 11. B 12. A

강의와
예문 듣기

WEEK 1

Day 4

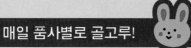

매일 품사별로 골고루! 오늘의 50단어 한눈에 보기!

음독명사

01. 経歴
02. 結束
03. 気配
04. 嫌悪
05. 言及
06. 厳正
07. 顕著
08. 故意
09. 合意
10. 貢献
11. 交錯
12. 交付
13. 興奮
14. 考慮
15. 互角
16. 克服
17. 誇張
18. 根拠
19. 在庫
20. 細心

고유어

21. 気掛かり
22. 兆し
23. 口出し
24. 心当たり

い형용사

25. しぶとい
26. すがすがしい

な형용사

27. 堅実だ
28. 豪快だ
29. 広大だ
30. 巧妙だ
31. 克明だ

동사

32. 拒む
33. 壊す
34. 遮る
35. 退く
36. 差し引く
37. 察する
38. 障る
39. 仕上がる
40. しがみつく
41. しくじる
42. 慕う

부사

43. 極力
44. 極めて
45. くまなく
46. くよくよ
47. ことごとく

가타카나

48. コントラスト
49. コンパクト

관용구

50. 荷が重い

표제어	Step 1 | 단어 풀이(용법·의미)

음독명사

1

経歴
경력

(한자풀이) **経** 날 경, **歴** 지낼 력

けいれき

의미 겪어 온 여러 가지 일

빈출표현 経歴が長(なが)い/浅(あさ)い(경력이 길다/적다),
経歴証明書(しょうめいしょ)(경력 증명서)

*출제가능유형 : 문맥 | 유의표현

2

結束
결속

(한자풀이) **結** 맺을 결, **束** 묶을 속

けっそく

의미 뜻이 같은 사람끼리 하나로 뭉치는 것

빈출표현 結束が固(かた)い(결속이 굳다),
結束を固(かた)める(결속을 굳히다)

*출제가능유형 : 문맥 | 용법

3

気配
기척, 낌새

(한자풀이) **気** 기운 기, **配** 짝 배

けはい

의미 왠지 모르게 느껴지는 기미

빈출표현 気配がする(낌새가 있다),
気配を感(かん)じる(낌새를 느끼다), 人(ひと)の気配(인기척)

*출제가능유형 : 문맥 | 용법

4

嫌悪
혐오

(한자풀이) **嫌** 싫어할 혐, **悪** 악할 악, 미워할 오

けんお

의미 싫어하고 미워하는 것

빈출표현 嫌悪感(かん)(혐오감), 嫌悪の情(じょう)(혐오감),
自己(じこ)嫌悪(자기혐오)

*출제가능유형 : 한자읽기-음독 | 유의표현

5

言及
언급

(한자풀이) **言** 말씀 언, **及** 미칠 급

げんきゅう

의미 어떤 문제에 대하여 말하는 것

빈출표현 言及を避(さ)ける(언급을 피하다),
～に言及する(~에 언급하다)

*출제가능유형 : 문맥 | 유의표현

Step 2	연관 단어	Step 3	예문
= キャリア 경력 = 履歴(りれき) 이력 참 経曆(×) *한자 주의!*	海外(かいがい)で仕事(しごと)をした経歴のある方(かた)をお待(ま)ちしています。 해외에서 일을 한 경력이 있는 분을 기다리고 있습니다.
유 連帯(れんたい) 연대 유 団結(だんけつ) 단결	勝(か)つためには、チームの結束を固(かた)める必要(ひつよう)がある。 이기기 위해서는 팀의 결속을 다질 필요가 있다.
= 気色(けしき) 기색, 표정, 태도, 기미, 낌새 예 好転(こうてん)する気色もない 호전될 기미도 없다	誰(だれ)もいないはずの部屋(へや)で人(ひと)の気配を感(かん)じた。 아무도 없는 방에서 인기척을 느꼈다.
유 憎悪(ぞうお) 증오 유 憎(にく)しみ 미움, 증오 참 嫌悪(けんあく)(×) *발음 주의!* 참 悪寒(おかん) 오한	喫煙(きつえん)に嫌悪感(かん)を抱(いだ)く人(ひと)もいる。 흡연에 혐오감을 품는 사람도 있다.
= 触(ふ)れる 언급하다 참 及(およ)ぶ 이르다, 달하다, 미치다	個人的(こじんてき)な問題(もんだい)にまで言及することはない。 개인적인 문제까지 언급할 필요는 없다.

DAY 4

표제어	Step 1 | 단어 풀이(용법·의미)

음독명사

6

厳正
엄정

(한자풀이) **厳** 엄할 엄, **正** 바를 정

げんせい

용법 엄격하고 공정한 것

빈출표현 厳正な裁判(さいばん)/審査(しんさ)(엄정한 재판/심사),
厳正中立(ちゅうりつ)(엄정 중립)

*출제가능유형 : [한자읽기-음독] [문맥]

7

顕著
현저

(한자풀이) **顕** 나타날 현, **著** 나타날 저

けんちょ

용법 뚜렷이 드러나는 것

빈출표현 顕著な業績(ぎょうせき)(현저한 업적),
顕著に現(あら)われる(현저히 나타나다)

*출제가능유형 : [한자읽기-음독] [유의표현]

8

故意
고의

(한자풀이) **故** 예 고, 연고 고, **意** 뜻 의

こい

용법 일부러 하는 생각이나 태도

빈출표현 故意か過失(かしつ)か(고의냐 과실이냐), 故意犯(はん)(고의범)

*출제가능유형 : [문맥] [유의표현]

9

合意
합의

(한자풀이) **合** 합할 합, **意** 뜻 의

ごうい

용법 서로의 의지나 의견이 일치하는 것

빈출표현 合意書(しょ)(합의서), 合意点(てん)(합의점),
合意に達(たっ)する(합의에 달하다)

*출제가능유형 : [문맥] [유의표현]

10

貢献
공헌

(한자풀이) **貢** 바칠 공, **献** 바칠 헌

こうけん

용법 이바지함, 기여함

빈출표현 貢献度(ど)(공헌도), ～に貢献する(～에 공헌하다)

*출제가능유형 : [한자읽기-음독] [유의표현]

Step 2 ｜ 연관 단어	Step 3 ｜ 예문
유 厳重(げんじゅう) 엄중 유 厳格(げんかく) 엄격 참 厳(いかめ)しい 엄숙하다, 엄중하다	彼(かれ)は厳正な審査(しんさ)を経(へ)て選(えら)ばれたアーティストです。 그는 엄정한 심사를 거쳐서 뽑힌 아티스트입니다.
참 著(いちじる)しい 현저하다, 두드러지다	この薬(くすり)の効能(こうのう)が顕著に現(あらわ)れている。 이 약의 효능이 현저히 나타나고 있다.
유 わざと 일부러, 고의로 ↔ 過失(かしつ) 과실	彼(かれ)は保険金(ほけんきん)を目的(もくてき)に故意に接触事故(せっしょくじこ)を起(お)こした。 그는 보험금을 목적으로 고의로 접촉사고를 일으켰다.
= コンセンサス 컨센서스, 합의 참 同意(どうい) 동의 ㄴ, 한쪽의 의사에 다른 쪽이 일방적으로 따르는 것	両国(りょうこく)はようやく合意に達(たっ)した。 양국은 겨우 합의에 이르렀다.
= 寄与(きよ) 기여 참 貢(みつ)ぐ (남의 생활을 돕기 위하여) 금품을 대다	彼(かれ)は世界(せかい)の平和(へいわ)と安定(あんてい)に貢献した。 그는 세계의 평화와 안정에 공헌했다.

표제어	Step 1 ㅣ 단어 풀이(용법·의미)

음독명사

11

交錯
교착

(한자풀이) **交** 사귈 교, **錯** 어긋날 착, 섞일 착

こうさく

의미 복잡하게 뒤섞이는 것

빈출표현 ～と～(と)が交錯する(~과 ~이 교착하다)

*출제가능유형 : [한자읽기-음독] [용법]

12

交付
교부

(한자풀이) **交** 사귈 교, **付** 줄 부

こうふ

의미 내어 주는 것

빈출표현 交付申請書(교부 신청서), 交付金(교부금)
交付通知書(교부 통지서)

*출제가능유형 : [문맥] [용법]

13

興奮
흥분

(한자풀이) **興** 일 흥, **奮** 떨칠 분

こうふん

의미 흥분

빈출표현 興奮のるつぼ(흥분의 도가니),
興奮して暴れる(흥분해서 날뛰다),
興奮を静める(흥분을 가라앉히다)

*출제가능유형 : [유의표현] [용법]

14

考慮
고려

(한자풀이) **考** 생각할 고, **慮** 생각할 려

こうりょ

의미 여러 요소를 생각하고 헤아리는 것

빈출표현 考慮に入れる(고려에 넣다),
考慮の余地がない(고려할 여지가 없다)

*출제가능유형 : [한자읽기-음독] [문맥]

15

互角
호각

(한자풀이) **互** 서로 호, **角** 뿔 각

ごかく

의미 우열의 차이가 없는 것

빈출표현 互角の勝負/形勢(호각의 승부/형세),
互角の腕前(우열이 없는 솜씨),
実力が互角だ(실력이 백중하다)

*출제가능유형 : [유의표현] [용법]

Step 2	연관 단어	Step 3	예문
유 混交(こんこう) 혼효, 여러 가지 것이 뒤섞임 참 交(ま)じる 섞이다	夢(ゆめ)と現実(げんじつ)が交錯する。 꿈과 현실이 교착하다.
참 渡(わた)す 건네다, 내주다	まず交付申請書(しんせいしょ)を作成(さくせい)してください。 우선 교부 신청서를 작성해 주세요.
유 激昂(げきこう) 격앙, 몹시 흥분함 ↔ 冷静(れいせい) 냉정 ↔ 鎮静(ちんせい) 진정 참 興味(きょうみ) 흥미	球場(きゅうじょう)は興奮のるつぼだった。 야구장은 흥분의 도가니였다.
유 配慮(はいりょ) 배려 └ 상대방이나 어떤 일에 좋은 결과가 나오도록 마음을 쓰는 것	顧客(こきゃく)のニーズを考慮に入(い)れる。 고객의 요구를 고려에 넣다.
= 伯仲(はくちゅう) 백중 = 五分五分(ごぶごぶ) 우열이 없음 ↔ 段違(だんちが)い 현격한 차이 ↔ 桁違(けたちが)い 차이가 큼, 월등함	両(りょう)チームとも攻撃力(こうげきりょく)は互角である。 양팀 모두 공격력은 우열의 차이가 없다.

표제어	Step 1 ｜ 단어 풀이(용법·의미)

음독명사

16 **克服**
극복
한자풀이 **克** 이길 극, **服** 옷 복

こくふく
의미 어렵고 힘든 일을 이겨 내는 것
빈출표현 障害(しょうがい)を克服する(장애를 극복하다), 難関(なんかん)を克服する(난관을 극복하다), 危機(きき)を克服する(위기를 극복하다)
*출제가능유형 : 한자읽기-음독 | 유의표현

17 **誇張**
과장
한자풀이 **誇** 자랑할 과, **張** 베풀 장

こちょう
의미 사실보다 지나치게 불려서 나타내는 것
빈출표현 誇張表現(ひょうげん)(과장 표현), 誇張が過(す)ぎる(과장이 지나치다)
*출제가능유형 : 한자읽기-음독 | 유의표현

18 **根拠**
근거
한자풀이 **根** 뿌리 근, **拠** 의거할 거

こんきょ
의미 근본이 되는 이유
빈출표현 根拠のある~(근거가 있는 ~), 根拠のない~(근거가 없는 ~)
*출제가능유형 : 한자읽기-음독 | 문맥

19 **在庫**
재고
한자풀이 **在** 있을 재, **庫** 곳집 고

ざいこ
의미 창고에 있음
빈출표현 在庫品(ひん)(재고품), 在庫調査(ちょうさ)(재고 조사), 在庫がない(재고가 없다), 在庫が切(き)れる(재고가 다 떨어지다)
*출제가능유형 : 문맥 | 유의표현

20 **細心**
세심
한자풀이 **細** 가늘 세, **心** 마음 심

さいしん
의미 꼼꼼하게 주의를 기울여 빈틈이 없는 것
빈출표현 細心の注意(ちゅうい)(세심한 주의), 細心の警戒(けいかい)(세심한 경계)
*출제가능유형 : 유의표현 | 용법

Step 2 │ 연관 단어	Step 3 │ 예문
참 乗(の)り越(こ)える 극복하다, 헤쳐 나가다 참 乗(の)り切(き)る 극복하다, 헤쳐 나가다 참 克(か)つ (어려운 일을) 이겨내다, 극복하다 참 勝(か)つ (시합에) 이기다, 승리하다	彼(かれ)はハンディを克服して世界一流選手(せかいいちりゅうせんしゅ)となった。 그는 핸디캡을 극복하고 세계 일류선수가 되었다.
= 大(おお)げさ 과장됨 참 誇張(かちょう)(×)*발음 주의!*	不必要(ふひつよう)な誇張表現(ひょうげん)は避(さ)けた方(ほう)がいい。 불필요한 과장 표현은 피하는 편이 좋다.
= 拠(よ)り所(どころ) 근거 참 根(ね)も葉(は)もない 아무런 근거도 없다	これは科学的(かがくてき)根拠のある情報(じょうほう)です。 이것은 과학적 근거가 있는 정보입니다.
= ストック 재고, 재고품 예 ストックが底(そこ)をつく 재고가 바닥나다	現在(げんざい)、在庫が切(き)れております。 현재 재고가 다 떨어졌습니다.
유 丁寧(ていねい) 주의 깊고 세심함, 공들임 유 念入(ねんい)り 세심한 주의를 기울임, 공들임 ↔ 放胆(ほうたん) 방담, 매우 대담함	火(ひ)の取(と)り扱(あつか)いには、細心の注意(ちゅうい)を払(はら)いましょう。 불을 다룰 때는 세심한 주의를 기울입시다.

표제어	Step 1 ǀ 단어 풀이(용법·의미)
21 고유어 **気掛かり** 마음에 걸림, 걱정 (한자풀이) 気 기운 기, 掛 걸 괘	きがかり **의미** 마음에 걸림, 근심, 걱정 **빈출표현** 気掛かりになる(걱정이 되다), ~が気掛かりだ(~가 걱정이다) *출제가능유형 : [문맥] [유의표현]
22 고유어 **兆し** 징조, 조짐 (한자풀이) 兆 조짐 조	きざし **의미** 어떤 일이 생길 기미, 징조, 조짐 **빈출표현** 兆しが見(み)える(조짐이 보이다), 回復(かいふく)の兆し(회복의 조짐), 春(はる)の兆し(봄의 징조) *출제가능유형 : [한자읽기-훈독] [유의표현]
23 고유어 **口出し** 말참견 (한자풀이) 口 입 구, 出 날 출	くちだし **의미** 말참견 **빈출표현** 余計(よけい)な口出し(쓸데없는 말참견), 横(よこ)から口出しする(옆에서 말참견하다) *출제가능유형 : [유의표현] [용법]
24 고유어 **心当たり** 짐작 가는 데, 마음에 짚이는 데 (한자풀이) 心 마음 심, 当 마땅 당	こころあたり **의미** 짐작, 짐작 가는 곳, 마음에 짚이는 곳 **빈출표현** 心当たりがある(짐작 가는 데가 있다), 心当たりがない(짐작 가는 데가 없다), 心当たりを捜(さが)す(짐작 가는 데를 찾다) *출제가능유형 : [유의표현] [용법]
25 い형용사 **しぶとい** 끈질기다, 강인하다	しぶとい **의미** 끈질기다, 강인하다 **빈출표현** しぶとい病気(びょうき)(끈질긴 병), しぶとい勝負(しょうぶ)(끈질긴 승부), しぶとく生(い)きる(강인하게 살아가다) *출제가능유형 : [유의표현] [용법]

Step 2 ｜ 연관 단어	Step 3 ｜ 예문
= 心配(しんぱい) 걱정, 근심 = 懸念(けねん) 걱정, 염려	明日(あした)の天気(てんき)がちょっと気掛かりだ。 내일 날씨가 조금 걱정이다.
= 前兆(ぜんちょう) 전조 = 前触(まえぶ)れ 전조, 조짐 = 兆候(ちょうこう) 조후, 징조 = 徴候(ちょうこう) 징후, 징조	景気回復(けいきかいふく)の兆しが見(み)える。 경기 회복의 조짐이 보인다.
= 差(さ)し出口(でぐち) 말참견 유 お節介(せっかい) 쓸데없는 참견 유 ちょっかい 쓸데없는 참견 유 干渉(かんしょう) 간섭	余計(よけい)な口出しをする。 쓸데없는 말참견을 하다.
= 見当(けんとう) 어림, 짐작 = 目星(めぼし) 어림, 짐작	息子(むすこ)がどこへ行(い)ったのか心当たりが全(まった)くない。 아들이 어디에 갔는지 짐작 가는 데가 전혀 없다.
= 粘(ねば)り強(づよ)い 끈기 있다, 끈질기다, 끈덕지다 유 しつこい 집요하다, 끈덕지다	両(りょう)チームはしぶとい勝負(しょうぶ)をみせてくれた。 양 팀은 끈질긴 승부를 보여줬다.

표제어	Step 1 | 단어 풀이(용법·의미)

い형용사

26

すがすがしい
상쾌하다, 시원하다

すがすがしい

의미 상쾌하다, 시원하고 개운하다

빈출표현 すがすがしい朝(상쾌한 아침), すがすがしい空気(상쾌한 공기), すがすがしい気持ち(상쾌한 기분)

*출제가능유형 : 문맥 | 유의표현

な형용사

27

堅実だ
견실하다

한자풀이 堅 굳을 견, 実 열매 실

けんじつだ

의미 ① 믿음직스럽고 착실하다 ② 안전하고 확실하다

빈출표현 堅実な人(착실한 사람), 堅実な手段(견실한 수단), 堅実な投資(견실한 투자)

*출제가능유형 : 문맥 | 유의표현

28

豪快だ
호쾌하다

한자풀이 豪 호걸 호, 快 쾌할 쾌

ごうかいだ

의미 매우 시원시원하다, 호탕하고 쾌활하다

빈출표현 豪快に笑う(호쾌하게 웃다), 豪快な人(호쾌한 사람), 豪快な性格(호쾌한 성격)

*출제가능유형 : 한자읽기-음독 | 용법

29

広大だ
광대하다

한자풀이 広 넓을 광, 大 큰 대

こうだいだ

의미 넓고 크다

빈출표현 広大な平原(광대한 평원), 広大な海(광대한 바다), 広大な自然(광대한 자연), 広大な気色(광대한 경치)

*출제가능유형 : 문맥 | 용법

30

巧妙だ
교묘하다

한자풀이 巧 공교할 교, 妙 묘할 묘

こうみょうだ

의미 짜임새나 생김새 등이 매우 잘 되어 있고 묘하다

빈출표현 巧妙な言葉(교묘한 말), 巧妙な手口(교묘한 수법), 巧妙な仕掛け(교묘한 장치)

*출제가능유형 : 한자읽기-음독 | 유의표현

Step 2 │ 연관 단어	Step 3 │ 예문
유 爽やかだ 상쾌하다 ↔ うっとうしい 음울하다, 울적하다, 찌무룩하다	朝のすがすがしい空気を吸う。 아침의 상쾌한 공기를 마시다.
유 着実だ 착실하다 유 地道だ 견실하다, 착실하다 유 確かだ 확실하다 유 堅い 견실하다, 착실하다, 안전하고 확실하다	もっと堅実な手段を考えた方がいい。 좀 더 안전하고 확실한 수단을 생각하는 것이 좋다.
유 爽快だ 상쾌하다 유 痛快だ 통쾌하다 ↔ 繊細だ 섬세하다	豪快な性格が彼女の魅力です。 호쾌한 성격이 그녀의 매력입니다.
↔ 狭小だ 협소하다 참 果てしない 끝없다, 한이 없다	川の向こう側には広大な平原が広がっている。 강의 반대편에는 광대한 평원이 펼쳐져 있다.
유 巧みだ 교묘하다, 능숙하다 ↔ 拙劣だ 졸렬하다, 서투르고 보잘것없다 ↔ 稚拙だ 치졸하다, 미숙하고 서투르다	巧妙な手口で人をだます。 교묘한 수법으로 남을 속이다.

표제어	Step 1 | 단어 풀이(용법·의미)

な형용사

31 克明だ

극명하다

한자풀이 **克** 이길 극, **明** 밝을 명

こくめいだ

의미 자세하고 꼼꼼하다

빈출표현 克明な記録(극명한 기록), 克明な報告(극명한 보고), 克明な描写(극명한 묘사)

*출제가능유형 : 한자읽기-음독 | 유의표현

동사

32 拒む

거절하다, 저지하다

한자풀이 **拒** 막을 거

こばむ

의미 ① 거절하다, 거부하다 ② 저지하다, 막다

용법 요구·의뢰·명령 등에 따르지 않겠다고 거절할 때 사용

빈출표현 要求/申し出を拒む(요구/요청을 거절하다), 侵入を拒む(침입을 저지하다)

*출제가능유형 : 한자읽기-훈독 | 유의표현

33 壊す

부수다, 고장내다

한자풀이 **壊** 무너질 괴

こわす

의미 ① 부수다, 깨뜨리다, 파손시키다 ② 고장내다, 탈내다

용법 물건의 외형보다는 주로 기능을 잃게 하는 것에 사용

빈출표현 建物を壊す(건물을 부수다), コップを壊す(컵을 깨뜨리다), 時計を壊す(시계를 고장내다), お腹を壊す(배탈이 나다)

*출제가능유형 : 한자읽기-훈독 | 용법

34 遮る

차단하다, 가리다

한자풀이 **遮** 막을 차

さえぎる

의미 ① 차단하다, (방해하여) 가로막다 ② (보이지 않게) 가리다

용법 진행하고 있는 것을 도중에 방해하는 것에 사용

빈출표현 進路を遮る(진로를 차단하다), 発言を遮る(발언을 가로막다), 光を遮る(빛을 가리다)

*출제가능유형 : 한자읽기-훈독 | 용법

35 退く

물러나다, 은퇴하다

한자풀이 **退** 물러날 퇴

しりぞく

의미 ① (뒤쪽으로) 물러나다, 물러서다 ② 퇴직하다, 은퇴하다

용법 뒤로 물러나는 것에 사용

빈출표현 後ろに退く(뒤로 물러나다), 現役を退く(현역을 은퇴하다), 政界から退く(정계에서 은퇴하다)

*출제가능유형 : 한자읽기-훈독 | 용법

Step 2 | 연관 단어

Step 3 | 예문

유 丁寧(ていねい)だ 공들이다, 주의깊고 세심하다

유 念入(ねんい)りだ 정성들여 하다, 공들여 하다

유 丹念(たんねん)だ 정성을 들이다, 세심하게 공을 들이다

참 克(か)つ 극복하다, 이겨내다

その当時(とうじ)の状況(じょうきょう)が**克明**に記録(きろく)されている。

그 당시의 상황이 극명하게 기록되어 있다.

= 阻(はば)む 막다, 저지하다

유 断(ことわ)る 거절하다, 사절하다

└ 요구 · 의뢰 · 제안 등에 응하지 않을 것을 직접 이야기하거나 문서 등으로 전하는 것

頑(かたく)なに入国(にゅうこく)を**拒む**。

완고하게 입국을 거부하다.

유 潰(つぶ)す 부수다, 으깨다, 찌그러뜨리다

└ 외부로부터 수직으로 힘을 가해서 납작하게 하는 것

↔ 直(なお)す 고치다

↔ こしらえる 만들다

古(ふる)い建物(たてもの)を**壊して**、新(あたら)しく建(た)て直(なお)す。

오래된 건물을 부수고 새로 재건하다.

유 抑(おさ)える 막다, 억제하다

└ 늘어나거나 퍼지지 못하도록 무언가의 힘으로 막거나 억압하는 것

예 インフルエンザの流行(りゅうこう)を抑える

인플루엔자의 유행을 막다

↔ 通(とお)す 통과하게 하다

참 遮断(しゃだん) 차단

相手(あいて)の話(はなし)を途中(とちゅう)で**遮る**。

상대방의 이야기를 도중에 가로막다.

유 退(ど)く · 退(の)く 물러나다, 비키다

└ 있던 장소의 길을 터주기 위해서 근처로 비키는 것

유 去(さ)る 떠나다, 가다

└ 어딘가로 떠나버려서 그 장소에 없게 되는 것

↔ 進(すす)む 나아가다, 전진하다

そのスポーツ選手(せんしゅ)は現役(げんえき)から**退いた**。

그 스포츠 선수는 현역에서 은퇴했다.

표제어	Step 1 ㅣ 단어 풀이(용법·의미)

36

差し引く
빼다, 공제하다

한자풀이 差 어긋날 차, 引 끌 인

さしひく

의미 빼다, 차감하다, 공제하다, 제하다

용법 필요에 따라 어느 수량에서 일부를 빼내는 것에 사용

빈출표현 税金(ぜいきん)を差し引く(세금을 공제하다), 手数料(てすうりょう)を差し引く(수수료를 빼다), 利息分(りそくぶん)を差し引く(이자분을 차감하다)

*출제가능유형 : 문맥 용법

37

察する
헤아리다, 살피다

한자풀이 察 살필 찰

さっする

의미 헤아리다, 살피다, 미루어 알다, 추측하다

용법 추측하여 그 내용을 이해하는 것에 사용

빈출표현 気配(けはい)/気持(きも)ちを察する(낌새/기분을 살피다), 察するところ(추측하건대, 짐작하건대)

*출제가능유형 : 문맥 용법

동사

38

障る
방해가 되다, 지장이 있다

한자풀이 障 막을 장

さわる

의미 지장을 초래하다, 방해가 되다, 해가 되다

빈출표현 体(からだ)に障る(몸에 해가 되다), 勉強(べんきょう)に障る(공부에 방해가 되다), 仕事(しごと)に障る(일에 지장이 있다)

*출제가능유형 : 한자읽기-훈독 문맥

39

仕上がる
완성되다, 마무리되다

한자풀이 仕 섬길 사, 上 윗 상

しあがる

용법 만들고 있던 것에 세공 등을 가하여, 질적으로 고도의 상태로 조정이 완료되는 것

빈출표현 作品(さくひん)が仕上がる(작품이 완성되다), きれいに仕上がる(깨끗이 완성되다)

*출제가능유형 : 유의표현 용법

40

しがみつく
매달리다, 물고 늘어지다

しがみつく

의미 ① (구체적) 매달리다 ② (추상적) 매달리다, 물고 늘어지다

용법 떨어지지 않으려고 집착하는 것에 사용

빈출표현 母(はは)にしがみつく(어머니에게 매달리다), 過去(かこ)の栄光(えいこう)にしがみつく(과거의 영광에 매달리다)

*출제가능유형 : 유의표현 용법

Step 2 │ 연관 단어	Step 3 │ 예문
= 控除(こうじょ)する 공제하다 유 引(ひ)く 빼다, 감하다 └, 구체적인 수량을 줄이는 것 예 三(さん)から二(に)を引(ひ)く 3에서 2를 빼다 ↔ 差(さ)し加(くわ)える 덧붙이다, 첨가하다	税金(ぜいきん)を差し引いて給与(きゅうよ)を払(はら)う。 세금을 공제하고 급여를 지불하다.
유 推(お)し量(はか)る 헤아리다, 추측하다 └, 단순히 추측하는 것 유 見越(みこ)す (장래를) 내다보다, 예측하다 └, 장래를 예측하여 미리 무언가 대책을 취하는 것	察するところ、何(なに)か隠(かく)しているだろう。 짐작하건대 무언가 숨기고 있을 거야.
유 差(さ)し障(さわ)る 지장이 있다, 방해가 되다 유 差(さ)し支(つか)える 지장이 있다, 방해가 되다 참 触(さわ)る 만지다, 손을 대다	夜更(よふ)かしは体(からだ)に障る。 밤 늦게까지 잠을 안 자는 것은 몸에 해롭다.
유 完成(かんせい)する 완성되다 유 出来上(できあ)がる 완성되다, 다 되다, 다 만들어지다 └, 부품이나 재료 등으로 조립과 가공 등의 제조 공정이 완료되는 것 예 料理(りょうり)が出来上がる 요리가 완성되다	最後(さいご)に柔(やわ)らかい布(ぬの)で研磨(けんま)すると、塗装(とそう)が仕上がる。 마지막에 부드러운 천으로 연마하면 도장(칠)이 마무리된다.
유 かじり付(つ)く 매달리다, 열중하다 └, 정신을 집중해서 무언가를 하는 것 예 仕事(しごと)にかじり付く 일에 매달리다(열중하다) 참 捕(と)らわれる 사로잡히다, 얽매이다	過去(かこ)の栄光(えいこう)にしがみつくと発展(はってん)しない。 과거의 영광에 매달리면 발전하지 못한다.

DAY 4

표제어	Step 1 ｜ 단어 풀이(용법·의미)

동사

41

しくじる
실수하다, 실패하다

しくじる

의미 실수하다, 실패하다

빈출표현 試験(しけん)にしくじる(시험에 실패하다),
仕事(しごと)をしくじる(일을 실수하다)

*출제가능유형 : [문맥] [유의표현]

42

慕う
그리워하다, 우러르다

한자풀이 慕 그리워할 모

したう

의미 ① 그리워하다, 사모하다 ② 우러르다, 존경하다

빈출표현 母(はは)/故郷(ふるさと)/祖国(そこく)を慕う(어머니/고향/조국을 그리워하다),
恩師(おんし)を慕う(은사를 우러르다)

*출제가능유형 : [한자읽기-훈독] [용법]

부사

43

極力
극력, 힘을 다해

한자풀이 極 다할 극, 力 힘 력

きょくりょく

의미 극력, 힘을 다해

빈출표현 極力努力(どりょく)する/説得(せっとく)する/避(さ)ける
(힘을 다해 노력하다/설득하다/피하다)

*출제가능유형 : [한자읽기-음독] [유의표현]

44

極めて
(지)극히, 더없이

한자풀이 極 다할 극

きわめて

의미 (지)극히, 더없이, 대단히

용법 더할 나위 없이 정도가 대단한 것

빈출표현 極めて重大(じゅうだい)だ/良好(りょうこう)だ/遺憾(いかん)だ
(극히 중대하다/양호하다/유감이다)

*출제가능유형 : [한자읽기-훈독] [유의표현]

45

くまなく
구석구석까지, 샅샅이

くまなく

의미 구석구석까지, 샅샅이, 철저히

빈출표현 くまなく捜(さが)す(샅샅이 찾다)

*출제가능유형 : [문맥] [유의표현]

Step 2 ｜ 연관 단어	Step 3 ｜ 예문
= 失敗(しっぱい)する 실패하다 = やり損(そこ)なう 실수하다, 실패하다 유 抜(ぬ)かる 실수하다, 실패하다 └, 방심하다가 실수하는 것	仕事(しごと)でしくじり、上司(じょうし)に怒(おこ)られた。 일에서 실수하여 상사에게 혼났다.
유 恋(こ)う 그리워하다	後輩(こうはい)から慕われるような先輩(せんぱい)になりたい。 후배에게 존경받는 선배가 되고 싶다.
= 精一杯(せいいっぱい) 있는 힘을 다함, 힘껏, 한껏 = 力一杯(ちからいっぱい) 힘껏 유 できる限(かぎ)り 될 수 있는 한, 가능한 한 유 できるだけ 가능한 한, 되도록	こちらの条件(じょうけん)を受(う)け入(い)れるよう、極力説得(せっとく)した。 우리의 조건을 받아들이도록 힘을 다해 설득했다.
유 至(いた)って (지)극히, 매우, 몹시, 대단히 └, 정도가 대단한 것 유 甚(はなは)だ 대단히, 매우, 심히 └, 보통의 정도를 넘어선 것을 의미하며, 주로 마이너스적인 일에 사용	これは極めて重大(じゅうだい)な問題(もんだい)だ。 이것은 극히 중대한 문제이다.
= 隅々(すみずみ)まで 구석구석까지 유 満遍(まんべん)なく 구석구석까지, 고르게, 미치지 않는 곳 없이 두루 └, 빠짐없이 공평하게 두루두루 미치는 것 예 満遍なく気(き)を配(くば)る 두루 배려하다	家中(いえじゅう)をくまなく捜(さが)したが、結局鍵(けっきょくかぎ)は見付(みつ)からなかった。 온 집안을 샅샅이 찾았지만, 결국 열쇠는 발견되지 않았다.

표제어	Step 1 | 단어 풀이(용법·의미)

46 부사

くよくよ
끙끙

くよくよ

의미 사소한 일을 걱정하며 고민하는 모양, 끙끙

빈출표현 くよくよする/心配する/悩む(끙끙 앓다/걱정하다/고민하다), くよくよしても仕方がない(끙끙 앓아도 별 도리가 없다)

*출제가능유형 : 문맥 용법

47 부사

ことごとく
모두, 모조리

ことごとく

의미 모두, 모조리, 죄다, 깡그리 **용법** 문어체로 사용

빈출표현 ことごとく成功する/失敗する(모두 성공하다/실패하다), ことごとく反対する/失う(모두 반대하다/잃다)

*출제가능유형 : 유의표현 용법

48 가타카나

コントラスト
대조, 대비

contrast

의미 콘트라스트, 대조, 대비

빈출표현 コントラストの妙(대비의 묘), コントラストをなす(대조를 이루다), 白と黒のコントラスト(흑과 백의 대조)

*출제가능유형 : 문맥 유의표현

49 가타카나

コンパクト
콤팩트, 소형

compact

의미 콤팩트, 소형, 작지만 알참

빈출표현 コンパクトなサイズ/デザイン/カメラ(소형 사이즈/디자인/카메라)

*출제가능유형 : 문맥 유의표현

50 관용구

荷が重い
책임이 무겁다, 부담이 크다

(한자풀이) 荷 멜 하, 연 하, 重 무거울 중

にがおもい

의미 능력에 비해 일의 책임이나 부담이 큰 것, 책임이 무겁다, 부담이 크다

빈출표현 荷が重い役目(부담이 큰 임무), 荷が重い仕事(책임이 무거운 일)

*출제가능유형 : 문맥 유의표현

Step 2 ｜ 연관 단어	Step 3 ｜ 예문
↔ のんびり 한가롭게, 느긋하게, 태평스레 참 思い悩む(おもいなやむ) 이것저것 생각하며 괴로워하다 참 苦心(くしん)する 고심하다	彼(かれ)は小(ちい)さな事(こと)にくよくよする性格(せいかく)だ。 그는 사소한 일에 끙끙 앓는 성격이다.
= 皆(みんな) 모두, 다, 죄다, 전부 = 全(すべ)て 모두, 모조리, 전부 암기 TIP 일일(ことごと)이 모든 것을	彼女(かのじょ)はビジネスでことごとく成功(せいこう)している。 그녀는 사업에서 모두 성공하고 있다.
= 対照(たいしょう) 대조 = 対比(たいひ) 대비	鮮(あざ)やかなコントラストをなす。 선명한 대조를 이루다.
= 小型(こがた) 소형 유 ミニサイズ 미니 사이즈 유 プチ 프티, 작은, 소형의 ↔ 大型(おおがた) 대형	最近(さいきん)はコンパクトな家電製品(かでんせいひん)が人気(にんき)だ。 최근에는 소형 가전제품이 인기다.
= 荷(に)が勝(か)つ 책임이 무겁다, 부담이 크다 = 負担(ふたん)が重(おも)い 부담이 무겁다 = 責任(せきにん)が重大(じゅうだい)だ 책임이 중대하다 ↔ 容易(たやす)い 손쉽다, 용이하다 참 力不足(ちからぶそく) 역부족	新人(しんじん)の彼(かれ)にこの仕事(しごと)は荷が重い。 신인인 그에게 이 일은 부담이 크다.

DAY 4

Day 4

문제로 확인하기

1 다음 단어의 한자 읽는 법을 고르세요.

1. 拒む	A. こばむ	B. はばむ
2. 極力	A. きょくりょく	B. ごくりょく
3. 巧妙	A. きょうみょう	B. こうみょう

2 다음 단어의 한자 표기를 고르세요.

4. こうさく	A. 交錯	B. 交差
5. さえぎる	A. 庶る	B. 遮る
6. したう	A. 墓う	B. 慕う

3 다음 빈칸에 공통으로 들어갈 수 있는 한자 또는 단어로 적절한 것을 고르세요.

7. (　)引く　(　)支える　(　)当たり
   A. 突き　B. 取り　C. 差し

8. 貢(　)　(　)立　(　)納
   A. 献　B. 建　C. 滞

9. (　)快　(　)傑　富(　)
   A. 爽　B. 豪　C. 裕

4 빈칸에 들어갈 단어로 적절한 것을 고르세요.

A. 顕著　　B. くまなく　　C. 堅実

10. もっと＿＿＿＿＿な手段を考えた方が良い。

11. この薬の効能が＿＿＿＿＿に現れている。

12. 家中を＿＿＿＿＿捜したが、結局鍵は見付からなかった。

정답　1. A　2. A　3. B　4. A　5. B　6. B　7. C　8. A　9. B　10. C　11. A　12. B

WEEK 1

Day 5

강의와 예문 듣기

매일 품사별로 골고루! 오늘의 50단어 한눈에 보기!

음독명사

01. 債務
02. 錯覚
03. 殺菌
04. 殺到
05. 雑踏
06. 作動
07. 自粛
08. 支障
09. 自尊心
10. 実情
11. 辞任
12. 釈明
13. 遮断
14. 若干
15. 従事
16. 執着
17. 修復
18. 従来
19. 趣旨
20. 樹木

고유어

21. 心構え
22. 心遣い
23. 指図
24. 仕業

い형용사

25. 素早い
26. 容易い

な형용사

27. 些細だ
28. 質素だ
29. 健やかだ
30. 速やかだ
31. 盛大だ

동사

32. 渋る
33. 染みる
34. 締める
35. 廃れる
36. ずれ込む
37. 急かす
38. 損なう
39. 備え付ける
40. 耐える
41. 託す
42. 蓄える

부사

43. 強いて
44. しきりに
45. じめじめ
46. ずっしり

가타카나

47. シェア
48. シビア
49. スケール
50. ストック

표제어	Step 1 ǀ 단어 풀이(용법・의미)

1

債務
채무

(한자풀이) **債** 빚 채, **務** 힘쓸 무

さいむ

의미 빚을 갚아야 하는 의무

빈출표현 債務者《しゃ》(채무자), 債務返済《へんさい》(채무 변제)

***출제가능유형 :** 한자읽기-음독 | 문맥

2

錯覚
착각

(한자풀이) **錯** 어긋날 착, 섞일 착, **覚** 깨달을 각

さっかく

의미 마치 사실인 것처럼 잘못 생각하는 것

빈출표현 目《め》の錯覚(눈의 착각), 錯覚に陥《おち》いる(착각에 빠지다),
錯覚を起《お》こす(착각을 일으키다)

***출제가능유형 :** 한자읽기-음독 | 유의표현

3

殺菌
살균

(한자풀이) **殺** 죽일 살, **菌** 버섯 균

さっきん

의미 약품이나 열 따위로 세균을 죽이는 것

빈출표현 殺菌剤《ざい》(살균제), 殺菌作用《さよう》(살균 작용),
低温《ていおん》殺菌(저온 살균)

***출제가능유형 :** 한자읽기-음독 | 문맥

4

殺到
쇄도

(한자풀이) **殺** 죽일 살, 빠를 쇄, **到** 이를 도

さっとう

의미 ① 전화나 주문 따위가 한꺼번에 세차게 몰려드는 것
② 어떤 곳을 향하여 세차게 달려드는 것

빈출표현 注文《ちゅうもん》が殺到する(주문이 쇄도하다),
抗議《こうぎ》が殺到する(항의가 쇄도하다),
申《もう》し込《こ》みが殺到する(신청이 쇄도하다)

***출제가능유형 :** 유의표현 | 용법

5

雑踏
붐빔, 혼잡

(한자풀이) **雑** 섞일 잡, **踏** 밟을 답

ざっとう

의미 많은 사람으로 붐비는 것, 혼잡

빈출표현 雑踏に紛《まぎ》れる(혼잡을 틈타다),
都会《とかい》/歳末《さいまつ》の雑踏(도시/연말의 혼잡)

***출제가능유형 :** 유의표현 | 용법

음독명사

Step 2 │ 연관 단어	Step 3 │ 예문
↔ 債権(さいけん) 채권	債務の全額(ぜんがく)を返済(へんさい)した。 채무 전액을 갚았다.
= 勘違い(かんちがい) 착각 = 思い違い(おもいちがい) 착각, 잘못 생각함	古(ふる)いアルバムをめくると、時間(じかん)を遡(さかのぼ)ったような錯覚に陥(おちい)る。 오래된 앨범을 넘기면 시간을 거슬러 올라간 듯한 착각에 빠진다.
유 滅菌(めっきん) 멸균, 세균을 죽여 없앰	使(つか)った調理器具(ちょうりきぐ)はよく殺菌しましょう。 사용한 조리기구는 잘 살균합시다.
참 押し寄せる(おしよせる) (많은 사람이나 파도가) 몰려오다, 쇄도하다 예 観客(かんきゃく)が押し寄せる 관객이 몰려오다	店(みせ)に新製品(しんせいひん)の注文(ちゅうもん)が殺到している。 가게에 신제품 주문이 쇄도하고 있다.
= 人込み(ひとごみ) 사람으로 붐빔, 혼잡함 유 混雑(こんざつ) 혼잡 └ 사람뿐만 아니라 사물에 대해서도 사용	犯人(はんにん)は雑踏に紛(まぎ)れて逃走(とうそう)した。 범인은 혼잡을 틈타서 도주했다.

DAY 5

표제어	Step 1 ǀ 단어 풀이(용법·의미)

음독명사

6 **作動**
작동
(한자풀이) **作** 지을 작, **動** 움직일 동

さどう
의미 기계나 장치가 움직이는 것
빈출표현 機械(きかい)が作動する(기계가 작동하다), 誤(ご)作動(오작동)
*출제가능유형 : 유의표현 용법

7 **自粛**
자숙
(한자풀이) **自** 스스로 자, **粛** 엄숙할 숙

じしゅく
의미 스스로 행동이나 태도를 삼가는 것
빈출표현 自粛期間(きかん)(자숙 기간), 自粛生活(せいかつ)(자숙 생활), 自粛を促(うなが)す(자숙을 촉구하다)
*출제가능유형 : 한자읽기-음독 유의표현

8 **支障**
지장
(한자풀이) **支** 지탱할 지, **障** 막을 장

ししょう
의미 일하는 데 거치적거리거나 방해가 되는 장애
빈출표현 支障がある(지장이 있다), 支障はない(지장은 없다), 支障を来(きた)す(지장을 초래하다)
*출제가능유형 : 문맥 유의표현

9 **自尊心**
자존심
(한자풀이) **自** 스스로 자, **尊** 높을 존, **心** 마음 심

じそんしん
의미 남에게 굽히지 않고 자신의 품위를 스스로 높이 가지는 마음
빈출표현 自尊心が強(つよ)い(자존심이 강하다), 自尊心を傷(きず)つけられる(자존심이 상하다)
*출제가능유형 : 문맥 유의표현

10 **実情**
실정
(한자풀이) **実** 열매 실, **情** 뜻 정

じつじょう
의미 실제의 사정, 실제의 상황
빈출표현 実情に合(あ)った~(실정에 맞는 ~), 実情に即(そく)した~(실정에 들어맞는 ~), 実情にそぐわない~(실정에 걸맞지 않는 ~)
*출제가능유형 : 문맥 용법

Step 2 ｜ 연관 단어	Step 3 ｜ 예문
유 運転(うんてん) 운전 유 稼働(かどう) 가동 참 作動(さくどう)(×)*발음 주의!* 참 動作(どうさ) 동작	このボタンを押(お)すと機械(きかい)が作動します。 이 버튼을 누르면 기계가 작동합니다.
유 自重(じちょう) 자중, 자신의 행동을 삼감 유 慎(つつし)み 삼감, 조심성	不要不急(ふようふきゅう)の移動(いどう)も自粛を促(うなが)している。 불요불급한 이동도 자숙을 촉구하고 있다.
= 差(さ)し障(さわ)り 지장, 장애 = 差(さ)し支(つか)え 지장, 장애 유 邪魔(じゃま) 방해, 장애	私(わたし)のミスで業務(ぎょうむ)に支障を来(きた)した。 나의 실수로 업무에 지장을 초래했다.
= プライド 프라이드, 자존심 유 己惚(うぬぼ)れ 자부심, 자만심 참 尊(とうと)ぶ 존경하다, 공경하다	彼女(かのじょ)は自尊心が強(つよ)い。 그녀는 자존심이 강하다.
유 現状(げんじょう) 현상 유 実態(じったい) 실태	実情に即(そく)した対策(たいさく)を練(ね)る。 실정에 들어맞는 대책을 짜다.

DAY 5

표제어	Step 1 ㅣ 단어 풀이(용법·의미)

음독명사

11 **辞任**

사임

(한자풀이) **辞** 말 사, **任** 맡길 임

じにん

의미 맡고 있던 임무를 자신의 의지로 스스로 그만두는 것

★ 빈출표현 責任(せきにん)を取(と)って/責任(せきにん)を負(お)って辞任する(책임을 지고 사임하다), ~長(ちょう)を辞任する(~장을 사임하다)

*출제가능유형 : 문맥 유의표현

12 **釈明**

석명, 해명

(한자풀이) **釈** 풀 석, **明** 밝을 명

しゃくめい

의미 오해나 비난 따위에 대하여 사정을 설명하고 양해를 구하는 것, 변명

★ 빈출표현 釈明の余地(よち)がない(해명의 여지가 없다),
釈明を求(もと)める(석명을 요구하다)

*출제가능유형 : 한자읽기-음독 유의표현

13 **遮断**

차단

(한자풀이) **遮** 막을 차, **断** 끊을 단

しゃだん

의미 서로 통하지 못하게 가로막거나 끊는 것

★ 빈출표현 遮断機(き)(차단기),
交通(こうつう)/通行(つうこう)を遮断する(교통/통행을 차단하다)

*출제가능유형 : 한자읽기-음독 유의표현

14 **若干**

약간

(한자풀이) **若** 같을 약, **干** 방패 간

じゃっかん

의미 조금, 얼마간, 어느 정도

용법 명사나 부사로 사용되며, 문어체로서 딱딱한 어감

★ 빈출표현 若干名(めい)(약간명), 若干問題(もんだい)がある(약간 문제가 있다)

*출제가능유형 : 유의표현 용법

15 **従事**

종사

(한자풀이) **従** 좇을 종, **事** 일 사

じゅうじ

의미 어떤 일을 일삼아서 하는 것

★ 빈출표현 従事者(しゃ)(종사자), 従事証明書(しょうめいしょ)(종사 증명서)

*출제가능유형 : 문맥 유의표현

Step 2 | 연관 단어 / Step 3 | 예문

유 辞職(じしょく) 사직
└→ 자신의 의지로 직장을 그만둠

유 退任(たいにん) 퇴임
└→ 자신의 의지나 임기 만료로 맡고 있던 임무를 그만둠

유 退職(たいしょく) 퇴직
└→ 자신의 의지나 임기 만료로 직장을 그만둠

社長(しゃちょう)は責任(せきにん)を負(お)って**辞任**した。

사장은 책임을 지고 사임했다.

유 弁明(べんめい) 변명
└→ 상대방이 자기에 대한 오해를 풀도록 설명하는 것

유 弁解(べんかい) 변해, 변명
└→ 어쩔 수 없는 실수에 대해서 자기를 정당화하기 위해서 설명하는 것

유 言(い)い訳(わけ) 변명, 해명
└→ 弁解와 같으며 회화체로 많이 사용

今度(こんど)の事故(じこ)については**釈明**の余地(よち)がありません。

이번 사고에 대해서는 석명(해명)할 여지가 없습니다.

유 閉鎖(へいさ) 폐쇄

유 封鎖(ふうさ) 봉쇄

참 遮(さえぎ)る 차단하다, 가리다

工事中(こうじちゅう)のため、通行(つうこう)が**遮断**された。

공사 중이기 때문에 통행이 차단되었다.

유 多少(たしょう) 다소, 조금, 약간

유 僅(わず)か 근소함, 조금, 약간, 불과

유 幾分(いくぶん) 조금, 약간, 다소

アルバイトを**若干**名募集(めいぼしゅう)します。

아르바이트를 약간명 모집합니다.

유 関与(かんよ) 관여

참 携(たずさ)わる 종사하다

彼(かれ)は医療研究(いりょうけんきゅう)に**従事**している。

그는 의료 연구에 종사하고 있다.

DAY 5

표제어	Step 1 ∣ 단어 풀이(용법·의미)

음독명사

16

執着
집착

(한자풀이) **執** 잡을 집, **着** 붙을 착

しゅうちゃく

의미 어떤 것에 늘 마음이 쏠려 잊지 못하고 매달리는 것

★ 빈출표현 執着心《しん》(집착심), 執着が強《つよ》い(집착이 강하다),
執着を手放《てばな》す(집착을 버리다)

＊**출제가능유형 :** [한자읽기-음독] [용법]

17

修復
수복, 복원

(한자풀이) **修** 닦을 수, **復** 돌아올 복

しゅうふく

의미 손상되거나 더러워진 부분을 수리하여 원래의 모습으로 회복시키는 것

★ 빈출표현 修復工事《こうじ》(복원 공사),
友好関係《ゆうこうかんけい》を修復する(우호관계를 되돌리다)

＊**출제가능유형 :** [문맥] [유의표현]

18

従来
종래, 종전

(한자풀이) **従** 좇을 종, **来** 올 래

じゅうらい

의미 이전부터 지금까지

★ 빈출표현 従来通《どお》り(종래대로),
従来のやり方《かた》/方針《ほうしん》(종래의 방식/방침)

＊**출제가능유형 :** [유의표현] [용법]

19

趣旨
취지

(한자풀이) **趣** 뜻 취, 재미 취, **旨** 뜻 지, 맛있을 지

しゅし

의미 어떤 일의 근본 목적이나 의도

★ 빈출표현 趣旨を説明《せつめい》する(취지를 설명하다),
趣旨を述《の》べる(취지를 설명하다)

＊**출제가능유형 :** [한자읽기-음독] [유의표현]

20

樹木
수목

(한자풀이) **樹** 나무 수, **木** 나무 목

じゅもく

의미 (살아 있는) 나무

★ 빈출표현 樹木園《えん》(수목원), 樹木葬《そう》(수목장),
樹木が生《お》い茂《しげ》る(수목이 우거지다)

＊**출제가능유형 :** [한자읽기-음독] [문맥]

Step 2 연관 단어	Step 3 예문
유 執念(しゅうねん) 집념 └ 한 가지 일에 매달려 정신을 쏟는 것 ↔ 断念(だんねん) 단념 참 執筆(しっぴつ) 집필	過去(かこ)の栄光(えいこう)には執着しない方(ほう)がいい。 과거의 영광에는 집착하지 않는 편이 좋다.
유 復元(ふくげん) 복원 └ 원래의 상태나 원래의 위치로 회복시킴 유 復旧(ふっきゅう) 복구 └ 비교적 규모가 큰 것들의 고장을 원래의 기능을 발휘하도록 회복시킴	橋(はし)の修復工事(こうじ)が行(おこな)われている。 다리 복원 공사가 행해지고 있다.
= これまで 지금까지 = 従前(じゅうぜん) 종전 ↔ 今後(こんご) 앞으로	従来通(どお)りの方法(ほうほう)で行(おこな)います。 종래대로의 방법으로 행합니다.
= 旨(むね) 취지, 뜻 = 趣意(しゅい) 취의, 취지 유 狙(ねら)い 목표, 목적	会社設立(かいしゃせつりつ)の趣旨を述(の)べる。 회사 설립 취지를 설명하다.
= 立(た)ち木(き) 입목, 서 있는 나무 유 木(き) 나무 참 樹(き) 나무	川(かわ)の両側(りょうがわ)に樹木が生(お)い茂(しげ)っている。 개울 양쪽에 수목이 우거져 있다.

DAY 5

표제어	Step 1 ǀ 단어 풀이(용법·의미)

21 (고유어)

心構え

마음의 준비, 마음가짐

한자풀이 **心** 마음 심, **構** 얽을 구

こころがまえ

의미 마음의 준비, 마음가짐, 각오

용법 어느 특정한 목적에 대한 마음의 준비

빈출표현 心構えができている(마음의 준비가 되어 있다), ~に対(たい)する心構え(~에 대한 마음의 준비)

*출제가능유형 : 문맥 용법

22

心遣い

배려, 마음을 씀

한자풀이 **心** 마음 심, **遣** 보낼 견

こころづかい

의미 상대방의 입장에서 생각한 진심이 담긴 배려의 말과 행위를 하는 것

빈출표현 温(あたた)かい心遣い(따뜻한 배려), 細(こま)やかな心遣い(자상한 배려), お心遣い頂(いただ)き(배려해 주셔서)

*출제가능유형 : 유의표현 용법

23

指図

지시, 지휘

한자풀이 **指** 손가락 지, 가리킬 지, **図** 그림 도

さしず

용법 눈앞에서 이것저것 시키는 것으로서(과거에 내려진 지시에는 사용하지 않음), 명령적인 인상이 있어 반발을 유발할 수 있음

빈출표현 指図する(지시하다), 指図を受(う)ける(지시를 받다), あごで指図する(턱으로 지시하다)

*출제가능유형 : 한자읽기-훈음독 용법

24

仕業

소행, 짓

한자풀이 **仕** 섬길 사, **業** 업 업

しわざ

의미 이미 해 놓은 일이나 짓 **용법** 보통 좋지 않은 짓을 의미

빈출표현 神(かみ)の仕業(신의 소행), 誰(だれ)の仕業(누구의 짓)

*출제가능유형 : 유의표현 용법

25 (い형용사)

素早い

재빠르다, 민첩하다

한자풀이 **素** 흴 소, **早** 이를 조

すばやい

의미 재빠르다, 민첩하다, 날래다

용법 동작이나 머리 회전(판단)이 빠를 때 사용

빈출표현 素早い動作(どうさ)(날랜 동작), 素早い判断(はんだん)(재빠른 판단) 素早く処理(しょり)する(재빨리 처리하다)

*출제가능유형 : 한자읽기-음훈독 용법

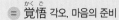

Step 2 ｜ 연관 단어	Step 3 ｜ 예문
= 覚悟(かくご) 각오, 마음의 준비 유 心掛け(こころがけ) 마음의 준비, 마음가짐 └, 어떠한 사태에도 언제든 대응할 수 있는 평소(일상)의 마음의 준비	就職(しゅうしょく)に対(たい)する心構えはできている。 취직에 대한 마음의 준비는 되어 있다.
= 配慮(はいりょ) 배려 = 心配り(こころくばり) 배려, 마음을 씀 유 気遣い(きづかい) 배려, 마음을 씀 └, 기본적으로 필요한 배려의 말과 행위를 매뉴얼대로 상대에게 함	お心遣いありがとうございます。 배려 감사합니다.
유 指示(しじ) 지시 └, 구체적인 설명으로 일의 방식을 지시하는 사무적인 장면에서 사용 예 上司(じょうし)の指示を受(う)ける 상사의 지시를 받다	人(ひと)の指図などは受(う)けたくない。 남의 지시 따위는 받고 싶지 않다.
유 行為(こうい) 행위 유 行い(おこない) 행위, 행동 유 振る舞い(ふるまい) 행동	これは誰(だれ)の仕業だ。 이것은 누구의 짓이냐.
유 すばしこい 재빠르다, 민첩하다, 잽싸다 ↔ 鈍い(のろい) (머리가) 둔하다, (동작이) 느리다	この子(こ)は頭(あたま)の回転(かいてん)が素早い。 이 아이는 머리 회전이 빠르다.

DAY 5

표제어	Step 1 │ 단어 풀이(용법·의미)

い형용사

26

容易い
손쉽다, 만만하다

(한자풀이) **容** 얼굴 용, **易** 쉬울 이, 바꿀 역

たやすい

의미 손쉽다, 용이하다, 만만하다

★ **빈출표현** 容易い問題(もんだい)(손쉬운 문제), 容易く解決(かいけつ)する(쉽게 해결하다), 容易い相手(あいて)(만만한 상대)

*출제가능유형 : 한자읽기-훈독 / 용법

な형용사

27

些細だ
사소하다, 하찮다

(한자풀이) **些** 적을 사, **細** 가늘 세

ささいだ

의미 사소하다, 시시하다, 하찮다

★ **빈출표현** 些細な事(こと)/誤(あやま)り(사소한 일/잘못)

*출제가능유형 : 문맥 / 유의표현

28

質素だ
검소하다

(한자풀이) **質** 바탕 질, **素** 흴 소

しっそだ

의미 검소하다

★ **빈출표현** 質素に暮(く)らす(검소하게 살다), 質素な身(み)なり/生活(せいかつ)(검소한 옷차림/생활)

*출제가능유형 : 유의표현 / 용법

29

健やかだ
건강하다, 건전하다

(한자풀이) **健** 튼튼할 건

すこやかだ

의미 ① (몸이) 건강하다 ② (정신이) 건전하다

★ **빈출표현** 健やかに育(そだ)つ(건강하게 자라다), 健やかな子供(こども)(건강한 아이), 健やかな精神(せいしん)(건전한 정신)

*출제가능유형 : 한자읽기-훈독 / 문맥

30

速やかだ
빠르다, 신속하다

(한자풀이) **速** 빠를 속

すみやかだ

의미 빠르다, 신속하다

★ **빈출표현** 速やかな解決(かいけつ)(빠른 해결), 速やかな処置(しょち)(신속한 조치), 速やかに決断(けつだん)する(신속히 결단하다)

*출제가능유형 : 한자읽기-훈독 / 유의표현

Step 2 ｜ 연관 단어	Step 3 ｜ 예문
= 易(やさ)しい 쉽다 = 容易(ようい)だ 용이하다 ↔ 難(むずか)しい 어렵다 참 手強(てごわ)い 만만치 않다, 버겁다, 벅차다 참 容易(ようい)い(×)*발음 주의!*	彼(かれ)はいとも**容易く**その問題(もんだい)を解(と)いた。 그는 아주 쉽게 그 문제를 풀었다.
유 細(ささ)やかだ 사소하다, 하찮다, 보잘것없다 유 くだらない 하찮다, 시시하다 유 取(と)るに足(た)りない 하찮다, 보잘것없다 ↔ 重大(じゅうだい)だ 중대하다	喧嘩(けんか)の原因(げんいん)はごく**些細**な事(こと)だった。 싸움의 원인은 극히 사소한 일이었다.
유 地味(じみ)だ 수수하다, 검소하다 유 倹(つま)しい 검소하다 ↔ 贅沢(ぜいたく)だ 사치스럽다 참 窒素(ちっそ) 질소(원소 기호 N)	本当(ほんとう)のお金持(かねも)ちの人(ひと)は**質素**な生活(せいかつ)をする。 진짜 부유한 사람은 검소한 생활을 한다.
= 丈夫(じょうぶ)だ 건강하다 = 健全(けんぜん)だ 건전하다	子供(こども)の**健やか**な寝顔(ねがお)がとても可愛(かわい)い。 건강하게 잠자는 아이의 얼굴이 너무 귀엽다.
= 迅速(じんそく)だ 신속하다 유 手早(てばや)だ 재빠르다, 잽싸다 참 健(すこ)やか와 발음을 헷갈리지 않도록 주의	**速やか**な処置(しょち)を取(と)る。 신속한 조치를 취하다.

표제어	Step 1 | 단어 풀이(용법·의미)
31 な형용사 **盛大だ** 성대하다 (한자풀이) 盛 담을 성, 大 큰 대	せいだいだ 의미 성대하다 빈출표현 盛大なパーティー/拍手(はくしゅ)/歓迎会(かんげいかい)(성대한 파티/박수/환영회), 盛大に祝(いわ)う(성대하게 축하하다) *출제가능유형 : 문맥 유의표현
32 **渋る** 망설이다, 주저하다 (한자풀이) 渋 떫을 삽	しぶる 용법 마음이 내키지 않아서 기분좋게 하려고 하지 않는 모습을 보일 때 사용 빈출표현 返事(へんじ)/出席(しゅっせき)/承諾(しょうだく)を渋る(답변/출석/승낙을 망설이다) *출제가능유형 : 유의표현 용법
33 **染みる** 스며들다, 사무치다 (한자풀이) 染 물들일 염	しみる 의미 ① 스며들다, 번지다, 배다 ② 사무치다, 절실하게 느끼다 용법 액체가 어떤 물체의 내부로 조금씩 스며드는 것에 사용(外 → 内) 빈출표현 汗(あせ)がシャツに染みる(땀이 셔츠에 배다), 親切(しんせつ)さが身(み)に染みる(친절함이 몸에 사무치다) *출제가능유형 : 한자읽기-훈독 문맥
34 동사 **締める** 매다, 잠그다 (한자풀이) 締 맺을 체	しめる 의미 ① (끈 등으로) 매다, 졸라매다 ② (틀어서) 잠그다, 죄다 용법 당겨도 금방 풀어지지 않도록 강한 압력을 가해서 結(むす)ぶ보다 세게 매는 것에 사용 빈출표현 ネクタイ/帯(おび)を締める(넥타이/띠를 매다), 蛇口(じゃぐち)を締める(수도꼭지를 잠그다) *출제가능유형 : 한자읽기-훈독 유의표현
35 **廃れる** 한물가다, 쇠퇴하다 (한자풀이) 廃 폐할 폐	すたれる 의미 한물가다, 쇠퇴하다 용법 유행·풍습이 한물가는 것에 사용 빈출표현 流行語(りゅうこうご)/ブームが廃れる(유행어/붐이 한물가다), 廃れた風習(ふうしゅう)(한물간 풍습) *출제가능유형 : 문맥 용법

Step 2 | 연관 단어

Step 3 | 예문

유 盛(さか)んだ 번성하다, 왕성하다, 유행하다, 성대하다

참 ～盛(ざか)り 한창 ~할 때, 한창 ~할 나이

예 遊(あそ)び盛(ざか)り 한창 놀 나이

観客(かんきゃく)たちは選手(せんしゅ)に盛大な拍手(はくしゅ)を送(おく)った。

관객들은 선수에게 성대한 박수를 보냈다.

유 迷(まよ)う 망설이다, 결단을 내리지 못하다

ㄴ 여러 개 중에서 선택을 망설이는 것

유 躊躇(ためら)う 망설이다, 주저하다

ㄴ 어떤 일을 할지 말지 행동으로 이행하는 것을 망설이는 것

彼(かれ)は代金(だいきん)の支払(しはら)いを渋っている。

그는 대금 지불을 주저하고 있다.

유 滲(にじ)む 번지다, 배다

ㄴ 어떤 물체에 묻은 액체가 그 주변으로 번지거나 내부에서 표면으로 액체가 배어나오는 것(内→外)

참 滲 스밀 삼

참 しみじみ 절실히

親(おや)のありがたさが身(み)に染みる。

부모님의 감사함이 몸에 사무치다.

유 結(むす)ぶ 매다, 묶다, 잇다

ㄴ 따로따로 되어 있는 것을 하나로 잇는 것

↔ 緩(ゆる)める 느슨하게 하다

使(つか)い終(お)わったら、蛇口(じゃぐち)をしっかり締めてください。

다 사용하면 수도꼭지를 꽉 잠그어 주세요.

유 寂(さび)れる 쓸쓸해지다, 한적해지다, 쇠퇴하다

ㄴ 번창하던 장소가 사람이 모이지 않게 되어 한적해지는 것

암기 TIP 지금은 유행이 한물간 왕년의 스타래(すたれる)

ブームというものは、いつかは廃れてしまう。

붐이라는 것은 언젠가는 쇠퇴해 버린다.

표제어	Step 1 ㅣ 단어 풀이(용법·의미)
36 **ずれ込む** 다음으로 넘어가다, 다음으로 미루어지다 한자풀이 込 담을 입	ずれこむ 의미 예정이 늦어져 그 다음 기한까지 넘어가게 되다 빈출표현 翌月/翌年にずれ込む(다음달/다음해로 넘어가다), 予定がずれ込む(예정이 다음으로 넘어가다) *출제가능유형 : 유의표현 용법
37 **急かす** 재촉하다, 서두르게 하다 한자풀이 急 급할 급	せかす 용법 상대에게 행동이나 결단을 서두르도록 억지로 권하는 것에 사용 빈출표현 仕事/出発/返事を急かす(일/출발/답변을 재촉하다) *출제가능유형 : 문맥 유의표현
38 **損なう** 파손하다, 상하게 하다 한자풀이 損 덜 손	そこなう 의미 ① 파손하다, 부수다, 망가뜨리다 ② (건강·기분·성질 등을) 해치다, 상하게 하다 빈출표현 器物を損なう(기물을 파손하다), 健康を損なう(건강을 해치다), 見損なう(볼 기회를 놓치다) *출제가능유형 : 문맥 용법
39 **備え付ける** 비치하다, 설치하다 한자풀이 備 갖출 비, 付 줄 부	そなえつける 의미 비치하다, 설치하다 빈출표현 消火器/パソコンを備え付ける(소화기/컴퓨터를 비치하다), 防犯ベルを備え付ける(방범 벨을 설치하다) *출제가능유형 : 문맥 용법
40 **耐える** 참다, 견디다 한자풀이 耐 견딜 내	たえる 의미 ① 참다, 견디다 ② (외부로부터의 작용을) 견디다 용법 ① 추위·더위·통증 등의 감각을 참고 견디는 것에 사용 ② 외부로부터의 작용을 견디는 것에 사용 빈출표현 寒さに耐える(추위에 견디다), 痛みに耐える(통증을 참다), 高温に耐える(고온에 견디다) *출제가능유형 : 한자읽기-훈독 용법

동사

Step 2 │ 연관 단어	Step 3 │ 예문
유 遅(おそ)くなる 늦어지다 유 延期(えんき)になる 연기되다 참 持(も)ち越(こ)す (끝맺지 못하고) 넘기다, 미루다, 이월하다	完工(かんこう)は来月(らいげつ)にずれ込むことになった。 완공은 다음달로 미뤄지게 되었다.
= 急(いそ)がせる 재촉하다, 서두르게 하다 유 促(うなが)す 재촉하다, 독촉하다 └→ 상대에게 행동이나 결단을 하도록 말하는 것	うちの上司(じょうし)はいつも仕事(しごと)を急かしている。 우리 상사는 항상 일을 재촉하고 있다.
= 損(そこ)ねる 파손하다, 부수다, 해치다 = 損(そん)じる 부수다, 손상하다, 상하게 하다 참 ます형+損なう ~할 기회를 놓치다	うっかりして展覧会(てんらんかい)を見(み)損なった。 깜빡하고 전람회를 구경할 기회를 놓쳤다.
유 備(そな)える 갖추다, 비치하다 유 取(と)り付(つ)ける 설치하다, 달다	各教室(かくきょうしつ)にパソコンを備え付ける。 각 교실에 컴퓨터를 비치하다.
유 堪(こら)える 참다, 견디다, 억제하다 └→ 추위·통증 등의 감각을 참고 견디는 것, 분노·눈물·웃음 등의 감정을 억제하는 것 참 耐震(たいしん) 내진 참 耐熱(たいねつ) 내열 암기 TIP 다 애를(たえる) 위해서 내가 참고 산다	セラミックスは高温(こうおん)に耐える素材(そざい)です。 세라믹은 고온에 견디는 소재입니다.

DAY 5

표제어	Step 1 단어 풀이(용법·의미)

동사

41

託す

맡기다, 부탁하다

한자풀이 託 부탁할 탁

たくす

용법 자신이 할 수 없는 일을 다른 사람에게 장기적 혹은 영원히 맡기는 것에 사용

빈출표현 任務(にんむ)/子供(こども)を託す(임무/아이를 맡기다), 後事(こうじ)を託す(뒷일을 부탁하다)

*출제가능유형 : 한자읽기-음독 | 유의표현

42

蓄える

모아 두다, 비축하다

한자풀이 蓄 쌓을 축

たくわえる

의미 (나중에 쓰기 위해) 모아 두다, 비축하다, 저축하다, 쌓다

빈출표현 財産(ざいさん)/食糧(しょくりょう)/体力(たいりょく)を蓄える(재산/식량/체력을 비축하다), 実力(じつりょく)を蓄える(실력을 쌓다)

*출제가능유형 : 한자읽기-훈독 | 유의표현

43

強いて

굳이, 억지로

한자풀이 強 굳셀 강

しいて

의미 굳이, 억지로, 구태여

용법 주로 적절한 표현은 생각나지 않지만 무리하게 말하는 것에 사용

빈출표현 強いて言(い)えば/言(い)うなら(굳이 말하자면), 強いて解釈(かいしゃく)すれば(굳이 해석하자면)

*출제가능유형 : 문맥 | 유의표현

부사

44

しきりに

빈번히, 자꾸(만)

しきりに

의미 빈번히, 자꾸(만), 자주

용법 반복해서 일어나는 횟수에 중점을 두어 말하는 것에 사용

빈출표현 しきりにベルが鳴(な)る(빈번히 벨이 울리다), しきりに訪(おとず)れる/呼(よ)び出(だ)す(자주 방문하다/불러내다)

*출제가능유형 : 문맥 | 유의표현

45

じめじめ

구질구질, 눅눅히

じめじめ

의미 불쾌하도록 습기나 수분이 많은 모양, 구질구질, 눅눅히, 축축이

빈출표현 じめじめ(と)した天気(てんき)(구질구질한 날씨), じめじめ(と)した空気(くうき)(눅눅한 공기), じめじめ(と)した土地(とち)(축축한 땅)

*출제가능유형 : 문맥 | 용법

Step 2 ｜ 연관 단어	Step 3 ｜ 예문
유 預(あず)ける 맡기다, 보관시키다 └ 물건·사람·정황 등을 일시적 혹은 장기적으로 다른 사람에게 맡겨 보관·관리·처리 등을 하게 하는 것 유 任(まか)せる 맡기다 └ 그 사람의 능력을 보고 중요한 업무나 직책을 맡기는 것	親類(しんるい)に息子(むすこ)を託した。 친척에게 아들을 맡겼다.
유 溜(た)める 모아 두다 유 貯(た)める (돈을) 모으다 ↔ 費(つい)やす 쓰다, 소비하다, 낭비하다 참 貯蓄(ちょちく) 저축	非常時(ひじょうじ)に備(そな)えて食糧(しょくりょう)を蓄えておく。 비상시에 대비해서 식량을 비축해 두다.
유 敢(あ)えて 굳이, 억지로, 감히 └ 할 필요가 없거나 하기 어려운 일을 일부러 무릅쓰고 강행하는 것 예 敢えて危険(きけん)を冒(おか)す 굳이 위험을 무릅쓰다 유 押(お)して 굳이, 억지로, 무리하게 └ 많은 사람들에게 의뢰하는 경우 예 押してお願(ねが)いします 굳이 부탁드립니다	強いて言(い)うなら、こっちの方(ほう)がいいね。 굳이 말하자면 이것이 좋네.
= 頻繁(ひんぱん)に 빈번히 = 何度(なんど)も 몇 번이고 유 引(ひ)っ切(き)り無(な)しに 끊임없이, 계속적으로, 쉴 새 없이 └ 끊임없이 계속 이어지는 시간 간격에 중점 예 引っ切り無しに雨(あめ)が降(ふ)る 끊임없이 비가 오다	先程(さきほど)からしきりに電話(でんわ)のベルが鳴(な)る。 아까부터 빈번히 전화 벨이 울리다.
유 じとじと 눅눅히, 축축이, 끈적끈적 └ 끈적끈적 달라붙는 듯한 느낌이 들 정도로 습기를 띠는 것 예 汗(あせ)でじとじとしている 땀으로 축축하다 ↔ からから 바싹 말라 물기가 없는 모양, 바싹 참 湿(しめ)る 축축해지다, 눅눅해지다, 습기차다	梅雨(つゆ)の時期(じき)なので、じめじめしている。 장마철이라서 눅눅하다.

DAY 5

표제어	Step 1 │ 단어 풀이(용법·의미)
46 부사 **ずっしり** 묵직이, 묵직하게	ずっしり **용법** 크기는 관계없이 무거운 것에 사용 **빈출표현** ずっしり(と)重い(묵직하다), ずっしり(と)~に来る(묵직한 느낌이 ~에 오다), ずっしりとした手応え(손에 오는 묵직한 느낌) *출제가능유형 : 문맥 용법
47 **シェア** 시장 점유율, 공유	share **의미** ① マーケットシェア(marketshare)의 준말, 셰어, (상품의) 시장 점유율 ② 셰어, 공유 **빈출표현** シェアを占める/広げる(시장 점유율을 차지하다/넓히다), 情報をシェアする(정보를 공유하다) *출제가능유형 : 문맥 용법
48 가타카나 **シビア** 엄격함, 가혹함	severe **의미** 시비어, 냉엄함, 엄격함, 가혹함, 가차 없음 **빈출표현** シビアな条件(엄격한 조건), シビアな要求/批評(가혹한 요구/비평) *출제가능유형 : 문맥 유의표현
49 **スケール** 크기, 규모	scale **의미** 스케일, 크기, 규모 **빈출표현** スケールが大きい/小さい/違う(스케일이 크다/작다/다르다) *출제가능유형 : 문맥 유의표현
50 **ストック** 재고, 비축함	stock **의미** ① 재고, 재고품 ② 비축함, 저장함 **빈출표현** ストックが底をつく(재고가 바닥나다), 食料品/原材料をストックする(식료품/원재료를 비축하다) *출제가능유형 : 문맥 용법

Step 2 ｜ 연관 단어	Step 3 ｜ 예문
유 どっしり 무거운 모양, 묵직이, 묵직하게, 침착하고 묵직한 모양, 듬직이 └ 크기도 있고 무거운 것	箱を持ち上げたとたん、ずっしり(と)腰に来た。 상자를 들어 올리자마자 묵직한 느낌이 허리에 왔다.
= 市場占有率 시장 점유율 = 共有 공유	この商品は業界で高いシェアを占める。 이 상품은 업계에서 높은 시장 점유율을 차지한다.
유 厳しい 엄하다, 가차없다 유 手厳しい 호되다, 가차없다 유 冷厳 냉엄 ↔ ルーズ 루스, 허술함	読者からシビアな批評を受ける。 독자로부터 가혹한 비평을 받다.
= 規模 규모 = 大きさ 크기	スケールの大きい人は大きい人になる。 스케일이 큰 사람은 큰 사람이 된다.
= 在庫 재고 = 備蓄 비축 = 貯蔵 저장 참 蓄える 비축하다, 저축하다, 쌓다	商品のストックが底をついてしまった。 상품의 재고가 바닥나고 말았다.

Day 5

문제로 확인하기

❶ 다음 단어의 한자 읽는 법을 고르세요.

1. 廃れる　A. すたれる　B. さびれる
2. 健やかだ　A. すみやかだ　B. すこやかだ
3. 執着　A. しゅうちゃく　B. しっちゃく

❷ 다음 단어의 한자 표기를 고르세요.

4. しゃだん　A. 遮断　B. 庶断
5. たくす　A. 詫す　B. 託す
6. たくわえる　A. 畜える　B. 蓄える

❸ 다음 빈칸에 공통으로 들어갈 수 있는 한자 또는 단어로 적절한 것을 고르세요.

7. (　)明　(　)然　会(　)
   A. 釈　B. 漠　C. 得
8. (　)覚　交(　)　(　)乱
   A. 錯　B. 差　C. 混
9. 指(　)　(　)星　合(　)
   A. 示　B. 図　C. 憲

❹ 빈칸에 들어갈 단어로 적절한 것을 고르세요.

A. 些細な　B. 損なった　C. シビア

10. 読者から＿＿＿＿＿な批評を受ける。
11. 喧嘩の原因はごく＿＿＿＿＿事だった。
12. うっかりして展覧会を見＿＿＿＿＿。

정답 | 1. A　2. B　3. A　4. A　5. B　6. B　7. A　8. A　9. B　10. C　11. A　12. B

WEEK 문제

1주차를 무사히 마치셨네요, 대단합니다!
이번주에는 무려 250단어를 배웠는데요,
다음 장의 WEEK 문제를 풀면서 실력을 점검해 봅시다.
틀린 것들은 해설에 적힌 단어 위치를 따라가서
다시 한번 읽으며 내것으로 만드세요!

다음 장으로 GO!

WEEK 1 : 문제

실전형 문제로 복습하기

問題 1. ＿＿＿＿の言葉の読み方として最もよいものを、1・2・3・4から一つ選びなさい。

1 これは古代史の定説を覆す大発見だ。

① ひっくりかえす　② くつがえす　③ うらがえす　④ ひるがえす

2 見覚えがあると思ったら、案の定高校の同級生だった。

① あんのじょう　② あんのてい　③ あんのさだめ　④ あんのさだまり

3 趣味は読書で、土日も図書館へ行き本を閲覧している。

① だつかん　② えつかん　③ だつらん　④ えつらん

問題 2. (　　)に入れるのに最もよいものを1・2・3・4から一つ選びなさい。

4 優勝候補だった彼は(　　)負けてしまった。

① あどけなく　② そっけなく　③ あっけなく　④ さりげなく

5 退院してからも一週間の絶対(　　)が必要です。

① 平安　② 安定　③ 平穏　④ 安静

6 (　　)に売れる商品を増やすことが売上アップに繋がる。

① コントラスト　② コンスタント　③ コントラクト　④ コンパクト

7 お話は(　　)伺っておりますが、具体的な内容に関しては知りません。

① かねがね　② がやがや　③ どろどろ　④ はるばる

問題 3. ＿＿＿＿の言葉に意味が最も近いものを、1・2・3・4から一つ選びなさい。

8 新しく来た経理部長はシビアな人だそうです。

① 太っ腹な　② 経験豊かな　③ 手厳しい　④ 寛大な

9 財布を無くしたので、辺りをくまなく捜したが見当たらなかった。

① 目を皿のようにして　② 満遍なく　③ 血眼になって　④ 極力

10 この話は他に資料の裏付けがないので、事実かどうか定かではない。

① だとうせい　② げんぽん　③ あかし　④ しんぴょうせい

問題 4. 次の言葉の使い方として最もよいものを１・２・３・４から一つ選びなさい。

11 一律

① 私の一律でお返事いたしかねますので、責任者に申し伝えます。
② 試合終了と同時に観客が一律に立ち上がり、盛大な拍手を送った。
③ 一律の経費は文部科学省が持ちます。
④ 配送料は全国一律500円でございます。

12 裏腹

① 激しい口調とは裏腹に、彼の表情は驚くほど冷静だった。
② 鏡に映ったものは左右が裏腹だ。
③ ダイビング選手がジャンプ台から裏腹に飛び降りた。
④ 親友だと思っていた人に裏腹されてとても悲しい。

13 ことごとく

① ワールドカップは4年ことごとく開催される。
② 何日もかけて考えた３つの案がことごとく却下されて落ち込んでいる。
③ リンゴは皮ことごとく食べるのが良いらしい。
④ あまりにも暑くて、歩くだけで汗が滝のことごとく流れ落ちる。

WEEK 1 : 정답 및 해설

: 정답 :

1 ②　2 ①　3 ④　4 ③　5 ④　6 ②　7 ①

8 ③　9 ②　10 ③　11 ④　12 ①　13 ②

: 해석 :

문제 1.

1 これは古代史の定説を覆(くつがえ)す大発見だ。 Day 3-41번

이것은 고대사의 정설을 뒤엎는 대발견이다.

2 見覚えがあると思ったら、案(あん)の定(じょう)高校の同級生だった。 Day 1-45번

본 기억이 있다고 생각했는데 아니나 다를까 고등학교 동창생이었다.

3 趣味は読書で、土日も図書館へ行き本を閲覧(えつらん)している。 Day 1-14번

취미는 독서로 토요일과 일요일에도 도서관에 가서 책을 열람하고 있다.

문제 2.

4 優勝候補だった彼は(あっけなく)負けてしまった。 Day 1-25번

우승후보였던 그는 맥없이 패하고 말았다.

5 退院してからも一週間の絶対(安静(あんせい))が必要です。 Day 1-2번

퇴원하고 나서도 일주일간 절대 안정이 필요합니다.

6 (コンスタント)に売れる商品を増やすことが売上アップに繋がる。 Day 3-49번

일정하게 팔리는 상품을 늘리는 것이 매상 상승으로 이어진다.

7 お話は(かねがね)伺っておりますが、具体的な内容に関しては知りません。 Day 3-43번

이야기는 전부터 들었습니다만 구체적인 내용에 관해서는 모릅니다.

문제 3.

8 新しく来た経理部長はシビアな(≒手厳しい)人だそうです。 Day 5-48번

새로 오신 경리과 부장님은 엄격한 사람이라고 합니다.

9 財布を無くしたので、辺りをくまなく(≒満遍なく)捜したが見当たらなかった。

지갑을 잃어버려서 주변을 샅샅이 찾았지만 발견되지 않았다. Day 4-45번

10 この話は他に資料の裏付け(≒あかし)がないので、事実かどうか定かではない。

이 이야기는 그 밖에 자료의 뒷받침이 없기 때문에 사실인지 아닌지 분명치 않다. Day 3-22번

문제 4.

11 配送料は全国一律500円でございます。 Day 1-8번

배송료는 전국 일률 500엔입니다.

① 一存 : 자기 혼자만의 생각 · 판단 ② 一斉に : 일제히

③ 一切 : 일체, 모두, 전부, 일절, 전혀

12 激しい口調とは裏腹に、彼の表情は驚くほど冷静だった。 Day 1-29번

격한 어조와는 정반대로 그의 표정은 놀랄만큼 냉정했다.

② あべこべ : (좌우가) 반대, 거꾸로 ③ 逆さま : (상하가) 반대로 됨, 거꾸로 됨

④ 裏切られて : 배신 당해서

13 何日もかけて考えた３つの案がことごとく却下されて落ち込んでいる。 Day 4-47번

며칠이나 들여서 생각한 3개의 안이 모두 각하(기각)되어서 침울해져 있다.

① 毎に : ~마다 ③ ごと : ~째

④ 如く : ~같이, ~처럼 N1 문법

WEEK 2

Day 6

Day 7

Day 8

Day 9

Day 10

WEEK 문제

강의와
예문 듣기

WEEK 2

Day 6

매일 품사별로 골고루! 오늘의 50단어 한눈에 보기!

음독명사

01. 需要
02. ～上
03. 照会
04. 昇進
05. 承諾
06. 触発
07. 助言
08. 処置
09. 人脈
10. 推移
11. 遂行
12. 随時
13. 推理
14. 絶滅
15. 先方
16. 打開
17. 多岐
18. 妥協
19. 打診
20. 断念

고유어

21. 術
22. 相場
23. 束の間
24. 強み

い형용사

25. 粘り強い
26. 華々しい

な형용사

27. 精力的だ
28. 絶大だ
29. 繊細だ
30. 壮大だ
31. 多角的だ

동사

32. 携わる
33. 称える
34. 漂う
35. 立て替える
36. 辿る
37. 躊躇う
38. 費やす
39. 尽くす
40. 募る
41. 呟く
42. 貫く

부사

43. すんなり
44. 総じて
45. つぶさに
46. てきぱき

가타카나

47. ストレート
48. スライス
49. センサー
50. センス

표제어	Step 1 ｜ 단어 풀이(용법・의미)
1 **需要** 수요 한자풀이 需 쓰일 수, 구할 수, 要 요긴할 요, 구할 요	じゅよう 의미 구매력이 있는 사람이 상품에 대하여 가지는 구매 욕구 ★ 빈출표현 需要が増える(수요가 증가하다), 需要が高まる(수요가 높아지다), 需要を満たす(수요를 충족시키다) *출제가능유형 : 한자읽기-음독 / 문맥
2 **~上** ~상 한자풀이 上 윗 상	~じょう 의미 '~에 관하여', '~점에서'라는 의미 용법 접미어로 사용 ★ 빈출표현 歴史上(역사상), 教育上(교육상), 経験上(경험상), 法律上(법률상) *출제가능유형 : 문맥
3 **照会** 조회 한자풀이 照 비출 조, 会 모일 회	しょうかい 의미 어떤 사항이나 내용이 맞는지 관계되는 기관 등에 알아보는 것 ★ 빈출표현 身元の照会(신원 조회), 照会状(조회장), 成績を照会する(성적을 조회하다) *출제가능유형 : 문맥 / 유의표현
4 **昇進** 승진 한자풀이 昇 오를 승, 進 나아갈 진	しょうしん 의미 지위가 오르는 것 ★ 빈출표현 社長に昇進する(사장으로 승진하다), 昇進試験(승진 시험), 昇進祝い(승진 축하) *출제가능유형 : 유의표현 / 용법
5 **承諾** 승낙 한자풀이 承 이을 승, 諾 허락할 낙	しょうだく 의미 청하는 바를 들어주는 것 ★ 빈출표현 承諾を得る(승낙을 얻다), 承諾を求める(승낙을 구하다), 事後承諾(사후 승낙) *출제가능유형 : 한자읽기-음독 / 유의표현

음독 명사

Step 2 ｜ 연관 단어	Step 3 ｜ 예문
= デマンド 디맨드, 수요 유 購買欲求(こうばいよっきゅう) 구매 욕구 ↔ 供給(きょうきゅう) 공급	最近(さいきん)、宅配(たくはい)ボックスの需要が増(ふ)えている。 최근에 택배 상자 수요가 늘고 있다.
참 上(うえ)で ~상으로 예 暦(こよみ)の上(うえ)では 달력상으로는	このアニメは子供(こども)の教育(きょういく)上好(この)ましくない。 이 애니메이션은 어린이의 교육상 바람직하지 않다.
유 問(と)い合(あ)わせ 문의, 조회 유 調査(ちょうさ) 조사	ホームページで成績(せいせき)を照会することができます。 홈페이지에서 성적을 조회할 수 있습니다.
유 昇級(しょうきゅう) 승급, 등급이 오름 유 昇任(しょうにん) 승임, 직위나 벼슬이 오름	来月(らいげつ)、昇進試験(しけん)があります。 다음달에 승진 시험이 있습니다.
= 承引(しょういん) 승낙 = 承知(しょうち) 승낙 ↔ 拒否(きょひ) 거부 참 受(う)け入(い)れる 들어주다, 승낙하다 참 聞(き)き入(い)れる 들어주다, 승낙하다	講演依頼(こうえんいらい)を承諾する。 강연 의뢰를 승낙하다.

DAY 6

표제어	Step 1 | 단어 풀이(용법·의미)

음독 명사

6

触発
촉발

한자풀이 触 닿을 촉, 発 쏠 발

しょくはつ

의미 어떤 일로 인해서 감정·충동 따위가 일어나는 것, 자극을 받음, 행동을 유발함

빈출표현 ~に触発される(~에 자극받다)

*출제가능유형 : 유의표현 용법

7

助言
조언

한자풀이 助 도울 조, 言 말씀 언

じょげん

의미 곁에서 말을 거들거나 일깨워 주는 것

빈출표현 助言者(しゃ)(조언자), 助言を求(もと)める(조언을 구하다), 助言をもらう(조언을 받다)

*출제가능유형 : 문맥 유의표현

8

処置
처치

한자풀이 処 곳 처, 置 둘 치

しょち

의미 ① (일을) 처리함, 조치, 처리 ② (상처·병 등을) 치료함

빈출표현 緊急(きんきゅう)処置(긴급조치), 処置を取(と)る(조치를 취하다), 応急(おうきゅう)処置(응급처치)

*출제가능유형 : 유의표현 용법

9

人脈
인맥

한자풀이 人 사람 인, 脈 맥 맥

じんみゃく

의미 같은 계통에 속하는 사람의 연줄

빈출표현 人脈が広(ひろ)い(인맥이 넓다), 人脈を広(ひろ)げる(인맥을 넓히다), 人脈を築(きず)く(인맥을 쌓다), 人脈を作(つく)る(인맥을 형성하다)

*출제가능유형 : 한자읽기-음독 유의표현

10

推移
추이

한자풀이 推 밀 추, 移 옮길 이

すいい

의미 시간의 흐름에 따라 사물의 상태가 변해가는 것

빈출표현 推移を見守(みまも)る(추이를 지켜보다), 時代(じだい)の推移(시대의 추이)

*출제가능유형 : 문맥 용법

Step 2 | 연관 단어	Step 3 | 예문
유 刺激(しげき) 자극 유 誘発(ゆうはつ) 유발	友人(ゆうじん)の成功(せいこう)に**触発**されて奮起(ふんき)する。 친구의 성공에 자극을 받아 분기(분발)하다.
= アドバイス 어드바이스 = 口添(くちぞ)え 조언	就活(しゅうかつ)を始(はじ)めるにあたり、先輩(せんぱい)から**助言**をもらった。 취직 활동을 시작하기에 앞서 선배에게 조언을 받았다.
= 計(はか)らい 처리, 조처 = 手当(てあ)て 치료, 처치	一応(いちおう)、応急(おうきゅう)**処置**はしました。 일단 응급처치(치료)는 했습니다.
유 コネ 커넥션, 연줄 유 繋(つな)がり 연결, 유대 참 人派(×) *한자 주의!*	大学生活(だいがくせいかつ)の中(なか)で**人脈**を広(ひろ)げたい。 대학 생활을 하면서 인맥을 넓히고 싶다.
유 移(うつ)り変(か)わり 변천 유 変遷(へんせん) 변천 유 変動(へんどう) 변동	株価(かぶか)の**推移**を見守(みまも)る。 주가의 추이를 지켜보다.

표제어	Step 1 I 단어 풀이(용법·의미)
11 **遂行** 수행 (한자풀이) 遂 드디어 수, 行 갈 행	すいこう 의미 일을 계획한 대로 해내는 것 빈출표현 遂行能力(のうりょく)(수행 능력), 業務(ぎょうむ)/任務(にんむ)を遂行する(업무/임무를 수행하다) *출제가능유형 : 한자읽기-음독, 문맥
12 **随時** 수시, 그때그때 (한자풀이) 随 따를 수, 時 때 시	ずいじ 의미 ① 일정하게 정해 놓은 때 없이 그때그때 상황에 따라, 그때그때, ② (필요한 때) 언제라도 용법 주로 부사로 쓰임 빈출표현 随時改定(かいてい)(수시 개정, 그때그때 개정), 随時入学(にゅうがく)(수시 입학, 언제라도 입학), 随時受(う)け付(つ)ける(수시로 접수하다) *출제가능유형 : 한자읽기-음독, 유의표현
13 **推理** 추리 (한자풀이) 推 밀 추, 理 다스릴 리	すいり 의미 (알고 있는 것을 바탕으로) 아직 밝혀지지 않은 일을 미루어 생각하는 것 빈출표현 推理小説(しょうせつ)(추리 소설), 推理を働(はたら)かせる(추리를 해 보다) *출제가능유형 : 한자읽기-음독, 문맥
14 **絶滅** 절멸, 멸종 (한자풀이) 絶 끊을 절, 滅 꺼질 멸	ぜつめつ 의미 완전히 없어지는 것 빈출표현 絶滅危機(きき)(멸종 위기), 絶滅寸前(すんぜん)(멸종 직전), 絶滅種(しゅ)(멸종종) *출제가능유형 : 한자읽기-음독, 유의표현
15 **先方** 상대편, 상대방 (한자풀이) 先 먼저 선, 方 모 방	せんぽう 의미 ① 전방, 앞쪽 ② 상대편, 상대방 빈출표현 先方の意向(いこう)/意思(いし)/言(い)い分(ぶん)(상대편의 의향/의사/주장) *출제가능유형 : 문맥, 유의표현

음독명사

Step 2 | 연관 단어	Step 3 | 예문
유 完遂(かんすい) 완수 참 成し遂げる(なしとげる) 달성하다, 완수하다	彼(かれ)は業務(ぎょうむ)遂行能力(のうりょく)を持(も)っている。 그는 업무 수행 능력을 가지고 있다.
유 臨機(りんき) 임기, 때와 장소에 따라서 적절한 수단을 강구함 유 いつでも 언제든 ↔ 定時(ていじ) 정시	本校(ほんこう)は随時入学(にゅうがく)できます。 본교는 언제라도 입학할 수 있습니다.
유 推論(すいろん) 추론 유 推測(すいそく) 추측	私(わたし)の趣味(しゅみ)は読書(どくしょ)で、推理小説(しょうせつ)を読(よ)むのが好(す)きです。 저의 취미는 독서이며 추리 소설을 읽는 것을 좋아합니다.
유 根絶(こんぜつ) 근절 유 全滅(ぜんめつ) 전멸 유 撲滅(ぼくめつ) 박멸, 모조리 잡아 없앰	この魚(さかな)は絶滅危機(きき)にある。 이 물고기는 멸종 위기에 있다.
= 向(む)こう 상대편, 맞은편, 건너편 = 相手方(あいてがた) 상대편, 상대방 ↔ 当方(とうほう) 이쪽, 우리쪽 ↔ こちら 이쪽, 우리(들)	先方の意向(いこう)を確(たし)かめる。 상대편의 의향을 확인하다.

DAY 6

표제어	Step 1 · 단어 풀이(용법·의미)

16

打開
타개

(한자풀이) **打** 칠 타, **開** 열 개

だかい

의미 매우 어렵거나 막힌 일을 잘 처리하여 해결의 길을 여는 것

빈출표현 打開策(타개책), 難局を打開する(난국을 타개하다),
局面を打開する(국면을 타개하다)

*출제가능유형 : 문맥 | 용법

17

多岐
다기

(한자풀이) **多** 많을 다, **岐** 갈림길 기

たき

의미 여러 갈래로 갈려 복잡함

빈출표현 複雑多岐(복잡 다기),
多岐にわたる(여러 갈래에 걸치다)

*출제가능유형 : 한자읽기-음독 | 용법

18

음독명사

妥協
타협

(한자풀이) **妥** 온당할 타, **協** 화할 협

だきょう

의미 어떤 일을 서로 양보하여 협의하는 것

빈출표현 妥協案(타협안), 妥協点(타협점),
妥協を図る(타협을 꾀하다),
妥協の余地がない(타협의 여지가 없다)

*출제가능유형 : 문맥 | 유의표현

19

打診
타진

(한자풀이) **打** 칠 타, **診** 볼 진

だしん

의미 ① 환자의 신체를 두드려서 진찰하는 것
② 상대편의 의향을 떠보는 것

빈출표현 打診器(타진기), 意向を打診する(의향을 떠보다),
考えを打診する(생각을 떠보다)

*출제가능유형 : 문맥 | 용법

20

断念
단념

(한자풀이) **断** 끊을 단, **念** 생각할 념

だんねん

의미 품었던 생각을 끊어버리는 것, 체념

빈출표현 進学を断念する(진학을 단념하다),
断念せざるを得ない(단념할 수밖에 없다)

*출제가능유형 : 문맥 | 유의표현

Step 2 │ 연관 단어	Step 3 │ 예문
유 突破(とっぱ) 돌파 참 切(き)り開(ひら)く 곤란을 무릅쓰고 앞길을 열다, 개척하다	皆(みんな)でこの難局(なんきょく)を**打開**しましょう。 모두 함께 이 난국을 타개합시다.
유 多角(たかく) 다각, 다방면에 걸침 유 多方面(たほうめん) 다방면 참 岐路(きろ) 기로, 갈림길	問題(もんだい)の原因(げんいん)が**多岐**にわたっている。 문제의 원인이 여러 갈래에 걸쳐 있다.
= 折(お)り合(あ)い 타협, 서로 양보하여 해결함 = 歩(あゆ)み合(あ)い 타협, 서로 양보함 = 歩(あゆ)み寄(よ)り 타협, 서로 다가섬	双方(そうほう)が納得(なっとく)できる**妥協**点(てん)を見(み)つけた。 쌍방이 납득할 수 있는 타협점을 찾았다.
참 探(さぐ)る (상대편의 동태를) 살피다	先方(せんぽう)の意向(いこう)を**打診**する。 상대편의 의향을 타진하다.
= 諦(あきら)め 단념, 체념 유 放棄(ほうき) 포기 ↔ 執着(しゅうちゃく) 집착	経済的(けいざいてき)な理由(りゆう)で進学(しんがく)を**断念**せざるを得(え)ない。 경제적인 이유로 진학을 단념할 수밖에 없다.

DAY 6

표제어	Step 1	단어 풀이(용법·의미)
21 **術** 수단, 방법 (한자풀이) **術** 재주 술	すべ **의미** 목적을 이루기 위한 수단 **용법** 예스러운 말 **빈출표현** 術を知(し)らない(방법을 모르다), 術もない(방법도 없다) *출제가능유형 : 문맥 유의표현
22 **相場** 시세, 시가 (한자풀이) **相** 서로 상, **場** 마당 장	そうば **의미** (가격이 바뀌는 상품의) 일정한 시기의 물건 값, 거래할 때의 가격 **빈출표현** 相場が安定(あんてい)する(시세가 안정되다), 相場が定(さだ)まらない(시세가 안정되지 않다), 株式(かぶしき)相場(주식 시세) *출제가능유형 : 문맥 용법
23 **束の間** 짧은 시간, 잠깐 동안 (한자풀이) **束** 묶을 속, **間** 사이 간	つかのま **의미** 짧은 시간, 잠깐 사이, 잠깐 동안 **빈출표현** 束の間の夢(ゆめ)(잠깐의 꿈), 束の間の命(いのち)(짧은 목숨), 束の間の喜(よろこ)び(잠깐 동안의 기쁨) *출제가능유형 : 한자읽기-훈독 유의표현
24 **強み** 강도, 장점 (한자풀이) **強** 굳셀 강	つよみ **의미** ① 강한 정도, 강도, 세기 ② 뛰어난 점, 장점, 강점, 이점 **빈출표현** 強みを発揮(はっき)する(장점을 발휘하다), ～が強みだ(～가 장점이다), 私(わたし)の強みは(저의 장점은) *출제가능유형 : 문맥 유의표현
25 **粘り強い** 끈기 있다, 끈질기다 (한자풀이) **粘** 끈끈할 점, **強** 굳셀 강	ねばりづよい **의미** 끈기 있다, 끈덕지다, 끈질기다 **용법** 중도에 포기하지 않고 끝까지 해내려는 것 **빈출표현** 粘り強い性格(せいかく)/人(ひと)(끈기 있는 성격/사람), 粘り強く戦(たたか)う(끈질기게 싸우다) *출제가능유형 : 한자읽기-훈독 유의표현

(21–24: 고유어, 25: い형용사)

Step 2 │ 연관 단어	Step 3 │ 예문
= 手段(しゅだん) 수단, 방법 = 方法(ほうほう) 수단, 방법 = 手立て(てだ) 수단, 방법	連絡(れんらく)する術もない。 연락할 방법도 없다.
= 時価(じか) 시가, 거래할 때의 가격 = 市価(しか) 시가, 시장 가격	この商品(しょうひん)の相場はいくらぐらいですか。 이 상품의 시세는 얼마 정도입니까?
유 しばらく 잠시, 당분간 유 瞬く間(またたくま) 순식간, 눈 깜짝할 사이 참 束(つか) 고대의 길이 단위 └ 주먹을 쥐었을 때 네 손가락의 폭의 길이	束の間も休(やす)む暇(ひま)がない。 잠시도 쉴 틈이 없다.
= 長所(ちょうしょ) 장점　　= 取り柄(とりえ) 장점 유 強さ(つよさ) 강함, 세기 └ 물리적·심리적인 저항력이 있어 외압에 잘 동요하지 않음, 또는 승부에 이기는 뛰어난 기량 예 メンタルの強さ 정신력이 강함 ↔ 弱み(よわみ) 약함, 약한 정도, 약점	私(わたし)の強みは責任感(せきにんかん)の強(つよ)さです。 저의 장점은 책임감이 강한 것입니다.
= しぶとい 끈질기다, 강인하다 유 辛抱強い(しんぼうづよい) 인내심이 강하다 ↔ 飽きっぽい(あきっぽい) 금방 싫증을 내다 참 粘る(ねばる) 잘 달라붙다, 끈적거리다, 끈덕지게 버티다	彼(かれ)は最後(さいご)まで仕事(しごと)をやり遂(と)げる粘り強い人(ひと)です。 그는 일을 끝까지 해내는 끈기 있는 사람입니다.

DAY 6

표제어	Step 1 | 단어 풀이(용법·의미)

い형용사

26

華々しい

화려하다, 눈부시다

(한자풀이) **華** 빛날 화

はなばなしい

의미 화려하다, 눈부시다, 찬란하다, 훌륭하다

★ 빈출표현 華々しい一生(いっしょう)(화려한 일생),
華々しい活躍(かつやく)(눈부신 활약),
華々しくデビューする(화려하게 데뷔하다)

＊**출제가능유형 :** [한자읽기-훈독] [문맥]

な형용사

27

精力的だ

정력적이다

(한자풀이) **精** 정할 정, **力** 힘 력, **的** 과녁 적

せいりょくてきだ

의미 활기 넘치고 적극적이다

★ 빈출표현 精力的に働(はたら)く(정력적으로 일하다),
精力的に取(と)り組(く)む(정력적으로 몰두하다),
精力的な仕事(しごと)ぶり(정력적으로 일하는 모습)

＊**출제가능유형 :** [문맥] [유의표현]

28

絶大だ

지대하다, 아주 크다

(한자풀이) **絶** 끊을 절, **大** 큰 대

ぜつだいだ

의미 지대하다, 아주 크다

용법 인기 · 신용 · 권력 등 사람에게 갖추어진 것의 정도가 큰 것

★ 빈출표현 絶大な人気(にんき)/信頼(しんらい)/支持(しじ)/権力(けんりょく)(큰 인기/신뢰/지지/권력)

＊**출제가능유형 :** [한자읽기-음독] [문맥]

29

繊細だ

섬세하다

(한자풀이) **繊** 가늘 섬, **細** 가늘 세

せんさいだ

의미 날카롭고 세밀하다

★ 빈출표현 繊細な感覚(かんかく)/神経(しんけい)/性格(せいかく)(섬세한 감각/신경/성격)

＊**출제가능유형 :** [한자읽기-음독] [유의표현]

30

壮大だ

장대하다, 웅대하다

(한자풀이) **壮** 씩씩할 장, **大** 큰 대

そうだいだ

의미 규모가 크고 훌륭하다

용법 시각적으로 인식할 수 있는 것과 인식할 수 없는 것 모두에 사용

★ 빈출표현 壮大な計画(けいかく)/構想(こうそう)/景観(けいかん)(장대한 계획/구상/경관)

＊**출제가능유형 :** [한자읽기-음독] [문맥]

Step 2 │ 연관 단어	Step 3 │ 예문
유 華やかだ 화려하다, 눈부시다 유 晴れ晴れしい 화려하다 유 煌びやかだ 눈부시게 화려하고 아름답다	彼はシーズンを通して華々しい活躍を見せてくれた。 그는 시즌 내내 눈부신 활약을 보여 주었다.
= エネルギッシュだ 정력적이다 유 活動的だ 활동적이다 유 積極的だ 적극적이다 유 活発だ 활발하다	我が社は環境事業にも精力的に取り組んでいます。 우리 회사는 환경 사업에도 정력적으로 몰두하고 있습니다.
유 多大だ 매우 많다, 매우 크다 유 莫大だ 막대하다, (정도·수량이) 상당히 크다 참 絶対だ 절대적이다	社長から絶大な信頼を得る。 사장으로부터 큰 신뢰를 얻다.
= デリケートだ 섬세하다 유 細かい 상세하다, 면밀하다, 세심하다 ↔ 大雑把だ 조잡하다, 엉성하다, 대충이다	彼は繊細な性格の持ち主だ。 그는 섬세한 성격의 소유자이다.
유 雄大だ 웅대하다, 웅장하고 크다 └→ 주로 시각적으로 인식할 수 있는 경치나 사물의 규모가 큰 것 예 雄大な気色 웅대한 경치	展望台から見ると壮大な景観が広がっていた。 전망대에서 보니 장대한 경관이 펼쳐져 있었다.

D A Y 6

표제어	Step 1 ｜ 단어 풀이(용법·의미)

な형용사

31 多角的だ

다각적이다

한자풀이 **多** 많을 다, **角** 뿔 각, **的** 과녁 적

たかくてきだ

의미 각각의 입장에 서는 것, 다른 각도에서 하나의 현상을 파악하는 것

빈출표현 多角的に考える/検討する(다각적으로 생각하다/검토하다), 多角的な視点/思考(다각적인 시점/사고)

*출제가능유형 : 문맥 용법

동사

32 携わる

종사하다, 관여하다

한자풀이 **携** 끌 휴

たずさわる

의미 (어떤 일에) 종사하다, 관계하다, 관여하다

빈출표현 教育/農業に携わる(교육/농업에 종사하다), 政治に携わる(정치에 관여하다)

*출제가능유형 : 한자읽기-훈독 용법

33 称える

칭송하다, 기리다

한자풀이 **称** 일컬을 칭

たたえる

의미 칭송하다, 칭찬하다, 기리다, 찬양하다

용법 상대의 노력·업적·공헌이 훌륭하다고 칭송할 때 사용

빈출표현 努力を称える(노력을 칭찬하다), 勝者を称える(승자를 칭송하다), 徳を称える(덕을 기리다)

*출제가능유형 : 문맥 용법

34 漂う

떠돌다, 감돌다

한자풀이 **漂** 떠돌 표

ただよう

의미 ① (물·공중에) 떠돌다, 표류하다 ② (분위기가) 감돌다

빈출표현 海に漂う(바다에 표류하다), 空に漂う(하늘에 떠돌다), 雰囲気が漂う(분위기가 감돌다)

*출제가능유형 : 한자읽기-훈독 용법

35 立て替える

입체하다, 대금을 대신 치르다

한자풀이 **立** 설 립, **替** 바꿀 체

たてかえる

용법 본래 지불해야 할 사람을 대신해서 일시적으로 대금을 대신 치르는 것으로, 그 대금은 후에 돌아옴

빈출표현 ～代/お金/交通費を立て替える(～값/돈/교통비를 대신 치르다)

*출제가능유형 : 문맥 유의표현

Step 2 | 연관 단어	Step 3 | 예문
유 多面的だ(たためんてき) 다면적이다 ㄴ 각각의 측면을 생각하는 것, 한 현상의 다른 측면을 파악하는 것 유 多方面だ(たほうめん) 다방면이다	多角的な視点(してん)に立(た)って物事(ものごと)を考(かんが)える。 다각적인 시점에서 모든 일을 생각하다.
= 従事(じゅうじ)する 종사하다 = 関与(かんよ)する 관여하다 참 携(たずさ)える 지니다, 휴대하다 참 携帯(けいたい) 휴대	私(わたし)はゲームソフト開発(かいはつ)に携わっています。 저는 게임 소프트웨어 개발에 종사하고 있습니다.
유 褒(ほ)める 칭찬하다 ㄴ 행위나 행동이 좋다고 칭찬하는 것으로 아랫사람에게 사용 참 称賛(しょうさん)·賞賛(しょうさん) 칭찬	彼(かれ)の功績(こうせき)を称えて記念碑(きねんひ)が建(た)てられた。 그의 공적을 기려 기념비가 세워졌다.
유 浮(う)かぶ 뜨다 참 票う(×)*한자 주의!* 참 標う(×)*한자 주의!*	この町(まち)はヨーロッパの雰囲気(ふんいき)が漂う。 이 동네는 유럽 분위기가 감돈다.
유 貸(か)す 빌려주다 ㄴ 나중에 돌려준다는 약속하에 일시적으로 상대에게 자신의 돈이나 물건을 사용하게 하는 것 유 肩代(かたが)わりする (빚·부담·계약을) 남을 대신해서 떠맡다 ㄴ 남의 빚·부담을 대신 떠맡는 것으로, 그 대금은 돌아오지 않음	あなたの会費(かいひ)は私(わたし)が立て替えておきました。 당신의 회비는 제가 입체해 두었습니다.

DAY 6

표제어	Step 1 | 단어 풀이(용법·의미)

동사

36
辿る
헤매며 찾아가다, 더듬다

한자풀이 辿 천천히 걸을 천

たどる

의미 ① 더듬어 찾다, (모르는 길을 헤매며) 찾아가다
② (뚜렷하지 않은 발자국·기억 등을) 더듬다

빈출표현 山道(やまみち)/夜道(よみち)を辿る(산길/밤길을 헤매며 찾아가다),
足跡(あしあと)/記憶(きおく)を辿る(발자취/기억을 더듬다)

*출제가능유형 : 문맥 용법

37
躊躇う
주저하다, 망설이다

한자풀이 躊 머뭇거릴 주, 躇 머뭇거릴 저

ためらう

용법 어떤 일을 할지 말지 행동으로의 이행을 망설이는 것에 사용

빈출표현 言(い)うのを躊躇う(말하기를 주저하다),
行(い)くのを躊躇う(가기를 망설이다),
決心(けっしん)が付(つ)かず躊躇う(결심이 서지 않아서 망설이다)

*출제가능유형 : 문맥 유의표현

38
費やす
소비하다, 낭비하다

한자풀이 費 쓸 비

ついやす

의미 ① 쓰다, 소비하다 ② 낭비하다, 허비하다

빈출표현 歳月(さいげつ)を費やす(세월을 소비하다),
金(かね)を費やす(돈을 쓰다, 돈을 낭비하다),
時間(じかん)を費やす(시간을 소비하다, 시간을 낭비하다)

*출제가능유형 : 한자읽기-훈독 유의표현

39
尽くす
다하다

한자풀이 尽 다할 진

つくす

의미 다하다

용법 그것을 위해서 전부 사용하는 것, 있는 한 다 내는 것에 사용

빈출표현 最善(さいぜん)/全力(ぜんりょく)/手(て)を尽くす(최선/전력/온갖 수단을 다하다)

*출제가능유형 : 문맥 유의표현

40
募る
심해지다, 모으다

한자풀이 募 모을 모

つのる

용법 널리 호소하여 모으는 것에 사용

빈출표현 寒(さむ)さ/恋(こい)しさが募る(추위/그리움이 더해지다),
病勢(びょうせい)が募る(병세가 심해지다), 寄付金(きふきん)を募る(기부금을 모으다)

*출제가능유형 : 한자읽기-훈독 문맥

Step 2 | 연관 단어

참 辿(たど)り着(つ)く 길을 물어가며 겨우 도착하다, 우여곡절 끝에 겨우 도달하다

예 ようやく山頂(さんちょう)に辿り着く 겨우 산정에 도착하다

예 やっと結論(けつろん)に辿り着く 겨우 결론에 도달하다

Step 3 | 예문

記憶(きおく)を辿って思(おも)い出話(でばなし)をする。

기억을 더듬어 추억담을 이야기하다.

유 迷(まよ)う 망설이다, 결단을 내리지 못하다
└ 여러 개 중에서 선택을 망설이는 것

유 渋(しぶ)る 망설이다, 주저하다
└ 마음이 내키지 않아서 기분좋게 하려고 하지 않는 모습을 보이는 것

躊躇わずに実行(じっこう)に移(うつ)す。

망설이지 않고 실행으로 옮기다.

유 消費(しょうひ)する 소비하다

유 浪費(ろうひ)する 낭비하다

↔ 蓄(たくわ)える 비축하다, 저축하다

참 費(つい)える 줄다, 축나다, 낭비되다, 허비되다

5千万円(せんまんえん)を費やして家(いえ)を建(た)てた。

5,000만엔을 써서 집을 지었다.

유 使(つか)い切(き)る 전부 사용하다

유 出(だ)し切(き)る 다 내다

유 果(は)たす (의무·역할 등을) 다하다, 완수하다, (소원 등을) 이루다
└ 그 입장에서의 일을 멋지게 해내는(완수하는) 것

예 役割(やくわり)を果たす 역할을 다하다

全力(ぜんりょく)を尽くして戦(たたか)うつもりです。

전력을 다해서 싸울 작정입니다.

유 激(はげ)しくなる 심해지다

유 募集(ぼしゅう)する 모집하다
└ 특별한 조건 등을 붙이지 않고 널리 일반으로부터 모집하는 것

暑(あつ)さが募ると、ビールやアイスに手(て)が伸(の)びる。

더위가 심해지면 맥주와 아이스크림에 손이 간다.

표제어	Step 1 ㅣ 단어 풀이(용법·의미)

동사

41

呟く
중얼거리다, 투덜거리다

(한자풀이) 呟 소리 현

つぶやく

의미 ① 중얼거리다 ② 투덜거리다

용법 작은 소리로 혼잣말을 하는 것에 사용

빈출표현 口(くち)の中(なか)で/ぶつぶつと呟く(입안에서/투덜투덜 중얼거리다), 不満(ふまん)そうに呟く(불만스러운 듯이 투덜거리다)

*출제가능유형 : 문맥 용법

42

貫く
꿰뚫다, 가로지르다, 일관하다

(한자풀이) 貫 꿸 관

つらぬく

의미 ① 꿰뚫다, 관통하다 ② 가로지르다 ③ 관철하다, 일관하다

빈출표현 弾(たま)が壁(かべ)を貫く(총알이 벽을 관통하다),
川(かわ)が町(まち)を貫く(시내가 동네를 가로지르다),
初志(しょし)を貫く(초지일관하다)

*출제가능유형 : 한자읽기-훈독 용법

43

すんなり
날씬하게, 순조롭게

すんなり

의미 ① 날씬하고 유연한 모양 ② 순조롭게 잘 이루어지는 모양

빈출표현 すんなりとした体付(からだつ)き(늘씬한 몸매),
すんなり(と)解決(かいけつ)する(순조롭게 해결하다),
すんなり(と)解(と)く(술술 풀다)

*출제가능유형 : 문맥 용법

부사

44

総じて
대체로, 대개

(한자풀이) 総 거느릴 총, 다 총

そうじて

의미 대체로, 전체적으로, 대개

빈출표현 総じて良(よ)かった/背(せ)が高(たか)い/賛成(さんせい)だ(대체로 좋았다/키가 크다/찬성이다)

*출제가능유형 : 유의표현 용법

45

つぶさに
자세히, 빠짐없이

つぶさに

의미 ① 자세히, 상세히 ② 빠짐없이, 죄다

빈출표현 つぶさに説明(せつめい)する(자세히 설명하다),
つぶさに述(の)べる(상세히 말하다),
つぶさに調(しら)べる(빠짐없이 조사하다)

*출제가능유형 : 유의표현 용법

Step 2 | 연관 단어	Step 3 | 예문
유 嘯く 속삭이다, 소곤거리다 └ 주위에 들리지 않도록 상대에게만 작은 소리로 이야기하는 것 참 ぶつぶつ 중얼중얼, 투덜투덜	彼は小さな声で独り言を呟いた。 그는 작은 소리로 혼잣말을 중얼거렸다.
유 突き通す 꿰뚫다, 관통하다, (의견 등을) 관철하다, 끝까지 주장하다 ↔ 挫ける (기세가) 꺾이다, 약해지다 참 慣く(×)*한자 주의!* 참 慣 버릇 관	成功するためには、初心を貫くことが重要だ。 성공하기 위해서는 초심을 일관하는 것이 중요하다.
= すらり(と) 날씬하게, 순조롭게, 술술 = すらすら 순조롭게, 술술, 척척 = スムーズに 순조롭게, 원활하게	その商談はすんなり(と)まとまった。 그 상담은 순조롭게 성사되었다.
유 大抵 대체로, 대개, 대부분 유 一般的に 일반적으로 유 概して 대개, 대체로, 일반적으로	今年は総じて売上が良かった。 올해는 대체로 매상이 좋았다.
= 詳細に 상세히 = ことごとく 죄다, 모두, 모조리 참 円ら 동그람, 동그랗고 귀여움	現場の状況をつぶさに述べる。 현장의 상황을 상세히 말하다.

DAY 6

표제어	Step 1 | 단어 풀이(용법·의미)

46 부사

てきぱき
척척, 시원시원

てきぱき

의미 척척, 시원시원

용법 일을 재빨리 능숙하게 처리해 나가는 모양에 사용

빈출표현 てきぱき(と)仕事(しごと)をする/片付(かたづ)ける/こなす
(척척 일을 하다/해치우다/처리하다)

*출제가능유형 : 문맥 유의표현

47 가타카나

ストレート
솔직함, 직설적임

straight

의미 스트레이트, 솔직함, 직설적임, 단도직입적임

빈출표현 ストレートに言(い)う(직설적으로 말하다),
ストレートな物言(ものい)い/性格(せいかく)(직설적인 말투/성격)

*출제가능유형 : 문맥 유의표현

48

スライス
슬라이스, 얇게 썲

slice

의미 슬라이스, 얇게 썲

빈출표현 スライスチーズ(슬라이스 치즈), スライスハム
(슬라이스 햄), スライスパン(슬라이스 빵),
肉(にく)のスライス(얇게 썬 고기)

*출제가능유형 : 문맥 유의표현

49

センサー
센서, 감지기

sensor

의미 센서, 감지기

빈출표현 光(ひかり)センサー(광 센서), 圧力(あつりょく)センサー(압력 센서),
湿度(しつど)センサー(습도 센서), 指紋(しもん)センサー(지문 센서)

*출제가능유형 : 문맥 용법

50

センス
센스

sense

의미 어떤 사물이나 현상에 대한 감각이나 판단력

빈출표현 センスがある/ない(센스가 있다/없다),
ユーモアのセンス(유머 센스)

*출제가능유형 : 문맥 유의표현

Step 2 연관 단어	**Step 3** 예문
유 はきはき 시원시원, 또렷또렷 ㄴ 명료하고 시원시원하게 말하는 모양 예 はきはきと答える 또렷또렷하게 대답하다 유 きびきび 팔팔하게, 빠릿빠릿하게 ㄴ 태도·동작 등이 빠르고 활기찬 모양	彼女はどんな仕事でもてきぱき(と)こなす。 그녀는 어떤 일이든 척척 처리한다.
유 率直 솔직 유 素直 솔직함, 순진함, 순수함 유 単刀直入 단도직입 ↔ 遠回し 에둘러 말함, 간접적임 ↔ それとなく 넌지시, 슬며시	気持ちをストレートに表現する。 심정을 솔직히 표현하다.
참 薄く切る 얇게 자르다	食パンにサラダとスライスチーズを載せて食べる。 식빵에 샐러드와 슬라이스 치즈를 얹어서 먹다.
= 感知器 감지기	煙に感応するセンサーを設置する。 연기에 감응하는 센서를 설치하다.
= 感覚 감각 = 判断力 판단력 참 扇子 쥘부채	彼はユーモアのセンスがある。 그는 유머 센스가 있다.

Day 6

문제로 확인하기

❶ 다음 단어의 한자 읽는 법을 고르세요.

1. 承諾　A. しょうだく　B. しょうじゃく
2. 携わる　A. たずさわる　B. いたわる
3. 束の間　A. たばのま　B. つかのま

❷ 다음 단어의 한자 표기를 고르세요.

4. ずいじ　A. 髄時　B. 随時
5. ただよう　A. 漂う　B. 標う
6. つらぬく　A. 慣く　B. 貫く

❸ 다음 빈칸에 공통으로 들어갈 수 있는 한자 또는 단어로 적절한 것을 고르세요.

7. (　)行　未(　)　既(　)
   A. 修　B. 婚　C. 遂
8. (　)移　類(　)　(　)薦
   A. 転　B. 似　C. 推
9. 分(　)　(　)路　多(　)
   A. 肢　B. 枝　C. 岐

❹ 빈칸에 들어갈 단어로 적절한 것을 고르세요.

A. 粘り強い　B. 絶滅　C. 総じて

10. この魚は＿＿＿＿＿危機にある。
11. 今年は＿＿＿＿＿売上が良かった。
12. 彼は最後まで仕事をやり遂げる＿＿＿＿＿人です。

정답　1. A　2. A　3. B　4. B　5. A　6. B　7. C　8. C　9. C　10. B　11. C　12. A

강의와 예문 듣기

WEEK 2

Day 7

매일 품사별로 골고루! 오늘의 50단어 한눈에 보기!

음독명사

01. 治癒
02. 中枢
03. 抽選
04. 調達
05. 重複
06. 直面
07. 陳列
08. 提起
09. 撤回
10. 添付
11. 当～
12. 統合
13. 踏襲
14. 当面
15. 督促
16. 難点
17. 日夜
18. 入手
19. 忍耐
20. 念願

고유어

21. 手薄
22. 手掛かり
23. 手際
24. 手立て
25. 手分け

い형용사

26. 甚だしい
27. 幅広い

な형용사

28. 巧みだ
29. 端的だ
30. 丹念だ
31. 重宝だ
32. 入念だ

동사

33. 遂げる
34. 滞る
35. 唱える
36. 戸惑う
37. 取り戻す
38. 馴染む
39. 宥める
40. 懐く
41. 賑わう
42. 滲む

부사

43. とっくに
44. 取り分け
45. どんより
46. ひしひし

가타카나

47. ニュアンス
48. ノウハウ
49. ノルマ
50. ハードル

표제어 | **Step 1** | 단어 풀이(용법·의미)

음독명사

1

治癒
치유

(한자풀이) **治** 다스릴 치, **癒** 병나을 유

ちゆ

의미 치료하여 병을 낫게 하는 것

☆ 빈출표현 傷(きず)が治癒する(상처가 치유되다), 病気(びょうき)を治癒する(병을 치유하다), 自然(しぜん)治癒(자연 치유)

＊출제가능유형 : [한자읽기-음독] [유의표현]

2

中枢
중추

(한자풀이) **中** 가운데 중, **枢** 지도리 추

ちゅうすう

의미 ① 사물의 중심이 되는 중요한 부분 ② 중추신경

☆ 빈출표현 社会(しゃかい)/政治(せいじ)/経済(けいざい)の中枢(사회/정치/경제의 중추), 中枢神経(しんけい)(중추신경)

＊출제가능유형 : [한자읽기-음독] [용법]

3

抽選
추첨

(한자풀이) **抽** 뺄 추, **選** 가릴 선

ちゅうせん

의미 추첨, 제비뽑기

☆ 빈출표현 抽選ナンバー(추첨 번호), 抽選券(けん)(추첨권), 抽選に当(あ)たる/外(はず)れる(추첨에 당첨되다/떨어지다)

＊출제가능유형 : [문맥] [용법]

4

調達
조달

(한자풀이) **調** 고를 조, **達** 통할 달

ちょうたつ

의미 필요한 자금이나 물자 따위를 대어 주는 것, 마련

☆ 빈출표현 資金(しきん)の調達(자금 조달), 食料(しょくりょう)を調達する(식료를 조달하다)

＊출제가능유형 : [문맥] [용법]

5

重複
중복

(한자풀이) **重** 무거울 중, **複** 겹칠 복

ちょうふく

의미 거듭하거나 겹치는 것

용법 'じゅうふく'라고도 발음하지만, 'ちょうふく'가 일반적임

☆ 빈출표현 重複を避(さ)ける(중복을 피하다), 話(はなし)/説明(せつめい)が重複する(이야기/설명이 중복되다)

＊출제가능유형 : [유의표현] [용법]

Step 2 │ 연관 단어	Step 3 │ 예문
유 全治(ぜんち) 전치 유 全快(ぜんかい) 전쾌 유 完治(かんち) 완치 참 癒(いや)す (상처·병·고민 등을) 치료하다, 치유하다	風邪(かぜ)は通常一週間(つうじょういっしゅうかん)ぐらいで自然(しぜん)治癒します。 감기는 보통 일주일 정도면 자연 치유됩니다.
유 核心(かくしん) 핵심 유 中核(ちゅうかく) 중핵, 핵심	ワシントンはアメリカで最(もっと)も重要(じゅうよう)な政治(せいじ)の中枢である。 워싱턴은 미국에서 가장 중요한 정치의 중추이다.
= くじびき 제비뽑기 참 宝(たから)くじ 복권	抽選して順番(じゅんばん)を決(き)めましょう。 추첨해서 순번을 정합시다.
참 賄(まかな)う 대주다, 조달하다, 마련하다	経営(けいえい)が悪化(あっか)して資金(しきん)の調達に困(こま)っている。 경영이 악화되어서 자금 조달에 어려움을 겪고 있다.
유 ダブり 겹침, 중복 유 繰(く)り返(かえ)し 되풀이함, 반복함 참 重復(×)*한자 주의!* 참 復 돌아올 복	文章(ぶんしょう)を書(か)く時(とき)、重複表現(ひょうげん)は避(さ)けた方(ほう)がいい。 문장을 쓸 때 중복 표현은 피하는 것이 좋다.

DAY 7

표제어	Step 1 ∣ 단어 풀이(용법·의미)

음독명사

6

直面
직면

(한자풀이) **直** 곧을 직, **面** 낯 면

ちょくめん

의미 어떤 사태를 직접 당하거나 접하는 것

★ **빈출표현** ～に直面する(～에 직면하다), 困難(こんなん)/危機(きき)に直面する(곤란/위기에 직면하다)

*출제가능유형 : 문맥 | 용법

7

陳列
진열

(한자풀이) **陳** 늘어놓을 진, **列** 벌일 렬

ちんれつ

의미 여러 사람에게 보이기 위하여 물건을 죽 늘어놓는 것

★ **빈출표현** 陳列品(ひん)(진열품), 陳列台(だい)(진열대), 陳列棚(だな)(진열장)

*출제가능유형 : 한자읽기－음독 | 유의표현

8

提起
제기

(한자풀이) **提** 끌 제, **起** 일어날 기

ていき

의미 드러내어 문제를 일으키는 것

★ **빈출표현** 問題(もんだい)/疑問(ぎもん)/訴訟(そしょう)を提起する(문제/의문/소송을 제기하다)

*출제가능유형 : 문맥 | 용법

9

撤回
철회

(한자풀이) **撤** 거둘 철, **回** 돌 회

てっかい

의미 이미 제출하였거나 주장하였던 것을 다시 거두어들이는 것

★ **빈출표현** 辞表(じひょう)/提案(ていあん)/前言(ぜんげん)を撤回する(사표/제안/앞서 한 말을 철회하다)

*출제가능유형 : 문맥 | 유의표현

10

添付
첨부

(한자풀이) **添** 더할 첨, **付** 줄 부

てんぷ

의미 안건이나 문서 따위를 덧붙이는 것

★ **빈출표현** ファイル/領収書(りょうしゅうしょ)/明細書(めいさいしょ)を添付する(파일/영수증/명세서를 첨부하다)

*출제가능유형 : 한자읽기－음독 | 유의표현

Step 2	연관 단어	Step 3	예문
참 打ち当たる 부딪치다, (곤란에) 직면하다	世界は深刻な環境危機に直面している。 세계는 심각한 환경 위기에 직면해 있다.
유 ディスプレー 디스플레이, 진열, 전시 유 展示 전시 참 並べる 늘어놓다 참 陣列(×)한자 주의! 참 陣 진칠 진	新製品を陳列棚に陳列する。 신제품을 진열장에 진열하다.
참 持ち出す 말을 꺼내다, 제기하다 참 提げる (손에) 들다	彼は憲法改正の問題を提起した。 그는 헌법 개정 문제를 제기했다.
= 取り下げ 취하, 철회 유 取り消し 취소 참 徹回(×)한자 주의! 참 徹 통할 철 예 徹夜 철야	社長は前言を撤回した。 사장은 앞서 한 말을 철회했다.
참 添える 첨부하다, 곁들이다 참 付け加える 덧붙이다, 첨가하다, 곁들이다 참 付け足す 덧붙이다, 첨가하다	メールにファイルを添付して送った。 메일에 파일을 첨부해서 보냈다.

표제어	Step 1 | 단어 풀이(용법·의미)

음독명사

11 当~

당~

(한자풀이) **当** 마땅 당

とう~

의미 당~, 그~, 이~

용법 일부 명사 앞에 붙어서 접두어로 사용

빈출표현 当社(당사), 当ホテル(당호텔), 当駅(당역), 当病院(당병원)

*출제가능유형 : [문맥] [유의표현]

12 統合

통합

(한자풀이) **統** 큰줄기 통, 거느릴 통, **合** 합할 합

とうごう

의미 둘 이상의 것을 합쳐서 하나로 만드는 것

빈출표현 統合管理(통합 관리), 企業統合(기업 통합), 経営統合(경영 통합)

*출제가능유형 : [유의표현] [용법]

13 踏襲

답습

(한자풀이) **踏** 밟을 답, **襲** 엄습할 습

とうしゅう

의미 옛 방식이나 수법을 그대로 따르거나 이어 나가는 것

빈출표현 前例/伝統/方針を踏襲する(전례/전통/방침을 답습하다)

*출제가능유형 : [한자읽기-음독] [유의표현]

14 当面

당면

(한자풀이) **当** 마땅 당, **面** 낯 면

とうめん

의미 ① 지금 직면하고 있음, 일이 바로 눈앞에 닥침
② 당분간, 우선, 현재로선

빈출표현 当面の問題(당면한 문제, 직면한 문제), 当面の課題(당면한 과제, 직면한 과제), 危機に当面する(위기에 직면하다)

*출제가능유형 : [유의표현] [용법]

15 督促

독촉

(한자풀이) **督** 감독할 독, **促** 재촉할 촉

とくそく

의미 몹시 재촉하는 것, 특히 채무의 이행을 재촉하는 것

빈출표현 督促状(독촉장), 借金の督促(빚의 독촉), 督促手続き(독촉 절차)

*출제가능유형 : [한자읽기-음독] [유의표현]

Step 2 │ 연관 단어	Step 3 │ 예문
= この 이 = その 그	当ホテルは全室禁煙(ぜんしつきんえん)です。 이 호텔은 전실 금연입니다.
유 合併(がっぺい) 합병 ↔ 分裂(ぶんれつ) 분열	二(ふた)つの部署(ぶしょ)を一(ひと)つに**統合**する。 두 개의 부서를 하나로 통합하다.
참 従(したが)う 따르다 예 校則(こうそく)に従う 교칙에 따르다 참 則(のっと)る (기준으로 삼고) 따르다 예 原則(げんそく)に則る 원칙에 따르다	前任者(ぜんにんしゃ)の方針(ほうしん)を**踏襲**する。 전임자의 방침을 답습하다.
= 直面(ちょくめん) 직면 = 差(さ)し当(あ)たり 당장, 당분간, 우선 = 当分(とうぶん) 당분간 = しばらく 당분간	**当面**社員(しゃいん)を増(ふ)やすつもりはない。 당분간 사원을 늘릴 생각은 없다.
= 催促(さいそく) 재촉 참 促(うなが)す 재촉하다, 독촉하다, 촉구하다	水道料金(すいどうりょうきん)を滞納(たいのう)して**督促**状(じょう)が届(とど)いた。 수도 요금을 체납해서 독촉장이 왔다.

DAY 7

표제어	Step 1 단어 풀이(용법·의미)

음독명사

16

難点

난점

(한자풀이) **難** 어려울 난, **点** 점 점

なんてん

의미 ① 어려운 점, 곤란한 점 ② 결점

빈출표현 難点を克服する(난점을 극복하다), 難点がある(결점이 있다)

*출제가능유형 : [유의표현] [용법]

17

日夜

일야

(한자풀이) **日** 날 일, **夜** 밤 야

にちや

의미 ① 낮과 밤, 주야 ② 언제나, 늘, 낮이나 밤이나

빈출표현 日夜を問わず(밤낮을 불문하고), 日夜努力する(늘 노력하다), 日夜案ずる(늘 걱정하다, 늘 생각하다)

*출제가능유형 : [문맥] [유의표현]

18

入手

입수

(한자풀이) **入** 들 입, **手** 손 수

にゅうしゅ

의미 손에 넣는 것

빈출표현 情報/品/資料を入手する(정보/물건/자료를 입수하다)

*출제가능유형 : [유의표현] [용법]

19

忍耐

인내

(한자풀이) **忍** 참을 인, **耐** 견딜 내

にんたい

의미 괴로움이나 노여움 따위를 참고 견디는 것

빈출표현 忍耐力(인내력), 忍耐強い(인내심이 강하다), 忍耐を要する(인내를 요하다)

*출제가능유형 : [한자읽기-음독] [유의표현]

20

念願

염원, 소원

(한자풀이) **念** 생각할 념, **願** 원할 원

ねんがん

의미 마음에 간절히 생각하고 기원하는 것

빈출표현 多年の念願(오랜 염원), 念願が叶う(염원이 이루어지다), 念願を果たす(염원을 이루다)

*출제가능유형 : [한자읽기-음독] [문맥]

Step 2 ｜ 연관 단어	Step 3 ｜ 예문
유 難(むずか)しいところ 어려운 점 유 欠点(けってん) 결점 유 悪(わる)いところ 나쁜 점	このプロジェクトにはいくつかの**難点**がある。 이 프로젝트에는 몇 가지 어려운 점이 있다.
= 昼夜(ちゅうや) 주야 = いつも 언제나, 늘 = 常(つね)に 항상, 늘	彼(かれ)は**日夜**研究(けんきゅう)に没頭(ぼっとう)している。 그는 언제나 연구에 몰두하고 있다.
유 獲得(かくとく) 획득 └ 손쉽게 얻을 수 없는 것을 노력해서 손에 넣는 것 유 取得(しゅとく) 취득 └ 자격·권리 등을 자신의 것으로 하는 것 참 手(て)に入(い)れる 손에 넣다, 입수하다	貴重(きちょう)な情報(じょうほう)を**入手**した。 귀중한 정보를 입수했다.
유 辛抱(しんぼう) 참고 견딤, 인내 유 我慢(がまん) 참음, 견딤, 인내 참 忍(しの)ぶ 참다, 견디다	この仕事(しごと)は**忍耐**力(りょく)を要(よう)する。 이 일은 인내력을 요한다.
유 願望(がんぼう) 소망, 소원 유 所望(しょもう) 소망, 소원	とうとう**念願**の優勝(ゆうしょう)を果(は)たした。 드디어 염원하던 우승을 이루었다.

DAY 7

표제어	Step 1 | 단어 풀이(용법·의미)

고유어

21

手薄

적음, 허술함

(한자풀이) **手** 손 수, **薄** 엷을 박

てうす

의미 ① (수중에 금품이) 적음
② (일손이 모자라서) 불충분함, 허술함

빈출표현 在庫(ざいこ)が手薄になる(재고가 적어지다), 手薄な準備(じゅんび)(불충분한 준비), 手薄な警備(けいび)(허술한 경비)

*출제가능유형 : [한자읽기-훈독] [유의표현]

22

手掛かり

단서, 실마리

(한자풀이) **手** 손 수, **掛** 걸 괘

てがかり

의미 일이나 사건을 풀어 나갈 수 있는 첫머리

빈출표현 手掛かりを掴(つか)む(단서를 잡다),
手掛かりがない(단서가 없다),
手掛かりを見付(みつ)ける(단서를 발견하다)

*출제가능유형 : [문맥] [유의표현]

23

手際

솜씨, 수완

(한자풀이) **手** 손 수, **際** 사이 제

てぎわ

의미 일을 처리해 나가는 솜씨

빈출표현 手際がいい/悪(わる)い(솜씨가 좋다/없다),
手際よく(솜씨 있게), 見事(みごと)な手際(멋진 솜씨)

*출제가능유형 : [한자읽기-훈독] [유의표현]

24

手立て

방법, 수단

(한자풀이) **手** 손 수, **立** 설 립

てだて

의미 (목적을 달성하기 위한) 방법, 수단, 방도

빈출표현 手立てを講(こう)じる(방법을 강구하다),
手立てがない(방도가 없다),
手立てを取(と)る(수단을 취하다)

*출제가능유형 : [문맥] [유의표현]

25

手分け

분담

(한자풀이) **手** 손 수, **分** 나눌 분

てわけ

의미 (일이나 부담 따위를) 나누어서 맡는 것

빈출표현 手分けして捜(さが)す(분담하여 찾다),
手分けして仕事(しごと)をする(분담하여 일을 하다)

*출제가능유형 : [문맥] [유의표현]

Step 2 | 연관 단어	Step 3 | 예문
유 不足(ふそく) 부족 유 不十分(ふじゅうぶん) 불충분 유 不備(ふび) 충분히 갖추어지지 않음	警備(けいび)が手薄なところはないか調(しら)べた。 경비가 허술한 곳은 없는지 점검했다.
= 糸口(いとぐち) 실마리, 단서 유 キー 열쇠, 관건 유 ヒント 힌트, 암시	問題(もんだい)を解(と)く手掛かりがない。 문제를 풀 단서가 없다.
= 手腕(しゅわん) 수완 = 腕前(うでまえ) 솜씨, 기량, 수완 = 手並(てなみ) 솜씨, 기량	彼女(かのじょ)は何事(なにごと)も手際よく処理(しょり)する。 그녀는 어떤 일도 솜씨 있게 처리한다.
유 手段(しゅだん) 수단 유 方法(ほうほう) 방법 유 術(すべ) 수단, 방법, 방도	あらゆる手立てを講(こう)じる。 모든 방법을 강구하다.
= 分担(ぶんたん) 분담 유 協力(きょうりょく) 협력	全員(ぜんいん)で手分けして仕事(しごと)を片付(かたづ)ける。 전원이 분담하여 일을 처리하다.

표제어	Step 1 ∣ 단어 풀이(용법·의미)

い형용사

26

甚だしい
매우 심하다, 대단하다

(한자풀이) 甚 심할 심

はなはだしい

의미 매우 심하다, 대단하다, 격심하다

용법 대개 좋지 않은 뜻으로 사용

빈출표현 甚だしい被害(심한 피해), 甚だしい誤解(대단한 오해), 非常識も甚だしい(몰상식도 이만저만이 아니다)

＊출제가능유형 : [한자읽기-훈독] [용법]

27

幅広い
폭넓다, 광범위하다

(한자풀이) 幅 폭 폭, 広 넓을 광

はばひろい

의미 ① 폭이 넓다 ② 폭넓다, 광범위하다

빈출표현 幅広い道(폭이 넓은 길), 幅広い知識/支持(폭넓은 지식/지지), 幅広い活動(광범위한 활동)

＊출제가능유형 : [한자읽기-훈독] [문맥]

な형용사

28

巧みだ
교묘하다, 능숙하다

(한자풀이) 巧 공교할 교

たくみだ

의미 교묘하다, 능숙하다, 능란하다, 솜씨가 좋다

용법 주로 전문적인 기교면에서 뛰어난 경우에 사용

빈출표현 巧みな演技(능숙한 연기), 巧みな嘘(교묘한 거짓말), 巧みに処理する(능숙하게 처리하다)

＊출제가능유형 : [한자읽기-훈독] [용법]

29

端的だ
단적이다

(한자풀이) 端 끝 단, 단정할 단, 的 과녁 적

たんてきだ

의미 ① 간단하고 분명하다, 명백하다
② 에두르거나 수식함이 없이 곧바르고 솔직하다

빈출표현 端的な表現(단적인 표현, 명백한 표현), 端的に表す/言う(단적으로 나타내다/말하다)

＊출제가능유형 : [문맥] [유의표현]

30

丹念だ
정성을 들이다, 공을 들이다

(한자풀이) 丹 붉을 단, 念 생각할 념

たんねんだ

의미 정성을 들이다, 공을 들이다, 꼼꼼히 하다

빈출표현 丹念な細工(공들인 세공), 丹念に調べる(정성 들여 세밀히 조사하다), 丹念に点検する(꼼꼼히 점검하다)

＊출제가능유형 : [한자읽기-음독] [유의표현]

Step 2 │ 연관 단어	Step 3 │ 예문
유 夥(おびただ)しい (수량이) 굉장히 많다, (정도가) 심하다 참 甚(はなは)だ 매우, 심히, 대단히, 몹시 └, 대개 좋지 않은 뜻으로 사용	そんなことを言(い)うなんて非常識(ひじょうしき)も甚だしいですね。 그런 말을 하다니 몰상식도 이만저만이 아니네요.
유 広範囲(こうはんい)だ 광범위하다 참 大幅(おおはば) 대폭 참 小幅(こはば) 소폭	彼女(かのじょ)は幅広い知識(ちしき)を持(も)っている。 그녀는 폭넓은 지식을 가지고 있다.
유 上手(じょうず)だ 능숙하다 유 巧妙(こうみょう)だ 교묘하다 ↔ つたない 서투르다 암기 TIP 어떤 배역이든 능숙하게 다 꾸밈(たくみ)	巧みな演技(えんぎ)を披露(ひろう)する。 능숙한 연기를 피로하다.
유 明白(めいはく)だ 명백하다 유 明快(めいかい)だ 명쾌하다 유 明瞭(めいりょう)だ 명료하다	このグラフは、人口(じんこう)の減少(げんしょう)を端的に表(あらわ)している。 이 그래프는 인구의 감소를 단적으로 나타내고 있다.
= 入念(にゅうねん)だ 공을 들이다, 정성을 들이다, 꼼꼼히 하다 = 念入(ねんい)りだ 정성들여 하다, 공들여 하다 ↔ いい加減(かげん)だ 적당하다	資料(しりょう)を一(ひと)つ一(ひと)つ丹念に調(しら)べる。 자료를 하나하나 정성 들여 조사하다.

DAY 7

표제어 | **Step 1** | 단어 풀이(용법·의미)

な형용사

31

重宝だ

소중히 여기다, 편리하여 유용하다

한자풀이 重 무거울 중, 宝 보배 보

ちょうほうだ

의미 ① 소중히 여기다, 소중히 다루다, 아끼다 ② 편리하게 여기다, 편리하여 도움이 되다, 편리하여 유용하다

빈출표현 重宝な道具(どうぐ)(편리한 도구), 重宝している(편리하여 애용하고 있다)

*출제가능유형 : 한자읽기-음독 | 유의표현

32

入念だ

정성 들이다, 꼼꼼히 하다

한자풀이 入 들 입, 念 생각할 념

にゅうねんだ

의미 공을 들이다, 정성 들이다, 꼼꼼히 하다

빈출표현 入念な細工(さいく)/準備(じゅんび)(정성 들인 세공/준비), 入念な計画(けいかく)(꼼꼼한 계획), 入念に調(しら)べる(꼼꼼히 조사하다)

*출제가능유형 : 문맥 | 유의표현

동사

33

遂げる

이루다, 달성하다

한자풀이 遂 이룰 수

とげる

의미 이루다, 달성하다, 성취하다

용법 주로 실현하기 쉽지 않은 목적을 달성하는 것에 사용

빈출표현 目的(もくてき)を遂げる(목적을 이루다), 優勝(ゆうしょう)を遂げる(우승을 달성하다), 本懐(ほんかい)を遂げる(숙원을 이루다)

*출제가능유형 : 한자읽기-훈독 | 용법

34

滞る

정체되다, 밀리다

한자풀이 滞 막힐 체

とどこおる

용법 ① 일의 진행·물자의 유통 등이 순조롭지 않은 것에 사용 ② 일·지불 등이 밀리는 것에 사용

빈출표현 交渉(こうしょう)/物資(ぶっし)の流通(りゅうつう)が滞る(교섭/물자의 유통이 정체되다), 仕事(しごと)/家賃(やちん)が滞る(일/집세가 밀리다)

*출제가능유형 : 한자읽기-훈독 | 용법

35

唱える

외치다, 주장하다

한자풀이 唱 노래 창, 부를 창

となえる

의미 ① 외치다, 부르다 ② 주장하다, 주창하다

빈출표현 万歳(ばんざい)を唱える(만세를 외치다), 異議(いぎ)を唱える(이의를 주장하다), 新学説(しんがくせつ)を唱える(신학설을 주창하다)

*출제가능유형 : 한자읽기-훈독 | 문맥

Step 2 │ 연관 단어	Step 3 │ 예문
유 便利(べんり)だ 편리하다 유 有用(ゆうよう)だ 유용하다, 쓸모가 있다	これは使(つか)いやすく重宝な道具(どうぐ)です。 이것은 사용하기 쉽고 편리한 도구입니다.
= 念入(ねんい)りだ 정성 들여 하다, 공들여 하다 = 丹念(たんねん)だ 정성을 들이다, 공을 들이다 유 丁寧(ていねい)だ 주의 깊고 세심하다, 공들이다	事前(じぜん)に入念な計画(けいかく)を立(た)てておきましょう。 사전에 꼼꼼한 계획을 세워 둡시다.
유 果(は)たす 이루다, 완수하다, 달성하다, 다하다 └ 해야 할 의무 · 역할 · 책임 등을 다하는 것, 하려고 마음먹은 목적을 달성하는 것 예 責任(せきにん)を果たす 책임을 다하다	ついに念願(ねんがん)の優勝(ゆうしょう)を遂げた。 마침내 염원하던 우승을 달성했다.
유 停滞(ていたい)する 정체되다, 침체되다 └ 물자의 유통 · 경기 등이 정체(침체)되는 것 유 渋滞(じゅうたい)する 정체되다 └ 교통이 정체되는 것 ↔ 捗(はかど)る 진척되다, 일이 잘 되어 가다	家賃(やちん)や光熱費(こうねつひ)が滞っている。 집세와 광열비가 밀려 있다.
유 叫(さけ)ぶ 외치다 유 主張(しゅちょう)する 주장하다 참 昌 창성할 창	彼(かれ)はその意見(いけん)に異議(いぎ)を唱えた。 그는 그 의견에 이의를 제기했다.

DAY 7

표제어	Step 1 ㅣ 단어 풀이(용법·의미)

36

戸惑う

당황하다, 망설이다

(한자풀이) **戸** 지게 호, **惑** 미혹할 미

とまどう

용법 예상치 못한 갑작스러운 일로, 어떻게 대처해야 할지 몰라서 당황하는 것에 사용

★ 빈출표현 急(きゅう)に聞(き)かれて戸惑う(갑자기 질문을 받아서 당황하다), 文化(ぶんか)の違(ちが)いに戸惑う(문화 차이에 당황하다)

＊출제가능유형 : [한자읽기-훈독] [용법]

37

取り戻す

되찾다, 회복하다, 만회하다

(한자풀이) **取** 취할 취, **戻** 어그러질 려

とりもどす

용법 잃은 것을 원래의 상태로 되돌리는 것에 사용

★ 빈출표현 元気(げんき)/笑顔(えがお)を取り戻す(기운/웃음을 되찾다), 人気(にんき)を取り戻す(인기를 만회하다), 名誉(めいよ)を取り戻す(명예를 회복하다)

＊출제가능유형 : [문맥] [용법]

38

동사

馴染む

친숙해지다, 익숙해지다, 조화되다

(한자풀이) **馴** 길들 순, **染** 물들일 염

なじむ

의미 ① 친숙해지다, 정들다, (사람을) 따르다 ② 익숙해지다, 길들다 ③ 하나로 융합되다, 조화되다

★ 빈출표현 馴染んだ土地(とち)(정든 고장), 機械(きかい)に馴染む(기계에 익숙해지다), 雰囲気(ふんいき)に馴染む(분위기에 융합되다)

＊출제가능유형 : [유의표현] [용법]

39

宥める

달래다

(한자풀이) **宥** 너그러울 유, 용서할 유

なだめる

의미 달래다

★ 빈출표현 泣(な)く子(こ)/怒(いか)りを宥める(우는 아이/노여움을 달래다), 双方(そうほう)を宥める(쌍방을 달래다)

＊출제가능유형 : [문맥] [용법]

40

懐く

따르다

(한자풀이) **懐** 품을 회

なつく

의미 (친숙해져서) 따르다, 친해지다

★ 빈출표현 人(ひと)に懐く犬(いぬ)(사람을 따르는 개), 祖母(そぼ)によく懐く(할머니를 잘 따르다), 先生(せんせい)に懐く(선생님을 따르다)

＊출제가능유형 : [문맥] [용법]

Step 2 ｜ 연관 단어	Step 3 ｜ 예문
유 迷う 망설이다, 결단을 내리지 못하다 └→ 여러 개 중에서 선택을 망설이는 것	予想しなかった質問をされて戸惑う。 예상치 않은 질문을 받아 당황하다.
유 取り返す 되찾다, 회복하다, 만회하다 └→ 누군가에게 빼앗긴 것을 쟁탈하여 다시 되찾는 것, 잃은 것을 원래의 상태로 되돌리는 것 예 優勝旗を取り返す 우승기를 되찾다	彼女は失われた笑顔を取り戻した。 그녀는 잃었던 웃음을 되찾았다.
= 慣れる 익숙해지다 유 溶け込む 녹아들다, 융화되다 참 馴れる (동물이) 길들다 참 幼馴染み 소꿉친구	都会の生活にようやく馴染んだ。 도시 생활에 겨우 익숙해졌다.
유 機嫌を取る 비위를 맞추다 유 静める 가라앉히다, 진정시키다	双方を宥めて仲直りさせる。 쌍방을 달래서 화해시키다.
= 馴染む 따르다, 친숙해지다 유 慣れ親しむ 친숙해지다 참 懐かしい 그립다 참 懐かしむ 그리워하다 참 懐 품, 품속에 지닌 돈	この子は人見知りでなかなか懐かない。 이 아이는 낯을 가려서 좀처럼 사람을 잘 따르지 않는다.

DAY 7

표제어	Step 1 | 단어 풀이(용법·의미)

동사

41 **賑わう**
붐비다, 번창하다
한자풀이 賑 구휼할 진

にぎわう
의미 ① 붐비다, 번화해지다, 흥청거리다 ② 번창하다, 번성하다
빈출표현 クリスマスで賑わう(크리스마스로 흥청거리다), 祭(まつ)りで賑わう(축제로 붐비다), 店(みせ)が賑わう(가게가 번창하다)
*출제가능유형 : 유의표현 용법

42 **滲む**
번지다, 배다
한자풀이 滲 스밀 삼

にじむ
용법 어떤 물체에 묻은 액체가 그 주변으로 번지거나 내부에서 표면으로 액체가 배어나오는 것에 사용(内→外)
빈출표현 インクが滲む(잉크가 번지다), 涙(なみだ)が滲む(눈물이 어리다), 汗(あせ)/血(ち)が滲む(땀/피가 배어나오다)
*출제가능유형 : 문맥 유의표현

부사

43 **とっくに**
훨씬 전에, 벌써

とっくに
용법 과거의 어느 한 시점에서 그렇게 된 것에 사용
빈출표현 とっくに知(し)っていた(벌써 알고 있었다), とっくに終(お)わっている(벌써 끝났다), とっくに帰(かえ)った(벌써 돌아갔다)
*출제가능유형 : 문맥 유의표현

44 **取り分け**
특히, 그중에서도
한자풀이 取 취할 취, 分 나눌 분

とりわけ
용법 전반적으로 그러하지만 그중에서도 유달리라는 의미에 사용
빈출표현 取り分けこの柄(がら)が気(き)に入(い)る(그중에서도 이 무늬가 마음에 든다), 今日(きょう)は取り分け暑(あつ)い(오늘은 유달리 덥다)
*출제가능유형 : 유의표현 용법

45 **どんより**
잔뜩

どんより
의미 날씨가 잔뜩 흐린 모양, 어둠침침한 모양, 잔뜩
빈출표현 どんより(と)曇(くも)る(잔뜩 흐리다), どんより(と)した空(そら)/天気(てんき)(잔뜩 흐린 하늘/날씨)
*출제가능유형 : 문맥 용법

Step 2 ㅣ 연관 단어	Step 3 ㅣ 예문
= 賑やかになる 번화해지다 = 繁盛する 번창하다, 번성하다 ↔ 寂れる 쓸쓸해지다, 한적해지다, 쇠퇴하다 └ 번창하던 장소가 사람이 모이지 않게 되어 한적해지는 것	町は祭りで賑わっている。 거리는 축제로 붐비고 있다.
유 染みる 스며들다, 번지다, 배다, 사무치다, 절실하게 느끼다 └ 액체가 어떤 물체의 내부로 조금씩 스며드는 것 (外→内)	面接中は手の平や額に汗が滲んだ。 면접을 보던 중 손바닥과 이마에 땀이 났다.
= 既に 이미, 벌써 유 もう 이제, 이미, 벌써 └ 현 시점에서 그렇게 된 것 예 もう駄目だ 이젠 틀렸다 유 もはや 이제는, 이미, 벌써 └ 현 시점에서 그렇게 된 것 예 もはや手遅れだ 이미 때가 늦었다	そんなことはとっくに知っていた。 그런 건 벌써 알고 있었다.
유 特に 특히, 특별히 └ 다른 것과 구별해서 특별하게 취급하는 것 예 特に君のために 특별히 자네를 위해서 유 殊に 특히, 한층 더, 훨씬 └ 다른 것과 비교해서 정도가 한층 더 높은 것 예 殊に優れている 특히 우수하다	花の中でも、取り分けバラが好きだ。 꽃 중에서도 특히 장미를 좋아한다.
↔ 晴れ晴れ 맑게 갠 모양, 청명한 모양 예 晴れ晴れ(と)した空 맑게 갠 하늘 참 曇天 흐린 날씨, 흐린 하늘 참 灰色の空 잿빛 하늘, 흐린 하늘	今日は一日中どんより(と)した天気だった。 오늘은 하루종일 잔뜩 흐린 날씨였다.

DAY 7

표제어	Step 1 | 단어 풀이(용법·의미)

부사

46 **ひしひし**
절실히, 절절히

ひしひし

의미 강하게 느끼는 모양, 절실히, 절절히

빈출표현 ひしひし(と)感(かん)じる(절실히 느끼다),
ひしひし(と)胸(むね)に迫(せま)る(절실히 가슴에 와 닿다),
寒(さむ)さがひしひし(と)感(かん)じられる(추위가 오싹오싹 느껴지다)

*출제가능유형 : [문맥] [유의표현]

가타카나

47 **ニュアンス**
뉘앙스, 미묘한 차이

nuance(프랑스어)

의미 (색깔·음조·말뜻·감정 등의) 미묘한 차이

빈출표현 ニュアンスの違(ちが)い(뉘앙스 차이),
微妙(びみょう)なニュアンス(미묘한 뉘앙스),
言葉(ことば)のニュアンス(말의 뉘앙스)

*출제가능유형 : [문맥] [용법]

48 **ノウハウ**
노하우

know-how

의미 어떤 일을 오래 함에 따라 자연스럽게 터득한 방법이나 요령

빈출표현 ノウハウを覚(おぼ)える/蓄積(ちくせき)する/活(い)かす/伝(つた)える
(노하우를 터득하다/축적하다/발휘하다/전하다)

*출제가능유형 : [문맥] [유의표현]

49 **ノルマ**
노르마, 노동의 할당량

norma(러시아어)

의미 할당된 노동의 기준량

빈출표현 ノルマを果(は)たす(할당량을 완수하다),
ノルマをこなす(할당량을 해치우다)

*출제가능유형 : [문맥] [용법]

50 **ハードル**
허들

hurdle

의미 ① 장애물 경주용 목제 틀 ② 극복해야 할 곤란이나 관문

빈출표현 ハードルを越(こ)える(허들을 넘다),
ハードルレース(허들 레이스, 장애 경주)

*출제가능유형 : [문맥] [유의표현]

Step 2 | 연관 단어

Step 3 | 예문

유 切実(せつじつ)に 절실히
유 しみじみ 마음속 깊이 느끼는 모양, 절실히

親(おや)のありがたさがひしひし(と)胸(むね)に迫(せま)る。

부모님의 감사함이 절실히 가슴에 와 닿다.

참 微妙(びみょう)な差異(さい) 미묘한 차이

この本(ほん)には微妙(びみょう)なニュアンスの違(ちが)いが分(わ)かりやすく書(か)いてある。

이 책에는 미묘한 뉘앙스 차이가 알기 쉽게 쓰여 있다.

유 技術(ぎじゅつ) 기술
유 技能(ぎのう) 기능
유 秘法(ひほう) 비법

新人(しんじん)にノウハウを伝(つた)える。

신인에게 노하우를 전하다.

참 割(わ)り当(あ)てる 할당하다

課(か)せられたノルマを果(は)たした。

부과된 할당량을 완수했다.

유 障害(しょうがい) 장애
유 障壁(しょうへき) 장벽
유 難関(なんかん) 난관
유 関門(かんもん) 관문

入試(にゅうし)という最初(さいしょ)のハードルを越(こ)える。

입시라는 첫 허들(관문)을 넘다.

Day 7

문제로 확인하기

❶ 다음 단어의 한자 읽는 법을 고르세요.

1. 中枢　　A. ちゅうしゅう　　B. ちゅうすう
2. 滞る　　A. とどこおる　　B. とどまる
3. 甚だしい　　A. はなはだしい　　B. おびただしい

❷ 다음 단어의 한자 표기를 고르세요.

4. ちんれつ　　A. 陳列　　B. 陣列
5. とげる　　A. 逐げる　　B. 遂げる
6. なつく　　A. 懐く　　B. 壊く

❸ 다음 빈칸에 공통으로 들어갈 수 있는 한자 또는 단어로 적절한 것을 고르세요.

7. (　)願　丹(　)　入(　)
   A. 志　B. 念　C. 籍
8. (　)促　監(　)　(　)励
   A. 催　B. 督　C. 激
9. (　)戻す　(　)分け　(　)返す
   A. 払い　B. 取り　C. 打ち

❹ 빈칸에 들어갈 단어로 적절한 것을 고르세요.

A. 重宝　　B. 手薄　　C. ひしひし

10. これは使いやすく＿＿＿＿＿な道具です。
11. 親のありがたさが＿＿＿＿＿と胸に迫る。
12. 警備が＿＿＿＿＿なところはないか調べた。

정답 | 1. B　2. A　3. A　4. A　5. B　6. A　7. B　8. B　9. B　10. A　11. C　12. B

강의와
예문 듣기

WEEK 2

Day 8

매일 품사별로 골고루! 오늘의 50단어 한눈에 보기!

음독명사

01. 念頭
02. 把握
03. 背景
04. 配属
05. 配布
06. 暴露
07. 破損
08. 抜群
09. 発散
10. 抜粋
11. ～版
12. 煩雑
13. 繁盛
14. 繁殖
15. 伴奏
16. 非～
17. 拍子
18. 表明
19. 披露
20. 貧富

고유어

21. 人手
22. 人出
23. 本筋
24. 本音

い형용사

25. 微笑ましい
26. 紛らわしい

な형용사

27. にわかだ
28. 漠然だ
29. 華やかだ
30. ひたむきだ
31. 頻繁だ

동사

32. 担う
33. 鈍る
34. 練る
35. 逃れる
36. 望む
37. 乗り出す
38. 映える
39. 剥がす
40. 捗る
41. 励む
42. 弾く
43. 弾む

부사

44. 人一倍
45. 密かに
46. 一先ず
47. 無性に

가타카나

48. バックアップ
49. フォロー
50. ブランク

표제어	Step 1 ㅣ 단어 풀이(용법·의미)

1

念頭
염두

(한자풀이) 念 생각할 념, 頭 머리 두

ねんとう

의미 마음속, 생각

빈출표현 念頭に置(お)く(염두에 두다), 念頭にない(염두에 없다)

*출제가능유형 : [문맥] [유의표현]

2

把握
파악

(한자풀이) 把 잡을 파, 握 쥘 악

はあく

의미 [손에 쥔다는 뜻] 어떤 일을 잘 이해하여 확실하게 아는 것

빈출표현 状況(じょうきょう)を把握する(상황을 파악하다),
真相(しんそう)を把握する(진상을 파악하다),
実態(じったい)を把握する(실태를 파악하다)

*출제가능유형 : [한자읽기-음독] [유의표현]

음독명사

3

背景
배경

(한자풀이) 背 등 배, 景 볕 경

はいけい

의미 ① 뒤쪽의 경치 ② 사건이나 환경을 둘러싼 주위의 정경

빈출표현 事件(じけん)の背景(사건의 배경), 歴史的(れきしてき)背景(역사적 배경),
政治的(せいじてき)背景(정치적 배경)

*출제가능유형 : [문맥] [용법]

4

配属
배속

(한자풀이) 配 짝 배, 属 무리 속

はいぞく

의미 어떤 곳에 배치하여 일하게 하는 것

빈출표현 配属先(さき)(배속된 곳),
~部(ぶ)に配属される(~부에 배속되다)

*출제가능유형 : [문맥] [용법]

5

配布
배포

(한자풀이) 配 짝 배, 布 베 포

はいふ

의미 널리 일반에게 나누어 주는 것

빈출표현 チラシを配布する(광고지를 배포하다),
ビラを配布する(전단지를 배포하다)

*출제가능유형 : [문맥] [용법]

Step 2 ㅣ 연관 단어	Step 3 ㅣ 예문
유 心中(しんちゅう) 심중, 마음속 유 胸中(きょうちゅう) 흉중, 속마음	注意事項(ちゅういじこう)を念頭に置(お)いて行動(こうどう)する。 주의 사항을 염두에 두고 행동하다.
참 掴(つか)む 잡다, 붙잡다, 파악하다	まず状況(じょうきょう)を把握しましょう。 우선 상황을 파악합시다.
유 バックグラウンド 백그라운드, 배경 ↔ 前景(ぜんけい) 전경, 앞에 보이는 경치	両国間(りょうこくかん)の悪感情(あくかんじょう)には歴史的(れきしてき)背景がある。 양국간의 악감정에는 역사적 배경이 있다.
유 所属(しょぞく) 소속 유 配置(はいち) 배치 참 割(わ)り当(あ)てる 할당하다, 분담시키다 참 振(ふ)り当(あ)てる 할당하다	来月(らいげつ)から営業部(えいぎょうぶ)に配属される。 다음달부터 영업부에 배속된다.
유 配付(はいふ) 배부 ㄴ 특정 사람들에게 나누어줌 예 学生(がくせい)にプリントを配付(はいふ)する 학생에게 프린트를 배부하다	駅前(えきまえ)でチラシを配布した。 역 앞에서 광고지를 배포했다.

DAY 8

표제어	Step 1 | 단어 풀이(용법·의미)

음독명사

6

暴露
폭로

(한자풀이) **暴** 쬘 폭, **露** 이슬 로

ばくろ

의미 부정·음모·비밀 따위를 들추어내는 것

★빈출표현 暴露記事《きじ》(폭로 기사),
不正《ふせい》を暴露する(부정을 폭로하다),
秘密《ひみつ》を暴露する(비밀을 폭로하다)

***출제가능유형 :** [한자읽기-음독] [유의표현]

7

破損
파손

(한자풀이) **破** 깨뜨릴 파, **損** 덜 손

はそん

의미 사물이 심하게 깨어져 못 쓰게 되는 것, 사물을 심하게 깨뜨려 못 쓰게 하는 것

★빈출표현 ~が破損する(~가 파손되다), 器物《きぶつ》破損(기물 파손)

***출제가능유형 :** [한자읽기-음독] [유의표현]

8

抜群
발군

(한자풀이) **抜** 뺄 발, **群** 무리 군

ばつぐん

의미 여럿 가운데 특히 뛰어남, 출중함

★빈출표현 抜群の成績《せいせき》(발군의 성적),
抜群の活躍《かつやく》(발군의 활약)

***출제가능유형 :** [유의표현] [용법]

9

発散
발산

(한자풀이) **発** 쏠 발, **散** 흩을 산

はっさん

의미 ① 감정 따위를 밖으로 드러내어 해소하는 것
② 분위기 따위를 한껏 드러내는 것

★빈출표현 ストレス/エネルギー/熱《ねつ》を発散する
(스트레스/에너지/열을 발산하다)

***출제가능유형 :** [문맥] [용법]

10

抜粋
발췌

(한자풀이) **抜** 뺄 발, **粋** 순수할 수

ばっすい

의미 글 가운데서 필요하거나 중요한 대목만을 가려 뽑는 것

★빈출표현 抜粋曲《きょく》(발췌곡), 要点《ようてん》/重要《じゅうよう》な部分《ぶぶん》を抜粋する
(요점/중요한 부분을 발췌하다)

***출제가능유형 :** [문맥] [용법]

Step 2 | 연관 단어

Step 3 | 예문

유 露見(ろけん) 드러남, 폭로됨

↔ 隠蔽(いんぺい) 은폐

참 暴(あば)く 폭로하다

참 暴露(ばくろ)만 ばく로 발음, 나머지는 ぼう로 발음

예 暴力(ぼうりょく) 폭력

암기 TIP 밖으로(ばくろ) 폭로한다

A新聞(しんぶん)が政府(せいふ)の不正(ふせい)を**暴露**した。

A신문이 정부의 부정을 폭로했다.

유 損傷(そんしょう) 손상

└ 사람이나 사물의 일부가 조금 깨지거나 흠집이 남

↔ 修理(しゅうり) 수리

참 傷(いた)む 깨지다, 파손되다

台風(たいふう)で屋根(やね)が**破損**した。

태풍으로 지붕이 파손되었다.

유 優秀(ゆうしゅう) 우수

참 優(すぐ)れる 뛰어나다, 우수하다

참 抜(ぬ)きんでる 뛰어나다, 출중하다

참 秀(ひい)でる 뛰어나다, 출중하다

尾崎君(おざきくん)は**抜群**の成績(せいせき)で卒業(そつぎょう)した。

오자키 군은 발군의 성적으로 졸업했다.

유 放散(ほうさん) 방산, 널리 흩뜨림, 흩어져 퍼짐

예 熱(ねつ)を放散する 열을 방산하다

예 痛(いた)みが放散する 통증이 퍼지다

運動(うんどう)でストレスを**発散**する。

운동으로 스트레스를 발산하다.

유 抜(ぬ)き書(が)き 발췌하여 씀, 뽑아 씀

참 抜粋 발수(×) *해석 주의!*

論文(ろんぶん)から要点(ようてん)だけを**抜粋**した。

논문에서 요점만을 발췌했다.

DAY 8

표제어	Step 1 | 단어 풀이(용법·의미)
11 **~版** ~판 (한자풀이) 版 판목 판	~ばん 의미 ~판, 출판물 용법 일부의 명사 뒤에 붙어서 접미어로 사용 빈출표현 改訂版(かいてい)(개정판), 限定版(げんてい)(한정판), 名刺版(めいし)(명함판), 海賊版(かいぞく)(해적판) *출제가능유형 : 문맥
12 **煩雑** 번잡 (한자풀이) 煩 괴로워할 번, 雑 섞일 잡	はんざつ 의미 번거롭고 복잡한 것 빈출표현 煩雑な手続(てつづ)き(번잡한 절차), 煩雑な仕事(しごと)(번잡한 일) *출제가능유형 : 유의표현 용법
13 **繁盛** 번성, 번창 (한자풀이) 繁 많을 번, 盛 담을 성	はんじょう 용법 원래는 繁昌(번창)이지만, 昌(창성할 창)이 상용한자에 포함되지 않기 때문에 보통 繁盛로 쓰임 빈출표현 商売繁盛(しょうばい)(사업 번창, 장사 번창), 店(みせ)が繁盛する(가게가 번창하다) *출제가능유형 : 한자읽기-음독 유의표현
14 **繁殖** 번식 (한자풀이) 繁 많을 번, 殖 불릴 식	はんしょく 의미 붇고 늘어서 많이 퍼지는 것 빈출표현 繁殖期(き)(번식기), 繁殖力(りょく)(번식력), 繁殖地(ち)(번식지) *출제가능유형 : 한자읽기-음독 용법
15 **伴奏** 반주 (한자풀이) 伴 짝 반, 奏 아뢸 주	ばんそう 의미 노래나 기악의 연주를 도와주기 위하여 옆에서 다른 악기를 연주하는 것 빈출표현 伴奏者(しゃ)(반주자), ピアノの伴奏(피아노 반주), 伴奏に合(あ)わせる(반주에 맞추다) *출제가능유형 : 한자읽기-음독 문맥

음독명사

Step 2 ｜ 연관 단어	Step 3 ｜ 예문
유 エディション 출판, ~판 참 版 (판목 판) 인쇄하기 위하여 글자나 그림을 새긴 얇은 나무판 참 板 (널빤지 판) 원시적인 얇은 나무판	待っていた改訂版が出たので早速買った。 기다리던 개정판이 나와서 즉시 샀다.
유 面倒 귀찮음, 성가심 유 厄介 귀찮음, 성가심, 폐 유 複雑 복잡 ↔ 簡略 간략 참 煩わしい 귀찮다, 번거롭다	この方法は非常に煩雑です。 이 방법은 상당히 번잡합니다.
유 繁栄 번영 ↔ 衰退 쇠퇴 참 栄える 번영하다, 번창하다 참 繁盛만 じょう로 발음, 나머지는 せい 예 盛大 성대	不景気にもかかわらず、この店は繁盛している。 불경기임에도 불구하고 이 가게는 번창하고 있다.
유 増殖 증식 ↔ 絶滅 멸종 참 殖える (재산·생물) 늘다, 증가하다, 불어나다	ウサギは繁殖力が高い動物である。 토끼는 번식력이 높은 동물이다.
참 奏でる 연주하다 예 ギターを奏でる 기타를 연주하다	ピアノの伴奏に合わせて歌う。 피아노 반주에 맞춰서 노래 부르다.

표제어	Step 1 | 단어 풀이(용법·의미)

음독명사

16

非~

비~

(한자풀이) **非** 아닐 비, 어긋날 비

ひ~

의미 비~, 부정의 뜻을 나타냄

용법 일부 명사(특히 한자어) 앞에 붙어서 접두어로 사용

빈출표현 非常識(비상식, 몰상식), 非公開(비공개), 非公式(비공식), 非能率的(비능률적)

＊출제가능유형 : 문맥

17

拍子

박자, ~ 바람에

(한자풀이) **拍** 칠 박, **子** 아들 자

ひょうし

의미 ① 음악이나 춤의 가락을 돕는 장단
② 어떤 동작의 여세로 예상치 못한 일이 일어나는 것

빈출표현 拍子を取る(박자를 맞추다), 三拍子(3박자), ～た拍子に(~한 바람에, ~한 결에)

＊출제가능유형 : 한자읽기-음독 | 용법

18

表明

표명

(한자풀이) **表** 겉 표, **明** 밝을 명

ひょうめい

의미 의사나 태도를 분명하게 드러내는 것

빈출표현 所信表明(소신 표명), 賛意を表明する(찬의를 표명하다), 意向を表明する(의향을 표명하다)

＊출제가능유형 : 문맥 | 용법

19

披露

피로

(한자풀이) **披** 헤칠 피, 나눌 피, **露** 이슬 로

ひろう

의미 일반에게 널리 알리는 것, 공개함, 공표함

빈출표현 結婚披露(결혼 피로), 披露宴(피로연), 腕前を披露する(솜씨를 피로하다)

＊출제가능유형 : 한자읽기-음독 | 유의표현

20

貧富

빈부

(한자풀이) **貧** 가난할 빈, **富** 부자 부

ひんぷ

의미 가난함과 넉넉함

빈출표현 貧富の差(빈부의 차), 貧富の格差(빈부의 격차)

＊출제가능유형 : 한자읽기-음독 | 문맥

Step 2 │ 연관 단어	Step 3 │ 예문
↔ 是 옳을 시 참 是非(ぜひ) 시비, 옳고 그름, 꼭, 반드시	彼(かれ)は非常識(じょうしき)も甚(はなは)だしい。 그는 몰상식도 이만저만이 아니다.
유 リズム 리듬 유 ~た弾(はず)みに ~한 바람에, ~한 결에	転(ころ)んだ拍子にメガネが飛(と)んでしまった。 넘어지는 바람에 안경이 날아가 버렸다.
유 表現(ひょうげん) 표현 유 表出(ひょうしゅつ) 표출 참 表(あらわ)れる (감정·경향·생각 등이) 나타나다 참 表(あらわ)す (감정·경향·생각 등을) 나타내다	木村選手(きむらせんしゅ)は引退(いんたい)する意向(いこう)を表明した。 기무라 선수는 은퇴 의향을 표명했다.
= 広(ひろ)め 널리 알림, 피로함 유 公開(こうかい) 공개 유 発表(はっぴょう) 발표	パーティーで料理(りょうり)の腕前(うでまえ)を披露した。 파티에서 요리 솜씨를 피로했다.
참 貧(まず)しい 가난하다, 빈약하다 참 富(と)む 풍부하다, 많다	この国(くに)は貧富の差(さ)が激(はげ)しい。 이 나라는 빈부의 차가 심하다.

DAY 8

표제어	Step 1 ｜ 단어 풀이(용법・의미)

고유어

21 人手

일손

(한자풀이) **人** 사람 인, **手** 손 수

ひとで

의미 일하는 사람

빈출표현 人手不足《ぶそく》(일손 부족),
人手が足《た》りない/余《あま》る(일손이 모자라다/남아돌다)

*출제가능유형 : [문맥] [용법]

22 人出

(나들이) 인파

(한자풀이) **人** 사람 인, **出** 날 출

ひとで

의미 많은 사람이 그곳에 나옴, 인파

빈출표현 人出で賑《にぎ》わう(인파로 북적거리다),
大変《たいへん》な人出(대단한 인파)

*출제가능유형 : [유의표현] [용법]

23 本筋

본 줄거리, 본론

(한자풀이) **本** 근본 본, **筋** 힘줄 근

ほんすじ

의미 중심이 되는 줄거리, 본 줄거리, 본론

용법 의논, 사고, 행동양식 등 비교적 작은 일에 사용

빈출표현 本筋から外《はず》れる/逸《そ》れる(본론에서 벗어나다),
本筋に戻《もど》す(본론으로 되돌리다)

*출제가능유형 : [한자읽기-음훈독] [용법]

24 本音

본심, 속마음

(한자풀이) **本** 근본 본, **音** 소리 음

ほんね

의미 본심에서 우러나온 속마음

빈출표현 本音が出《で》る(본심이 드러나다),
本音を吐《は》く(본심을 토로하다),
本音と建前《たてまえ》(본심과 겉으로 내세우는 말)

*출제가능유형 : [한자읽기-음훈독] [문맥]

い형용사

25 微笑ましい

저절로 미소짓게 되다, 흐뭇하다

(한자풀이) **微** 작을 미, **笑** 웃을 소

ほほえましい

의미 (호감·귀여움 등으로) 저절로 미소짓게 되다, 흐뭇하다

빈출표현 ほほえましい話《はなし》(흐뭇한 이야기),
ほほえましい光景《こうけい》(흐뭇한 광경)

*출제가능유형 : [문맥] [용법]

Step 2 │ 연관 단어	Step 3 │ 예문
= 働き手 일꾼 = 労働力 노동력	中小企業の人手不足が深刻化している。 중소기업의 일손 부족이 심각화되고 있다.
유 大勢 많은 사람 유 人波 인파 유 人集り 많은 사람들이 모임, 군중	海岸は大変な人出だった。 해안은 대단한 인파였다.
유 本道 바른 길, 정도 └, 인간으로서의 의무, 삶의 방식 등 비교적 큰 일에 사용 유 本論 본론 참 筋 힘줄, 근육, 핏줄, 줄거리, 조리, 도리	議論が本筋から外れる。 의논이 본론에서 벗어나다.
유 本気 본심, 진심 └, 농담이나 장난이 아닌 진지한 마음 ↔ 建前 (표면상의) 원칙, 방침, 겉으로 내세우는 말	本音と建前に大きなギャップがある。 본심과 겉으로 내세우는 말에 큰 차이가 있다.
참 微笑む 미소짓다, 꽃망울이 조금 벌어지다	子供たちが無邪気に遊ぶ様子は微笑ましい。 아이들이 천진난만하게 노는 모습은 흐뭇하다.

DAY 8

표제어	Step 1 ｜ 단어 풀이(용법·의미)
26 い형용사 **紛らわしい** 헷갈리기 쉽다, 혼동하기 쉽다 (한자풀이) **紛** 어지러울 분	まぎらわしい **의미** (아주 비슷해서) 헷갈리기 쉽다, 혼동하기 쉽다 **★빈출표현** 紛らわしい話/名前/偽物(헷갈리기 쉬운 이야기/이름/가짜) *출제가능유형 : [문맥] [용법]
27 な형용사 **にわかだ** 갑작스럽다, 별안간이다	にわかだ **용법** 주로 상태·상황의 변화에 사용 **★빈출표현** にわか雨(소나기), にわか勉強(벼락치기 공부), にわかに変化する(갑자기 변화하다), にわかに寒くなる(갑자기 추워지다) *출제가능유형 : [문맥] [유의표현]
28 な형용사 **漠然だ** 막연하다 (한자풀이) **漠** 사막 막, 넓을 막, **然** 그러할 연	ばくぜんだ **의미** 갈피를 잡을 수 없게 아득하다, 뚜렷하지 못하고 어렴풋하다 **★빈출표현** 漠然とした不安(막연한 불안), 漠然とした考え(막연한 생각), 漠然とした答え(막연한 대답) *출제가능유형 : [한자읽기-음독] [유의표현]
29 な형용사 **華やかだ** 화려하다, 눈부시다 (한자풀이) **華** 빛날 화	はなやかだ **의미** 화려하다, 눈부시다, 뛰어나다 **★빈출표현** 華やかなパーティー/ステージ(화려한 파티/무대), 華やかに着飾る/デビューする(화려하게 차려 입다/데뷔하다) *출제가능유형 : [한자읽기-훈독] [용법]
30 な형용사 **ひたむきだ** 한결같다	ひたむきだ **용법** 오로지 목표를 향해 한 가지 일에 열중하는 것으로, 부정적인 의미를 나타내는 말과는 사용하지 않음 **★빈출표현** ひたむきな努力/姿勢(한결같은 노력/자세), ひたむきに愛する/打ち込む(한결같이 사랑하다/몰두하다) *출제가능유형 : [유의표현] [용법]

Step 2 ｜ 연관 단어	Step 3 ｜ 예문
유 擬似的だ(ぎじてき) 유사하다 ↔ 明らかだ(あき) 분명하다, 명백하다 참 紛れる(まぎ) 헷갈리다, 혼동되다 참 粉 가루 분	この二つ(ふた)の名前(なまえ)は似(に)ていて紛らわしい。 이 둘의 이름은 닮아서 헷갈린다.
유 急に(きゅう) 갑자기 └, 예상하지 않았던 일이 일어나는 것, 일이 빨리 진행되는 것 유 突然(とつぜん) 돌연, 갑자기 └, 예상하지 않았던 일이 일어나는 것	天気(てんき)がにわかに変化(へんか)する。 날씨가 갑자기 변하다.
유 ぼんやり 희미한 모양, 어렴풋이, 아련히 유 かすかだ 희미하다, 어렴풋하다, 아련하다 ↔ 歴然だ(れきぜん) 역연하다, 확실하다, 뚜렷하다 ↔ 判然だ(はんぜん) 판연하다, 분명하다, 명백하다	将来(しょうらい)に対(たい)する漠然とした不安(ふあん)がある。 장래에 대한 막연한 불안이 있다.
유 派手やかだ(はで) 화려하다 유 煌びやかだ(きら) 눈부시게 화려하고 아름답다 ↔ 地味だ(じみ) 수수하다, 검소하다 ↔ 質素だ(しっそ) 검소하다	華やかに着飾(きかざ)ってパーティーへ出掛(でか)ける。 화려하게 차려입고 파티에 가다.
유 一途だ(いちず) 한 가지 일에만 정신을 쏟다, 한결같다, 외곬 └, 한 가지 일에만 열중하고 다른 일은 생각하지 않는 상태로, 긍정적인 의미로도 부정적인 의미로도 사용 유 ひたすら 한결같이, 오로지, 한마음으로 └, 한 가지 일에 집중하여 그것만 하는 것으로, 어느 행위가 반복되는 상태를 나타냄	ひたむきに打(う)ち込(こ)む彼(かれ)の姿(すがた)に心(こころ)を打(う)たれた。 한결같이 몰두하는 그의 모습에 감동받았다.

DAY 8

표제어 | **Step 1 | 단어 풀이(용법·의미)**

な형용사

31
頻繁だ
빈번하다, 잦다

(한자풀이) 頻 자주 빈, 繁 많을 번

ひんぱんだ

의미 빈번하다, 잦다

빈출표현 頻繁に起こる/出入りする/連絡を取る/催促する
(빈번히 발생하다/출입하다/연락을 취하다/재촉하다)

＊출제가능유형 : 문맥 유의표현

동사

32
担う
지다, 짊어지다

(한자풀이) 担 멜 담

になう

의미 지다, 짊어지다, 떠맡다

용법 추상적으로 어떤 일을 책임지고 떠맡는 것에 사용

빈출표현 責任を担う(책임을 지다),
未来/生計を担う(미래/생계를 짊어지다)

＊출제가능유형 : 문맥 유의표현

33
鈍る
무디어지다, 둔해지다

(한자풀이) 鈍 둔할 둔

にぶる

의미 무디어지다, 둔해지다

빈출표현 刃/包丁/腕が鈍る(칼날/부엌칼/솜씨가 무디어지다),
感覚が鈍る(감각이 둔해지다)

＊출제가능유형 : 한자읽기-훈독 용법

34
練る
짜다, 반죽하다, 다듬다

(한자풀이) 練 익힐 련

ねる

의미 ① (계획·구상 등을) 짜다 ② 반죽하다
③ (문장·기예 등을) 다듬다, 연마하다

빈출표현 計画を練る(계획을 짜다), 文章を練る(문장을 다듬다),
腕を練る(솜씨를 연마하다)

＊출제가능유형 : 한자읽기-훈독 문맥

35
逃れる
도망치다, 면하다

(한자풀이) 逃 달아날 도

のがれる

의미 ① 도망치다 ② 벗어나다, 면하다, 피하다

용법 위험한 일 등에 처하기 전에 사전에 피하거나 멀리하는 것

빈출표현 国外に逃れる(국외로 도망치다),
難/責任を逃れる(난/책임을 면하다)

＊출제가능유형 : 한자읽기-훈독 유의표현

Step 2 │ 연관 단어	Step 3 │ 예문
= しきりだ 빈번하다 유 引っ切り無しだ 끊임없다, 쉴 새 없다	頻繁に人が出入りする。 빈번히 사람이 출입하다.
유 担ぐ 지다, 메다, 짊어지다 ㄴ 구체적으로 어깨에 짐을 짊어지는 것 유 負う 지다, 짊어지다, 업다 ㄴ 구체적으로 어깨나 등에 짐을 짊어지거나 업는 것 유 受け持つ 담당하다, 담임하다	未来を担う若者たちを応援します。 미래를 짊어질 젊은이들을 응원합니다.
↔ 冴える (두뇌가) 맑아지다, (신경이) 날카로워지다, (솜씨가) 뛰어나다 참 鈍い 무디다, 둔하다	包丁の切れ味が鈍る。 부엌칼의 날이 무디어지다.
= 捏ねる 반죽하다 = 磨く (학문·기예 등을) 연마하다, 갈고 닦다	小麦粉を練ってギョーザを作る。 밀가루를 반죽해서 만두를 만들다.
= 免れる 면하다, 피하다, 벗어나다 ㄴ 위험한 일 등에 처하기 전에 사전에 피하거나 멀리하는 것 유 逃げる 도망치다, (싫은 일 등을) 피하다 ㄴ 이미 잡혀 있는 곳에서 탈출하거나, 이미 눈앞에 닥친 위험한 일이나 싫은 일을 피하는 것	彼女は火事の現場にいなかったので、難を逃れた。 그녀는 화재 현장에 없었기 때문에 화를 면했다.

DAY 8

표제어	Step 1 | 단어 풀이(용법·의미)

동사

36

望む
바라보다, 바라다

(한자풀이) 望 바랄 망

のぞむ

의미 ① 바라보다, 전망하다 ② 바라다, 소망하다, 원하다

용법 자기 자신의 소망을 나타내는 경우에 사용

빈출표현 富士山(ふじさん)を望む(후지산을 바라보다), 平和(へいわ)を望む(평화를 바라다), 幸福(こうふく)を望む(행복을 원하다)

*출제가능유형 : 유의표현 용법

37

乗り出す
적극적으로 나서다, 착수하다

(한자풀이) 乗 탈 승, 出 날 출

のりだす

의미 (어떤 일에) 적극적으로 나서다, 착수하다, 개입하다, 관여하다

빈출표현 事業(じぎょう)/捜査(そうさ)/調停(ちょうてい)に乗り出す(사업/수사/조정에 착수하다)

*출제가능유형 : 문맥 용법

38

映える
빛나다, 잘 어울리다

(한자풀이) 映 비칠 영

はえる

의미 ① (빛을 받아) 빛나다, 비치다 ② 잘 어울리다

빈출표현 朝日(あさひ)/夕日(ゆうひ)に映える(아침 해/석양에 빛나다), 和服(わふく)が映える(일본옷이 잘 어울리다)

*출제가능유형 : 한자읽기-훈독 문맥

39

剥がす
벗기다, 떼다

(한자풀이) 剥 벗길 박

はがす

의미 벗기다, 떼다

용법 표면에 붙어 있거나 씌워져 있는 것을 벗기는(떼는) 것에 사용

빈출표현 切手(きって)を剥がす(우표를 떼다), ポスターを剥がす(포스터를 떼다), 布団(ふとん)を剥がす(이불 홑청을 벗기다)

*출제가능유형 : 문맥 용법

40

捗る
진척되다, 일이 잘 되어 가다

(한자풀이) 捗 칠 척

はかどる

의미 진척되다, 일이 잘 되어 가다

빈출표현 仕事(しごと)/勉強(べんきょう)/作業(さぎょう)が捗る(일/공부/작업이 진척되다)

*출제가능유형 : 유의표현 용법

Step 2 │ 연관 단어	Step 3 │ 예문
= 眺(なが)める 멀리 보다, 전망하다, 조망하다 유 願(ねが)う 원하다, 바라다 └ 상대에게 도움이나 배려를 청하는 것 예 手伝(てつだ)いを願う 도움을 원하다	私(わたし)は戦争(せんそう)のない平和(へいわ)な世界(せかい)を望みます。 저는 전쟁 없는 평화로운 세계를 소망합니다.
유 取(と)り掛(か)かる 시작하다, 착수하다 참 携(たずさ)わる (어떤 일에) 관계하다, 관여하다, 종사하다	警察(けいさつ)は事件(じけん)の捜査(そうさ)に乗り出した。 경찰은 사건 수사에 착수했다.
유 照(て)り輝(かがや)く 밝게 빛나다, 아름답게 빛나다 유 よく調和(ちょうわ)する 잘 조화되다 유 よく似合(にあ)う 잘 어울리다	太陽(たいよう)の光(ひかり)が水面(すいめん)に映える。 태양 빛이 수면에 비치다.
= 剥(は)ぐ 벗기다, 떼다 └ 표면에 붙어 있거나 씌워져 있는 것을 벗기는(떼는) 것 유 剥(む)く (껍질 등을) 벗기다, 까다 └ 물건의 표면을 덮고 있는 것을 얇게 제거하여 안의 내용물을 드러나게 하는 것 예 りんごの皮(かわ)を剥く 사과 껍질을 벗기다	壁(かべ)に貼(は)ってあるポスターを全部(ぜんぶ)剥がした。 벽에 붙어 있는 포스터를 전부 떼어냈다.
= 進捗(しんちょく)する 진척되다 유 順調(じゅんちょう)に進(すす)む 순조롭게 진행되다 ↔ 滞(とどこお)る 정체되다, 막히다, 밀리다 참 捗々(はかばか)しい (뒤에 부정어가 따름) 진척되다, 진행이 순조롭다 예 捗々しく進(すす)まない 순조롭게 진행되지 않다	風邪(かぜ)のせいか、仕事(しごと)がなかなか捗らない。 감기 탓인지 일이 좀처럼 진척되지 않는다.

DAY 8

표제어	Step 1 ｜ 단어 풀이(용법·의미)

동사

41 励む
힘쓰다, 노력하다

(한자풀이) 励 힘쓸 려

はげむ

의미 힘쓰다, 노력하다

빈출표현 仕事(しごと)に励む(일에 힘쓰다), 学業(がくぎょう)に励む(학업에 힘쓰다), 研究(けんきゅう)に励む(연구에 힘쓰다)

*출제가능유형 : [한자읽기-훈독] [유의표현]

42 弾く
튀기다, 튀겨내다

(한자풀이) 弾 탄알 탄

はじく

의미 ① 튀기다, 튕기다 ② 튀겨내다, 튕겨내다, 배어들지 않게 하다

용법 ① 손가락이나 발끝의 탄력으로 튀기는 것에 사용
② 내부에 침투하지 못하도록 외부로 튀겨내는 것에 사용

빈출표현 ギターの弦(げん)を弾く(기타 줄을 튕기다), 爪先(つまさき)で小石(こいし)を弾く(발끝으로 돌멩이를 튀기다), 水(みず)を弾く(물을 튀겨내다)

*출제가능유형 : [한자읽기-훈독] [문맥]

43 弾む
튀다, 활기를 띠다

(한자풀이) 弾 탄알 탄

はずむ

의미 ① (탄력이 있는 것이 무언가에 부딪혀 반동의 힘으로) 튀다
② 탄력이 붙다, 활기를 띠다

빈출표현 ボールが弾む(공이 튀다), 話(はなし)が弾む(이야기가 활기를 띠다)

*출제가능유형 : [한자읽기-훈독] [문맥]

부사

44 人一倍
남보다 갑절, 남보다 한층 더

(한자풀이) 人 사람 인, 一 한 일, 倍 곱 배

ひといちばい

의미 남보다 갑절, 남보다 한층 더, 남달리

빈출표현 人一倍努力(どりょく)をする(남보다 갑절 노력을 하다), 人一倍気(き)を使(つか)う(남보다 한층 더 신경을 쓰다), 人一倍強(つよ)い(남달리 강하다)

*출제가능유형 : [유의표현] [용법]

45 密かに
은밀히, 몰래

(한자풀이) 密 빽빽할 밀

ひそかに

용법 계획·정보 등을 다른 사람이 눈치채지 못하도록 뭔가를 하는 것에 사용

빈출표현 密かに計画(けいかく)する(은밀하게 계획하다), 密かに会(あ)う(몰래 만나다), 密か事(ごと)(은밀한 일)

*출제가능유형 : [문맥] [유의표현]

Step 2 | 연관 단어	Step 3 | 예문
= 努める(つと) 힘쓰다, 노력하다, 애쓰다 = 精を出す(せいをだす) 힘쓰다, 열심히 하다 ↔ 怠る(おこたる) 게을리하다, 소홀히 하다 ↔ 怠ける(なまける) 게으름 피우다	選手(せんしゅ)たちは毎日練習(まいにちれんしゅう)に励んでいる。 선수들은 매일 연습에 힘쓰고 있다.
유 弾む(はずむ) (탄력 있는 것이) 튀다 └, 탄력 있는 것이 무언가에 부딪혀 반동의 힘으로 튀어오르는 것 유 飛ばす(とばす) (액체를) 튀기다 └, 액체를 공중에 흩어지게 하는 것	このレインコートはよく水(みず)を弾く。 이 비 옷은 물을 잘 튕겨낸다.
유 弾く(はじく) 튀기다, 튕기다, 튀겨내다, 튕겨내다 └, 손가락이나 발끝의 탄력으로 튀기는 것, 내부에 침투하지 못하도록 외부로 튀겨내는 것	久(ひさ)しぶりに再会(さいかい)した友人(ゆうじん)と話(はなし)が弾んだ。 오랜만에 재회한 친구와 이야기가 활기를 띠었다.
유 一層(いっそう) 한층 더, 더욱 유 一段と(いちだんと) 한층, 더욱, 훨씬 유 一際(ひときわ) 한층 더, 유달리 참 人二倍(ひとにばい)(×) *한자, 발음 주의!*	寒(さむ)さには人一倍強(つよ)い。 추위에는 남달리 강하다.
유 こっそり 몰래, 살짝 └, (목)소리를 다른 사람이 눈치채지 못하도록 하는 것 예 こっそり(と)抜け出す(ぬけだす) 몰래 빠져 나오다 ↔ あらわに 공공연히, 노골적으로	彼(かれ)に知(し)られないように、密かに計画(けいかく)を立(た)てる。 그에게 알려지지 않도록 몰래 계획을 세우다.

DAY 8

표제어	Step 1 │ 단어 풀이(용법·의미)

부사

46

一先ず

우선, 일단

한자풀이 一 한 일, 先 먼저 선

ひとまず

용법 앞으로의 일은 제쳐 두고 그 시점에서 우선 일단락 짓는 것에 사용

빈출표현 一先ず終(お)わらせる(우선 끝내다), 一先ず安心(あんしん)だ(우선 안심이다), 一先ず帰(かえ)る(일단 돌아가다)

*출제가능유형 : 유의표현 용법

47

無性に

무턱대고, 몹시

한자풀이 無 없을 무, 性 성품 성

むしょうに

의미 무턱대고, 한없이, 몹시

용법 감정이나 욕구 등이 강하게 솟아오르는 모습에 사용

빈출표현 無性に喜(よろこ)ぶ(무턱대고 기뻐하다), 無性に恋(こい)しい(한없이 그립다), 無性に腹(はら)が立(た)つ(몹시 화가 나다)

*출제가능유형 : 문맥 유의표현

가타카나

48

バックアップ

백업, 후원

back-up

의미 ① 데이터 손상에 대비하여 원본을 복사 저장해 둠 ② 후원

빈출표현 データをバックアップする(데이터를 백업하다), 全面的(ぜんめんてき)にバックアップする(전면적으로 후원하다), 立候補者(りっこうほしゃ)をバックアップする(입후보자를 후원하다)

*출제가능유형 : 문맥 유의표현

49

フォロー

지원, 보조

follow

의미 실패하지 않도록 원조함, 지원, 보조

빈출표현 仕事(しごと)/業務(ぎょうむ)をフォローする(일/업무를 지원하다), リーダーをフォローする(리더를 보조하다)

*출제가능유형 : 문맥 유의표현

50

ブランク

여백, 공백

blank

의미 ① (공간적) 여백, 공란 ② (시간적) 공백, 공백기

빈출표현 ブランクを埋(う)める(공란을 메우다), ~年(ねん)のブランクがある(~년의 공백이 있다)

*출제가능유형 : 문맥 용법

Step 2 | 연관 단어	Step 3 | 예문
= 一旦(いったん) 일단, 우선 유 一応(いちおう) 일단, 대강, 대충, 우선은 └ 만일을 위해서 일단 대비하는 것, 완전하다고는 할 수 없으나 일단 최저 기준만 만족시키는 것 유 取(と)りあえず 일단, 우선 └ 다른 일은 제쳐 놓고 일단 지금 필요한 일을 우선적으로 하는 것	これで一先ず安心(あんしん)した。 이것으로 우선 안심했다.
유 無闇(むやみ)に 함부로, 무턱대고, 마구 └ 선악이나 앞뒤를 생각하지 않고 무언가를 하는 것 유 矢鱈(やたら)に 함부로, 무턱대고, 마구 └ 이유·순서·질서·절도 없이 무언가를 반복하는 것	無性に故郷(こきょう)が恋(こい)しい。 몹시 고향이 그립다.
유 コピー 복사 유 後押(あとお)し 후원, 후원자 유 後(うし)ろ盾(だて) 후원, 후원자 유 支援(しえん) 지원 유 フォロー 지원, 원조	後輩(こうはい)の企画(きかく)をバックアップする。 후배의 기획을 후원하다.
유 支援(しえん) 지원 유 援助(えんじょ) 원조 유 補助(ほじょ) 보조 유 バックアップ 백업, 지원, 후원	初心者(しょしんしゃ)をベテランがフォローする。 초보자를 베테랑이 지원하다.
= 余白(よはく) 여백 = スペース 스페이스, 여백 = 空欄(くうらん) 공란 = 空白(くうはく) 공백	選手生活(せんしゅせいかつ)に2年(ねん)のブランクがある。 선수 생활에 2년의 공백이 있다.

DAY 8

Day 8

문제로 확인하기

❶ 다음 단어의 한자 읽는 법을 고르세요.

1. 披露　A. ひろ　B. ひろう
2. 担う　A. になう　B. かつう
3. 繁盛　A. はんじょう　B. はんせい

❷ 다음 단어의 한자 표기를 고르세요.

4. はいぞく　A. 配尾　B. 配属
5. ばっすい　A. 抜枠　B. 抜粋
6. はげむ　A. 励む　B. 激む

❸ 다음 빈칸에 공통으로 들어갈 수 있는 한자 또는 단어로 적절한 것을 고르세요.

7. (　)盛　(　)殖　頻(　)
   A. 全　B. 旺　C. 繁
8. (　)道　本(　)　粗(　)
   A. 国　B. 筋　C. 末
9. (　)出す　(　)越える　(　)越す
   A. 打ち　B. 乗り　C. 追い

❹ 빈칸에 들어갈 단어로 적절한 것을 고르세요.

A. 拍子　B. ひたむき　C. 捗らない

10. 転んだ__________にメガネが飛んでしまった。
11. 風邪のせいか、仕事がなかなか__________。
12. __________に打ち込む彼の姿に心を打たれた。

정답 | 1. B　2. A　3. A　4. B　5. B　6. A　7. C　8. B　9. B　10. A　11. C　12. B

강의와
예문 듣기

WEEK 2

Day 9

매일 품사별로 골고루! 오늘의 50단어 한눈에 보기!

음독명사

01. 復旧
02. 復興
03. 赴任
04. 不服
05. 紛糾
06. 並行
07. 閉鎖
08. 変遷
09. 弁解
10. 妨害
11. 抱負
12. 発足
13. 没頭
14. 満喫
15. 密集
16. 脈絡
17. 無償
18. 名誉
19. 面識

고유어

20. 区々
21. 真っ先
22. ~まみれ
23. 見込み
24. 巡り

い형용사

25. 目覚ましい
26. 目まぐるしい

な형용사

27. 不意だ
28. 不審だ
29. 不備だ
30. 不用意だ
31. 膨大だ
32. 疎らだ

동사

33. ばてる
34. 阻む
35. 張り合う
36. 秘める
37. 報じる
38. 解ける
39. 施す
40. 滅びる
41. 紛れる
42. 全うする
43. 交える

부사

44. むっと
45. めいめい
46. めきめき
47. 専ら

가타카나

48. メカニズム
49. メディア
50. リスク

표제어	Step 1 ㅣ 단어 풀이(용법·의미)

음독명사

1

復旧
복구

(한자풀이) 復 돌아올 복, 돌아올 부, 旧 예 구

ふっきゅう

의미 다시 본래의 상태대로 고치는 것

용법 비교적 크게 파괴된 것을 원래 상태로 고치는 것에 사용

빈출표현 復旧工事[こうじ](복구 공사), 復旧作業[さぎょう](복구 작업)

*출제가능유형 : 한자읽기-음독 | 용법

2

復興
부흥

(한자풀이) 復 돌아올 복, 돌아올 부, 興 일 흥

ふっこう

의미 쇠퇴하였던 것이 다시 일어나는 것, 원래의 활기를 되찾는 것

빈출표현 文芸[ぶんげい]復興(문예 부흥), 経済[けいざい]復興(경제 부흥),
災害[さいがい]から復興する(재해로부터 부흥하다)

*출제가능유형 : 한자읽기-음독 | 문맥

3

赴任
부임

(한자풀이) 赴 나아갈 부, 任 맡길 임

ふにん

의미 임명을 받아 임지(근무할 곳)로 가는 것

빈출표현 赴任地[ち](부임지), 赴任先[さき](부임처, 부임지),
単身[たんしん]赴任(단신 부임)

*출제가능유형 : 한자읽기-음독 | 용법

4

不服
불복

(한자풀이) 不 아닐 불, 아닐 부, 服 옷 복

ふふく

의미 ① 복종하지 않는 것
② 납득이 가지 않아 불만스럽게 생각하는 것

빈출표현 不服を唱[とな]える(불복을 주장하다),
不服そうな顔[かお](납득이 가지 않는 얼굴)

*출제가능유형 : 유의표현 | 용법

5

紛糾
분규

(한자풀이) 紛 어지러울 분, 糾 얽힐 규, 꼴 규

ふんきゅう

의미 의견이나 주장이 대립되어 일이 어지럽게 뒤얽히는 것

빈출표현 事態[じたい]が紛糾する(사태가 뒤얽히다),
相続問題[そうぞくもんだい]で紛糾する(상속 문제로 분규가 나다)

*출제가능유형 : 한자읽기-음독 | 용법

Step 2 ｜ 연관 단어	Step 3 ｜ 예문
유 復元(ふくげん) 복원 └ 원래의 상태나 원래의 위치로 회복시키는 것 유 修復(しゅうふく) 수복, 복원 └ 손상되거나 더러워진 부분을 수리하여 원래의 모습으로 회복시킴	鉄道(てつどう)の復旧工事(こうじ)が行(おこな)われている。 철도 복구 공사가 행해지고 있다.
유 再興(さいこう) 재흥 유 中興(ちゅうこう) 중흥 참 興(おこ)る (국가·산업) 일어나다, 흥하다 참 興(おこ)す (국가·산업) 일으키다, 흥하게 하다	荒廃(こうはい)した村(むら)は復興しつつある。 황폐된 마을은 부흥하고(원래의 활기를 되찾고) 있다.
참 赴(おもむ)く 향하여 가다, 어떤 상태로 향하다 예 本社(ほんしゃ)に赴く 본사로 가다 예 病気(びょうき)が快方(かいほう)に赴く 병이 차차 나아가다	夫(おっと)は来月(らいげつ)から単身(たんしん)赴任することになった。 남편은 다음달부터 단신 부임하게 되었다.
유 不平(ふへい) 불평 유 不満足(ふまんぞく) 불만족 ↔ 承服(しょうふく)·承伏(しょうふく) 승복 ↔ 納得(なっとく) 납득	彼女(かのじょ)は不服そうな顔(かお)をしていた。 그녀는 납득이 가지 않는 얼굴을 하고 있었다.
유 混乱(こんらん) 혼란 유 ごたごた 말썽, 분규 ↔ 収拾(しゅうしゅう) 수습	議論(ぎろん)が紛糾してなかなかまとまらない。 의논이 뒤얽혀서 좀처럼 결말이 나지 않는다.

DAY 9

표제어	Step 1 | 단어 풀이(용법·의미)
6 **並行** 병행 (한자풀이) **並** 아우를 병, **行** 갈 행	へいこう **의미** 둘 이상의 일을 아울러서 한꺼번에 하는 것 **빈출표현** 並行して行(おこな)う(병행하여 하다), 並行作業(さぎょう)(병행 작업) *출제가능유형 : 문맥 / 용법
7 **閉鎖** 폐쇄 (한자풀이) **閉** 닫을 폐, **鎖** 쇠사슬 쇄	へいさ **의미** ① 문 따위를 닫아걸거나 막아 버리는 것 ② 외부와의 문화적 · 정신적인 교류를 끊거나 막는 것 **빈출표현** 工場(こうじょう)を閉鎖する(공장을 폐쇄하다), 国境(こっきょう)を閉鎖する(국경을 폐쇄하다), 閉鎖された社会(しゃかい)(폐쇄된 사회) *출제가능유형 : 한자읽기-음독 / 문맥
8 **変遷** 변천 (한자풀이) **変** 변할 변, **遷** 옮길 천	へんせん **의미** 세월의 흐름에 따라 바뀌고 변하는 것 **빈출표현** 時代(じだい)の変遷(시대의 변천), 歴史的(れきしてき)変遷(역사적 변천), 変遷を経(へ)る(변천을 거치다) *출제가능유형 : 한자읽기-음독 / 유의표현
9 **弁解** 변해, 변명 (한자풀이) **弁** 고깔 변, **解** 풀 해	べんかい **의미** 어쩔 수 없는 실수에 대해서 자기를 정당화하기 위해 설명하는 것 **빈출표현** 弁解しても遅(おそ)い(변명해도 늦다), 弁解の余地(よち)はない(변명의 여지는 없다), 遅刻(ちこく)の弁解(지각에 대한 변명) *출제가능유형 : 문맥 / 유의표현
10 **妨害** 방해 (한자풀이) **妨** 방해할 방, **害** 해칠 해	ぼうがい **의미** 남의 일을 간섭하고 막아 해를 끼는 것 **빈출표현** 妨害工作(こうさく)(방해 공작), 営業(えいぎょう)妨害(영업 방해), 進路(しんろ)妨害(진로 방해), 安眠(あんみん)妨害(안면 방해) *출제가능유형 : 한자읽기-음독 / 유의표현

음독명사

Step 2 ｜ 연관 단어	Step 3 ｜ 예문
참 並(なら)ぶ 줄을 서다, 필적하다 참 並(なら)びに 및, 와	今(いま)、学業(がくぎょう)とバイトを並行している。 지금 학업과 아르바이트를 병행하고 있다.
유 封鎖(ふうさ) 봉쇄 ↔ 開放(かいほう) 개방 참 鎖(くさり) 쇠사슬	両国間(りょうこくかん)の国境(こっきょう)は一時的(いちじてき)に閉鎖された。 양국 간의 국경은 일시적으로 폐쇄되었다.
= 移(うつ)り変(か)わり 변천 유 推移(すいい) 추이 유 変動(へんどう) 변동	日本列島(にほんれっとう)は幾多(いくた)の変遷を経(へ)て現在(げんざい)の姿(すがた)になった。 일본 열도는 많은 변천을 거쳐서 현재의 모습이 되었다.
= 言(い)い訳(わけ) 변명 유 弁明(べんめい) 변명 └ 상대방이 자기에 대한 오해를 풀도록 설명하는 것	君(きみ)に弁解の余地(よち)はない。 너에게 변명할 여지는 없다.
= 邪魔(じゃま) 방해 = 妨(さまた)げ 방해	救急車(きゅうきゅうしゃ)の進路(しんろ)を妨害すると罪(つみ)になる。 구급차의 진로를 방해하면 죄가 된다.

D A Y 9

표제어	Step 1 ㅣ 단어 풀이(용법·의미)

음독명사

11

抱負
포부

(한자풀이) **抱** 안을 포, **負** 질 부

ほうふ

의미 마음속에 지닌 앞날에 대한 생각이나 계획 또는 희망

빈출표현 将来の抱負(장래의 포부), 大きい抱負(큰 포부), 抱負を持つ(포부를 가지다), 抱負を述べる(포부를 말하다)

*출제가능유형 : 유의표현 | 용법

12

発足
발족

(한자풀이) **発** 쏠 발, **足** 발 족

ほっそく

의미 어떤 단체나 모임 따위가 새로 만들어져 활동을 시작하는 것

빈출표현 ～会が発足する(~회가 발족하다)

*출제가능유형 : 한자읽기-음독 | 용법

13

没頭
몰두

(한자풀이) **没** 빠질 몰, **頭** 머리 두

ぼっとう

의미 어떤 일에 정신을 집중하여 열중하는 것

빈출표현 研究に没頭する(연구에 몰두하다), 事業に没頭する(사업에 몰두하다)

*출제가능유형 : 유의표현 | 용법

14

満喫
만끽

(한자풀이) **満** 찰 만, **喫** 먹을 끽

まんきつ

의미 ① 마음껏 먹고 마시는 것
② 충분히 만족할 만큼 즐기는 것(만족+즐김)

빈출표현 料理を満喫する(요리를 만끽하다), 勝利を満喫する(승리를 만끽하다), 休日を満喫する(휴일을 만끽하다), ～の醍醐味を満喫する(~의 묘미를 만끽하다)

*출제가능유형 : 한자읽기-음독 | 용법

15

密集
밀집

(한자풀이) **密** 빽빽할 밀, **集** 모일 집

みっしゅう

의미 빽빽하게 모여 있는 것

빈출표현 密集地域(밀집 지역), 人口密集(인구 밀집), 人家が密集する(인가가 밀집하다)

*출제가능유형 : 문맥 | 용법

Step 2 ｜ 연관 단어	Step 3 ｜ 예문
유 野望(やぼう) 야망 유 希望(きぼう) 희망 유 決意(けつい) 결의, 결심	彼(かれ)は大(おお)きい抱負を持(も)っている。 그는 큰 포부를 가지고 있다.
유 発会(はっかい) 발회, 회가 처음 발족함	協議会(きょうぎかい)は4月(がつ)に発足する。 협의회는 4월에 발족한다.
= 没入(ぼつにゅう) 몰입 유 熱中(ねっちゅう) 열중 유 専念(せんねん) 전념 참 打(う)ち込(こ)む 몰두하다, 열중하다, 전념하다	彼(かれ)は昼夜(ちゅうや)を問(と)わず研究(けんきゅう)に没頭している。 그는 주야를 불문하고 연구에 몰두하고 있다.
유 堪能(たんのう) 충분히 만족함 └ 만족 예 美味(おい)しい料理(りょうり)を堪能した 맛있는 요리에 충분히 만족했다	久(ひさ)しぶりの休日(きゅうじつ)を満喫した。 오랜만의 휴일을 만끽했다.
유 集中(しゅうちゅう) 한군데로 모이거나 한군데로 모음 ↔ 散在(さんざい) 산재, 이곳저곳에 흩어져 있음 ↔ 点在(てんざい) 점재, 여기저기 점점이 흩어져 있음	日本(にほん)の人口(じんこう)は東京都(とうきょうと)に密集している。 일본의 인구는 도쿄도에 밀집해 있다.

DAY 9

표제어 | **Step 1** | 단어 풀이(용법·의미)

음독명사

16

脈絡
맥락

한자풀이 脈 맥 맥, 絡 이을 락

みゃくらく

의미 사물 따위가 서로 이어져 있는 관계나 연관

빈출표현 脈絡がない(맥락이 없다), 前後の脈絡(전후의 맥락)

*출제가능유형 : 한자읽기-음독 | 유의표현

17

無償
무상

한자풀이 無 없을 무, 償 갚을 상

むしょう

의미 ① 일에 대한 보상이 없는 것 ② 값을 받지 않는 것, 무료

빈출표현 無償の愛(보상 없는 사랑),
無償で配付する/奉仕する/援助する(무상으로 배부하다/봉사하다/원조하다)

*출제가능유형 : 유의표현 | 용법

18

名誉
명예

한자풀이 名 이름 명, 誉 기릴 예

めいよ

의미 ① 세상에서 훌륭하다고 인정되는 이름이나 자랑
② 공적이 있는 사람에게 존경의 뜻으로 주어지는 호칭

빈출표현 名誉を得る(명예를 얻다), 名誉に思う(명예로 생각하다),
名誉ある~(명예 있는 ~, 명예로운 ~), 名誉会長(명예 회장)

*출제가능유형 : 한자읽기-음독 | 문맥

19

面識
면식

한자풀이 面 낯 면, 識 알 식

めんしき

의미 이전에 만난 적이 있어서 서로 얼굴을 알고 있음

빈출표현 面識がある/ない(면식이 있다/없다)

*출제가능유형 : 유의표현 | 용법

고유어

20

区々
구구, 각기 다름

한자풀이 区 구분할 구

まちまち

의미 구구, 각기 다름, 가지각색

빈출표현 意見が区々(의견이 각기 다름),
区々な服装(각기 다른 복장)

*출제가능유형 : 문맥 | 용법

Step 2 ｜ 연관 단어	Step 3 ｜ 예문
유 繋(つな)がり 연결, 관계 유 筋道(すじみち) 사리, 조리 참 派絡(×) *한자 주의!* 참 派 물갈래 파	彼(かれ)の話(はなし)には脈絡がなかった。 그의 이야기에는 맥락이 없었다.
= 無料(むりょう) 무료 = ただ 공짜, 무료 ↔ 有償(ゆうしょう) 유상 참 償(つぐな)う 배상하다, 변상하다, 속죄하다	彼(かれ)は教科書(きょうかしょ)を無償で配付(はいふ)した。 그는 교과서를 무상으로 배부했다.
= 誉(ほま)れ 명예, 좋은 평판 ↔ 恥辱(ちじょく) 치욕	名誉ある賞(しょう)を頂(いただ)き、たいへん光栄(こうえい)でございます。 명예로운 상을 받게 되어 대단히 영광입니다.
= 知(し)り合(あ)い 서로 앎, 아는 사이, 친지	あの人(ひと)とは面識がある。 저 사람과는 면식이 있다.
유 様々(さまざま) 가지가지, 여러 가지 유 種々(しゅじゅ) 가지가지, 여러 가지	皆(みんな)の意見(いけん)が区々だ。 모두의 의견이 각기 다르다.

DAY 9

표제어	Step 1 단어 풀이(용법·의미)

21 고유어

真っ先
맨 앞, 제일 먼저

한자풀이 **真** 참 진, **先** 먼저 선

まっさき

의미 (공간적 · 시간적) 맨 앞, 선두, 제일 먼저, 최초

빈출표현 列の真っ先(줄의 맨 앞), 真っ先に駆けつける(제일 먼저 달려오다), 真っ先に思い浮かぶ(제일 먼저 생각나다)

*출제가능유형 : 유의표현 | 용법

22

~まみれ
~투성이

~まみれ

의미 (명사에 붙어) ~투성이

용법 씻어 낼 수 있는 더럽거나 불쾌한 이물질이 표면 전체 또는 넓은 범위에 많이 묻어 있음을 의미

빈출표현 泥まみれ(진흙투성이), 血まみれ(피투성이), 汗まみれ(땀투성이), 埃まみれ(먼지투성이)

*출제가능유형 : 문맥 | 용법

23

見込み
전망, 가망

한자풀이 **見** 볼 견, **込** 담을 입

みこみ

의미 ① 전망, 예상 ② 희망, 가망, 장래성 **용법** 근거가 약한 추측

빈출표현 見込みが立たない(전망이 서지 않다), 見込みがない(가망이 없다), 見込みがある(장래성이 있다)

*출제가능유형 : 문맥 | 용법

24

巡り
한 바퀴 돎, 여기저기 들름

한자풀이 **巡** 돌 순

めぐり

의미 ① (한 바퀴 빙) 돎, 회전, 순환
② 여기저기 들름, 차례로 들름, 순회, 순방, 순례

빈출표현 一巡りする(일주하다), 血の巡り(혈액 순환), 名所巡り(명소 순방), お寺巡り(사찰 순례)

*출제가능유형 : 한자읽기-훈독 | 용법

25 い형용사

目覚ましい
눈부시다, 놀랍다

한자풀이 **目** 눈 목, **覚** 깨달을 각

めざましい

의미 눈부시다, 놀랄 만큼 훌륭하다, 눈이 번쩍 뜨일 만하다

용법 눈이 번쩍 뜨일 만큼 훌륭할 때 사용

빈출표현 目覚ましい進歩/発展/業績/活躍(눈부신 진보/발전/업적/활약)

*출제가능유형 : 문맥 | 용법

Step 2 ｜ 연관 단어	Step 3 ｜ 예문
= 先頭(せんとう) 선두 = 最初(さいしょ) 최초	息子(むすこ)が真っ先に病院(びょういん)に駆(か)けつけてくれた。 아들이 제일 먼저 병원에 달려와 주었다.
유 だらけ 투성이 └ 좋지 않은 것이 보통 이상으로 많음 예 ごみだらけ 쓰레기투성이 유 ずくめ 투성이, 일색 └ 전부 좋은 것뿐임, 또는 검은색 일색 예 いいことずくめ 좋은 일투성이 예 黒(くろ)ずくめ 검은색 일색	選手(せんしゅ)たちの顔(かお)は汗(あせ)まみれだった。 선수들의 얼굴은 땀투성이었다.
= 予想(よそう) 예상 = 将来性(しょうらいせい) 장래성 = 可能性(かのうせい) 가능성 유 見通(みとお)し 전망, 경치, 예측 └ 근거가 강한 추측으로, 결과만이 아니라 과정에도 상당한 확신을 가진 추측	景気回復(けいきかいふく)の見込みがない。 경기가 회복될 가망이 없다.
유 一周(いっしゅう) 일주, 한 바퀴 돎 유 一回(ひとまわ)り 한 바퀴 돎, 일주 유 循環(じゅんかん) 순환	京都(きょうと)の名所(めいしょ)巡りツアーに参加(さんか)した。 교토의 명소 순방 투어에 참가했다.
유 素晴(すば)らしい 훌륭하다, 멋지다 유 素敵(すてき)だ 훌륭하다, 멋지다 참 目覚(めざ)ます 잠을 깨우다, 눈뜨게 하다	大谷選手(おおたにせんしゅ)は目覚ましい活躍(かつやく)を見(み)せてくれた。 오타니 선수는 눈부신 활약을 보여줬다.

DAY 9

표제어	Step 1 ǀ 단어 풀이(용법·의미)

い형용사

26

目まぐるしい
어지럽다, 빠르다

(한자풀이) 目 눈 목

めまぐるしい

의미 (눈이) 어지럽다, (눈이 어지러울 정도로) 빠르다

용법 움직임이나 변화가 따라갈 수 없을 만큼 빠를 때 사용

★ 빈출표현 目まぐるしい変化/変動(어지러울 정도로 빠른 변화/변동), 目まぐるしいスピード(눈이 돌 정도로 빠른 스피드)

*출제가능유형 : 문맥 용법

な형용사

27

不意だ
갑작스럽다, 뜻밖이다

(한자풀이) 不 아닐 불, 아닐 부, 意 뜻 의

ふいだ

의미 ① 갑작스럽다, 느닷없다 ② 뜻밖이다, 의외다

용법 예상 · 예기치 못했던 일이라는 의미에 중점

★ 빈출표현 不意の事件(불의의 사건), 不意に出会う(뜻밖에 만나다), 不意に現れる/飛び出す(갑자기 나타나다/뛰어나오다)

*출제가능유형 : 문맥 유의표현

28

不審だ
의심스럽다, 수상하다

(한자풀이) 不 아닐 불, 아닐 부, 審 살필 심

ふしんだ

의미 의심스럽다, 수상하다

★ 빈출표현 不審な人物(수상한 인물), 不審な点(의심스러운 점), 不審尋問(불심 검문)

*출제가능유형 : 한자읽기-음독 유의표현

29

不備だ
불충분하다, 미비하다

(한자풀이) 不 아닐 불, 아닐 부, 備 갖출 비

ふびだ

의미 필요한 것이 완전히는 갖추어지지 않다, 충분히 갖추어지지 않다

★ 빈출표현 不備な点/書類(불충분한 점/서류), 用意が不備だ(준비가 불충분하다)

*출제가능유형 : 문맥 용법

30

不用意だ
준비가 되어 있지 않다, 부주의하다

(한자풀이) 不 아닐 불, 아닐 부, 用 쓸 용, 意 뜻 의

ふよういだ

의미 ① 준비가 되어 있지 않다 ② 조심성이 없다, 부주의하다

★ 빈출표현 不用意のまま(준비가 되어 있지 않은 채), 不用意な発言/行動(부주의한 발언/행동)

*출제가능유형 : 문맥 유의표현

Step 2 ｜ 연관 단어	Step 3 ｜ 예문
유 慌ただしい 분주하다, 부산하다 유 激変する 격변하다, 급변하다	情勢は目まぐるしく変わっている。 정세는 (눈이 돌 정도로) 빠르게 변하고 있다.
유 突然 돌연, 갑자기 └ 예고·전조 없이 갑자기 일어나는 일에 중점 유 いきなり 갑자기, 돌연, 느닷없이 └ 아무런 과정도 없이 뜬금없이 일어나는 일에 중점 유 出し抜けだ 갑작스럽다, 돌연이다, 느닷없다 └ 상대방의 의표를 찌르는 행위에 중점	横道から猫が不意に飛び出してきた。 골목길에서 고양이가 갑자기 뛰어 나왔다.
유 疑わしい 수상하다, 의심스럽다 └ 정체·진상을 모르는 상황 유 怪しい 수상하다, 의심스럽다 └ 정체·진상을 몰라서 좋지 않게 느끼는 것 유 いぶかしい 수상하다, 의심스럽다 └ 진상을 몰라서 알고 싶어 하는 것	彼の証言には不審な点が多い。 그의 증언에는 의심스러운 점이 많다.
유 手薄だ 불충분하다, 허술하다 ↔ 完備する 완비하다	書類に不備な点がある。 서류에 미비한 점이 있다.
유 不注意だ 부주의하다 유 軽率だ 경솔하다 유 軽はずみだ 경솔하다	知事の不用意な発言が物議を醸す。 지사의 부주의한 발언이 물의를 빚다.

표제어	Step 1 ｜ 단어 풀이(용법·의미)

な형용사

31

膨大だ
방대하다

한자풀이 **膨** 부풀 팽, **大** 큰 대

ぼうだいだ

의미 규모나 양이 매우 크거나 많다

용법 주로 구체적으로 수량화할 수 없는 것에 사용

빈출표현 膨大な量(りょう)/大陸(たいりく)/計画(けいかく)/予算(よさん)(방대한 양/대륙/계획/예산)

*출제가능유형 : 한자읽기-음독 / 문맥

32

疎らだ
드문드문하다, 뜸하다

한자풀이 **疎** 성길 소, 트일 소, 드물 소

まばらだ

의미 (사이가) 뜸하다, 성기다, 드문드문하다

빈출표현 疎らな人家(じんか)/白髪(しらが)(드문드문한 인가/흰머리),
疎らな人通(ひとどお)り(뜸한 사람의 왕래)

*출제가능유형 : 문맥 / 유의표현

동사

33

ばてる
지치다, 녹초가 되다

ばてる

의미 지치다, 녹초가 되다, 뻗다, 기진하다

용법 피로로 녹초가 되는 것에 사용

빈출표현 暑(あつ)さ/徹夜続(てつやつづ)き/強行軍(きょうこうぐん)でばてる
(더위/연이는 철야/강행군으로 지치다)

*출제가능유형 : 문맥 / 용법

34

阻む
막다, 기가 꺾이다

한자풀이 **阻** 막힐 조, 험할 조

はばむ

의미 ① 막다, 저지하다, 방해하다 ② 기가 꺾이다, 주눅 들다

빈출표현 行(ゆ)く手(て)を阻む(앞길을 가로막다), 連勝(れんしょう)を阻む(연승을 저지하다), 勇気(ゆうき)が阻む(용기가 꺾이다)

*출제가능유형 : 한자읽기-훈독 / 유의표현

35

張り合う
겨루다, 경쟁하다

한자풀이 **張** 베풀 장, **合** 합할 합

はりあう

의미 겨루다, 경쟁하다, 맞서다

용법 심리적인 경쟁을 하는 것에 사용

빈출표현 成績(せいせき)/主役(しゅやく)を張り合う(성적/주역을 겨루다),
仕事(しごと)の上(うえ)で張り合う(일에서 겨루다)

*출제가능유형 : 문맥 / 유의표현

Step 2	연관 단어	Step 3	예문
유 莫大(ばくだい)だ 막대하다 ㄴ 주로 금액·양·재산 등 구체적으로 수량화할 수 있는 것 예 莫大な財産(ざいさん) 막대한 재산	膨大な量(りょう)の仕事(しごと)をこなす。 방대한 양의 일을 처리하다.
유 ちらばらだ 여기저기 흩어져 있다, 듬성듬성하다 유 点在(てんざい)する 점재하다, 여기저기 점점이 흩어져 있다 유 散在(さんざい)する 산재하다, 이곳저곳에 흩어져 있다 암기 TIP 사이(間：ま)가 뿔뿔이(ばらばら) 흩어져서 드문드문함	この辺(へん)は人通(ひとどお)りが疎らだ。 이 근방은 사람의 왕래가 뜸하다.
유 延(の)びる 녹초가 되다, 뻗다 ㄴ 피로·타격으로 녹초가 되는 것 참 夏(なつ)バテ 여름을 탐, 더위먹음 암기 TIP 레슬링에서 빠떼루(ばてる)라는 벌칙을 주면 안 잡히기 위해서 바닥에 착 엎드려서 뻗죠	連日(れんじつ)の猛暑(もうしょ)にばてないように健康管理(けんこうかんり)をしましょう。 연일 계속되는 무더위에 지치지 않도록 건강관리를 합시다.
= 拒(こば)む 막다, 저지하다 = 阻止(そし)する 저지하다 = ひるむ 기가 꺾이다, 풀이 죽다, 겁먹다	大岩(おおいわ)が道(みち)を阻んでいる。 큰 바위가 길을 막고 있다.
유 競(せ)り合(あ)う 경합하다, 경쟁하다, 다투다 ㄴ 시합이나 레이스와 같은 동적인 경쟁을 하는 것 예 ゴール寸前(すんぜん)で競り合う 골 바로 앞에서 경쟁하다	二人(ふたり)は社長(しゃちょう)の座(ざ)を張り合っている。 둘은 사장 자리를 차지하려고 겨루고 있다.

DAY 9

표제어	Step 1 | 단어 풀이(용법·의미)

동사

36 秘める

숨기다, 간직하다

한자풀이 秘 숨길 비

ひめる

의미 숨기다, 감추다, (속에) 간직하다 **용법** 추상적인 의미로 사용

빈출표현 秘められた逸話(いつわ)(숨겨진 일화), 思(おも)いを胸(むね)に秘める(생각을 가슴에 감추다), 無限(むげん)の可能性(かのうせい)を秘める(무한한 가능성을 간직하다)

*출제가능유형 : 문맥 용법

37 報じる

보답하다, 알리다

한자풀이 報 갚을 보, 알릴 보

ほうじる

의미 ① 보답하다, 보복하다, 갚다 ② 알리다, 보도하다

빈출표현 恩(おん)に報じる(은혜에 보답하다), 恨(うら)みを報じる(원한을 갚다), 状況(じょうきょう)を報じる(상황을 알리다)

*출제가능유형 : 문맥 유의표현

38 解ける

풀리다

한자풀이 解 풀 해

ほどける

의미 ① (매듭 등이) 풀리다 ② (긴장 · 마음 등이) 풀리다

빈출표현 結(むす)び目(め)/帯(おび)/緊張(きんちょう)が解ける(매듭/띠/긴장이 풀리다)

*출제가능유형 : 문맥 용법

39 施す

베풀다, 쓰다, 가하다

한자풀이 施 베풀 시

ほどこす

의미 ① 베풀다, 주다 ② (수단 · 방법 등을) 쓰다 ③ (장식 · 가공 등을) 가하다, 덧붙이다

용법 약한 입장에 있는 사람에게 이익이 될 만한 것을 무상으로 베푸는 것에 사용

빈출표현 金品(きんぴん)を施す(금품을 주다), 細工(さいく)を施す(세공을 가하다), 手(て)を施す(손을 쓰다, 수단을 쓰다)

*출제가능유형 : 한자읽기-훈독 문맥

40 滅びる

망하다, 멸망하다

한자풀이 滅 꺼질 멸

ほろびる

용법 한 번 크게 번창했던 것이 그 힘이나 세력을 잃어 사라져 없어지는 것, 주로 국가 · 왕조 · 문명 등 인간이 만들어낸 것에 대해서 사용

빈출표현 国(くに)/王朝(おうちょう)/文明(ぶんめい)が滅びる(국가/왕조/문명이 멸망하다)

*출제가능유형 : 한자읽기-훈독 용법

Step 2 | 연관 단어

Step 3 | 예문

유 潜(ひそ)める 숨기다, 감추다, (속에) 간직하다
ㄴ 구체적 · 추상적인 의미
예 身(み)を潜める 몸을 숨기다

↔ 明(あ)かす 밝히다, 털어놓다

この映画(えいが)には秘められたエピソードがある。

이 영화에는 숨겨진 에피소드가 있다.

= 報(むく)いる 보답하다, 보복하다, 갚다

= 知(し)らせる 알리다

時計(とけい)が正午(しょうご)12時(じ)を報じている。

시계가 정오 12시를 알리고 있다.

유 解(と)ける (매듭 등이) 풀리다, (긴장 · 마음 등이) 풀리다, (문제 등이) 풀리다

유 解(ほぐ)れる (엉클어진 것이 · 굳어진 것이) 풀리다
예 もつれた糸(いと)が解れる 엉클어진 실이 풀리다
예 疲(つか)れが解れる 피로가 풀리다

一日(いちにち)の仕事(しごと)が終(お)わり、緊張(きんちょう)が解けた。

하루의 일이 끝나서 긴장이 풀렸다.

유 恵(めぐ)む 베풀다, 주다
ㄴ 곤란에 처한 사람을 불쌍히 여겨 금품이나 음식을 베푸는 것
예 こじきに金(かね)を恵む 거지에게 돈을 주다

ここまで問題(もんだい)がこじれては手(て)の施しようがない。

이렇게까지 문제가 꼬여서는 손을 쓸 수가 없다.

= 滅亡(めつぼう)する 멸망하다

유 破滅(はめつ)する 파멸하다
ㄴ 지금까지의 사회적 지위 · 입장 등에서 전락하는 것

참 ほころびる (실밥이) 터지다

身(み)は滅びても名(な)は残(のこ)る。

몸은 죽어 없어져도 이름은 남는다.

DAY 9

표제어	Step 1	단어 풀이(용법・의미)
41 동사	
紛れる 헷갈리다, 잠시 잊다 (한자풀이) **紛** 어지러울 분	まぎれる **의미** ① (비슷하거나 뒤섞여) 헷갈리다, 혼동되다 ② (딴것에 마음을 빼앗겨서 시름 등을) 잠시 잊다 **빈출표현** 紛れやすい(혼동되기 쉽다), 気(き)が紛れる(시름이 잊혀지다), 悲(かな)しみが紛れる(슬픔이 잊혀지다) *출제가능유형 : 문맥 유의표현
42	
全うする 완수하다, 다하다 (한자풀이) **全** 온전할 전	まっとうする **용법** 자기에게 주어진 일을 완전히 끝내는 것에 사용 **빈출표현** 任務(にんむ)を全うする(임무를 다하다), 責任(せきにん)を全うする(책임을 완수하다), 終(お)わりを全うする(유종의 미를 거두다) *출제가능유형 : 유의표현 용법
43	
交える 섞다, 교차시키다 (한자풀이) **交** 사귈 교	まじえる **의미** ① 섞다, 끼게 하다 ② 교차시키다, 맞대다 **용법** 더 나은 효과를 위해 곁들이는 것에 사용 **빈출표현** ユーモアを交えて話(はな)す(유머를 섞어 이야기하다), 膝(ひざ)を交える(무릎을 맞대고 허물없이 이야기하다) *출제가능유형 : 문맥 용법
44 부사	
むっと 불끈	むっと **용법** 화가 치밀지만 꾹 참는 모습으로, 표정에 조금 나타나는 정도에 사용 **빈출표현** むっとする(불끈하다), むっとした顔(かお)/表情(ひょうじょう)(불끈 화가 난 얼굴/표정) *출제가능유형 : 문맥 유의표현
45	
めいめい 각자, 제각기	めいめい **의미** 각자, 각각, 제각기 **빈출표현** めいめい違(ちが)う/異(こと)なる(제각기 다르다), めいめい意見(いけん)を述(の)べる(각자 의견을 말하다) *출제가능유형 : 문맥 유의표현

Step 2 ｜ 연관 단어	Step 3 ｜ 예문
유 区別(くべつ)が付(つ)かない 구별이 안 되다 유 忘(わす)れる 잊다 참 紛(まぎ)らわしい (비슷해서) 헷갈리기 쉽다, 혼동하기 쉽다 참 粉れる(×)*한자 주의!* 참 粉 가루 분	孫(まご)の顔(かお)を見(み)るだけで気(き)が紛れるようだ。 손자의 얼굴을 보는 것만으로도 시름이 잊혀지는 것 같다.
유 遂(と)げる 이루다, 달성하다, 성취하다 └ 실현하기 쉽지 않은 목적을 달성하는 것 유 果(は)たす 이루다, 완수하다, 달성하다, 다하다 └ 해야 할 의무·역할·책임 등을 다하는 것, 하려고 마음 먹은 목적을 달성하는 것	与(あた)えられた役割(やくわり)を全うする。 주어진 역할을 다하다.
유 交(ま)ぜる 섞다, 혼합하다 └ 따로따로인 것을 함께 섞어 넣는 것 예 米(こめ)に麦(むぎ)を交ぜる 쌀에 보리를 섞다	学生(がくせい)を交えて討論会(とうろんかい)をした。 학생을 섞어서(끼게 하여) 토론회를 했다.
유 むかっと 벌컥, 울컥 유 むかむか 벌컥, 울컥 └ むかっと와 むかむか는 갑자기 화가 치미는 것 유 かっと 벌컥, 발끈 └ 갑자기 화를 내거나 몹시 흥분하는 것 예 かっとなって人(ひと)を殴(なぐ)る 발끈해서 사람을 때리다	人(ひと)を食(く)った言葉(ことば)にむっとする。 사람을 업신여기는 말에 불끈하다.
= 一人一人(ひとりひとり) 한 사람 한 사람, 각자, 각각 = 各自(かくじ) 각자, 저마다 = 各々(おのおの) 각자, 각각	彼(かれ)らはめいめい違(ちが)った考(かんが)えを持(も)っている。 그들은 각자 다른 생각을 가지고 있다.

DAY 9

표제어	Step 1	단어 풀이(용법·의미)

부사

46

めきめき
눈에 띄게, 부쩍부쩍

めきめき

의미 눈에 띄게 진보·발전·회복하는 모양, 눈에 띄게, 부쩍부쩍

빈출표현 めきめき(と)上達する/頭角を現す/良くなる
(눈에 띄게 향상되다/두각을 나타내다/좋아지다)

＊출제가능유형 : 문맥 용법

47

専ら
오로지, 한결같이

한자풀이 専 오로지 전

もっぱら

용법 다른 일은 제쳐놓고 오로지 그 일만 하고 있는 것에 사용

빈출표현 専らの噂(한결같은 소문, 그런 소문이 자자함),
専ら勉強ばかりする(오로지 공부만 하다),
専ら家にいる(오로지 집에 있다)

＊출제가능유형 : 한자읽기－훈독 문맥

가타카나

48

メカニズム
메커니즘, 장치, 구조

mechanism

의미 ① (기계) 장치 ② 기구(機構), 구조

빈출표현 機械/人体/近代社会/政治のメカニズム
(기계/인체/근대 사회/정치의 메커니즘)

＊출제가능유형 : 유의표현 용법

49

メディア
미디어, 매체

media

의미 신문·잡지·방송 등의 매체

빈출표현 マスメディア(매스 미디어), マルチメディア
(멀티 미디어), コミュニケーションのメディア
(커뮤니케이션 미디어)

＊출제가능유형 : 문맥 유의표현

50

リスク
리스크, 위험(도)

risk

의미 손해를 볼 위험, 위험이 생길 가능성

빈출표현 リスクが大きい(위험이 크다), リスクが高い
(위험도가 높다), リスクを冒す(위험을 무릅쓰다),
リスクを伴う(위험이 따르다)

＊출제가능유형 : 문맥 유의표현

Step 2 │ 연관 단어	Step 3 │ 예문
유 ぐんぐん 힘차게 진행되거나 성장하는 모양, 부쩍부쩍, 쭉쭉, 무럭무럭 유 すくすく 나무가 잘 자라는 모양, 쑥쑥, 어린 아이가 건강하게 자라는 모양, 무럭무럭 참 めっきり 상태의 변화가 뚜렷이 느껴지는 모양, 현저히, 뚜렷이, 두드러지게, 부쩍	彼(かれ)の英語(えいご)はめきめき(と)上達(じょうたつ)した。 그의 영어는 눈에 띄게 향상되었다.
유 ひたすら 오로지, 한결같이, 한마음으로 └ 하나의 일에 열의를 가지고 몰두하고 있는 것 예 ひたすら勉強(べんきょう)に打(う)ち込(こ)む 오로지 공부에 몰두하다 유 主(おも)に 주로　유 主(しゅ)として 주로 └ 主に와 主として는 전체 중에서 큰 부분을 차지하는 것, 또는 우선적으로 하는 것	休日(きゅうじつ)は専ら子供(こども)の相手(あいて)をする。 휴일은 오로지 아이를 상대한다(아이와 지낸다).
= 装置(そうち) 장치 = 仕掛(しか)け 장치 = 機構(きこう) 기구 = 仕組(しく)み 구조	人体(じんたい)のメカニズムを図解(ずかい)する。 인체의 메커니즘(구조)을 도해(그림으로 설명)하다.
= 媒体(ばいたい) 매체 = 手段(しゅだん) 수단	メディアを通(とお)して世界(せかい)の情報(じょうほう)を得(え)る。 미디어를 통해서 세계의 정보를 얻다.
유 危険度(きけんど) 위험도	この道路(どうろ)は交通事故(こうつうじこ)のリスクが高(たか)い。 이 도로는 교통사고 위험이 높다.

DAY 9

Day 9

문제로 확인하기

❶ 다음 단어의 한자 읽는 법을 고르세요.

1. 秘める　A. ひめる　B. ひそめる
2. 滅びる　A. ほころびる　B. ほろびる
3. 変遷　A. へんせん　B. へんてん

❷ 다음 단어의 한자 표기를 고르세요.

4. ふんきゅう　A. 紛叫　B. 紛糾
5. みゃくらく　A. 派絡　B. 脈絡
6. ほどこす　A. 施す　B. 旗す

❸ 다음 빈칸에 공통으로 들어갈 수 있는 한자 또는 단어로 적절한 것을 고르세요.

7. (　)骨　連(　)　閉(　)
   A. 遺　B. 鎖　C. 幕
8. (　)興　修(　)　(　)旧
   A. 新　B. 飾　C. 復
9. (　)れっ面　(　)張　(　)大
   A. 膨　B. 誇　C. 拡

❹ 빈칸에 들어갈 단어로 적절한 것을 고르세요.

A. 専ら　B. めいめい　C. メカニズム

10. 休日は＿＿＿＿＿子供の相手をする。
11. 人体の＿＿＿＿＿を図解する。
12. 彼らは＿＿＿＿＿違った考えを持っている。

정답 | 1. A　2. B　3. A　4. B　5. B　6. A　7. B　8. C　9. A　10. A　11. C　12. B

WEEK 2

Day 10

강의와 예문 듣기

매일 품사별로 골고루! 오늘의 50단어 한눈에 보기!

음독명사

01. 免除
02. 綿密
03. 猛~
04. 網羅
05. 躍進
06. 由緒
07. 優位
08. 有数
09. 様相
10. 要望
11. 予断
12. 余波
13. 落胆
14. 利益
15. 流出
16. 了承
17. 履歴
18. 連携
19. 朗報
20. 露骨

고유어

21. 目先
22. 目安
23. ゆとり
24. 枠

い형용사

25. もどかしい
26. 煩わしい

な형용사

27. 無造作だ
28. 無謀だ
29. 猛烈だ
30. 厄介だ
31. 愉快だ
32. 歴然だ

동사

33. 見合わせる
34. 見失う
35. 見落とす
36. 見掛ける
37. 満つ
38. 目論む
39. 催す
40. 和らぐ
41. 揺らぐ
42. 蘇る
43. 詫びる

부사

44. もはや
45. やむをえず
46. やんわり
47. ろくに

가타카나

48. リストアップ
49. ルーズ
50. レイアウト

표제어	Step 1 | 단어 풀이(용법·의미)

음독명사

1

免除
면제

(한자풀이) 免 면할 면, 除 덜 제

めんじょ

의미 책임이나 의무 따위를 면해 주는 것

★ 빈출표현 学費(がくひ)免除(학비 면제), 兵役(へいえき)免除(병역 면제)

*출제가능유형 : [문맥] [용법]

2

綿密
면밀

(한자풀이) 綿 솜 면, 密 빽빽할 밀

めんみつ

의미 자세하고 빈틈이 없는 것

★ 빈출표현 綿密な計画(けいかく)/観察(かんさつ)/調査(ちょうさ)(면밀한 계획/관찰/조사)

*출제가능유형 : [문맥] [유의표현]

3

猛~
맹~

(한자풀이) 猛 사나울 맹

もう~

의미 맹~, 맹렬함, 몹시 세참

용법 일부 명사(특히 한자어) 앞에 붙어서 접두어로 사용

★ 빈출표현 猛反対(はんたい)(맹렬한 반대), 猛練習(れんしゅう)(맹렬한 연습),
猛勉強(べんきょう)(맹렬한 공부), 猛スピード(무서운 속도)

*출제가능유형 : [문맥]

4

網羅
망라

(한자풀이) 網 그물 망, 羅 새그물 라, 벌일 라

もうら

의미 [물고기 잡는 그물과 새 잡는 그물이란 뜻] 빠짐없이 모으거나 갖추는 것

★ 빈출표현 全分野(ぜんぶんや)/全(すべ)てを網羅する(전 분야/모든 것을 망라하다)

*출제가능유형 : [한자읽기-음독] [유의표현]

5

躍進
약진

(한자풀이) 躍 뛸 약, 進 나아갈 진

やくしん

의미 ① 힘차게 나아가는 것 ② 눈부시게 발전하는 것

★ 빈출표현 躍進の年(とし)(약진의 해), 躍進を遂(と)げる(약진을 하다),
目覚(めざ)ましい躍進(눈부신 약진)

*출제가능유형 : [한자읽기-음독] [용법]

Step 2 │ 연관 단어	Step 3 │ 예문
참 免(めん)ずる 면제하다 참 免(まぬが)れる 면하다, 피하다, 벗어나다 참 除(のぞ)く 없애다, 치우다, 제거하다	成績優秀者(せいせきゆうしゅうしゃ)は4年間(ねんかん)の学費(がくひ)が免除される。 성적 우수자는 4년간의 학비가 면제된다.
유 徹底的(てっていてき) 철저함 유 緻密(ちみつ) 치밀 유 精密(せいみつ) 정밀 ↔ 粗雑(そざつ) 조잡, 거칠고 엉성함	まずは綿密な計画(けいかく)を立(た)てることが重要(じゅうよう)だ。 우선은 면밀한 계획을 세우는 것이 중요하다.
유 猛烈(もうれつ) 맹렬	彼女(かのじょ)の両親(りょうしん)は結婚(けっこん)に猛反対(はんたい)している。 그녀의 부모님은 결혼에 맹렬하게 반대하고 있다.
유 カバー 커버 참 漏(も)れなく 빠짐없이, 죄다, 모두	この問題集(もんだいしゅう)は数学(すうがく)の全分野(ぜんぶんや)を網羅している。 이 문제집은 수학의 전 분야를 망라하고 있다.
유 飛躍(ひやく) 비약 유 進歩(しんぽ) 진보 유 発展(はってん) 발전 참 躍(おど)る 뛰어오르다, 설레다, 두근거리다	近年(きんねん)、メディアは目覚(めざ)ましい躍進を遂(と)げた。 근년에 미디어는 눈부신 약진을 했다.

표제어	Step 1 | 단어 풀이(용법·의미)
6 **由緒** 유서, 유래 한자풀이 由 말미암을 유, 緒 실마리 서	ゆいしょ 의미 예로부터 전하여 내려오는 까닭과 내력 빈출표현 由緒ある(유서 있다), 由緒深(ぶか)い(유서 깊다), 由緒を尋(たず)ねる(유래를 캐다, 유래를 더듬어 밝히다) *출제가능유형 : 한자읽기-음독 용법
7 **優位** 우위 한자풀이 優 넉넉할 우, 位 자리 위	ゆうい 의미 남보다 우세한 자리나 위치 빈출표현 優位に立(た)つ(우위에 서다), 優位を競(きそ)う(우위를 겨루다), 優位を占(し)める(우위를 차지하다) *출제가능유형 : 문맥 용법
8 **有数** 유수 한자풀이 有 있을 유, 数 셀 수	ゆうすう 의미 ① 셀 수 있을 정도로 수가 적은 것 ② 유명함, 손꼽힘 빈출표현 有数の科学者(かがくしゃ)(유수의 과학자, 유명한 과학자), 世界有数の観光地(かんこうち)/画家(がか)(세계에서 손꼽히는 관광지/화가) *출제가능유형 : 문맥 용법
9 **様相** 양상 한자풀이 様 모양 양, 相 서로 상	ようそう 의미 사물이나 현상의 모양이나 상태 빈출표현 様相が一変(いっぺん)する(양상이 일변하다), 様相を示(しめ)す/帯(お)びる/呈(てい)する(양상을 보이다/띠다/나타내다) *출제가능유형 : 문맥 용법
10 **要望** 요망 한자풀이 要 요긴할 요, 구할 요, 望 바랄 망	ようぼう 의미 희망이나 기대가 이루어지길 바라는 것 빈출표현 要望書(しょ)(요망서), 要望に応(こた)える(요망에 부응하다) *출제가능유형 : 유의표현 용법

음독명사

Step 2 │ 연관 단어	Step 3 │ 예문
= 由来(ゆらい) 유래　= 来歴(らいれき) 내력, 유래 = いわれ 유래, 내력　유 歴史(れきし) 역사 참 由緒(ゆいしょ)만 ゆい로 발음, 나머지는 ゆ나 ゆう로 발음 예 理由(りゆう) 이유	今日(きょう)は由緒ある温泉旅館(おんせんりょかん)に泊(と)まることにした。 오늘은 유서 있는 온천 여관에 묵기로 했다.
↔ 劣位(れつい) 열위, 남에게 뒤지는 자리나 위치 참 優越(ゆうえつ) 우월 참 優勢(ゆうせい) 우세	この会社(かいしゃ)は技術力(ぎじゅつりょく)で他社(たしゃ)より優位に立(た)っている。 이 회사는 기술력에서 타사보다 우위에 서 있다.
= 指折(ゆびお)り 손꼽힐 만큼 뛰어남 = 屈指(くっし) 굴지, 손꼽힐 만큼 뛰어남 ↔ 無数(むすう) 무수, 헤아릴 수 없이 많음	この滝(たき)は世界(せかい)有数の観光地(かんこうち)である。 이 폭포는 세계 유수의 관광지이다.
유 有様(ありさま) 모양, 상태 유 状態(じょうたい) 상태	紛争(ふんそう)は長期化(ちょうきか)の様相を呈(てい)する。 분쟁은 장기화 양상을 보이다.
유 要求(ようきゅう) 요구 유 要請(ようせい) 요청	学生(がくせい)たちの要望に応(こた)えるために、図書館(としょかん)の閉館時間(へいかんじかん)を延長(えんちょう)した。 학생들의 요망에 부응하기 위해서 도서관 폐관 시간을 연장했다.

표제어	Step 1 ｜ 단어 풀이(용법·의미)

음독명사

11

予断
예단, 예측

(한자풀이) 予 미리 예, 断 끊을 단

よだん

의미 미리 짐작하여 판단하는 것

빈출표현 予断できない(예측할 수 없다), 予断を許(ゆる)さない(예측을 불허하다)

*출제가능유형 : 문맥 | 유의표현

12

余波
여파, 영향

(한자풀이) 余 남을 여, 波 물결 파

よは

의미 ① 큰 물결이 지나간 뒤에 일어나는 잔물결
② 어떤 일이 끝난 뒤에 남아 미치는 영향

빈출표현 台風(たいふう)/不況(ふきょう)/事故(じこ)の余波(태풍/불황/사고의 여파)

*출제가능유형 : 유의표현 | 용법

13

落胆
낙담

(한자풀이) 落 떨어질 락, 胆 쓸개 담

らくたん

의미 일이 뜻대로 되지 않아 마음이 몹시 상하는 것

용법 전적으로 자기 자신의 일로 낙담하는 것에 사용

빈출표현 失敗(しっぱい)して落胆する(실패해서 낙담하다), 試験(しけん)に落(お)ちて落胆する(시험에 떨어져서 낙담하다)

*출제가능유형 : 유의표현 | 용법

14

利益
이익

(한자풀이) 利 날카로울 리, 이로울 리, 益 더할 익

りえき

의미 ① 이롭고 도움이 되는 일
② 사업 등으로 얻은 총수입에서 비용을 빼고 남은 소득

빈출표현 利益を上(あ)げる/得(え)る/生(う)む(이익을 올리다/얻다/낳다), 不(ふ)利益(불이익)

*출제가능유형 : 한자읽기-음독 | 유의표현

15

流出
유출

(한자풀이) 流 흐를 류, 出 날 출

りゅうしゅつ

용법 비밀뿐만 아니라, 사물이나 사람 또는 유형이나 무형의 것이 외부로 나가는 것에 사용

빈출표현 石油(せきゆ)の流出(석유 유출), 頭脳(ずのう)の海外(かいがい)流出(두뇌의 해외 유출), 人口(じんこう)の流出(인구 유출)

*출제가능유형 : 문맥 | 용법

Step 2 │ 연관 단어	Step 3 │ 예문
= 予測(よそく) 예측 유 推測(すいそく) 추측 유 推し当て(おしあて) 짐작, 추측	これから何(なに)が起(お)こるか予断できない。 앞으로 무슨 일이 일어날지 예측할 수 없다.
유 影響(えいきょう) 영향 유 煽り(あおり) 충격, 여파, 영향	経済不況(けいざいふきょう)の余波を受(う)ける。 경제 불황의 여파를 받다.
= 力落とし(ちからおとし) 낙담, 낙심 = 力抜け(ちからぬけ) 낙담함, 낙심함 유 がっかり 낙담하는 모양, 실망하는 모양 └ 일상에서 널리 사용 유 失望(しつぼう) 실망 └ 기대했던 대상에게 그 만큼의 가치가 없어서 실망하는 것	受験(じゅけん)に失敗(しっぱい)して落胆する。 수험에 실패해서 낙담하다.
유 ため 이익이나 득이 되는 일 유 儲け(もうけ) 벌이, 이익, 이득 유 利潤(りじゅん) 이윤 └ 기업의 총수익에서 생산비를 빼고 남은 소득 ↔ 損失(そんしつ) 손실	彼(かれ)は株式投資(かぶしきとうし)で大(おお)きな利益を得(え)たそうだ。 그는 주식 투자로 큰 이익을 얻었다고 한다.
유 漏洩(ろうえい) 누설 └ 알려져서는 안 될 비밀 등이 외부로 새는 것 ↔ 流入(りゅうにゅう) 유입	優秀(ゆうしゅう)な頭脳(ずのう)が海外(かいがい)へ流出している。 우수한 두뇌가 해외로 유출되고 있다.

DAY 10

표제어	Step 1 | 단어 풀이(용법·의미)

16

了承

양해, 승낙

한자풀이 了 마칠 료, 承 받들 승

りょうしょう

의미 사정을 짐작하여 승낙하는 것

빈출표현 了承を求める(양해를 구하다), 了承を得る(양해를 얻다), 了承済み(승낙필, 승낙이 끝남)

*출제가능유형 : 한자읽기-음독 | 용법

17

履歴

이력, 경력

한자풀이 履 밟을 리, 歴 지낼 력

りれき

의미 지금까지 닦아 온 학업이나 거쳐 온 직업 따위의 경력

빈출표현 履歴書(이력서), 履歴に傷が付く(이력에 흠이 생기다), 閲覧履歴(열람 이력)

*출제가능유형 : 한자읽기-음독 | 유의표현

18

連携

연휴, 제휴

한자풀이 連 이을 련, 携 끌 휴

れんけい

의미 같은 목적을 가진 사람이 서로 연락을 취하며 협력하여 일을 행하는 것

빈출표현 ～と連携する(~와 제휴하다)

*출제가능유형 : 유의표현 | 용법

음독명사

19

朗報

낭보

한자풀이 朗 밝을 랑, 報 갚을 보, 알릴 보

ろうほう

의미 기쁜 소식, 반가운 소식

빈출표현 朗報が届く(낭보가 도착하다), 朗報に接する(낭보를 접하다), 朗報に沸く(낭보에 열광하다)

*출제가능유형 : 문맥 | 유의표현

20

露骨

노골

한자풀이 露 이슬 로, 骨 뼈 골

ろこつ

의미 자기의 감정이나 욕망 따위를 숨기지 않고 그대로 드러내는 것

빈출표현 露骨な(노골적인), 露骨に(노골적으로), 露骨に表す(노골적으로 나타내다), 露骨な描写(노골적인 묘사)

*출제가능유형 : 유의표현 | 용법

Step 2 │ 연관 단어	Step 3 │ 예문
유 了解(りょうかい) 이해, 양해 유 承知(しょうち) (사정 등을) 알고 있음, 승낙함 유 承諾(しょうだく) 승낙 참 承る(うけたまわる) '받다', '듣다', '승낙하다'의 겸양어	参加(さんか)できませんが、悪(あ)しからずご了承ください。 참가하지 못합니다만, 언짢게 생각마시고 양해해 주십시오.
= 経歴(けいれき) 경력 = キャリア 커리어, 경력 유 学歴(がくれき) 학력 유 職歴(しょくれき) 직력 참 履暦(×) *한자 주의!* 참 暦 책력 력 예 陽暦(ようれき) 양력 예 暦(こよみ) 달력	会社(かいしゃ)に履歴書(しょ)を提出(ていしゅつ)した。 회사에 이력서를 제출했다.
= 提携(ていけい) 제휴 유 協力(きょうりょく) 협력 유 協同(きょうどう) 협동 참 携える(たずさえる) 휴대하다, 지니다, 함께 손을 잡다, 제휴하다	他企業(たきぎょう)と連携して新事業(しんじぎょう)に乗(の)り出(だ)した。 타 기업과 제휴하여 새 사업에 착수했다.
= 快報(かいほう) 쾌보 = 吉報(きっぽう) 길보 ↔ 悲報(ひほう) 비보	第一志望(だいいちしぼう)の大学(だいがく)に合格(ごうかく)したという朗報が届(とど)いた。 제1지망 대학에 합격했다는 낭보가 도착했다.
= 剥き出し(むきだし) 노골적임 = 露(あらわ) 노골적임 = あからさま 노골적임 ↔ 婉曲(えんきょく) 완곡 참 露骨的な(×) 노골적인 참 露骨的に(×) 노골적으로	そんなに感情(かんじょう)を露骨に表(あらわ)してはいけない。 그렇게 감정을 노골적으로 나타내서는 안 된다.

DAY 10

표제어	Step 1 ｜ 단어 풀이(용법·의미)

고유어

21

目先

눈앞, 당장

한자풀이 **目** 눈 목, **先** 먼저 선

めさき

의미 ① 눈앞, 목전 ② 당장, 현재

빈출표현 目先にちらつく(눈앞에 어른거리다),
目先の事(こと)(눈앞의 일, 당장의 일),
目先の利益(りえき)(눈앞의 이익, 당장의 이익)

*출제가능유형 : 문맥 용법

22

目安

목표, 기준

한자풀이 **目** 눈 목, **安** 편안할 안

めやす

의미 목표, 기준, 대중

용법 (달성하지 못해도 괜찮지만) 대충 이쯤이라는 대략적인 목표

빈출표현 目安を立(た)てる/置(お)く(목표를 세우다/두다),
目安が付(つ)く(기준이 서다)

*출제가능유형 : 유의표현 용법

23

ゆとり

여유

ゆとり

의미 (공간·시간·금전·기력·정신적) 여유

빈출표현 ゆとりがある/ない(여유가 있다/없다),
心(こころ)のゆとり(마음의 여유), 経済的(けいざいてき)なゆとり(경제적인 여유)

*출제가능유형 : 유의표현 용법

24

枠

틀, 제한 범위

한자풀이 **枠** 일본에서 만든 한자

わく

의미 ① 틀, 테두리 ② 제한된 범위, 제약

빈출표현 めがねの枠(안경테), 窓(まど)枠(창틀),
予算(よさん)の枠(예산 범위), 枠にはまる(틀에 박히다)

*출제가능유형 : 한자읽기-훈독 유의표현

い형용사

25

もどかしい

답답하다, 안타깝다

もどかしい

의미 서두르고 있음에도 시간이 걸릴 것 같아서 답답한 것에 사용

빈출표현 もどかしい気持(きも)ち(답답한 마음),
時間(じかん)の経(た)つのがもどかしい(시간 가는 것이 안타깝다)

*출제가능유형 : 문맥 유의표현

Step 2	연관 단어	Step 3	예문
= 目の前(めのまえ) 눈앞, 목전 = 目前(もくぜん) 목전, 눈앞 = 眼前(がんぜん) 안전, 눈앞	目先の利益(りえき)だけを追(お)い求(もと)める。 눈앞의 이익만을 추구하다.
유 目処(めど) 목표, 전망 └, 비교적 적극적이고 확실한 목표 유 目当て(めあて) 목표 유 目標(もくひょう) 목표 유 基準(きじゅん) 기준	一ヶ月(いっかげつ)に一冊(いっさつ)を目安に本(ほん)を読(よ)んでいこう。 1개월에 한 권을 목표로 책을 읽자.
유 余裕(よゆう) 여유 유 空間(くうかん) 공간 유 スペース 스페이스, 공간	ゆとりのある教育(きょういく)が必要(ひつよう)だ。 여유(융통성) 있는 교육이 필요하다.
유 縁(ふち) 테두리, 가, 가장자리 유 フレーム 프레임, 테, 틀 유 範囲(はんい) 범위 유 制約(せいやく) 제약	予算(よさん)の枠を超(こ)える。 예산 범위를 넘다.
유 歯痒い(はがゆい) 답답하다, 안타깝다 └, 남이 하는 일이 시간이 걸리거나 잘 되지 않아서 보고 있자니 답답한 것 유 じれったい 답답하다, 감질나다, 애타다, 애달다 └, 일이 좀체 생각처럼 되지 않아서 마음이 차분하지 못하고 답답한 것	もう少(すこ)しで家(いえ)に着(つ)くのに車(くるま)がのろのろ走(はし)っていてもどかしい。 조금만 더 가면 집에 도착하는데 자동차가 느릿느릿 달려서 답답하다.

DAY 10

표제어	Step 1 | 단어 풀이(용법·의미)

い형용사

26

煩わしい

귀찮다, 복잡하다

한자풀이 **煩** 괴로워할 번

わずらわしい

의미 ① 귀찮다, 성가시다, 번거롭다 ② 복잡하다, 까다롭다

빈출표현 煩わしい事(こと)(성가신 일), 煩わしい人間関係(にんげんかんけい)(번거로운 인간관계), 煩わしい手続(てつづ)き(까다로운 절차)

*출제가능유형 : [한자읽기-훈독] [유의표현]

な형용사

27

無造作だ

아무렇게나 하다, 되는 대로 하다

한자풀이 **無** 없을 무, **造** 지을 조, **作** 지을 작

むぞうさだ

의미 수단이나 기교를 부리지 않는 모양, 손쉽게 하는 모양

빈출표현 無造作に書(か)く/置(お)く/突(つ)っ込(こ)む(아무렇게나 쓰다/두다/처넣다), 無造作に引(ひ)き受(う)ける(선뜻 떠맡다)

*출제가능유형 : [문맥] [유의표현]

28

無謀だ

무모하다

한자풀이 **無** 없을 무, **謀** 꾀할 모

むぼうだ

의미 앞뒤를 잘 헤아려 깊이 생각하는 신중함이나 꾀가 없다

빈출표현 無謀な計画(けいかく)/行為(こうい)/試(こころ)み/挑戦(ちょうせん)(무모한 계획/행위/시도/도전)

*출제가능유형 : [한자읽기-음독] [문맥]

29

猛烈だ

맹렬하다

한자풀이 **猛** 사나울 맹, **烈** 세찰 렬

もうれつだ

의미 기세가 몹시 사납고 세차다

용법 행동·사물의 기세가 강하고 세찬 것에 사용

빈출표현 猛烈な反対(はんたい)/台風(たいふう)/スピード(맹렬한 반대/태풍/스피드), 猛烈に勉強(べんきょう)する(맹렬히 공부하다)

*출제가능유형 : [한자읽기-음독] [문맥]

30

厄介だ

귀찮다, 성가시다

한자풀이 **厄** 재앙 액, **介** 끼일 개

やっかいだ

의미 귀찮다, 성가시다, 번거롭다

용법 해결에 수고·시간이 들기 때문에 가능하면 피하고 싶은 것

빈출표현 厄介な問題(もんだい)/仕事(しごと)(귀찮은 문제/일), 厄介な話(はなし)(성가신 이야기)

*출제가능유형 : [한자읽기-음독] [유의표현]

Step 2 │ 연관 단어	Step 3 │ 예문
= 面倒(めんどう)だ 귀찮다, 성가시다 = 厄介(やっかい)だ 귀찮다, 성가시다 = 億劫(おっくう)だ 귀찮다 암기 TIP 다시 와주라(わずら)하니 와~씨(わしい) 귀찮네	毎日(まいにち)出(で)掛(か)けるのが煩わしい。 매일 나가는 것이 귀찮다.
유 ぞんざいだ 조심성이 없이 아무렇게나 하다 ↔ 丁寧(ていねい)だ 공들이다, 주의 깊고 세심하다 ↔ 念入(ねんい)りだ 공들이다, 정성을 들이다 참 造作(ぞうさ) 수고, 귀찮은 일, 번거로운 일	彼(かれ)は札束(さつたば)を無造作にポケットに突(つ)っ込(こ)んだ。 그는 돈다발을 아무렇게나 주머니에 처넣었다.
유 無鉄砲(むてっぽう)だ 무모하다, 앞뒤 생각 없이 함부로 행동하다 참 謀(はか)る 꾀하다, 꾸미다, 음모하다	最初(さいしょ)から勝(か)てない無謀な試(こころ)みだった。 처음부터 이길 수 없는 무모한 시도였다.
유 強烈(きょうれつ)だ 강렬하다 └→ 물리적인 힘 · 작용 · 자극 등이 강하고 세찬 것 예 強烈なパンチ 강렬한 펀치 예 強烈な臭(にお)い 강렬한 냄새	野党(やとう)は改革案(かいかくあん)に対(たい)して猛烈に反対(はんたい)している。 야당은 개혁안에 맹렬히 반대하고 있다.
유 面倒(めんどう)だ 귀찮다, 성가시다, 번거롭다 └→ 어렵지는 않지만 수고 · 시간이 들기 때문에 바로는 해결할 수 없는 것 암기 TIP 야(やっ) 저리 가(かい) 귀찮아	厄介な事件(じけん)に巻(ま)き込(こ)まれた。 성가신 사건에 말려들었다.

DAY 10

표제어	Step 1 | 단어 풀이(용법·의미)

な형용사

31
愉快だ
유쾌하다

(한자풀이) 愉 즐거울 유, 快 쾌할 쾌

ゆかいだ

의미 마음이 즐겁고 상쾌하다

★빈출표현 愉快な一時/人(유쾌한 한때/사람), 愉快な時を過ごす(유쾌한 시간을 보내다)

*출제가능유형 : 한자읽기-음독 용법

32
歴然だ
역연하다, 역력하다

(한자풀이) 歴 지낼 력, 然 그러할 연

れきぜんだ

의미 누가 보아도 분명하다, 확실하다, 뚜렷하다

용법 구체적인 증거·내용에 의해서 확실한 것에 사용

★빈출표현 歴然たる~(역연한 ~, 역력한 ~), 歴然としている(역연하다, 역력하다)

*출제가능유형 : 문맥 유의표현

동사

33
見合わせる
마주보다, 보류하다

(한자풀이) 見 볼 견, 合 합할 합

みあわせる

의미 ① 마주보다 ② 보류하다

★빈출표현 顔を見合わせる(얼굴을 마주보다), 運行/旅行を見合わせる(운행/여행을 보류하다)

*출제가능유형 : 문맥 유의표현

34
見失う
놓치다, 잃다

(한자풀이) 見 볼 견, 失 잃을 실

みうしなう

의미 (보고 있던 것을) 놓치다, 잃다

용법 보고 있던 것을 시야에서 놓치는 것에 사용

★빈출표현 連れを見失う(동행을 놓치다), 方向/目標を見失う(방향/목표를 잃다)

*출제가능유형 : 문맥 용법

35
見落とす
간과하다, 못 보고 넘기다

(한자풀이) 見 볼 견, 落 떨어질 락

みおとす

용법 보면서도 알아차리지 못하는 것에 사용

★빈출표현 間違いを見落とす(틀린 것을 간과하다), サイン/誤字を見落とす(사인/오자를 못 보고 넘기다)

*출제가능유형 : 문맥 용법

Step 2	연관 단어	Step 3	예문
유 楽(たの)しい 즐겁다, 유쾌하다 유 快(こころよ)い 기분 좋다, 즐겁다 ↔ つまらない 시시하다, 하찮다, 재미없다 참 誘拐(ゆうかい) 유괴	旧友(きゅうゆう)と飲(の)んで愉快な時(とき)を過(す)ごした。 옛 친구와 마시며 유쾌한 시간을 보냈다.
= 歴歴(れきれき)だ 역력하다, 뚜렷하다 유 判然(はんぜん)だ 판연하다, 분명하다 └, 사물의 모습·태도 등을 사람의 눈으로 확실히 알 수 있는 것 유 はっきり 확실히, 뚜렷이 ↔ 漠然(ばくぜん)だ 막연하다	歴然たる証拠(しょうこ)を見(み)付(つ)けた。 역연한(확실한) 증거를 찾았다.
유 見合(みあ)う 마주보다 유 見交(みか)わす 마주보다 유 様子(ようす)を見(み)る 상황을 보다	地震(じしん)の影響(えいきょう)により、運行(うんこう)を見合わせています。 지진의 영향으로 운행을 보류하고 있습니다.
유 無(な)くす 잃다, 분실하다 └, 어디에 두고 왔는지 짐작이 안 가는 것 유 落(お)とす 잃다, 분실하다 └, 모르는 사이에 어딘가에서 떨어뜨려 분실하는 것	人込(ひとご)みの中(なか)で連(つ)れを見失った。 인파 속에서 동행을 놓쳤다.
유 見過(みす)ごす 간과하다, 못보고 넘기다, 눈감아주다, 못 본 체하다 └, 보면서도 알아차리지 못하는 것, 보면서 무언가 대책이 필요한 일이지만 대책을 취하지 않고 그대로 두는 것 유 見逃(みのが)す 간과하다, 못보고 넘기다, 눈감아주다, 못 본 체하다	駅名(えきめい)をつい見落としてしまった。 역명을 그만 못 보고 말았다.

DAY 10

표제어	Step 1 ǀ 단어 풀이(용법·의미)

동사

36

見掛ける

눈에 띄다, 가끔 보다

한자풀이 **見** 볼 견, **掛** 걸 괘

みかける

용법 보는 사람이 눈여겨보는 능동적인 것에 사용

빈출표현 時々(ときどき)/よく見掛ける(가끔/종종 눈에 띄다), めったに見掛けない(좀처럼 볼 수 없다)

＊출제가능유형 : 문맥 | 용법

37

満つ

차다, 충분하다

한자풀이 **満** 찰 만

みつ

용법 '～に満(み)たない(～에 못 미치다)'의 형태로 사용

빈출표현 定員(ていいん)に満たない(정원 미달이다), 二十歳(はたち)に満たない(스무 살이 못 되다), 意(い)に満たない(마음에 차지 않다, 마음에 들지 않다)

＊출제가능유형 : 문맥 | 용법

38

目論む

계획하다, 꾸미다

한자풀이 **目** 눈 목, **論** 논할 론, 말할 론

もくろむ

용법 정확한 계획이나 준비 없이 막연히 기대하는 것, 주로 좋지 않은 일에 사용

빈출표현 陰謀(いんぼう)を目論む(음모를 꾸미다), 大儲(おおもう)けを目論む(큰 돈벌이를 계획하다), 一攫千金(いっかくせんきん)を目論む(일확천금을 꾀하다)

＊출제가능유형 : 한자읽기-음독 | 유의표현

39

催す

개최하다, 자아내다

한자풀이 **催** 재촉할 최

もよおす

의미 ① 개최하다, 열다 ② (어떤 기분을) 불러일으키다, 자아내다

빈출표현 送別会(そうべつかい)を催す(송별회를 개최하다), 食欲(しょくよく)を催す(식욕을 불러일으키다), 涙(なみだ)を催す(눈물을 자아내다)

＊출제가능유형 : 한자읽기-훈독 | 문맥

40

和らぐ

풀리다, 완화되다, 누그러지다

한자풀이 **和** 화할 화

やわらぐ

의미 ① (날씨 · 기온 · 바람 · 통증 등이) 풀리다, 잔잔해지다, 완화되다 ② (마음 · 사이 등이) 누그러지다, 부드러워지다

용법 긴장 · 흥분 등이 가라앉아 온화한 상태가 되는 것에 사용

빈출표현 寒(さむ)さが和らぐ(추위가 풀리다), 痛(いた)みが和らぐ(통증이 완화되다), 態度(たいど)が和らぐ(태도가 누그러지다)

＊출제가능유형 : 한자읽기-훈독 | 용법

Step 2 ㅣ 연관 단어	Step 3 ㅣ 예문
유 見受(みう)ける 눈에 띄다 └→ 어떤 상태·사람·사물이 눈에 들어오는 수동적인 것 참 見詰(みつ)める 응시하다, 주시하다	彼(かれ)をよく駅(えき)で見掛けます。 그를 종종 역에서 봅니다.
참 満(み)ちる 차다, 가득하다, 기한이 차다, 만료되다, 조수가 차다, 만조가 되다, 달이 차다, 만월이 되다 예 任期(にんき)が満ちる 임기가 차다 예 月(つき)が満ちる 만월이 되다	応募人数(おうぼにんずう)が定員(ていいん)に満たない。 응모 인원수가 정원 미달이다.
유 企(くわだ)てる 계획하다, 꾸미다, 기도하다, 꾀하다 └→ 비교적 크고 중요한 일의 계획을 의미하며, 주로 좋지 않은 일에 사용 유 企(たくら)む 계획하다, 꾸미다, 기도하다, 꾀하다 └→ 좋지 않은 일에만 사용 참 目論(もくろん)む(×) *발음 주의!*	彼(かれ)は一獲千金(いっかくせんきん)を目論んでいる。 그는 일확천금을 꾀하고 있다.
= 開催(かいさい)する 개최하다, 열다 = 開(ひら)く 개최하다, 열다 = 誘(さそ)う 불러일으키다, 자아내다 참 催(もよお)し物(もの) 행사, 이벤트	悲(かな)しい物語(ものがたり)に涙(なみだ)を催した。 슬픈 이야기에 눈물을 자아냈다.
유 和(なご)む (기분·분위기가) 온화해지다, 누그러지다 └→ 저절로 온화하고 편안한 분위기가 되는 것 예 彼(かれ)といると心(こころ)が和む 그와 함께 있으면 마음이 온화해진다 ↔ 強張(こわば)る 굳어지다, 경직되다 암기 TIP 나 고무(なごむ)야 부드러워	痛(いた)みはだいぶ和らいできた。 통증은 상당히 완화되었다.

DAY 10

표제어	Step 1 | 단어 풀이(용법·의미)

동사

41

揺らぐ
흔들리다

(한자풀이) 揺 흔들 요

ゆらぐ

의미 흔들리다 **용법** 연속적으로 전체가 흔들리는 것에 사용

★빈출표현 風に揺らぐ(바람에 흔들리다), 木の枝が揺らぐ(나뭇가지가 흔들리다), 地位が揺らぐ(지위가 흔들리다), 決意が揺らぐ(결의가 흔들리다)

*출제가능유형 : 문맥 용법

42

蘇る
되살아나다, 소생하다

(한자풀이) 蘇 되살아날 소

よみがえる

의미 되살아나다, 소생하다

용법 죽기 전의 상태로 돌아오는 것에 사용

★빈출표현 死者が蘇る(죽은 사람이 소생하다), 草木が蘇る(초목이 되살아나다), 記憶が蘇る(기억이 되살아나다)

*출제가능유형 : 문맥 용법

43

詫びる
사과하다, 사죄하다

(한자풀이) 詫 자랑할 타, 속일 타

わびる

용법 예삿일이 아닌 중대한 잘못(실수)에 대한 사과에 사용

★빈출표현 過ち/非礼を詫びる(잘못/무례함을 사과하다), お詫び申し上げます(사죄드립니다)

*출제가능유형 : 문맥 유의표현

부사

44

もはや
이제는, 이미

もはや

의미 이제는, 이미, 벌써 **용법** 현 시점에서 그렇게 된 것에 사용

★빈출표현 もはや日も暮れた(이미 날도 저물었다), もはや手遅れだ(이미 때가 늦었다), もはや間に合わない(이제는 시간 내에 닿지 못한다)

*출제가능유형 : 문맥 유의표현

45

やむをえず
할 수 없이, 어쩔 수 없이

やむをえず

용법 비즈니스 · 공식적인 자리에서 사용

★빈출표현 やむをえず中止する(어쩔 수 없이 중지하다), やむをえず引き返す(어쩔 수 없이 되돌아오다), やむをえず引き受ける(어쩔 수 없이 떠맡다)

*출제가능유형 : 유의표현 용법

Step 2 │ 연관 단어	Step 3 │ 예문
유 揺(ゆ)れる 흔들리다 ㄴ 揺らぐ보다 좀 더 크게 연속적으로 전체가 흔들리는 것 예 地震(じしん)で揺れる 지진으로 흔들리다 유 振(ふ)れる 흔들리다 ㄴ 일부가 흔들리는 것 예 コンパスの針(はり)が振れる 나침반의 바늘이 흔들리다	彼(かれ)の一言(ひとこと)で決心(けっしん)が揺らいでしまった。 그의 말 한 마디에 결심이 흔들리고 말았다.
유 生(い)き返(かえ)る 되살아나다, 소생하다 ㄴ 잃었던 원기·활력을 다시 회복하는 것 예 雨(あめ)で草木(くさき)が生き返る 비로 초목이 되살아나다 참 生(う)まれ変(か)わる 다시 태어나다, 환생하다	過去(かこ)の記憶(きおく)が蘇る。 과거의 기억이 되살아나다.
유 謝(あやま)る 사과하다, 사죄하다 ㄴ 일상적으로 자주 발생하는 사소한 실수에 대한 사과 ↔ 開(ひら)き直(なお)る 정색하고 나서다 암기 TIP 사과하려면 우리 집(宅)에 찾아와 빌어(わびる) 정중한 말(言)로	ご迷惑(めいわく)をおかけしましたことをお詫び申(もう)し上(あ)げます。 폐를 끼쳐드린 것을 사죄드립니다.
유 とっくに 훨씬 전에, 벌써, 이미 ㄴ 과거의 어느 한 시점에서 그렇게 된 것 예 とっくに知(し)っていた 벌써 알고 있었다 유 既(すで)に 이미, 벌써 ㄴ 과거의 어느 한 시점에서 그렇게 된 것 예 既に述(の)べたとおり 이미 말한 대로	もはや終電(しゅうでん)に間(ま)に合(あ)いそうにない。 이미 마지막 전철 시간에 닿지 못할 것 같다.
유 仕方(しかた)なく 할 수 없이, 어쩔 수 없이, 부득이 ㄴ 일상회화에서 사용	雨(あめ)でやむをえず中止(ちゅうし)することにした。 비로 어쩔 수 없이 중지하기로 했다.

표제어	Step 1 ｜ 단어 풀이(용법·의미)

부사

46

やんわり
부드럽게, 온화하게

やんわり

의미 ① 부드럽게, 살며시 ② 부드럽게, 온화하게, 완곡하게

빈출표현 やんわり(と)手を握る(부드럽게 손을 잡다), やんわり(と)した肌触り(부드러운 감촉), やんわり(と)断る(완곡하게 거절하다), やんわり(と)諭す(부드럽게 타이르다)

＊출제가능유형 : 문맥 유의표현

47

ろくに
제대로, 변변히

ろくに

용법 뒤에 부정어가 따르며, 기대되는 전제조건에 미치지 못하는 상태를 나타내는 것에 사용

빈출표현 ろくにできない(제대로 못한다), ろくに寝ていない(제대로 못 잤다), ろくに食べていない(제대로 먹지 못했다)

＊출제가능유형 : 문맥 유의표현

가타카나

48

リストアップ
리스트 업

list up(일본 조어)

의미 다수 가운데서 조건에 맞는 것을 뽑아내 작성한 일람표

빈출표현 候補/商品/単語をリストアップする (후보/상품/단어를 리스트 업하다)

＊출제가능유형 : 문맥 용법

49

ルーズ
칠칠치 못함, 허술함

loose

의미 칠칠치 못함, 허술함

빈출표현 ルーズな性格(칠칠치 못한 성격), ルーズな人(허술한 사람), 時間にルーズ(시간 관념이 허술함)

＊출제가능유형 : 문맥 유의표현

50

レイアウト
레이아웃, 배치

layout

의미 ① (물건이나 가구 등의) 배열, 배치
② (신문·잡지·서적 등의) 편집 배정, 배치

빈출표현 部屋/家具のレイアウト(방/가구 배치), ページレイアウト(페이지 레이아웃)

＊출제가능유형 : 문맥 유의표현

Step 2	연관 단어	Step 3	예문
유 そっと 살그머니, 살짝, 가만히 유 優(やさ)しく 부드럽게, 온화하게 암기 TIP 양(やん)털은 비교적(わりと) 부드럽죠	相手(あいて)の誘(さそ)いをやんわり(と)断(ことわ)った。 상대방의 권유를 부드럽게(완곡하게) 거절했다.
유 めったに 좀처럼, 거의 └ 뒤에 부정어가 따르며, 단순히 빈도가 상당히 적은 것을 나타냄 예 めったに会(あ)えない 좀처럼 만나지 못하다	昨夜(さくや)は暑(あつ)くてろくに眠(ねむ)れなかった。 어젯밤은 더워서 잠을 제대로 못 잤다.
유 ピックアップ 픽업, 선택 유 抜(ぬ)き出(だ)し 뽑아냄 유 取(と)り出(だ)し 골라냄	必要(ひつよう)な商品(しょうひん)をリストアップする。 필요한 상품을 리스트 업하다.
유 放漫(ほうまん) 방만, 야무지지 못하고 허술함 ↔ ストリクト 엄격 ↔ 厳格(げんかく) 엄격 참 だらしない 칠칠치 못하다	彼(かれ)は時間(じかん)にルーズです。 그는 시간 관념이 허술합니다.
= 配置(はいち) 배치 = 配列(はいれつ) 배열 = 割(わ)り付(つ)け 편집 배정	家具(かぐ)のレイアウトを変(か)える。 가구의 배치를 바꾸다.

DAY 10

Day 10

문제로 확인하기

1 다음 단어의 한자 읽는 법을 고르세요.

1. 煩わしい　A. けがらわしい　B. わずらわしい
2. 愉快　A. ゆうかい　B. ゆかい
3. 目論む　A. もくろむ　B. もくろんむ

2 다음 단어의 한자 표기를 고르세요.

4. ゆらぐ　A. 揺らぐ　B. 謡らぐ
5. やくしん　A. 濯進　B. 躍進
6. もうら　A. 網羅　B. 綱羅

3 다음 빈칸에 공통으로 들어갈 수 있는 한자 또는 단어로 적절한 것을 고르세요.

7. (　)反対　(　)練習　(　)スピード
   A. 正　B. 猛　C. 甚
8. (　)密　(　)雪　純(　)
   A. 緻　B. 綿　C. 粋
9. (　)年　(　)払い　(　)介
   A. 某　B. 厄　C. 媒

4 빈칸에 들어갈 단어로 적절한 것을 고르세요.

A. もはや　B. 催した　C. 無造作

10. ＿＿＿＿＿終電に間に合いそうにない。
11. 悲しい物語に涙を＿＿＿＿＿。
12. 彼は札束を＿＿＿＿＿にポケットに突っ込んだ。

정답　1. B　2. B　3. A　4. A　5. B　6. A　7. B　8. B　9. B　10. A　11. B　12. C

WEEK 문제

2주차를 무사히 마치셨네요, 대단합니다!
이번주에는 무려 250단어를 배웠는데요,
다음 장의 WEEK 문제를 풀면서 실력을 점검해 봅시다.
틀린 것들은 해설에 적힌 단어 위치를 따라가서
다시 한번 읽으며 내것으로 만드세요!

다음 장으로 GO!

WEEK 2 : 문제

실전형 문제로 복습하기

問題 1. ＿＿＿の言葉の読み方として最もよいものを、１・２・３・４から一つ選びなさい。

1 悪徳セールスマンは言葉巧みに商品を売り付けた。

① もくろみに　② こころみに　③ たくらみに　④ たくみに

2 家賃の支払いが3ヶ月も滞ってしまった。

① ととのって　② とどこおって　③ たまって　④ とどまって

3 束の間の休息を取ろう。このままでは効率が悪くなるよ。

① つかのま　② そくのま　③ たばのま　④ そくのあいだ

問題 2. (　　)に入れるのに最もよいものを１・２・３・４から一つ選びなさい。

4 駅前で選挙公報のビラを(　　)している。

① 贈呈　② 交付　③ 配布　④ 配付

5 乱獲によってマグロの数が(　　)するかもしれない。

① 絶滅　② 撲滅　③ 消滅　④ 壊滅

6 今建設中の橋は、来月には完成する(　　)です。

① 眺め　② 見渡し　③ 見晴らし　④ 見込み

7 もし分からなければ、この欄は(　　)のままで結構です。

① ボイコット　② ブランク　③ ジャンプ　④ フランク

問題 3. ＿＿＿の言葉に意味が最も近いものを、１・２・３・４から一つ選びなさい。

8 私はラーメンの中でも、取り分け豚骨ラーメンが好きです。

① まれに　② ことに　③ とっくに　④ むしょうに

9 難しい漢字を辞書でいちいち調べるのは煩わしい。

① あさはかだ　② せわしい　③ おっくうだ　④ あわただしい

10 彼は公務執行妨害で逮捕された。

① さまたげ　② しいたげ　③ いはん　④ いほう

問題 4. 次の言葉の使い方として最もよいものを１・２・３・４から一つ選びなさい。

11 多岐

① 多岐に旅人のための道標を立てた。
② 皆さんは今、人生の大きな多岐に立っています。
③ 父の会社が倒産し、進学をあきらめて働くしか多岐はなかった。
④ A社の事業分野は多岐にわたっている。

12 立て替える

① 立て替えだと、元の声が聞けないから、字幕の方が好きだ。
② 現金の持ち合わせがなかったので、親友に立て替えてもらった。
③ 気持ちを立て替えてもう一度挑戦します。
④ 列車の不通区間をバスに立て替える。

13 捗る

① 夕日に赤く捗られた空がとても美しい。
② 彼は周りの人に迷惑をかけて捗らない。
③ 近くの建築現場の騒音がうるさくて少しも仕事が捗らない。
④ 健康のために最も大切なことは、バランスの捗れた食事をすることだと思う。

WEEK 2 : 정답 및 해설

: 정답 :

1 ④ 2 ② 3 ① 4 ③ 5 ① 6 ④ 7 ②

8 ② 9 ③ 10 ① 11 ④ 12 ② 13 ③

: 해석 :

문제 1.

1 悪徳セールスマンは言葉巧(たく)みに商品を売り付けた。 Day 7 - 28번

악덕 세일즈맨은 교묘한 말로 상품을 강매했다.

2 家賃の支払いが3ヶ月も滞(とどこお)ってしまった。 Day 7 - 34번

집세의 지불이 3개월이나 밀려 버렸다.

3 束(つか)の間(ま)の休息を取ろう。このままでは効率が悪くなるよ。 Day 6 - 23번

잠시 휴식을 취하자. 이대로는 효율이 오르지 않는다.

문제 2.

4 駅前で選挙公報のビラを(配布(はいふ))している。 Day 8 - 5번

역 앞에서 선거 공보 전단지를 배포하고 있다.

5 乱獲によってマグロの数が(絶滅(ぜつめつ))するかもしれない。 Day 6 - 14번

남획에 의해서 참치가 멸종될지 모른다.

6 今建設中の橋は、来月には完成する(見込(みこ)み)です。 Day 9 - 23번

지금 건설 중인 다리는 다음달에는 완성될 전망입니다.

7 もし分からなければ、この欄は(ブランク)のままで結構です。 Day 8 - 50번

만약에 모르시면 이 란은 블랭크(공란) 상태로 두셔도 괜찮습니다.

문제 3.

8 私はラーメンの中でも、取り分け(≒ことに)豚骨ラーメンが好きです。 Day 7-44번

저는 라면 중에서도, 특히 돈코츠 라면을 좋아합니다.

9 難しい漢字を辞書でいちいち調べるのは煩わしい(≒おっくうだ)。 Day 10-26번

어려운 한자를 사전으로 일일이 찾는 것은 귀찮다.

10 彼は公務執行妨害(≒さまたげ)で逮捕された。 Day 9-10번

그는 공무 집행 방해로 체포되었다.

문제 4.

11 A社の事業分野は多岐にわたっている。 Day 6-17번

A사의 사업 분야는 여러 갈래(다방면)에 걸쳐 있다.

① 分(わ)かれ道(みち) : 갈림길

② 岐路(きろ) : 기로

③ 選択肢(せんたくし) : 선택지

12 現金の持ち合わせがなかったので、親友に立て替えてもらった。 Day 6-35번

마침 가지고 있는 현금이 없었기 때문에 친구가 대신 내 주었다.

① 吹(ふ)き替(か)え : (외국 영화 등을) 자국어로 바꾸어 녹음함, 더빙

③ 切(き)り替(か)えて : 전환하여, 바꾸어

④ 振(ふ)り替(か)える : 대체하다

13 近くの建築現場の騒音がうるさくて少しも仕事が捗らない。 Day 8-40번

근처의 건축현장 소음이 시끄러워서 전혀 일이 진척되지 않는다.

① 彩(いろど)られた : 채색된, 물든

② てはばからない : ~하기를 주저하지 않는다 N1 문법

④ バランスの取(と)れた : 균형잡힌

3-STEP으로 이해를 돕는 똑똑한 단어장

진짜 독학자용 설명 수록

- 모든 단어 100% 한자 풀이
- 예문은 물론 빈출표현도
- 연관단어와 뉘앙스 비교까지

기출 500, 예상 500, 고득점 200 단어

- 최소한으로 최대효율을 낼 수 있는 단어 선정
- 중요한 기출단어 먼저 배치

전문가의 분석 개발

- 현장의 전문가가 출제 경향을 연구 후 집필
- 저자 직강으로 암기 효율 증대

mp3 + 강의 + 인덱스

MP3 QR

1권 기출 단어 500

2권 예상 단어 500
고득점 단어 200

최신 기출 반영

시험에 나오는 것만 공부한다!

시나공 일본어능력시험 JLPT

N1 단어

가벼워야 자주 보니까

1 2 MP3 · QR

1권 기출 단어 500
2권 예상 단어 500
고득점 단어 200
으로 분책 가능한 단어장!

2권 예상 단어/고득점 단어

한자풀이+용법+빈출표현+관련단어+예문+강의까지!

이규환 지음

길벗 이지:톡

PART 2

예상 단어 500

JLPT시험에는 나왔던 단어도 많이 나오지만, 매 시험마다 새로운 단어도 등장합니다. 그래서 PART 2에서는 지금까지 나온 적은 없지만, 실제로 활용도가 높고 시험에 나올 법한 **예상 단어 500**개를 정리했습니다. 하루 50개씩, 10일 동안 예상 단어를 확실히 익혀봅시다!

WEEK 3

WEEK 4

WEEK 3

Day 11

Day 12

Day 13

Day 14

Day 15

WEEK 문제

강의와 예문 듣기

WEEK 3

Day 11

매일 품사별로 골고루! 오늘의 50단어 한눈에 보기!

음독명사

01. 愛想
02. 圧巻
03. 維持
04. 衣装
05. 遺跡
06. 委託
07. 異動
08. 因縁
09. 云々
10. 縁起

고유어

11. 合図
12. 合間
13. 赤の他人
14. 朝飯前
15. 網
16. 有様
17. 戦

い형용사

18. 悪どい
19. あどけない
20. 慌ただしい
21. 厳めしい

な형용사

22. 浅はかだ
23. 鮮やかだ
24. あべこべだ
25. あやふやだ

동사

26. あえぐ
27. 和える
28. 仰ぐ
29. 扇ぐ
30. 煽る
31. 足掻く
32. 商う
33. 炙る
34. 歩む
35. 悼む
36. 挑む
37. 労る

부사

38. 悪しからず
39. あたかも
40. あながち
41. 幾分

접속사

42. 即ち

가타카나

43. アットホーム
44. アポ
45. アリバイ

의성어・의태어

46. いそいそ
47. おどおど
48. がくがく

관용구

49. 青菜に塩
50. 異口同音

표제어	Step 1 ㅣ 단어 풀이(용법·의미)

음독명사

1 **愛想**
상냥함, 정나미, 계산
(한자풀이) 愛 사랑 애, 想 생각할 상

あいそ
의미 ① 상냥함, 붙임성 ② 정나미 ③ (음식점의) 계산
용법 상대를 의식한 행위 중에 나타나는 호의를 의미. あいそう라고도 읽지만 あいそ로 읽는 것이 일반적임
빈출표현 愛想がいい(상냥하다), 愛想が尽(つ)きる(정나미가 떨어지다), お愛想(음식점의 계산)
*출제가능유형 : 한자읽기-음독 / 문맥

2 **圧巻**
압권
(한자풀이) 圧 누를 압, 巻 책 권

あっかん
의미 ① 책 중에서 가장 뛰어난 부분 ② 여럿 중에서 가장 뛰어난 것
용법 영화·연극·드라마·소설·콘서트·스포츠·자연 등에서 자주 사용
빈출표현 ～は圧巻だ(～은 압권이다)
*출제가능유형 : 한자읽기-음독 / 유의표현

3 **維持**
유지
(한자풀이) 維 벼리 유, 바 유, 持 가질 지

いじ
의미 현재의 상태를 그대로 유지하는 것
빈출표현 健康(けんこう)を維持する(건강을 유지하다), 現状(げんじょう)維持(현상유지)
*출제가능유형 : 한자읽기-음독 / 유의표현

4 **衣装**
의상, 복장
(한자풀이) 衣 옷 의, 装 꾸밀 장

いしょう
용법 원래는 衣裳(의상)이지만, 裳이 상용한자에 포함되지 않기 때문에 衣装으로 쓰임
빈출표현 馬子(まご)にも衣装(옷이 날개), 舞台(ぶたい)衣装(무대 의상), 花嫁(はなよめ)衣装(신부 의상)
*출제가능유형 : 한자읽기-음독 / 용법

5 **遺跡**
유적
(한자풀이) 遺 남길 유, 跡 발자취 적

いせき
의미 옛 건축물이나 역사적 사건이 있었던 곳
빈출표현 遺跡を発掘(はっくつ)する(유적을 발굴하다), 文化(ぶんか)遺跡(문화 유적)
*출제가능유형 : 한자읽기-음독 / 문맥

Step 2 | 연관 단어

Step 3 | 예문

유 愛嬌(あいきょう) 애교
ㄴ 그 사람의 몸에 배어 있어 자연스럽게 나타나는 귀여움

ごちそうさまでした。お愛想お願(ねが)いします。

잘 먹었습니다. 계산 부탁합니다.

유 見所(みどころ) 볼 만한 곳
유 ハイライト 하이라이트

あのシーンはこの映画(えいが)の圧巻だ。

저 장면은 이 영화의 압권이다.

유 保持(ほじ) 보유, 유지
ㄴ 자기 것으로 해서 그대로 계속 유지하는 것
예 世界記録保持者(せかいきろくほじしゃ) 세계 기록 보유자
유 キープ 키프, 유지함, 지킴

健康(けんこう)を維持するうえで、食事(しょくじ)は非常(ひじょう)に大切(たいせつ)です。

건강을 유지하는 데 있어서 식사는 매우 중요합니다.

= 衣服(いふく) 의복
= 服装(ふくそう) 복장
참 衣装(いしょう)만 しょう로 발음, 나머지는 そう로 발음
예 装置(そうち) 장치
예 装飾(そうしょく) 장식

うちの娘(むすめ)は大学(だいがく)で衣装デザインを専攻(せんこう)している。

우리 딸은 대학에서 의상 디자인을 전공하고 있다.

= 旧跡(きゅうせき) 구적, 고적
참 遺言(ゆいごん) 유언
* 遺言만 ゆい로 발음, 나머지는 い로 발음
참 跡(あと) 자국, 흔적
예 足跡(あしあと) 발자국

3000年前(ねんまえ)の遺跡が発掘(はっくつ)された。

3,000년 전의 유적이 발굴되었다.

표제어	Step 1 | 단어 풀이(용법·의미)

음독명사

6

委託
위탁

(한자풀이) 委 맡길 위, 託 부탁할 탁

いたく

의미 업무 · 사무 등을 외부 사람이나 타 기관에 의뢰하는 것

빈출표현 委託販売(위탁판매), 委託会社(위탁회사)

＊**출제가능유형 :** [한자읽기-음독] [유의표현]

7

異動
이동

(한자풀이) 異 다를 이, 動 움직일 동

いどう

의미 이동 **용법** 인사에 관한 이동에 사용

빈출표현 人事異動(인사이동),
～課へ異動する(~과로 이동하다)

＊**출제가능유형 :** [문맥] [용법]

8

因縁
인연, 트집

(한자풀이) 因 인할 인, 縁 인연 연

いんねん

의미 ① 인연, 연분 ② 트집, 시비

빈출표현 因縁ずく(인연으로 생긴 일, 인연 탓),
因縁をつける(트집 잡다, 시비 걸다)

＊**출제가능유형 :** [한자읽기-음독] [용법]

9

云々
운운

(한자풀이) 云 이를 운

うんぬん

의미 이러쿵저러쿵 비평함, 왈가왈부함

빈출표현 云々する(운운하다, 왈가왈부하다)

＊**출제가능유형 :** [한자읽기-음독] [문맥]

10

縁起
길흉의 조짐, 재수

(한자풀이) 縁 인연 연, 起 일어날 기

えんぎ

의미 길흉의 조짐, 재수, 운수, 징크스

빈출표현 縁起が悪い(조짐이 나쁘다, 불길하다),
縁起を担ぐ(길흉을 따지다, 징크스를 따지다)

＊**출제가능유형 :** [한자읽기-음독] [문맥]

Step 2 | 연관 단어	Step 3 | 예문
유 依託(いたく) 의탁 └ 남에게 의존하며 업무를 부탁하는 것 참 委ねる(ゆだねる) 맡기다, 위임하다	販売(はんばい)を業者(ぎょうしゃ)に委託する。 판매를 업자에게 위탁하다.
유 移動(いどう) 이동 └ 인사 이외의 모든 이동을 뜻함 예 バスで移動(いどう)する 버스로 이동하다	4月(がつ)に人事(じんじ)異動があるそうです。 4월에 인사이동이 있다고 합니다.
= 言(い)い掛(が)かり 트집 유 運命(うんめい) 운명 참 因縁(いんねん)만 ねん으로 발음, 나머지는 えん으로 발음 예 縁談(えんだん) 혼담	街中(まちなか)でチンピラに因縁をつけられた。 길거리에서 건달에게 트집을 잡혔다.
참 云々(うんうん)(×)발음 주의!	結果(けっか)を云々するのは止(よ)そう。 결과를 운운(왈가왈부)하지는 말자.
유 兆(きざ)し 조짐, 징조 참 縁起(えんぎ)만 탁음, 나머지는 き로 발음 예 起源(きげん) 기원 예 起訴(きそ) 기소	試合(しあい)の前(まえ)に縁起を担(かつ)いで豚(とん)カツやステーキを食(た)べる。 시합 전에 길흉을 따지며 돈가스와 스테이크를 먹는다.

표제어	Step 1 단어 풀이(용법·의미)

고유어

11

合図

신호

한자풀이 **合** 합할 합, **図** 그림 도

あいず

의미 신호, 사인

용법 눈짓·몸짓·소리 등 모든 방법의 총칭

빈출표현 合図を送る(신호를 보내다), 手で合図する(손으로 신호하다), 目で合図する(눈으로 신호하다, 눈짓하다)

*출제가능유형 : 한자읽기-훈음독 / 용법

12

合間

틈, 짬

한자풀이 **合** 합할 합, **間** 사이 간

あいま

의미 (일하는 중간중간의) 틈, 사이, 짬, 짬짬이, 틈틈이

용법 주로 시간적인 의미로 사용

빈출표현 合間を縫う(잠시 짬을 내다), 仕事の合間に(일하는 틈틈이), 勉強の合間に(공부하는 짬짬이)

*출제가능유형 : 문맥 / 용법

13

赤の他人

생판 남

한자풀이 **赤** 붉을 적, **他** 다를 타, **人** 사람 인

あかのたにん

의미 전혀 관계가 없는 사람

빈출표현 ～は赤の他人(～는 생판 남)

*출제가능유형 : 문맥 / 용법

14

朝飯前

식은 죽 먹기, 누워서 떡 먹기

한자풀이 **朝** 아침 조, **飯** 밥 반, **前** 앞 전

あさめしまえ

의미 (아침식사 전의 얼마 안 되는 시간에 해치울 수 있을 만큼) 매우 쉬운 일을 비유적으로 이르는 말

빈출표현 こんな～は/そんな～は/～ぐらいは朝飯前だ (이런 ～는/그런 ～는/～ 정도는 식은 죽 먹기다)

*출제가능유형 : 유의표현 / 용법

15

網

그물, (고기 굽는) 불판

한자풀이 **網** 그물 망

あみ

의미 ① (새·물고기 등을 잡는) 그물 ② (실이나 철사 등으로) 그물처럼 떠서 만든 것 ③ (범인 등을 잡거나 무엇을 규제하기 위해) 그물처럼 둘러친 것

빈출표현 網を張る(그물을 치다), 網戸(방충망), 法の網(법망)

*출제가능유형 : 한자읽기-훈독 / 문맥

Step 2 | 연관 단어	Step 3 | 예문
= サイン 사인 참 手振り(てぶり) 손짓 참 身振り(みぶり) 몸짓 참 仕草(しぐさ) 몸짓 참 ゼスチュア 제스처	彼女(かのじょ)は私(わたし)に手(て)で合図した。 그녀는 나에게 손으로 신호했다.
유 間(あいだ) (공간적·시간적인) 간격, 사이, 동안 유 暇(ひま) (짧은) 시간, 틈, 짬 참 隙間(すきま) 빈틈, 틈새기 └, 눈에 보이는 구체적인 빈틈	仕事(しごと)の合間にストレッチをする。 일하는 틈틈이 스트레치를 하다.
= 縁(えん)もゆかりもない人(ひと) 아무런 관계도 없는 사람 참 縁(えん)もゆかりもない 아무런 관계도 없다 참 赤(あか) 빨강, 아무런 관계가 없음	彼女(かのじょ)は赤の他人です。 그녀는 생판 모르는 사람입니다.
유 簡単(かんたん) 간단 ↔ 力不足(ちからぶそく) 역부족 참 容易(たやす)い 손쉽다, 용이하다 참 手(て)っ取(と)り早(ばや)い 손쉽다	それぐらいは朝飯前だよ。 그 정도는 식은 죽 먹기다.
유 ネット 네트, 그물, 망 참 編(あ)む 뜨다, 엮다, 짜다에서 網(あみ)가 파생됨	警察(けいさつ)は捜査(そうさ)の網を絞(しぼ)っていった。 경찰은 수사망을 좁혀 갔다.

표제어	Step 1 ㅣ 단어 풀이(용법·의미)
16 고유어 **有様** 모습, 상태, 꼴 (한자풀이) 有 있을 유, 様 모양 양	ありさま 의미 바람직하지 못한 모습이나 상태 용법 흔히 좋지 않은 사태가 예상될 때 사용 빈출표현 世(よ)の中(なか)の有様(세상의 꼴), 事故(じこ)の有様(사고의 상태), 惨(みじ)めな有様(비참한 상태), 戦争(せんそう)の有様(전쟁의 참상) *출제가능유형 : 문맥 용법
17 고유어 **戦** 싸움, 전쟁 (한자풀이) 戦 싸울 전	いくさ 의미 싸움, 전쟁, 전투 용법 약간 고풍스러운 말투로서, 무력으로 싸우는 전쟁의 의미로 사용 빈출표현 戦に勝(か)つ(전쟁에 이기다), 戦を起(お)こす(전쟁을 일으키다) *출제가능유형 : 한자읽기-훈독 유의표현
18 い형용사 **悪どい** 짙다, 악착스럽다, 악랄하다 (한자풀이) 悪 악할 악	あくどい 의미 ① (색이) 칙칙하다, 야하다, (맛이) 짙다 ② 악착스럽다, 악랄하다 빈출표현 あくどい化粧(けしょう)(야한 화장, 짙은 화장), あくどい商売(しょうばい)(악착스러운 장사), あくどい宣伝(せんでん)/手口(てぐち)(악랄한 선전/수법) *출제가능유형 : 문맥 유의표현
19 い형용사 **あどけない** 천진난만하다, 순진하고 귀엽다	あどけない 의미 천진난만하다, 순진하고 귀엽다 빈출표현 あどけない表情(ひょうじょう)/顔(かお)/子供(こども)(천진난만한 표정/얼굴/아이) *출제가능유형 : 문맥 유의표현
20 い형용사 **慌ただしい** 분주하다, 부산하다 (한자풀이) 慌 어리둥절할 황, 어렴풋할 황	あわただしい 의미 분주하다, 부산하다 빈출표현 慌ただしい一日(いちにち)/日常(にちじょう)/年末年始(ねんまつねんし)(분주한 하루/일상/연말연시) *출제가능유형 : 한자읽기-훈독 유의표현

Step 2 | 연관 단어	Step 3 | 예문
유 様子(ようす) 모습, 상황 유 状態(じょうたい) 상태 참 在り方(ありかた) 모습, 자세, 태도 └ (마땅히 그래야 할) 이상적인 참모습이나 올바른 자세(태도)	この映像(えいぞう)は戦争(せんそう)の有様を物語(ものがた)っている。 이 영상은 전쟁의 참상(모습)을 말해주고 있다.
= 戦争(せんそう) 전쟁 = 戦い(たたかい) 싸움, 전쟁, 전투 유 争い(あらそい) 싸움, 다툼, 분쟁 암기 TIP 알았어(あらそい) 그만 해 너랑 더 이상 싸우기 싫어 암기 TIP 이크 싸움(いくさ)만 하고 다녀	'関ヶ原(せきがはら)の戦(たたか)い'は、日本(にほん)を二分(にぶん)する大(おお)きな戦だった。 '세키가하라 전투'는 일본을 양분하는 큰 전쟁이었다.
유 しつこい (색 · 맛이) 짙다, 칙칙하다 유 がむしゃら 죽을 둥 살 둥 함	彼女(かのじょ)はたまにあくどい化粧(けしょう)をする。 그녀는 간혹 짙은 화장을 한다.
유 いとけない 천진난만하고 귀엽다 유 無邪気(むじゃき)だ 천진난만하다, 순진하다	子供(こども)たちのあどけない表情(ひょうじょう)が可愛(かわい)い。 아이들의 천진난만한 표정이 귀엽다.
유 忙(いそが)しい 바쁘다, 부산하다 유 忙(せわ)しい 바쁘다, 성급하다 유 多忙(たぼう)だ 몹시 바쁘다 암기 TIP 아~ 왔다 다시(あわただしい) 왜 금방 가? 분주하기만 하게. 좀 쉬었다 가지	今日(きょう)は慌ただしい一日(いちにち)だった。 오늘은 분주한 하루였다.

표제어	Step 1 | 단어 풀이(용법·의미)

い형용사

21 **厳めしい**
위엄이 있다, 삼엄하다
한자풀이 厳 엄할 엄

いかめしい
의미 엄하다, 위엄이 있다, 엄숙하다, 삼엄하다
빈출표현 厳めしい顔付き(위엄 있는 얼굴), 厳めしい警備(삼엄한 경비)
*출제가능유형 : 한자읽기-훈독 | 유의표현

な형용사

22 **浅はかだ**
생각이 얕다, 어리석다
한자풀이 浅 얕을 천

あさはかだ
의미 생각이 얕다, 어리석다
빈출표현 浅はかな考え/知識(얕은 생각/지식), 浅はかにも口車に乗る/罪を犯す(어리석게도 감언이설에 속다/죄를 범하다)
*출제가능유형 : 문맥 | 용법

23 **鮮やかだ**
선명하다, 멋지다
한자풀이 鮮 고울 선

あざやかだ
의미 ① (색·소리·형태 등이) 선명하다, 산뜻하다
② (동작·기술 등이) 멋지다, 훌륭하다
빈출표현 鮮やかな色(선명한 색, 산뜻한 색), 鮮やかに覚える(선명하게 기억하다), 鮮やかな腕前(멋진 솜씨)
*출제가능유형 : 한자읽기-훈독 | 유의표현

24 **あべこべだ**
거꾸로다, 반대다

あべこべだ
의미 거꾸로다, 반대다
용법 전후(前後)나 좌우(左右)가 거꾸로인 것에 사용
빈출표현 話/左右があべこべだ(이야기/좌우가 반대다), 手順があべこべだ(순서가 거꾸로다)
*출제가능유형 : 문맥 | 용법

25 **あやふやだ**
애매하다, 모호하다

あやふやだ
의미 애매하다, 모호하다
용법 의도와는 관계없이 단순히 의미나 태도가 애매한 것에 사용
빈출표현 あやふやな話/態度/返事(애매한 이야기/태도/대답)
*출제가능유형 : 유의표현 | 용법

Step 2 | 연관 단어

Step 3 | 예문

유 厳しい(きびしい) 엄하다

유 厳か(おごそか)だ 엄숙하다

유 物々(ものもの)しい 엄숙하다, 삼엄하다

首脳会談(しゅのうかいだん)を前(まえ)に厳めしい警備(けいび)が行(おこな)われている。

정상회담을 앞두고 삼엄한 경비가 행해지고 있다.

유 軽薄(けいはく)だ 경박하다

↔ 思慮深(しりょぶか)い 사려 깊다

↔ 考(かんが)え深(ぶか)い 생각이 깊다

암기 TIP 생각이 얕음(あさい 얕다) 어리석음(ばか 어리석음)

浅はかにもセールスマンの口車(くちぐるま)に乗(の)ってしまった。

어리석게도 세일즈맨의 감언이설에 속아 넘어가고 말았다.

= 鮮明(せんめい)だ 선명하다

= 見事(みごと)だ 멋지다, 훌륭하다

今日(きょう)の試合(しあい)は鮮やかな逆転勝(ぎゃくてんが)ちだった。

오늘의 시합은 멋진 역전승이었다.

유 逆(さか)さまだ 거꾸로 되다, 반대로 되다
└ 상하(上下)가 거꾸로일 때 사용

예 ポスターを逆さまに貼(は)る 포스터를 (위아래) 거꾸로 붙이다

참 逆立(さかだ)ち 물구나무서기

百(ひゃく)から一(いち)まであべこべに数(かぞ)える。

백부터 일까지 거꾸로 세다.

유 曖昧(あいまい)だ 애매하다, 모호하다
└ 의도적으로 의미나 태도를 애매하게 하는 것, 또는 의도와는 관계없이 단순히 의미가 애매한 것

↔ 確(たし)かだ 확실하다

암기 TIP あ와 ふ를 흘려 쓰면 닮았으므로, 어! 이 글자가 あ야 ふ야 애매하네

文章(ぶんしょう)がかなりあやふやで分(わ)かりにくい。

문장이 꽤 애매해서 이해하기 어렵다.

표제어	Step 1 | 단어 풀이(용법·의미)

동사

26

あえぐ
헐떡이다, 숨차하다

あえぐ

의미 헐떡이다, 숨차하다

빈출표현 あえぎながら登(のぼ)る/走(はし)る/言(い)う
(헐떡거리며 오르다/달리다/말하다)

*출제가능유형 : 문맥 | 용법

27

和える
무치다, 버무리다

한자풀이 和 화할 화

あえる

의미 (야채 · 생선 · 조개 등을 식초 · 깨 · 된장 등으로) 무치다, 버무리다

빈출표현 野菜(やさい)を和える(야채를 무치다), 酢(す)で和える(초로 무치다), 味噌(みそ)で和える(된장으로 버무리다)

*출제가능유형 : 문맥 | 용법

28

仰ぐ
우러러보다, 우러르다

한자풀이 仰 우러를 앙

あおぐ

의미 ① 우러러보다, (위를) 쳐다보다, 올려다보다
② 우러르다, 공경하다

빈출표현 天(てん)を仰ぐ(하늘을 쳐다보다), 星空(ほしぞら)を仰ぐ(별이 총총한 밤하늘을 쳐다보다), 師(し)と仰ぐ(스승으로서 우러르다)

*출제가능유형 : 한자읽기-훈독 | 유의표현

29

扇ぐ
부채질하다, 부치다

한자풀이 扇 부채 선

あおぐ

의미 부채질하다, (부채로) 부치다

빈출표현 扇いで火(ひ)を起(お)こす(부채질하여 불을 피우다), 火(ひ)を扇ぐ(불을 부치다), 扇(おうぎ)で扇ぐ(부채로 부채질하다)

*출제가능유형 : 문맥 | 용법

30

煽る
부채질하다, 부추기다

한자풀이 煽 부채질할 선, 부칠 선

あおる

의미 ① 부채질하다, (부채로) 부치다
② 부추기다, 선동하다, 꼬드기다

빈출표현 扇子(せんす)で煽る(부채로 부치다), 民衆(みんしゅう)を煽る(민중을 선동하다), 競争心(きょうそうしん)を煽る(경쟁심을 부추기다)

*출제가능유형 : 문맥 | 유의표현

Step 2 | 연관 단어

Step 3 | 예문

유 息(いき)が切(き)れる 숨차다, 헐떡이다

참 息(いき)が絶(た)える 숨이 끊어지다, 죽다

암기 TIP 아~ 에구(あえぐ) 숨차라

あえぎながら山(やま)を登(のぼ)っていく。

헐떡거리며 산을 올라가다.

참 あえ物(もの) 무침, 무친 요리

참 混(ま)ぜる 섞다, 혼합하다

きゅうりを酢味噌(すみそ)で和える。

오이를 초된장으로 무치다.

= 見上(みあ)げる 우러러보다, 올려다보다

= 敬(うやま)う 공경하다, 존경하다

↔ 見下(みくだ)す 아래를 보다, 내려다보다, 깔보다, 얕보다

↔ 蔑(さげす)む 깔보다, 얕보다, 멸시하다

암기 TIP 파란(青 : あお) 하늘을 우러러보다

天(てん)を仰いで嘆(なげ)く。

하늘을 우러러보며 한탄하다.

= 煽(あお)る 부채질하다, 부치다, 부추기다, 선동하다

참 扇(おうぎ) (접었다 폈다 하는) 쥘부채

참 扇子(せんす) (접었다 폈다 하는) 쥘부채

참 団扇(うちわ) 둥근 부채

寝(ね)ている子(こ)を団扇(うちわ)で扇ぐ。

자는 아이에게 부채로 부채질하다.

= 扇(あお)ぐ 부채질하다, 부치다

= 煽(おだ)てる 치켜세우다, 부추기다, 선동하다

生徒間(せいとかん)の競争心(きょうそうしん)を煽る。

학생간의 경쟁심을 부추기다.

표제어	Step 1 단어 풀이(용법·의미)

동사

31

足掻く

발버둥질치다, 몸부림치다

한자풀이 **足** 발 족, **掻** 긁을 소

あがく

의미 발버둥질치다, 몸부림치다, 버둥거리다

빈출표현 ～ようとして足掻く(~하려고 발버둥치다), いくら足掻いても(아무리 발버둥질쳐도)

*출제가능유형 : 문맥 유의표현

32

商う

장사하다, 매매하다

한자풀이 **商** 장사 상, 헤아릴 상

あきなう

의미 장사하다, 매매하다, 거래하다

빈출표현 食料品/日用品/衣服を商う(식료품/일용품/의복 장사를 하다)

*출제가능유형 : 한자읽기-훈독 유의표현

33

炙る

불에 쬐다, (약간) 굽다

한자풀이 **炙** 고기 구울 자

あぶる

의미 ① 불에 쬐어 말리거나 따뜻하게 하다
② 불에 쬐어 (약간) 굽다

빈출표현 手を炙る(손을 쬐다), 海苔/するめを炙る(김/오징어를 굽다)

*출제가능유형 : 문맥 유의표현

34

歩む

걷다

한자풀이 **歩** 걸을 보

あゆむ

의미 걷다

용법 추상적인 의미로 사용

빈출표현 苦難の道/いばらの道/新たな人生を歩む(고난의 길/가시밭길/새로운 인생을 걷다)

*출제가능유형 : 한자읽기-훈독 문맥

35

悼む

애도하다, 슬퍼하다

한자풀이 **悼** 슬퍼할 도

いたむ

의미 (남의 죽음을) 애도하다, 슬퍼하다

빈출표현 死/逝去を悼む(죽음/서거를 애도하다)

*출제가능유형 : 한자읽기-훈독 용법

Step 2 ㅣ 연관 단어	Step 3 ㅣ 예문
= 藻掻く(もがく) 발버둥치다, 바둥거리다 = じたばたする 발버둥치다, 바둥바둥거리다 참 掻く(かく) 긁다 참 足掻く(あしがく) (×)*발음 주의!*	今更(いまさら)足掻いても仕方(しかた)がない。 이제 와서 발버둥쳐도 어찌 할 수 없다.
= 商売(しょうばい)する 장사하다 = 売買(ばいばい)する 매매하다 = 取り引き(とりひき)する 거래하다 암기 TIP 장사한다고 아끼나(あきなう)	その店(みせ)では魚(さかな)と肉(にく)を商っている。 그 가게에서는 생선과 고기를 매매하고 있다.
유 焼く(やく) 굽다 유 温める(あたためる) 따뜻하게 하다, 데우다 참 炙り寿司(あぶりずし) 살짝 구운 초밥 암기 TIP 아! 불(あぶる)이 있네 손 시려운데 불 쬐자	ストーブで手(て)を炙る。 난로에 손을 쬐다.
유 歩く(あるく) (구체적) 걷다	お二人(ふたり)は新た(あらた)な人生(じんせい)を歩みはじめた。 두 사람은 새로운 인생을 걷기 시작했다.
유 悔やむ(くやむ) 애도하다, 조상하다, 조위하다 참 痛む(いたむ) (몸·마음이) 아프다 참 傷む(いたむ) 손상되다, 파손되다, (음식이) 상하다	恩師(おんし)のご逝去(せいきょ)を悼む。 은사님의 서거를 애도하다.

표제어	Step 1 | 단어 풀이(용법·의미)
36 **동사** 挑む 도전하다 (한자풀이) 挑 끌어낼 도	いどむ 의미 ① (싸움 · 경쟁 등을) 걸다, 도전하다 ② (정복하기 위해) 맞서다, 도전하다 빈출표현 強敵(きょうてき)/新記録(しんきろく)/冬山(ふゆやま)に挑む(강적/신기록/겨울산에 도전하다), 決闘(けっとう)を挑む(결투를 걸다) *출제가능유형 : 한자읽기-훈독 / 문맥
37 **동사** 労る 위로하다 (한자풀이) 労 일할 로	いたわる 의미 (노고를) 위로하다 용법 동년배나 손아랫사람에게 육체적 노고를 위로할 때 사용 빈출표현 選手(せんしゅ)/社員(しゃいん)/部下(ぶか)を労る(선수/사원/부하를 위로하다) *출제가능유형 : 문맥 / 유의표현
38 悪しからず 언짢게 생각 마시고, 양해해 주십시오 (한자풀이) 悪 악할 악	あしからず 의미 언짢게 생각 마시고, 양해해 주십시오 용법 상대방의 뜻에 따르지 못하여 죄송하다는 뜻으로 사용 빈출표현 悪しからずご了承(りょうしょう)ください(언짢게 생각 마시고 양해 바랍니다), どうぞ悪しからず(부디 양해해 주십시오) *출제가능유형 : 문맥 / 용법
39 **부사** あたかも 마치, 흡사	あたかも 의미 마치, 흡사 용법 뒤에 '~ようだ(~ 같다)'의 뜻의 말이 따름 빈출표현 あたかも夢(ゆめ)のようだ(마치 꿈 같다), あたかも現場(げんば)を見(み)たかのように(마치 현장을 본 것처럼), あたかも知(し)っているかのように(마치 알고 있는 것처럼) *출제가능유형 : 문맥 / 유의표현
40 **부사** あながち 반드시, 꼭	あながち 용법 뒤에 부정의 말이 따르며, 꼭 그렇다고만은 할 수 없다라고 강한 단정에 대한 반대의 뜻을 나타낼 때 사용 빈출표현 あながち悪(わる)いとは言(い)えない(꼭 나쁘다고는 할 수 없다), あながちそうとは限(かぎ)らない(꼭 그렇다고는 할 수 없다) *출제가능유형 : 문맥 / 유의표현

Step 2 연관 단어	Step 3 예문
= チャレンジする 도전하다 = 挑戦(ちょうせん)する 도전하다 = 立(た)ち向(む)かう 맞서다, 대항하다	毎日練習(まいにちれんしゅう)に励(はげ)み新記録(しんきろく)に挑んでいる。 매일 연습에 힘쓰며 신기록에 도전하고 있다.
= 労(ねぎら)う (노고를) 위로하다 ㄴ 육체적인 노고를 위로하는 것 유 慰(なぐさ)める 위로하다 ㄴ 침울해져 있는 마음을 위로하는 것 암기 TIP 고생 많았다 내가 밥 사줄게 이따 와라(いたわる)	激務(げきむ)をこなした社員(しゃいん)を労る。 격무를 해낸 사원을 위로하다.
유 悪(わる)く思(おも)わないで 언짢게 생각 말고	出席(しゅっせき)できませんが、どうぞ悪しからず。 출석 못합니다만, 부디 양해해 주십시오.
= まるで 마치, 흡사 = ちょうど 마치, 흡사 = さながら 마치, 흡사	あたかも雪(ゆき)の降(ふ)るように花(はな)が散(ち)る。 마치 눈이 내리듯이 꽃이 지다.
유 必(かなら)ずしも 반드시, 꼭 유 まんざら 반드시, 꼭 ㄴ 뒤에 오는 마이너스 평가를 부정하고, 사실은 그와 는 반대로 플러스적인 면이 있음을 나타내는 것 암기 TIP 너가 내 곰인형 안아갔지(あながち)? 반드시 너야! 내가 봤어. 나 아니야(부정)	酒(さけ)もあながち悪(わる)いとばかりは言(い)えない。 술도 반드시 나쁘다고만은 할 수 없다.

표제어	Step 1 ǀ 단어 풀이(용법·의미)

41 부사

幾分
조금, 약간

한자풀이 **幾** 몇 기, **分** 나눌 분

いくぶん

의미 조금, 약간, 다소

용법 '적다'라는 의미에 중점이 있는 것

빈출표현 幾分寒い(약간 춥다), 幾分高い(조금 비싸다), 幾分回復した(조금 회복되었다)

*출제가능유형 : 문맥 유의표현

42 접속사

即ち
즉, 바꿔 말하면

한자풀이 **即** 곧 즉

すなわち

용법 같은 내용으로 바꿔 말할 때 사용, 그러므로 전후에는 같은 의미의 어구가 온다(=)

빈출표현 日本の首都即ち東京(일본의 수도, 즉 도쿄), 花粉アレルギー即ち花粉症(꽃가루 알레르기, 즉 화분증)

*출제가능유형 : 문맥 유의표현

43 가타카나

アットホーム
편안함, 가정적임

at home

의미 자기 집에 있는 것처럼 마음이 편안함, 가정적임, 느긋함

빈출표현 アットホームな雰囲気(가정적인 분위기), アットホームに話す(느긋하게 이야기하다), アットホームな会合(편안한 회합)

*출제가능유형 : 문맥 유의표현

44

アポ
약속

appointment

의미 アポイントメント(appointment)의 준말, 약속

용법 면회나 상담 등의 약속에 사용

빈출표현 アポを取る(약속을 하다, 약속을 잡다), 相談アポ(상담 약속), 面談アポ(면담 약속)

*출제가능유형 : 문맥 용법

45

アリバイ
알리바이, 현장 부재 증명

alibi

의미 범죄 사건 따위가 일어났을 때 그곳에 있지 않았다는 증명

빈출표현 アリバイがある/成立する/崩れる(알리바이가 있다/성립하다/무너지다), アリバイ作り(알리바이를 꾸밈)

*출제가능유형 : 문맥 용법

Step 2 | 연관 단어	Step 3 | 예문
= 多少(たしょう) 다소, 약간, 조금 ㄴ '적다'라는 의미에 중점 유 若干(じゃっかん) 약간, 다소 ㄴ 약간은 '있다'라는 의미에 중점 예 不審(ふしん)な点(てん)が若干ある 수상한 점이 다소 있다	一週間前(いっしゅうかんまえ)よりは幾分回復(かいふく)しています。 일주일 전보다는 조금 회복되었습니다.
유 つまり 즉, 결국, 곧, 바꿔 말하면 ㄴ 최종적인 결론을 내릴 때 사용(∴) ㄴ 같은 내용으로 바꿔 말할 때 사용, 그러므로 전후에는 같은 의미의 어구가 온다(=) 예 つまりそれは失敗(しっぱい)だった 결국 그것은 실패였다	彼女(かのじょ)は私(わたし)の父(ちち)の妹(いもうと)、すなわち私(わたし)の叔母(おば)です。 그녀는 저희 아버지의 여동생, 즉 저희 고모입니다.
유 気楽(きらく) 속 편함, 마음이 편함 유 家庭的(かていてき) 가정적	うちの会社(かいしゃ)はアットホームな雰囲気(ふんいき)です。 우리 회사는 가정적이고 편안한 분위기입니다.
유 約束(やくそく) 약속 유 予約(よやく) 예약	アポを取(と)って訪問(ほうもん)する。 약속을 잡고 방문하다.
= 現場不在証明(げんばふざいしょうめい) 현장 부재 증명	アリバイによって潔白(けっぱく)を証明(しょうめい)する。 알리바이에 의해서 결백을 증명하다.

표제어	Step 1 ǀ 단어 풀이(용법·의미)

의성어·의태어

46

いそいそ
부랴부랴, 부리나케

いそいそ

의미 부랴부랴, 부리나케, 허겁지겁, 서둘러서

용법 기쁜 일이 있어서 동작이 들뜬 모양으로, 동작에 중점

★ **빈출표현** いそいそ(と)出掛(でか)ける/帰(かえ)る/足(あし)を運(はこ)ぶ
(부랴부랴 나가다/돌아가다/발걸음을 옮기다)

*출제가능유형 : [문맥] [유의표현]

47

おどおど
벌벌, 흠칫흠칫

おどおど

용법 무섭거나 자신감이 없어서 침착하지 못한 모양에 사용

★ **빈출표현** おどおどした態度(たいど)(벌벌 겁먹은 태도),
怒鳴(どな)られておどおどする(야단맞아서 벌벌 떨다),
人前(ひとまえ)でおどおどする(사람들 앞에서 벌벌 떨다)

*출제가능유형 : [문맥] [유의표현]

48

がくがく
부들부들, 오들오들

がくがく

의미 부들부들, 오들오들

용법 추위나 피로나 두려움 등으로 몸의 일부가 떨리는 모양에 사용

★ **빈출표현** 手(て)/脚(あし)/膝(ひざ)ががくがく(と)震(ふる)える
(손/다리/무릎이 부들부들 떨리다)

*출제가능유형 : [문맥] [유의표현]

관용구

49

青菜に塩
풀이 죽음, 기운이 꺾임

(한자풀이) **青** 푸를 청, **菜** 나물 채, **塩** 소금 염

あおなにしお

의미 [푸성귀에 소금이라는 뜻] 풀이 죽음, 기운이 꺾임

*출제가능유형 : [문맥] [유의표현]

50

異口同音
이구동성

(한자풀이) **異** 다를 이, **口** 입 구, **同** 한가지 동, **音** 소리 음

いくどうおん

의미 여러 사람들의 말이 한결같이 같은 것, 이구동성

★ **빈출표현** 異口同音に賛成(さんせい)する/反対(はんたい)する/言(い)う
(이구동성으로 찬성하다/반대하다/말하다)

*출제가능유형 : [한자읽기-음독] [유의표현]

Step 2 │ 연관 단어	Step 3 │ 예문
유 浮き浮き 신이 나서, 들떠 └ 신이 나서 마음이 들뜬 모양으로, 마음에 중점 유 わくわく 두근두근 └ 기대·기쁨 등으로 마음이 설레는 모양으로, 마음에 중점	いそいそ(と)旅行の支度をする。 부랴부랴 여행 준비를 하다.
유 おずおず 머뭇머뭇, 조심조심 └ 무서워 떨면서 머뭇거리는 모양 예 おずおず(と)尋ねる 조심조심 물어보다 유 びくびく 벌벌, 흠칫흠칫 └ 앞으로 일어날 일에 대해 무섭거나 불안을 느껴 떨거나 두려워하는 모양 예 怒られないかとびくびくする 꾸지람 듣지 않을까 벌벌 떨다	面接試験で緊張しておどおどしていた。 면접시험에서 긴장해서 벌벌 떨었다.
유 がたがた 부들부들, 와들와들, 덜덜, 벌벌 └ 추위나 두려움 등으로 몸 전체 또는 몸의 일부가 몹시 떨리는 모양 유 ぶるぶる 부들부들, 와들와들, 덜덜, 벌벌 └ 추위나 두려움 등으로 몸 전체 또는 몸의 일부가 떨리는 모양	歩きすぎて、膝ががくがくする。 너무 걸어서 무릎이 부들부들 떨리다.
유 しょんぼり 기운 없이 풀이 죽은 모양, 풀이 죽어, 기운 없이 ↔ 水を得た魚 물 만난 고기, 자유롭게 왕성하게 활동하는 모양 참 青菜 푸성귀, 푸른 채소	彼は恋人に振られて青菜に塩になっている。 그는 애인에게 차여서 풀이 죽어 있다.
유 満場一致 만장일치 ↔ 賛否両論 찬반양론 참 異口同声(×) *한자 주의!*	その意見に皆が異口同音に賛成した。 그 의견에 모두가 이구동성으로 찬성했다.

Day 11

문제로 확인하기

❶ 다음 단어의 한자 읽는 법을 고르세요.

1. 衣装	A. いしょう	B. いそう
2. 仰ぐ	A. あおぐ	B. あえぐ
3. 悼む	A. ねたむ	B. いたむ

❷ 다음 단어의 한자 표기를 고르세요.

4. あっかん	A. 圧巻	B. 圧券
5. あおる	A. 煽る	B. 扇る
6. すなわち	A. 既ち	B. 即ち

❸ 다음 빈칸에 공통으로 들어갈 수 있는 한자 또는 단어로 적절한 것을 고르세요.

7. 腐れ(　) 因(　) (　)起
   A. 縁　B. 果　C. 突

8. (　)動 (　)文化 (　)口同音
   A. 移　B. 多　C. 異

9. (　)託 (　)嘱 (　)任
   A. 信　B. 委　C. 赴

❹ 빈칸에 들어갈 단어로 적절한 것을 고르세요.

A. 青菜に塩　B. アットホーム　C. 有様

10. うちの会社は＿＿＿＿＿な雰囲気です。

11. この映像は戦争の＿＿＿＿＿を物語っている。

12. 彼は恋人に振られて＿＿＿＿＿になっている。

정답　1. A　2. A　3. B　4. A　5. A　6. B　7. A　8. C　9. B　10. B　11. C　12. A

WEEK 3

Day 12

강의와 예문 듣기

매일 품사별로 골고루! 오늘의 50단어 한눈에 보기!

음독명사

01. 演習
02. 演説
03. 解雇
04. 介護
05. 概要
06. 隔離
07. 過剰
08. 願書
09. 器官
10. 犠牲

고유어

11. 井戸端会議
12. いびき
13. 宴
14. 内気
15. 内輪
16. 瓜二つ
17. 公

い형용사

18. 勇ましい
19. 著しい
20. 卑しい
21. 嫌らしい

な형용사

22. 粋だ
23. 空ろだ/虚ろだ
24. うやむやだ
25. 麗らかだ

동사

26. 卑しむ
27. 癒す
28. 飢える
29. 促す
30. 生い茂る
31. 老いる
32. 侵す
33. 抑える
34. 修める
35. 襲う
36. 煽てる
37. 陥る

부사

38. いざ
39. 一様に
40. 一向に
41. 一挙に

접속사

42. 但し

가타카나

43. インターン
44. インフルエンザ
45. インフレ

의성어・의태어

46. がやがや
47. かんかん
48. きしきし

관용구

49. 石の上にも三年
50. 馬の耳に念仏

표제어	Step 1 ㅣ 단어 풀이(용법·의미)

음독명사

1

演習

연습, 세미나

한자풀이 **演** 펼 연, 멀리 흐를 연, **習** 익힐 습

えんしゅう

의미 ① 연습, 훈련 ② 세미나

용법 예행연습·예행훈련을 의미함

빈출표현 予行演習(よこう)(예행연습), 消防演習(しょうぼう)(소방연습), 文学演習(ぶんがく)(문학 세미나)

*출제가능유형 : 문맥 | 유의표현

2

演説

연설

한자풀이 **演** 펼 연, 멀리 흐를 연, **説** 말씀 설, 달랠 세

えんぜつ

의미 많은 사람 앞에서 자신의 주의·주장·의견을 말하는 것

빈출표현 街頭演説(がいとう)(가두연설), 選挙演説(せんきょ)(선거연설), 立合演説(たちあい)(선거의 합동연설)

*출제가능유형 : 한자읽기-음독 | 유의표현

3

解雇

해고

한자풀이 **解** 풀 해, **雇** 품 팔 고

かいこ

의미 해고, 면직

빈출표현 解雇手当(てあて)(해고수당), 解雇通告(つうこく)(해고통지), 不当解雇(ふとう)(부당해고)

*출제가능유형 : 문맥 | 유의표현

4

介護

간호, 병구완

한자풀이 **介** 끼일 개, **護** 보호할 호

かいご

의미 간호, 병구완

용법 자택이나 복지시설 등에서 신체적으로 도움이 필요한 사람들을 보살피는 비의료행위에 사용

빈출표현 介護施設(しせつ)(간호시설), 介護福祉士(ふくしし)(간호복지사)

*출제가능유형 : 문맥 | 용법

5

概要

개요

한자풀이 **概** 대개 개, **要** 중요할 요

がいよう

의미 대강의 요점, 대략, 개략

빈출표현 事件(じけん)の概要(사건의 개요), 概要欄(らん)(개요란)

*출제가능유형 : 한자읽기-음독 | 유의표현

Step 2 | 연관 단어

Step 3 | 예문

= ゼミナール 세미나

유 実習(じっしゅう) 실습
└ 실제로 해보거나 실물로 공부하는 것

유 練習(れんしゅう) 연습
└ 신체를 움직여서 몸에 익도록 반복해서 배우는 것 (스포츠, 음악, 조리 등)

今日(きょう)、消防(しょうぼう)演習が行(おこな)われます。

오늘 소방연습(소방 예행훈련)이 실시됩니다.

유 弁論(べんろん) 변론
└ 자신의 의견을 조리를 세워서 말하는 것

유 スピーチ 스피치

참 演説(えんぜつ)만 탁음, 나머지는 せつ로 발음

TIP 연설할 때 마이크에 침(゛)이 튀기니까 탁음

참 遊説(ゆうぜい) 유세

大統領(だいとうりょう)は国民(こくみん)に向(む)けて演説をした。

대통령은 국민을 향하여 연설을 했다.

= 首(くび) 해고, 면직

↔ 雇用(こよう) 고용

참 回顧(かいこ) 회고

* 解雇와 한자 비교

突然(とつぜん)、会社(かいしゃ)から不当(ふとう)解雇された。

갑자기 회사로부터 부당해고를 당했다.

유 看護(かんご) 간호
└ 다친 사람이나 병든 사람을 돌봐주는 의료행위

유 介抱(かいほう) 간호, 돌봄, 보호
└ 일반인들이 다친 사람이나 상태가 안 좋은 사람을 보살펴주는 비의료행위

寝(ね)たきりの老人(ろうじん)を介護する。

누운 채 일어나지 못하는 노인을 간호하다.

= 概略(がいりゃく) 개략

= あらまし 줄거리, 개요

詳(くわ)しくは概要欄(らん)を見(み)てください。

자세한 것은 개요란을 봐주세요.

표제어	Step 1 | 단어 풀이(용법·의미)

음독명사

6 **隔離**

격리

(한자풀이) **隔** 사이뜰 격, **離** 떠날 리

かくり

의미 떼어놓음

빈출표현 隔離病棟(격리 병동), 隔離施設(격리 시설), 隔離措置(격리 조치)

*출제가능유형 : 한자읽기-음독 | 문맥

7 **過剰**

과잉

(한자풀이) **過** 지날 과, **剰** 남을 잉

かじょう

의미 필요 이상으로 많음, 지나침

빈출표현 過剰生産(과잉 생산), 過剰反応(과잉 반응)

*출제가능유형 : 한자읽기-음독 | 유의표현

8 **願書**

원서

(한자풀이) **願** 원할 원, **書** 글 서

がんしょ

의미 지원하거나 청원하는 뜻을 적은 서류, 특히 입학 원서

빈출표현 入学願書(입학 원서), 願書提出期限(원서 제출기한)

*출제가능유형 : 문맥 | 용법

9 **器官**

기관

(한자풀이) **器** 그릇 기, **官** 벼슬 관

きかん

의미 일정한 모양과 생리 기능을 가지고 있는 생물체의 부분

빈출표현 呼吸器官(호흡기관), 消化器官(소화기관)

*출제가능유형 : 문맥 | 용법

10 **犠牲**

희생

(한자풀이) **犠** 희생 희, **牲** 희생 생

ぎせい

의미 ① 천재지변이나 뜻밖의 사고로 허무하게 생명을 잃는 것
② 자신의 몸·목숨이나 재물 등 귀중한 것을 바치는 것

빈출표현 犠牲者(희생자), 自己犠牲(자기희생), 犠牲になる(희생이 되다), 犠牲にする(희생하다)

*출제가능유형 : 한자읽기-음독 | 용법

Step 2 | 연관 단어	Step 3 | 예문
참 隔(へだ)てる 사이를 떼다, 사이를 가르다, 사이에 두다 참 離(はな)す 사이를 떼다, 거리를 두다, (손에서) 놓다	ウイルスに感染(かんせん)した患者(かんじゃ)を隔離する。 바이러스에 감염된 환자를 격리하다.
유 超過(ちょうか) 초과 유 過度(かど) 과도	好(す)きな人(ひと)に声(こえ)を掛(か)けられて、過剰反応(はんのう)してしまった。 좋아하는 사람이 말을 걸어서 과잉반응해 버렸다.
참 原書(げんしょ) 원서 ㄴ 번역하거나 베낀 책에 대하여 그 원본이 된 책 예 小説(しょうせつ)を原書で読(よ)む 소설을 원서로 읽다	教務課(きょうむか)で入学(にゅうがく)願書を受(う)け付(つ)けております。 교무과에서 입학 원서를 접수하고 있습니다.
참 器管(×)한자 주의! 참 機関(きかん) 기관 ㄴ 어떤 목적을 이루기 위하여 설치된 조직 예 教育(きょういく)機関 교육기관	深呼吸(しんこきゅう)は呼吸(こきゅう)器官の働(はたら)きを高(たか)めてくれる。 심호흡은 호흡기관의 기능을 높여준다.
유 代償(だいしょう) 대가, 희생 ㄴ 어떤 일을 해내기 위해 치른 희생이나 손실 예 代償(だいしょう)を払う 대가를 치르다	今回(こんかい)のテロ事件(じけん)で多(おお)くの犠牲者(しゃ)が出(で)た。 이번 테러 사건으로 많은 희생자가 발생했다.

표제어	Step 1 ｜ 단어 풀이(용법·의미)

고유어

11

井戸端会議
우물가의 쑥덕공론

(한자풀이) **井** 우물 정, **戸** 지게 호, **端** 끝 단, **会** 모일 회, **議** 의논할 의

いどばたかいぎ

의미 우물가에서 여자들이 물을 긷거나 빨래를 하면서 주고받는 잡담

빈출표현 主婦(しゅふ)たちの井戸端会議(주부들의 잡담), 母親(ははおや)たちの井戸端会議(어머니들의 잡담)

*출제가능유형 : [한자읽기-훈음독] [용법]

12

いびき
코를 곪, 코골이

いびき

의미 코 고는 소리를 냄, 또는 그 소리

빈출표현 いびきをかく(코를 골다), いびきを立(た)てる(코 고는 소리를 내다, 코를 골다)

*출제가능유형 : [문맥] [용법]

13

宴
연회, 잔치

(한자풀이) **宴** 잔치 연

うたげ

의미 여러 사람이 모여 술을 마시거나 음식을 먹으면서 즐기는 모임

용법 打(う)ち上(あ)げ(일의 마감을 축하하는 연회, 뒷풀이)의 음변화

빈출표현 婚礼(こんれい)の宴(혼례 연회), 勝利(しょうり)の宴(승리의 연회)

*출제가능유형 : [한자읽기-훈독] [유의표현]

14

内気
내성적임

(한자풀이) **内** 안 내, **気** 기운 기

うちき

의미 내성적임

빈출표현 内気な人(ひと)/子(こ)/性格(せいかく)(내성적인 사람/아이/성격)

*출제가능유형 : [한자읽기-훈음독] [유의표현]

15

内輪
집안, 가정 내

(한자풀이) **内** 안 내, **輪** 바퀴 륜

うちわ

의미 집안(내부) 사람끼리임

빈출표현 内輪だけの集(あつ)まり(집안 사람끼리의 모임), 内輪で祝(いわ)う(집안 사람끼리 축하하다), 内輪揉(も)め(집안 싸움)

*출제가능유형 : [문맥] [용법]

Step 2 | 연관 단어	Step 3 | 예문
유 噂話(うわさばなし) 소문, 세상 이야기 유 世間話(せけんばなし) 세상 이야기, 잡담 유 駄弁(だべん) 수다, 잡담	主婦(しゅふ)たちが公園(こうえん)で井戸端会議をしている。 주부들이 공원에서 잡담을 하고 있다.
참 ぐうぐう 코 고는 소리, 쿨쿨 참 寝言(ねごと) 잠꼬대 참 歯軋(はぎし)り 이를 갊 암기 TIP 코를 심하게 골면 이비(いびき)인후과에 가죠	お父(とう)さんがぐうぐうといびきをかきながら寝(ね)ている。 아버지가 쿨쿨 코를 골며 주무시고 있다.
= 宴会(えんかい) 연회 = 酒宴(しゅえん) 주연, 술잔치 = 酒盛(さかも)り 주연, 술잔치 유 パーティー 파티 암기 TIP 연회에는 노래(うた)가 등장하죠	選手(せんしゅ)たちは勝利(しょうり)の宴を満喫(まんきつ)した。 선수들은 승리의 연회를 만끽했다.
= 内向的(ないこうてき) 내향적 유 引(ひ)っ込(こ)み思案(じあん) 소극적임 ↔ 外向的(がいこうてき) 외향적 참 内気(ないき)(×) *발음 주의!*	内気な性格(せいかく)で他(ほか)の人(ひと)と話(はな)すのが苦手(にがて)だ。 내성적인 성격이라서 다른 사람과 이야기를 잘 못한다.
= 内内(うちうち) 집안끼리 함 = 身内(みうち) 일가, 친척, 집안 참 輪(わ) 원형, 고리, 바퀴	相続問題(そうぞくもんだい)で内輪揉(も)めをする。 상속 문제로 집안 싸움을 하다.

표제어	Step 1 단어 풀이(용법·의미)

고유어

16

瓜二つ

아주 꼭 닮음

(한자풀이) 瓜 오이 과, 二 두 이

うりふたつ

의미 (세로로 두 쪽을 낸 참외처럼) 아주 꼭 닮음, 쏙 빼닮음

빈출표현 ～と瓜二つ(~와 꼭 닮음)

*출제가능유형 : 유의표현 | 용법

17

公

국가, 공공

(한자풀이) 公 공평할 공

おおやけ

의미 국가, 정부, 관청, 공공, 공중, 공개

빈출표현 公の場(ば)(공공장소), 公の機関(きかん)(공공기관),
公の施設(しせつ)(공공시설),
公になる(공개되다, 일반에게 알려지다)

*출제가능유형 : 한자읽기-훈독 | 문맥

い형용사

18

勇ましい

용감하다, 씩씩하다

(한자풀이) 勇 날랠 용

いさましい

의미 ① 용감하다, 용맹스럽다 ② 씩씩하다, 활기차다, 우렁차다

빈출표현 勇ましい姿(すがた)/兵士(へいし)(용감한 모습/병사),
勇ましく立(た)ち向(む)かう(용감하게 맞서다)

*출제가능유형 : 한자읽기-훈독 | 유의표현

19

著しい

현저하다, 두드러지다

(한자풀이) 著 나타날 저

いちじるしい

의미 현저하다, 두드러지다, 명백하다

빈출표현 著しい進歩(しんぽ)/進展(しんてん)(현저한 진보/진전),
著しく増加(ぞうか)する(두드러지게 증가하다)

*출제가능유형 : 한자읽기-훈독 | 유의표현

20

卑しい

낮다, 초라하다, 게걸스럽다, 탐욕스럽다

(한자풀이) 卑 낮을 비

いやしい

의미 ① (신분 · 지위가) 낮다, 천하다 ② (복장이) 초라하다
③ (음식에) 게걸스럽다 ④ (금전에) 탐욕스럽다

빈출표현 卑しい生(う)まれ(미천한 태생),
卑しい身(み)なり(초라한 옷차림),
食(た)べ物(もの)に卑しい(음식에 게걸스럽다),
金(かね)に卑しい(돈에 탐욕스럽다)

*출제가능유형 : 문맥 | 유의표현

Step 2 | 연관 단어	Step 3 | 예문
유 そっくり 꼭 닮은 모양 참 まくわ瓜(うり) 참외	彼(かれ)はお父(とう)さんと瓜二つだ。 그는 아버지와 꼭 닮았다.
유 公共(こうきょう) 공공 유 公然(こうぜん) 공공연함, 버젓함 유 おおっぴら 공공연함, 공개함 ↔ 私(わたくし) 나, 개인적인 것	公の場(ば)ではマナーを守(まも)りましょう。 공공장소에서는 매너를 지킵시다.
유 雄々(おお)しい 용감하다, 씩씩하다 유 りりしい 늠름하다, 씩씩하다 참 勇敢(ゆうかん) 용감	彼(かれ)の勇ましい姿(すがた)に感動(かんどう)した。 그의 용감한 모습에 감동했다.
참 顕著(けんちょ) 현저 참 明白(めいはく) 명백 참 目立(めだ)つ 눈에 띄다 참 目覚(めざ)ましい 눈부시다, 놀랄 만큼 훌륭하다	近年(きんねん)、科学(かがく)は著しく進歩(しんぽ)した。 근래 과학은 현저하게 진보했다.
유 さもしい 천박하다 유 みすぼらしい 초라하다 ↔ 尊(とうと)い (신분이) 높다, 고귀하다 참 貪(むさぼ)る 탐하다	あまりにお金(かね)に卑しい人(ひと)は嫌(きら)われる。 너무 돈에 탐욕스러운 사람은 미움받는다.

표제어	Step 1 ǀ 단어 풀이(용법·의미)

い형용사

21

嫌らしい
불쾌감이 들다, 추잡하다

한자풀이 嫌 싫어할 혐

いやらしい

의미 ① (태도·모습이) 불쾌감이 들다
② 외설적이다, 추잡하다, 징그럽다, 야하다

빈출표현 嫌らしい態度(추잡한 태도),
嫌らしい目付き(징그러운 눈초리)

*출제가능유형 : 문맥 용법

22

粋だ
때를 벗다, 세련되다

한자풀이 粋 순수할 수

いきだ

의미 (기질·태도·옷차림 등이) 때를 벗다, 멋지다, 세련되다

빈출표현 粋な姿/身なり(세련된 모습/옷차림), 粋な人(멋진 사람)

*출제가능유형 : 한자읽기-훈독 유의표현

23

空ろだ/虚ろだ
텅 비다, 얼빠지다

한자풀이 空 빌 공, 虚 빌 허

うつろだ

의미 ① 속이 텅 비다 ② 멍청하다, 얼빠지다

빈출표현 空ろな古木(속이 빈 고목), 空ろな目/表情(얼빠진 눈/표정)

*출제가능유형 : 문맥 유의표현

な형용사

24

うやむやだ
애매하다, 흐지부지하다

うやむやだ

의미 애매하다, 모호하다, 흐지부지하다

용법 의도적으로 의미나 결론을 애매하게 하는 것

빈출표현 うやむやな返事/態度(애매한 대답/태도),
うやむやに葬る(흐지부지 묻어버리다)

*출제가능유형 : 유의표현 용법

25

麗らかだ
화창하다, 명랑하다

한자풀이 麗 고울 려

うららかだ

의미 ① (날씨가) 화창하다 ② (소리·마음이) 밝고 명랑하다

빈출표현 麗らかな日和/日差し(화창한 날씨/햇살),
麗らかな声/顔付き(명랑한 목소리/표정)

*출제가능유형 : 문맥 유의표현

DAY 12

Step 2 ǀ 연관 단어	Step 3 ǀ 예문
유 不愉快(ふゆかい)だ 불쾌하다 유 いとわしい 싫다, 불쾌하다 참 わいせつ 외설	彼(かれ)はたまに嫌らしいことを言(い)う。 그는 가끔 추잡한(불쾌한) 말을 한다.
유 お洒落(しゃれ)だ 멋을 부리다, 멋지다, 세련되다, 멋쟁이다 유 あか抜(ぬ)けだ 때를 벗다, 세련되다 ↔ 野暮(やぼ)だ 촌스럽다	彼(かれ)はいつも粋な身(み)なりをしている。 그는 항상 세련된 옷차림을 하고 있다.
= 空(から)っぽだ 속이 비다, 텅 비다 유 呆然(ぼうぜん)だ 어안이 벙벙하다, 멍하다	彼女(かのじょ)は空ろな目(め)で私(わたし)をじっと見(み)つめた。 그녀는 얼빠진 눈으로 나를 가만히 바라보았다.
유 あやふやだ 애매하다, 모호하다 └→ 의도와는 관계없이 단순히 의미나 태도가 애매한 것	事件(じけん)はうやむやのうちに葬(ほうむ)られた。 사건은 흐지부지 묻혔다.
유 朗(ほが)らかだ (날씨가) 쾌청하다, (소리·마음이) 명랑하다 유 のどかだ 한가롭다, (날씨가) 화창하다 ↔ どんより 날씨가 잔뜩 흐린 모양 암기 TIP 화창한 날씨에 밝고 명랑한 마음으로 울루랄라(うららか)	うららかな春(はる)の日差(ひざ)しが心地(ここち)よい。 화창한 봄의 햇살이 기분 좋다.

표제어	Step 1 단어 풀이(용법·의미)
26 **卑しむ** 경멸하다, 깔보다 (한자풀이) 卑 낮을 비	いやしむ 의미 경멸하다, 깔보다, 무시하다 용법 천하고 낮은 사람으로 여겨 깔보는 것에 사용 빈출표현 貧(まず)しい人(ひと)/相手(あいて)/自分(じぶん)を卑しむ(가난한 사람/상대/자신을 경멸하다) *출제가능유형 : 한자읽기-훈독 / 유의표현
27 **癒す** 치료하다, 치유하다 (한자풀이) 癒 병나을 유	いやす 의미 (상처·병·고민·번민·고통 등을) 치료하다, 치유하다 용법 마음의 번민·고통 등으로부터 힐링시켜 주다(위로하다)라는 의미로 많이 사용 빈출표현 病(やまい)を癒す(병을 치료하다), 癒される音楽(おんがく)/言葉(ことば)(치유되는(힐링되는) 음악/말) *출제가능유형 : 한자읽기-훈독 / 유의표현
28 동사 **飢える** 굶주리다 (한자풀이) 飢 주릴 기	うえる 의미 굶주리다 빈출표현 飢え死(じ)に(굶어 죽음), 農民(のうみん)が飢える(농민이 굶주리다), 愛情(あいじょう)/知識(ちしき)に飢える(애정/지식에 굶주리다) *출제가능유형 : 한자읽기-훈독 / 문맥
29 **促す** 재촉하다, 촉진시키다 (한자풀이) 促 재촉할 촉	うながす 의미 ① 재촉하다, 독촉하다, 촉구하다 ② (진행을) 촉진시키다 빈출표현 返事(へんじ)/返済(へんさい)を促す(대답/돈 갚을 것을 재촉하다), 成長(せいちょう)を促す(성장을 촉진시키다) *출제가능유형 : 한자읽기-훈독 / 유의표현
30 **生い茂る** 무성하다, 우거지다 (한자풀이) 生 날 생, 茂 무성할 무	おいしげる 의미 (초목이) 무성하다, 우거지다 용법 '茂(しげ)る'의 강조 빈출표현 雑草(ざっそう)/葉(は)が生い茂る(잡초/잎이 우거지다), うっそうと生い茂る(울창하게 우거지다) *출제가능유형 : 한자읽기-훈독 / 유의표현

Step 2	연관 단어	Step 3	예문
유 見くびる 깔보다, 얕보다, 업신여기다 ㄴ 상대의 힘을 실제보다 낮게 보고 자기 힘을 다 내지 않는 것 유 蔑む 깔보다, 얕보다, 멸시하다 ㄴ 자기보다 상당히 뒤떨어지는 사람으로 여겨서 깔보는 것 암기 TIP 이야~ 씨 무(いやしむ)식한 녀석	人の人格を卑しんではいけない。 사람의 인격을 무시해서는 안 된다.
= 治癒する 치유하다 유 治す (병을) 고치다 유 慰める 위로하다	花を見ると気分が癒される。 꽃을 보면 기분이 치유된다(힐링된다).
↔ 飽きる 질리다, 물리다, 싫증나다 참 飢餓 기아, 굶주림 참 植える (나무 등을) 심다	アフリカでは今でも多くの人が飢えている。 아프리카에서는 지금도 많은 사람들이 굶주리고 있다.
= 催促する 재촉하다 = 督促する 독촉하다 = 促進する 촉진시키다 +TIP 사람(亻)을 발(足)로 쫓아가며 재촉함	彼は借金の返済を促してきた。 그는 빚을 갚으라고 재촉해 왔다.
= 茂る 무성하다, 우거지다 유 蔓延る 만연하다, (초목이) 무성하다, (안 좋은 일이) 횡행하다, 판치다	庭に雑草が生い茂る。 정원에 잡초가 우거지다.

DAY 12

표제어	Step 1 ｜ 단어 풀이(용법·의미)

동사

31

老いる

늙다, 나이를 먹다

한자풀이 老 늙을 로

おいる

의미 늙다, 나이를 먹다

용법 실제로 나이를 먹어서 심신의 기능이 쇠약해질 때 사용

★ **빈출표현** 老いた父母(늙은 부모), 年老いる(나이를 먹다, 늙다)

*출제가능유형 : [한자읽기-훈독] [문맥]

32

侵す

침범하다, 침해하다

한자풀이 侵 침노할 침

おかす

의미 ① (타국 · 타인의 영토를) 침범하다
② (남의 권리 · 권한을) 침해하다

★ **빈출표현** 国境を侵す(국경을 침범하다),
人権/表現の自由を侵す(인권/표현의 자유를 침해하다)

*출제가능유형 : [한자읽기-훈독] [용법]

33

抑える

억제하다, 참다

한자풀이 抑 누를 억

おさえる

의미 ① (감정을) 억누르다, 억제하다, 참다
② (늘어나거나 퍼지는 것을) 억제하다, 막다

★ **빈출표현** 怒り/涙/笑いを抑える(분노/눈물/웃음을 참다),
成長を抑える(성장을 억제하다)

*출제가능유형 : [한자읽기-훈독] [용법]

34

修める

수양하다, 수학하다

한자풀이 修 닦을 수

おさめる

의미 ① (심신 · 행실을) 닦다, 수양하다
② (학문 · 기예를) 닦다, 수학하다

★ **빈출표현** 身を修める(수신하다), 学業を修める(학업을 닦다),
医学を修める(의학을 수학하다)

*출제가능유형 : [한자읽기-훈독] [용법]

35

襲う

습격하다, (예고 없이) 남의 집을 방문하다

한자풀이 襲 엄습할 습

おそう

의미 ① 덮치다, 습격하다 ② (예고 없이) 남의 집을 방문하다

★ **빈출표현** 敵を襲う(적을 습격하다),
熊に襲われる(곰에게 습격당하다),
友達の家を襲う(친구의 집을 예고 없이 방문하다)

*출제가능유형 : [한자읽기-훈독] [유의표현]

Step 2 │ 연관 단어	Step 3 │ 예문
유 老(ふ)ける (겉)늙다, 나이를 먹다 └ 외관·인상·사고방식 등이 실제 나이보다 늙어 보이는 것 예 老けてみえる 늙어 보인다 ↔ 若返(わかがえ)る 젊어지다, 회춘하다	年(とし)老いた親(おや)の面倒(めんどう)を見(み)る。 연로한 부모를 돌보다.
참 冒(おか)す (위험을) 무릅쓰다, 모험하다 참 犯(おか)す (법률·도덕·규칙 등을) 범하다, 어기다, 저지르다	表現(ひょうげん)の自由(じゆう)を侵してはいけない。 표현의 자유를 침해해서는 안 된다.
유 押(お)さえる (움직이지 않게) 누르다, (움직이지 못하게) 붙잡다, 제압하다, 덮치다 └ 눌러서 움직이지 못하게 하는 것 예 帽子(ぼうし)を押さえる 모자를 누르다 예 犯人(はんにん)を押さえる 범인을 붙잡다	インフルエンザの流行(りゅうこう)を抑える。 인플루엔자의 유행을 막다.
참 納(おさ)める 납부하다, 납품하다 참 収(おさ)める (결과를) 거두다, 넣다, 담다 참 治(おさ)める 다스리다, 통치하다, 치료하다, 고치다, (소란·감정 등을) 진정시키다, 가라앉히다	大学(だいがく)で政治学(せいじがく)を修める。 대학에서 정치학을 수학하다.
= 襲撃(しゅうげき)する 습격하다 유 見舞(みま)う (안 좋은 일이) 덮치다, 닥치다	強盗(ごうとう)が銀行(ぎんこう)を襲った。 강도가 은행을 습격했다.

표제어	Step 1	단어 풀이(용법·의미)
36 **煽てる** 치켜세우다, 부추기다 (한자풀이) 煽 부채질할 선	おだてる 의미 ① 치켜세우다 ② 부추기다, 선동하다 빈출표현 煽ておごらせる(치켜세워 한턱 내게 하다), 子供(こども)を煽てる(아이를 치켜세우다), 大衆(たいしゅう)を煽てる(대중을 선동하다) *출제가능유형 : 문맥 / 유의표현
37 **陥る** 빠지다, 걸려들다 (한자풀이) 陥 빠질 함	おちいる 용법 계략이나 안 좋은 상태에 빠지는 것에 사용 빈출표현 罠(わな)に陥る(함정에 걸려들다), 誘惑(ゆうわく)/ジレンマ/危機(きき)に陥る(유혹/딜레마/위기에 빠지다) *출제가능유형 : 한자읽기-훈독 / 용법
38 **いざ** 막상, 정작	いざ 용법 주로 'いざ~する' 'いざとなると'의 형태로 사용 빈출표현 いざしようとすると(막상 하려고 하면), いざとなると(정작 때가 되면, 막상 닥치면), いざという時(とき)(만일의 경우, 유사시) *출제가능유형 : 문맥 / 용법
39 **一様に** 한결같이, 똑같이 (한자풀이) 一 한 일, 様 모양 양	いちように 용법 다수의 대상에게 기준이나 의도를 적용한 것이 아니라, 결과적으로 모두 똑같이 되는 것에 사용 빈출표현 一様に反対(はんたい)する(한결같이 반대하다), 一様に扱(あつか)う(똑같이 다루다), 一様に分配(ぶんぱい)する(똑같이 분배하다) *출제가능유형 : 문맥 / 용법
40 **一向に** 완전히, 전혀 (한자풀이) 一 한 일, 向 향할 향	いっこうに 의미 ① 완전히, 아주, 매우 ② 전혀, 조금도 용법 변화하지 않는 모습을 나타내는 것에 사용 빈출표현 一向に平気(へいき)だ(아주 태연하다), 一向に進(すす)まない(조금도 진전되지 않다) *출제가능유형 : 유의표현 / 용법

(36–37: 동사, 38–40: 부사)

Step 2 | 연관 단어

Step 3 | 예문

= 持ち上げる 치켜세우다
= 煽る 부추기다, 꼬드기다, 선동하다
= 唆す 부추기다, 꼬드기다, 선동하다
유 褒める 칭찬하다
암기 TIP 오~(お~) 잘한다 하며 치켜세우다(立てる)

子供を煽てて勉強させる。
아이를 치켜세워 공부하게 하다.

유 落ちる 떨어지다, (계략이나 안 좋은 상태에) 빠지다, 걸려들다
유 落ち込む (안 좋은 상태에) 빠지다
암기 TIP 안 좋은 상태로 떨어져(落ち) 들어가다(入る)로 연상

男性に告白されジレンマに陥る。
남성에게 고백을 받아 딜레마에 빠지다.

참 ~ならいざ知らず ~라면 몰라도 N1 문법

いざという時のために、非常食を買っておく。
만일의 경우를 위해서 비상 식량을 사 두다.

유 一律に 일률적으로, 한결같이
└ 다수의 대상에게 기준을 적용하여 의도적으로 모두 똑같게 하는 것
예 一律に百円ずつ値上げする 일률적으로 100엔씩 값을 올리다
↔ 多様 다양, 여러 가지

聴衆は皆一様にうなずいた。
청중은 모두 한결같이 고개를 끄덕였다.

= 少しも 조금도, 전혀
└ 변화하지 않는 모습을 나타내는 것
유 全然 전혀, 조금도
유 全く 완전히, 아주, 전혀
└ 全然과 全く는 부정을 강조하는 것
유 丸っきり 전혀
└ 전혀 불가능함을 나타내는 것

風邪のせいか、仕事が一向に進まない。
감기 탓인지 일이 전혀 진전되지 않는다.

표제어	Step 1 ǀ 단어 풀이(용법·의미)
41 부사 **一挙に** 일거에, 단번에 (한자풀이) 一 한 일, 挙 들 거	いっきょに 의미 일거에, 단번에, 단숨에 용법 일을 한번에 하는 것이나, 일이 동시에 집중되는 것에 사용 ★ 빈출표현 一挙に解決(かいけつ)する/完成(かんせい)する(단번에 해결하다/완성하다), 一挙に攻(せ)め込(こ)む(일거에 쳐들어가다) *출제가능유형 : 문맥 용법
42 접속사 **但し** 단, 다만 (한자풀이) 但 다만 단	ただし 의미 단(但), 다만 용법 앞 말에 대한 조건이나 단서(但書)를 붙일 때 사용 ★ 빈출표현 但し書(が)き(단서), 但し付(つ)き(조건부, 단서가 붙음), 但し日曜日(にちようび)は除(のぞ)く(단 일요일은 제외하다) *출제가능유형 : 문맥 용법
43 가타카나 **インターン** 인턴	intern 의미 インターンシップ(internship)의 준말, 재학 중에 전공과 관련된 기업에 체험 입사하는 제도, 또는 그 실습생 ★ 빈출표현 インターンに応募(おうぼ)する/参加(さんか)する(인턴에 응모하다/참가하다) *출제가능유형 : 문맥 유의표현
44 가타카나 **インフルエンザ** 인플루엔자	influenza 의미 인플루엔자, 유행성 감기, 독감 ★ 빈출표현 インフルエンザの症状(しょうじょう)(인플루엔자 증상), インフルエンザが流行(りゅうこう)する(인플루엔자가 유행하다), インフルエンザの予防接種(よぼうせっしゅ)(인플루엔자 예방접종) *출제가능유형 : 문맥 용법
45 가타카나 **インフレ** 인플레이션	inflation 의미 インフレーション(inflation)의 준말, 통화 팽창 ★ 빈출표현 インフレ率(りつ)(인플레이션율), インフレ抑制(よくせい)(인플레이션 억제), インフレ緩和(かんわ)(인플레이션 완화) *출제가능유형 : 유의표현 용법

Step 2 ｜ 연관 단어	Step 3 ｜ 예문
유 一気(いっき)に 단숨에, 단번에 유 一息(ひといき)に 단숨에, 쉬지 않고 한번에 └→ 一気に와 一息に는 쉬지 않고 한번에 하는 것으로, 주로 사람의 행동에 대해서 사용	大学(だいがく)を卒業(そつぎょう)したら、友達(ともだち)が一挙(ひっきょ)に引越しして寂(さび)しくなった。 대학을 졸업했더니 친구들이 단번에 이사해서 쓸쓸해졌다.
유 たった 단(単), 겨우 └→ 수량이 적은 느낌이 드는 경우 예 たった一週間(いっしゅうかん)しか残(のこ)っていない 단 일주일밖에 안 남았다	定休日(ていきゅうび)はカレンダーの通(とお)りです。ただし、祝日(しゅくじつ)は営業(えいぎょう)します。 정기 휴일은 달력대로입니다. 단, 공휴일은 영업합니다.
유 体験入社(たいけんにゅうしゃ) 체험 입사 유 研修(けんしゅう) 연수 유 実習(じっしゅう) 실습	夏休(なつやす)みのインターンに応募(おうぼ)した。 여름 방학 인턴에 응모했다.
= 流感(りゅうかん) 유행성 감기 유 風邪(かぜ) 감기 참 ウイルス 바이러스 참 ワクチン 백신	毎年(まいねん)、秋(あき)から冬(ふゆ)にかけてインフルエンザが流行(りゅうこう)する。 매년 가을부터 겨울에 걸쳐서 인플루엔자가 유행한다.
유 高騰(こうとう) 고등, 앙등, 물가가 오름 유 暴騰(ぼうとう) 폭등 ↔ デフレ 디플레이션, 통화 수축	政府(せいふ)はインフレ抑制(よくせい)に努力(どりょく)すべきだ。 정부는 인플레이션 억제에 노력해야 한다.

표제어	Step 1 | 단어 풀이(용법·의미)

의성어·의태어

46 **がやがや**
시끌시끌, 와글와글

がやがや
의미 시끌시끌, 와글와글, 왁자지껄
용법 많은 사람들이 시끄럽게 떠드는 모양에 사용
빈출표현 がやがや(と)騒ぐ(さわぐ)(시끌시끌 떠들다), がやがや(と)しゃべる(왁자지껄 수다 떨다)
*출제가능유형 : 문맥 유의표현

47 **かんかん**
쨍쨍, 노발대발

かんかん
의미 ① 햇볕이 강하게 내리쬐는 모양, 쨍쨍
② 노발대발하는 모양, 불같이
빈출표현 かんかん(と)照り付ける(てりつける)(쨍쨍 내리쬐다), かんかんになって怒る(おこる)(노발대발 화내다)
*출제가능유형 : 문맥 용법

48 **きしきし**
삐걱삐걱

きしきし
의미 삐걱삐걱
빈출표현 きしきし(と)鳴る(なる)(삐걱삐걱 소리가 나다), きしきし(と)音がする(おと)(삐걱삐걱 소리가 나다)
*출제가능유형 : 문맥 용법

관용구

49 **石の上にも三年**
참고 견디면 반드시 성공함
한자풀이 石 돌 석, 上 윗 상, 三 석 삼, 年 해 년

いしのうえにもさんねん
의미 [차가운 돌에도 3년간 앉아 있으면 따스해진다는 뜻] 비록 어렵더라도 참고 견디면 반드시 성공함
*출제가능유형 : 문맥 유의표현

50 **馬の耳に念仏**
우이독경, 쇠귀에 경 읽기
한자풀이 馬 말 마, 耳 귀 이, 念 생각할 념, 仏 부처 불

うまのみみにねんぶつ
의미 우이독경, 쇠귀에 경 읽기
용법 아무리 가르치고 일러 주어도 알아듣지 못함을 의미하는 데 사용
*출제가능유형 : 문맥 유의표현

Step 2 | 연관 단어	Step 3 | 예문
= わあわあ 와와, 와글와글, 왁자지껄 유 ざわざわ 웅성웅성, 술렁술렁, 수런수런 ㄴ 많은 사람들이 동요되어 침착하지 못한 모양 ↔ ひっそり 조용히, 쥐 죽은 듯이 암기 TIP 시끄러워 저리 좀 가야(がやがや)	教室(きょうしつ)の中(なか)ががやがや(と)している。 교실 안이 와글와글 떠들썩하다.
참 がんがん 머리가 쑤시듯이 몹시 아픈 모양, 지끈지끈 참 こんこん 기침을 연방 하는 소리, 콜록콜록	真夏(まなつ)の太陽(たいよう)がかんかん(と)照(て)り付(つ)ける。 한여름의 태양이 쨍쨍 내리쬐다.
= ぎしぎし 삐걱삐걱 ㄴ 'きしきし'보다 소리가 센 느낌 참 軋(きし)む 삐걱거리다 참 軋(きし)る 삐걱거리다	歩(ある)くと廊下(ろうか)がきしきし(と)鳴(な)る。 걸으면 복도에서 삐걱삐걱 소리가 나다.
유 雨垂(あまだ)れ石(いし)を穿(うが)つ 낙숫물이 돌을 뚫는다, 작은 힘일지라도 꾸준히 계속하면 무엇이든 이룰 수 있다	石の上にも三年という言葉(ことば)があるように、すぐに完璧(かんぺき)に仕事(しごと)をこなす人(ひと)はいない。 참고 견디면 반드시 성공한다라는 말이 있듯이 금방 완벽하게 일을 소화하는 사람은 없다.
유 馬耳東風(ばじとうふう) 마이동풍 유 豚(ぶた)に真珠(しんじゅ) 돼지에 진주 참 牛の耳に念仏(×) *한자 주의!*	あいつにはいくら言(い)っても馬の耳に念仏だから無駄(むだ)だ。 저 녀석에게는 아무리 말해도 소귀에 경 읽기이니까 헛일이다.

Day 12

문제로 확인하기

❶ 다음 단어의 한자 읽는 법을 고르세요.

1. 演説 A. えんせつ B. えんぜつ
2. 隔離 A. かくり B. げきり
3. 卑しむ A. いやしむ B. あやしむ

❷ 다음 단어의 한자 표기를 고르세요.

4. がんしょ A. 原書 B. 願書
5. うりふたつ A. 瓜二つ B. 爪二つ
6. おさえる A. 仰える B. 抑える

❸ 다음 빈칸에 공통으로 들어갈 수 있는 한자 또는 단어로 적절한 것을 고르세요.

7. 警(　) (　)衛 介(　)
A. 報 B. 護 C. 抱

8. (　)算 (　)要 大(　)
A. 概 B. 需 C. 勝

9. (　)吏 器(　) (　)庁
A. 関 B. 官 C. 管

❹ 빈칸에 들어갈 단어로 적절한 것을 고르세요.

A. 著しく B. 一挙に C. 犠牲

10. 大学を卒業したら、友達が＿＿＿＿＿引越しして寂しくなった。
11. 今回のテロ事件で多くの＿＿＿＿＿者が出た。
12. 近年、科学は＿＿＿＿＿進歩した。

정답 | 1. B 2. A 3. A 4. B 5. A 6. B 7. B 8. A 9. B 10. B 11. C 12. A

WEEK 3

Day 13

강의와 예문 듣기

매일 품사별로 골고루! 오늘의 50단어 한눈에 보기!

음독명사

01. 偽造
02. 規模
03. 脚本
04. 郷愁
05. 享受
06. 均衡
07. 愚痴
08. 啓発
09. 欠陥
10. 決裁

고유어

11. 幼馴染み
12. 趣
13. 買い溜め
14. 楽屋
15. 崖
16. 風当たり
17. 型破り

い형용사

18. うっとうしい
19. 重々しい
20. 押し付けがましい
21. おっかない

な형용사

22. 婉曲だ
23. 横柄だ
24. 臆病だ
25. 疎かだ

동사

26. 劣る
27. 衰える
28. 脅かす
29. 赴く
30. 省みる
31. 揚げる
32. 駆け付ける
33. 担ぐ
34. 敵う
35. からかう
36. 軋む
37. 築く

부사

38. いっそ
39. 未だかつて
40. いやに
41. うっとり

접속사

42. 若しくは

가타카나

43. ウイルス
44. カテゴリー
45. カリキュラム

의성어・의태어

46. ぐらぐら
47. ぐるぐる
48. ざあざあ

관용구

49. 気が置けない
50. 机上の空論

표제어	Step 1 | 단어 풀이(용법·의미)
1 **偽造** 위조 (한자풀이) 偽 거짓 위, 造 지을 조	ぎぞう 의미 물건이나 문서 따위의 가짜를 만드는 것 빈출표현 偽造紙幣(しへい)(위조 지폐), 偽造品(ひん)(위조품), 偽造パスポート(위조 여권) *출제가능유형 : 한자읽기-음독 / 유의표현
2 **規模** 규모 (한자풀이) 規 법 규, 模 본뜰 모	きぼ 의미 사물이나 현상의 크기나 범위 빈출표현 小(しょう)規模(소규모), 大(だい)規模(대규모), 地球(ちきゅう)規模(지구 규모) *출제가능유형 : 한자읽기-음독 / 유의표현
3 **脚本** 각본, 대본 (한자풀이) 脚 다리 각, 本 근본 본	きゃくほん 의미 ① 연극이나 영화를 만들기 위해 쓴 글 ② 어떤 일을 위해 미리 꾸민 계획 빈출표현 映画(えいが)の脚本(영화 각본), ドラマの脚本(드라마 각본), 脚本家(か)(각본가) *출제가능유형 : 한자읽기-음독 / 유의표현
4 **郷愁** 향수 (한자풀이) 郷 시골 향, 愁 근심 수	きょうしゅう 의미 고향을 그리워하는 마음이나 시름 빈출표현 郷愁を覚(おぼ)える(향수를 느끼다), 郷愁に駆(か)られる(향수에 사로잡히다) *출제가능유형 : 한자읽기-음독 / 용법
5 **享受** 향수 (한자풀이) 享 누릴 향, 受 받을 수	きょうじゅ 의미 복이나 혜택 따위를 받아서 누리는 것, 음미 빈출표현 自由(じゆう)を享受する(자유를 누리다), 美(び)を享受する(미를 음미하다) *출제가능유형 : 한자읽기-음독 / 용법

음독명사

Step 2 | 연관 단어	Step 3 | 예문
유 模造(もぞう) 모조 유 捏造(ねつぞう) 날조 참 為造(×)*한자 주의!*	毎年(まいねん)、偽造パスポートで入国(にゅうこく)する外国人(がいこくじん)が多(おお)い。 매년 위조 여권으로 입국하는 외국인이 많다.
= スケール 스케일 참 規模(きぼ)만 ぼ로 발음, 나머지는 も로 발음 예 模型(もけい) 모형 예 模倣(もほう) 모방	地球(ちきゅう)規模の環境問題(かんきょうもんだい)は、近年深刻(きんねんしんこく)になっている。 지구 규모의 환경문제는 최근 심각해지고 있다.
= 台本(だいほん) 대본 = シナリオ 시나리오	私(わたし)は小説(しょうせつ)を原作(げんさく)とした映画(えいが)脚本を書(か)いています。 저는 소설을 원작으로 한 영화 각본을 쓰고 있습니다.
= ノスタルジア 노스탤지어 참 ホームシック 향수병 참 享受(きょうじゅ) 향수 └ 복이나 혜택 따위를 받아서 누리는 것	故国(ここく)への郷愁を覚(おぼ)える。 고국에 대한 향수를 느끼다.
참 郷愁(きょうしゅう) 향수 └ 고향을 그리워하는 마음이나 시름 참 香水(こうすい) (화장품) 향수 참 亨 형통할 형	誰(だれ)でも自由(じゆう)を享受する権利(けんり)を持(も)っている。 누구든 자유를 누릴 권리를 가지고 있다.

표제어	Step 1 | 단어 풀이(용법·의미)

음독명사

6

均衡
균형

(한자풀이) **均** 고를 균, **衡** 저울대 형

きんこう

의미 어느 한쪽으로 기울거나 치우치지 않고 고른 상태

빈출표현 均衡を保(たも)つ/失(うしな)う(균형을 유지하다/잃다), 均衡が崩(くず)れる(균형이 무너지다)

*출제가능유형 : [한자읽기-음독] [유의표현]

7

愚痴
푸념

(한자풀이) **愚** 어리석을 우, **痴** 어리석을 치

ぐち

의미 말해도 어찌할 수 없고 해결이 안 될 것을 말하며 한탄하는 것

빈출표현 愚痴をこぼす(푸념하다), 愚痴を並(なら)べる(푸념을 늘어놓다)

*출제가능유형 : [한자읽기-음독] [문맥]

8

啓発
계발, 계몽

(한자풀이) **啓** 열 계, **発** 쏠 발

けいはつ

의미 지능·재능·사상 따위를 일깨워주는 것

빈출표현 自己(じこ)啓発(자기 계발), 啓発活動(かつどう)(계발 활동)

*출제가능유형 : [한자읽기-음독] [용법]

9

欠陥
결함

(한자풀이) **欠** 이지러질 결, **陥** 빠질 함

けっかん

의미 부족하거나 완전하지 못하여 흠이 되는 점

빈출표현 欠陥商品(しょうひん)(결함 상품), 欠陥住宅(じゅうたく)(결함 주택), 欠陥車(しゃ)(결함이 있는 차)

*출제가능유형 : [유의표현] [용법]

10

決裁
결재

(한자풀이) **決** 결단할 결, **裁** 마를 재

けっさい

의미 상관이 부하가 제출한 안건을 검토하여 허가하거나 승인하는 것

빈출표현 決裁を仰(あお)ぐ/受(う)ける(결재를 청하다/받다)

*출제가능유형 : [문맥] [용법]

Step 2 | 연관 단어

Step 3 | 예문

= バランス 밸런스, 균형

= 釣(つ)り合(あ)い 균형, 밸런스

참 均衝(×)*한자 주의!*

참 衝 찌를 충

生態系(せいたいけい)の均衡が崩(くず)れている。

생태계의 균형이 무너지고 있다.

참 文句(もんく) 불평, 불만, 할말

└ 상대나 어떤 일이나 사물에 대해서 마음에 들지 않아 불평을 하는 것

참 苦情(くじょう) 불평, 불만, 클레임

└ 상대로부터 받은 피해나 불이익에 대한 항의를 의미하며, 주로 서비스 불만족에 대한 고객의 클레임 등에 자주 사용

妻(つま)はしょうもない愚痴を並(なら)べている。

아내는 하찮은 푸념을 늘어놓고 있다.

유 啓蒙(けいもう) 계몽

참 開発(かいはつ) 개발

└ 연구하여 새로 만들어서 실용화함

社会人(しゃかいじん)の自己(じこ)啓発は大(おお)きな課題(かだい)となっている。

사회인의 자기 계발은 큰 과제이다.

유 欠点(けってん) 결점

유 不備(ふび) 충분히 갖추어지지 않음

참 陥(おち)いる (안 좋은 상태에) 빠지다

届(とど)いた品物(しなもの)に欠陥があった。

도착한 상품에 결함이 있었다.

참 決済(けっさい) 결제

└ 증권 또는 대금의 지불에 의하여 매매 거래를 끝내는 것

예 現金(げんきん)で決済する 현금으로 결제하다

会長(かいちょう)の決裁を受(う)けなければならない。

회장님의 결재를 받지 않으면 안 된다.

표제어	Step 1 ㅣ 단어 풀이(용법·의미)

고유어

11

幼馴染み
소꿉 친구

(한자풀이) **幼** 어릴 유, **馴** 길들일 순, **染** 물들일 염

おさななじみ

의미 어릴 때 친하게 지내던 친구

용법 보통 이성에 대해 일컬음

★ **빈출표현** 幼馴染みと再会(さいかい)する(소꿉친구와 재회하다)

＊**출제가능유형 :** [유의표현] [용법]

12

趣
정취, 멋, 취지

(한자풀이) **趣** 뜻 취, 재미 취

おもむき

의미 ① 깊은 정서를 자아내는 흥취
② (어떤 일의) 근본 목적이나 의도

★ **빈출표현** 趣がある(정취가 있다), 異国的(いこくてき)な趣(이국적인 멋),
自然(しぜん)の趣(자연의 멋), 話(はなし)の趣(이야기의 취지)

＊**출제가능유형 :** [한자읽기-훈독] [유의표현]

13

買い溜め
사재기, 매점

(한자풀이) **買** 살 매, **溜** 방울져 떨어질 류

かいだめ

의미 물자의 부족이나 물가 상승 등을 미리 예상하여 필요 이상으로 물건을 사둠

★ **빈출표현** 食糧(しょくりょう)/食料品(しょくりょうひん)/日用品(にちようひん)の買い溜め
(식량/식료품/일용품 사재기)

＊**출제가능유형 :** [문맥] [유의표현]

14

楽屋
분장실, 내막

(한자풀이) **楽** 풍류 악, 즐길 락, **屋** 집 옥

がくや

의미 ① 출연자가 준비·휴식을 취하는 방, 무대 뒤, 분장실
② 내막, 이면

★ **빈출표현** 楽屋で待機(たいき)する/メイクをする(분장실에서 대기하다/화장을 하다), 楽屋話(ばなし)(내막 얘기, 뒷이야기)

＊**출제가능유형 :** [한자읽기-음훈독] [문맥]

15

崖
낭떠러지, 절벽

(한자풀이) **崖** 벼랑 애

がけ

의미 낭떠러지, 절벽, 벼랑

★ **빈출표현** 崖から落(お)ちる(절벽에서 떨어지다),
崖が崩(くず)れる(절벽이 무너지다),
切(き)り立(た)った崖(깎아지른 듯한 벼랑)

＊**출제가능유형 :** [한자읽기-훈독] [문맥]

Step 2 | 연관 단어

Step 3 | 예문

유 旧友(きゅうゆう) 옛 친구　유 竹馬(ちくば)の友(とも) 죽마고우

참 幼(おさな)い 어리다

암기 TIP 5, 4 나이는 어리죠

참 馴(な)れる 길들다

참 染(し)みる 번지다, 배다

彼女(かのじょ)は私(わたし)の幼馴染みです。

그녀는 저의 소꿉친구입니다.

= 味(あじ)わい 맛, 멋, 정취

= 風情(ふぜい) 풍치, 운치

= 趣旨(しゅし) 취지

= 旨(むね) 취지, 뜻

ここは異国的(いこくてき)な趣のある街(まち)ですね。

여기는 이국적인 정취가 있는 거리네요.

= 買(か)い占(し)め 매점

참 溜(た)める 한곳에 모아두다

値上(ねあ)げ前(まえ)に買い溜めする。

가격 인상 전에 사재기하다.

참 控(ひか)え室(しつ) 대기실

암기 TIP 분장실에서 얼굴 좀 가꿔야(がくや)

出演(しゅつえん)する前(まえ)に楽屋でメイクをする。

출연하기 전에 분장실에서 메이크업을 하다.

= 切(き)り岸(ぎし) 절벽, 벼랑

= 絶壁(ぜっぺき) 절벽

地震(じしん)により崖が崩(くず)れた。

지진에 의해 벼랑이 무너졌다.

DAY 13

표제어	Step 1 | 단어 풀이(용법·의미)

고유어

16

風当たり

바람받이, 비난

(한자풀이) 風 바람 풍, 当 마땅 당

かぜあたり

의미 ① 바람받이, 바람이 몰아침 ② (비유적으로) 비난, 공격

빈출표현 世間/世論/周囲の風当たり(세상/여론/주위의 비난)

*출제가능유형 : 문맥 유의표현

17

型破り

관행을 깸, 색다름

(한자풀이) 型 거푸집 형, 破 깨뜨릴 파

かたやぶり

의미 일반적(상식적)인 틀이나 방법에 맞지 않는 것

빈출표현 型破りな人/発想/趣向(색다른 사람/발상/취향)

*출제가능유형 : 유의표현 용법

18

うっとうしい

음울하다, 거추장스럽다

うっとうしい

의미 ① (기분·날씨 등이) 음울하다, 울적하다, 찌무룩하다
② 거추장스럽다, 귀찮다

빈출표현 気分がうっとうしい(기분이 울적하다),
前髪がうっとうしい(앞 머리가 거추장스럽다)

*출제가능유형 : 유의표현 용법

い형용사

19

重々しい

엄숙하고 무게가 있다, 위엄이 있다

(한자풀이) 重 무거울 중

おもおもしい

의미 (성격·태도·느낌 등이) 엄숙하고 무게가 있다, 위엄이 있다, 장중하다

빈출표현 重々しい雰囲気(엄숙한 분위기),
重々しい口調(묵직하고 위엄이 있는 어조)

*출제가능유형 : 유의표현 용법

20

押し付けがましい

강요하는 듯하다, 억지로 떠맡기는 듯하다

(한자풀이) 押 누를 압, 付 줄 부

おしつけがましい

의미 강요하는 듯하다, 억지로 떠맡기는 듯하다

빈출표현 押し付けがましい態度/言い方(강요하는 듯한 태도/말투),
押し付けがましく聞こえる(강요하는 듯이 들리다)

*출제가능유형 : 유의표현 용법

Step 2 ｜ 연관 단어	Step 3 ｜ 예문
= 非難 비난 = 攻撃 공격	政府に対する世間の風当たりが強い。 정부에 대한 세상의 비난이 거세다.
유 奇抜 기발 유 風変わり 보통과 다름, 색다름, 별남	彼は型破りな発想の持ち主ですね。 그는 색다른 발상의 소유자네요.
= 煩わしい 귀찮다, 성가시다 참 気が重い 마음이 무겁다, 우울하다 참 憂鬱 우울	前髪が伸びてうっとうしい。 앞머리가 자라서 거추장스럽다.
= 厳めしい 위엄이 있다, 위압감을 주다, 엄숙하다 유 厳かだ 엄숙하다 ↔ 軽々しい 경솔하다, 경박하다, 경망스럽다	重々しい雰囲気の中で会談が行われた。 엄숙한 분위기 속에서 회담이 행해졌다.
참 強要 강요 참 強圧的 강압적 참 ～がましい ～인 것 같다, ～같이 보이다 예 催促がましい 재촉하는 것 같다	彼女の言い方は押し付けがましく聞こえた。 그녀의 말투는 강요하는 듯이 들렸다.

표제어	Step 1 ｜ 단어 풀이(용법·의미)

21 い형용사

おっかない
두렵다, 무섭다

おっかない

의미 두렵다, 무섭다

빈출표현 おっかない話/顔/夢(무서운 이야기/얼굴/꿈)

*출제가능유형 : 문맥 | 유의표현

22 な형용사

婉曲だ
완곡하다

한자풀이 婉 순할 완, 曲 굽을 곡

えんきょくだ

의미 상대를 배려하여 말이나 행동을 드러내지 않고 빙 돌려서 온화하게 하는 것

빈출표현 婉曲な表現(완곡한 표현),
婉曲に断る/伝える(완곡히 거절하다/전하다)

*출제가능유형 : 한자읽기 - 음독 | 유의표현

23

横柄だ
거만하다, 건방지다

한자풀이 横 가로 횡, 柄 자루 병

おうへいだ

의미 거만하다, 건방지다

빈출표현 横柄な人/態度(거만한 사람/태도),
横柄に振る舞う(거만하게 행동하다)

*출제가능유형 : 한자읽기 - 음독 | 유의표현

24

臆病だ
겁이 많다, 겁쟁이다

한자풀이 臆 가슴 억, 病 병 병

おくびょうだ

의미 겁이 많다, 겁쟁이다

빈출표현 臆病者(겁쟁이), 臆病な性格/子猫(겁이 많은 성격/새끼 고양이)

*출제가능유형 : 문맥 | 유의표현

25

疎かだ
소홀하다, 등한시하다

한자풀이 疎 트일 소

おろそかだ

의미 소홀하다, 등한시하다

빈출표현 練習を疎かにする(연습을 소홀히 하다),
準備が疎かだ(준비가 소홀하다),
勉強が疎かになる(공부가 소홀해지다)

*출제가능유형 : 한자읽기 - 훈독 | 유의표현

Step 2 ｜ 연관 단어	Step 3 ｜ 예문
유 怖(こわ)い 무섭다, 두렵다 └ 일상생활에서 일반적으로 느끼는 무서움 유 恐(おそ)ろしい 무섭다, 두렵다 └ 일반적으로는 생각할 수 없는 가공할 만큼의 무서움 암기 TIP 나 감옥가나(おっかない) 무섭다	私(わたし)の上司(じょうし)はおっかないです。 저의 상사는 무섭습니다.
유 遠回(とおまわ)しだ 간접적이다 유 間接的(かんせつてき)だ 간접적이다 ↔ 露骨(ろこつ)だ 노골적이다 참 婉曲(わんきょく)(×)발음 주의! 참 お茶碗(ちゃわん) 밥공기　　참 碗 주발 완	パーティーに誘(さそ)われたが婉曲に断(ことわ)った。 파티에 초대받았지만 완곡히 거절했다.
유 生意気(なまいき)だ 건방지다 유 尊大(そんだい)だ 거만하다 ↔ 謙虚(けんきょ)だ 겸허하다 암기 TIP 거만한 태도와 말투로... 어~이 해(おうへい)	あのお客(きゃく)さんはいつも横柄な態度(たいど)を取(と)っている。 저 손님은 항상 태도가 거만하다.
유 怖(こわ)がりだ 작은 일에도 겁을 내다, 겁쟁이다 ↔ 勇敢(ゆうかん)だ 용감하다	私(わたし)は臆病なので、怖(こわ)い話(はなし)は苦手(にがて)です。 저는 겁이 많아서 무서운 이야기는 질색입니다.
= なおざりだ 소홀하다, 등한시하다 유 ぞんざいだ 소홀히 하다, 아무렇게나 하다 참 ～は疎(おろ)か ～은커녕 N1 문법	遊(あそ)びに夢中(むちゅう)で勉強(べんきょう)が疎かになる。 노는 데 정신이 없어 공부가 소홀해지다.

DAY 13

표제어	Step 1 | 단어 풀이(용법·의미)

동사

26 劣る
뒤지다, 뒤떨어지다

한자풀이 劣 못할 렬

おとる

의미 (다른 것 보다) 뒤지다, 뒤떨어지다, (딴 것만) 못하다

용법 능력 · 가치 · 질 · 수량 등이 다른 것에 비해 낮을 때 사용

빈출표현 技量(ぎりょう)が劣る(기량이 뒤지다), 性能(せいのう)/品質(ひんしつ)が劣る(성능/품질이 뒤떨어지다), 勝(まさ)るとも劣らない(나으면 나았지 뒤지지 않는다)

*출제가능유형 : 한자읽기-훈독 | 문맥

27 衰える
쇠약해지다, 쇠퇴하다

한자풀이 衰 쇠할 쇠

おとろえる

의미 쇠약해지다, 쇠퇴하다

용법 힘 · 기세 · 세력 등이 약해지는 것에 사용

빈출표현 体力(たいりょく)/記憶力(きおくりょく)が衰える(체력/기억력이 쇠약해지다), 勢(いきお)い/国(くに)が衰える(기세/나라가 쇠퇴하다)

*출제가능유형 : 한자읽기-훈독 | 문맥

28 脅かす
위협하다, 위태롭게 하다

한자풀이 脅 으를 협

おびやかす

의미 위협하다, 위태롭게 하다

용법 권리 · 지위 · 생명 · 환경 등 추상적인 것이 위협받는 것에 사용

빈출표현 地位(ちい)/命(いのち)を脅かす(지위/생명을 위협하다), 人類(じんるい)/平和(へいわ)を脅かす(인류/평화를 위협하다)

*출제가능유형 : 한자읽기-훈독 | 문맥

29 赴く
가다, 향하다

한자풀이 赴 나아갈 부

おもむく

의미 ① 향하여 가다 ② 어떤 방향 · 상태로 향하다

빈출표현 現場(げんば)に赴く(현장으로 향하다), 任地(にんち)へ赴く(임지로 가다), 快方(かいほう)に赴く((병이) 차차 나아가다, 차도를 보이다)

*출제가능유형 : 한자읽기-훈독 | 문맥

30 省みる
돌이켜보다, 반성하다

한자풀이 省 살필 성, 덜 생

かえりみる

의미 (잘못을) 돌이켜보다, 반성하다

빈출표현 過(あやま)ち/自分(じぶん)を省みる(잘못/자신을 돌이켜보다), 失敗(しっぱい)を省みる(실수를 반성하다)

*출제가능유형 : 한자읽기-훈독 | 용법

Step 2 | 연관 단어

Step 3 | 예문

유 後れる(おくれる) (남보다) 뒤지다
└ 남보다 진행 상태가 늦는 것
예 流行(りゅうこう)に後れる 유행에 뒤지다

↔ 勝る(まさる) (다른 것에 비해) 낫다, 뛰어나다, 우수하다

암기 TIP 힘(力) 이 다른 사람보다 적어서(少) 뒤져요

このカメラは悪(わる)くはないが、あのカメラより性能(せいのう)が劣っている。

이 카메라는 나쁘지는 않지만 저 카메라보다 성능이 떨어진다.

유 廃れる(すたれる) 한물가다, 쇠퇴하다
└ 유행·풍습이 한물가는 것

유 寂れる(さびれる) 쓸쓸해지다, 한적해지다, 쇠퇴하다
└ 번창하던 장소가 사람이 모이지 않게 되어 한적해지는 것

↔ 栄える(さかえる) 번영하다, 번창하다

암기 TIP 몸이 쇠약해져서 오! 도로 애로(おとろえる) 되었네

年(とし)を取(と)ると記憶力(きおくりょく)が衰える。

나이를 먹으면 기억력이 감퇴한다.

유 脅す(おどす) 깜짝 놀라게 하다, 위협하다, 협박하다

유 脅かす(おどかす) 깜짝 놀라게 하다, 위협하다, 협박하다
└ 脅す와 脅かす는 구체적으로 놀라게 하거나 위협하는 것

インフレが家計(かけい)を脅かしている。

인플레이션이 가계를 위태롭게 하고 있다.

= 向かう(むかう) 향하다, (향해) 가다

참 赴任(ふにん) 부임, 임명을 받아 임지로 감

祖母(そぼ)の病気(びょうき)は快方(かいほう)に赴いている。

할머니의 병은 차도를 보이고 있다.

참 振り向く(ふりむく) (뒤)돌아보다

참 振り返る(ふりかえる) (뒤)돌아보다, (과거를) 돌이켜보다, 회고하다

참 顧みる(かえりみる) (뒤)돌아보다, (과거를) 돌이켜보다, 회고하다

암기 TIP 잘못이나 과거를 돌아(かえり) 보다(みる)

省みて恥(は)じるところがない。

돌이켜봐도 부끄러 울 점이 없다.

표제어	Step 1 ｜ 단어 풀이(용법·의미)

동사

31

揚げる

옮기다, 게양하다, 띄우다, 튀기다

한자풀이 **揚** 오를 양

あげる

의미 ① (뭍으로) 옮기다, 인양하다 ② (기를) 올리다, 게양하다 ③ (연을) 띄우다 ④ (튀김을) 튀기다

빈출표현 荷物(にもつ)を揚げる(짐을 뭍으로 옮기다), 旗(はた)を揚げる(기를 게양하다), てんぷらを揚げる(튀김을 튀기다)

*출제가능유형 : 문맥 용법

32

駆け付ける

급히 달려가다(오다), 부랴부랴 가다(오다)

한자풀이 **駆** 몰 구, **付** 줄 부

かけつける

의미 (달리거나 차를 타거나 하여 목적지에) 급히 달려가다(오다), 부랴부랴 가다(오다)

빈출표현 車(くるま)で駆け付ける(차로 급히 달려가다), 現場(げんば)/病院(びょういん)に駆け付ける(현장/병원에 급히 달려가다)

*출제가능유형 : 문맥 용법

33

担ぐ

메다, 짊어지다

한자풀이 **担** 멜 담

かつぐ

의미 지다, 메다, 짊어지다

용법 구체적으로 어깨에 짐을 짊어지는 것에 사용

빈출표현 肩(かた)に担ぐ(어깨에 메다), 荷物(にもつ)を担ぐ(짐을 짊어지다), 縁起(えんぎ)を担ぐ(길흉을 따지다, 재수를 따지다)

*출제가능유형 : 한자읽기-훈독 문맥

34

敵う

대항할 수 있다, 필적하다

한자풀이 **敵** 대적할 적, 원수 적

かなう

의미 대항할 수 있다, 필적하다 **용법** 주로 뒤에는 부정문이 따름

빈출표현 到底(とうてい)敵わない(도저히 당할 수 없다), ～ては敵わない(~해서는 견딜(참을) 수 없다) N1 문법

*출제가능유형 : 한자읽기-훈독 용법

35

からかう

놀리다, 조롱하다, 야유하다

からかう

의미 놀리다, 조롱하다, 야유하다

용법 말·행위·태도 등으로 사람이나 동물을 놀리는 것에 사용

빈출표현 子供(こども)/大人(おとな)/子犬(こいぬ)をからかう(아이/어른/강아지를 놀리다)

*출제가능유형 : 문맥 유의표현

Step 2 | 연관 단어

Step 3 | 예문

참 挙(あ)げる (손을) 들다, (예를) 들다, (범인을) 검거하다, 잡다, (식을) 거행하다, 올리다

예 例(れい)を挙げる 예를 들다

예 犯人(はんにん)を挙げる 범인을 검거하다

예 結婚式(けっこんしき)を挙げる 결혼식을 올리다

揚げ物(もの)は高(こう)カロリーなので、食(た)べ過(す)ぎには要注意(ようちゅうい)です。

튀김은 고칼로리이기 때문에 과식하지 않도록 주의해야 합니다.

DAY 13

유 急(いそ)いで行(い)く 급히 가다, 서둘러 가다

유 飛(と)んで行(い)く 급히 가다, 달려가다

救急車(きゅうきゅうしゃ)はサイレンを鳴(な)らして現場(げんば)へ駆け付けた。

구급차는 사이렌을 울리면서 현장으로 달려갔다.

유 担(にな)う 지다, 짊어지다, 떠맡다
└→ 추상적으로 어떤 일을 책임지고 떠맡는 것

유 負(お)う 지다, 짊어지다, 업다
└→ 구체적으로 어깨나 등에 짐을 짊어지거나 업는 것

受験当日(じゅけんとうじつ)、縁起(えんぎ)を担いで豚(とん)カツを食(た)べる。

수험 당일 길흉을 따지며 돈가스를 먹다.

= 匹敵(ひってき)する 필적하다

= 対抗(たいこう)できる 대항할 수 있다

유 肩(かた)を並(なら)べる 어깨를 나란히 하다

TIP 啇가 포함된 한자들은 모두 '적', 'てき'로 발음
예 適切(てきせつ) 적절 예 指摘(してき) 지적

科学(かがく)では彼(かれ)に敵う者(もの)はいない。

과학에서는 그에게 당할 자는 없다.

유 冷(ひ)やかす 놀리다, 희롱하다, 야유하다
└→ 상대방의 고조된 분위기나 기분에 찬물을 끼얹어 흥을 깨는 말을 하며 재미있어하는 것

암기 TIP 엄청 못하네 너희 지역으로 가라 가 우~(からかう) 하며 상대팀을 야유하다

大人(おとな)をからかうのもいい加減(かげん)にしろ。

어른을 놀리는 것도 어지간히 좀 해라.

표제어	Step 1 ㅣ 단어 풀이(용법·의미)
36 동사 **軋む** 삐걱거리다 (한자풀이) **軋** 삐걱거릴 알	きしむ **의미** 삐걱거리다 ★ **빈출표현** 床/ベッド/椅子が軋む(마루/침대/의자가 삐걱거리다) ＊**출제가능유형 :** 문맥 용법
37 동사 **築く** 쌓다, 구축하다 (한자풀이) **築** 쌓을 축	きずく **의미** 쌓다, 쌓아올리다, 구축하다 ★ **빈출표현** 堤防を築く(제방을 쌓다), 富を築く(부를 쌓다), 信頼関係を築く(신뢰관계를 쌓다), 家庭を築く(가정을 이루다) ＊**출제가능유형 :** 한자읽기-훈독 용법
38 부사 **いっそ** 차라리	いっそ **용법** 좋지 않은 현재의 상태에서 벗어나기 위해서 과감하게 전혀 다른 방법을 취한다는 강한 의지를 나타낼 때 사용 ★ **빈출표현** いっそ忘れてしまおう(차라리 잊어버리자), いっそ死んだ方がましだ(차라리 죽는 편이 낫다) ＊**출제가능유형 :** 문맥 용법
39 부사 **未だかつて** 지금까지 한 번도, 아직 한 번도 (한자풀이) **未** 아직 미	いまだかつて **의미** 지금까지(아직) 한 번도 **용법** 뒤에 부정의 말이 따름 ★ **빈출표현** 未だかつてない(아직 한 번도 없다), 未だかつて聞いたこともない(지금까지 한 번도 들어본 적도 없다) ＊**출제가능유형 :** 문맥 용법
40 부사 **いやに** 몹시, 상당히	いやに **의미** 몹시, 매우, 상당히, 대단히 **용법** 정도가 심한 것을 나타내는 데 사용 ★ **빈출표현** いやに眠い(몹시 졸리다), いやに難しい(상당히 어렵다), いやに機嫌がいい(대단히 기분이 좋다) ＊**출제가능유형 :** 문맥 유의표현

Step 2 ｜ 연관 단어	Step 3 ｜ 예문
= 軋(きし)る 삐걱거리다 = 軋(きし)めく 삐걱거리다 참 きしきし 삐걱삐걱	寝返(ねがえ)りを打(う)つたびにベッドが軋む。 몸을 뒤척일 때마다 침대가 삐걱거리다.
↔ 壊(こわ)す 부수다, 깨다, 고장내다 참 築(きづ)く (×)*후리가나 주의!* 참 気付(きづ)く 알아차리다, 눈치채다, 깨닫다	彼(かれ)は不動産投資(ふどうさんとうし)で巨額(きょがく)の富(とみ)を築いた。 그는 부동산 투자로 거액의 부를 쌓았다.
유 反(かえ)って 오히려, 도리어, 반대로 └, 예상했던 것보다 결과가 나쁘거나 반대일 때 유 むしろ 오히려, 차라리 └, 두 가지 사항을 비교하여 뒤에 오는 것이 좋거나 해서 선택할 때	勉強(べんきょう)はつまらないし、お金(かね)もないし、いっそ大学(だいがく)を辞(や)めてしまおうかな。 공부는 재미없고 돈도 없고, 차라리 대학을 그만둬 버릴까.
참 未(ま)だ 아직(도), 여태까지, 지금까지도 └, 지금도 어느 상태가 계속 되고 있는 것 참 未(いま)だに 아직껏, 아직(까지)도 └, 지금도 해결·개선되어야 할 일이 계속 되고 있는 것 참 未曾有(みぞう) 미증유, 역사상 처음임, 아직 있어 본 적이 없음	そんなものは未だかつて見(み)たことがない。 그런 건 지금까지 한 번도 본 적이 없다.
유 非常(ひじょう)に 매우, 상당히 유 酷(ひど)く 몹시, 매우, 심히	4月(がつ)だというのに、今日(きょう)はいやに暑(あつ)いね。 4월이라고 하는데 오늘은 몹시 덥네.

표제어	Step 1 ㅣ 단어 풀이(용법·의미)

41 부사

うっとり
멍하니, 넋을 잃고

うっとり

용법 아름다운 것 등에 마음을 빼앗겨 멍해지는 것에 사용

빈출표현 うっとり(と)見とれる(넋을 잃고 바라보다),
うっとり(と)聞きほれる(멍하니 넋을 잃고 듣다),
名曲にうっとりする(명곡에 넋을 잃다)

＊출제가능유형 : 문맥 용법

42 접속사

若しくは
혹은, 또는

한자풀이 若 같을 약

もしくは

용법 여러 사항 중에서 어느 쪽인가를 선택하는 경우에 사용

빈출표현 私若しくは他の人(나 혹은 다른 사람),
今日若しくは明日(오늘 아니면 내일),
行くか若しくは止めるか(갈지 아니면 그만둘지)

＊출제가능유형 : 문맥 유의표현

43

ウイルス
바이러스

virus(라틴어)

의미 ① 유행성 감기 · 천연두 따위의 병원체, 여과성 병원체
② 컴퓨터를 비정상적으로 작용하게 만드는 프로그램

빈출표현 ウイルスに感染する(바이러스에 감염되다),
コンピューターウイルス(컴퓨터 바이러스)

＊출제가능유형 : 문맥 용법

44 가타카나

カテゴリー
카테고리, 범주

category

의미 동일한 성질을 가진 부류나 범위, 범주

빈출표현 カテゴリーに入れる(카테고리에 넣다),
カテゴリーに属する(범주에 속하다)

＊출제가능유형 : 유의표현 용법

45

カリキュラム
커리큘럼, 교육 과정

curriculum

의미 커리큘럼, 교육 과정

빈출표현 カリキュラムを組む/作成する(커리큘럼을 짜다/작성하다),
カリキュラムに沿って(커리큘럼에 따라서)

＊출제가능유형 : 문맥 유의표현

Step 2 | 연관 단어 / Step 3 | 예문

참 恍惚(こうこつ) 황홀

암기 TIP 콘서트장에서 명곡에 넋을 잃고 열렬히 환호한 나머지 더워서 윗도리(うっとり) 벗고

美(うつく)しい景色(けしき)をうっとりして見(み)た。

아름다운 경치를 넋을 잃고 봤다.

유 または 또는, 혹은, 아니면
ㄴ 여러 사항 중에서 어느 쪽인가를 선택하는 경우나, 어느 쪽이든 좋다는 허용을 나타내는 경우

유 あるいは 또는, 혹은, 아니면
ㄴ 여러 사항 중에서 어느 쪽인가를 선택하는 경우

암기 TIP 내일 어머님 혹은 아버님 모시구 와(もしくは)

出張(しゅっちょう)は新幹線(しんかんせん)若しくは飛行機(ひこうき)で行(い)きます。

출장은 신칸센 혹은 비행기로 갑니다.

= ビールス 바이러스

참 ワクチン 백신

참 インフルエンザ 인플루엔자, 유행성 감기, 독감

コンピューターがウイルスに感染(かんせん)してしまった。

컴퓨터가 바이러스에 감염되어 버렸다.

= 範疇(はんちゅう) 범주

유 部類(ぶるい) 부류

유 種類(しゅるい) 종류

유 類(たぐい) 같은 종류의 것, 동류

この映画(えいが)はホラー映画(えいが)のカテゴリーに属(ぞく)する。

이 영화는 공포 영화의 카테고리에 속한다.

= 教育課程(きょういくかてい) 교육 과정

유 コース 코스

유 時間割(じかんわり) 시간표

カリキュラムに沿(そ)って学(まな)んでいく。

커리큘럼에 따라서 배워 간다.

DAY 13

표제어 | **Step 1** | 단어 풀이(용법·의미)

의성어·의태어

46

ぐらぐら
부글부글, 흔들흔들

ぐらぐら

의미 ① 부글부글, 펄펄 ② 크게 흔들려 움직이는 모양, 흔들흔들

용법 마구 끓는 모양으로, 'ぐらぐら'보다 끓는 정도가 심한 모양

빈출표현 ぐらぐら(と)沸(わ)き立(た)つ/煮(に)え立(た)つ(펄펄 끓어오르다), ぐらぐら(と)揺(ゆ)れる(흔들흔들 흔들리다)

*출제가능유형 : 문맥 용법

47

ぐるぐる
빙글빙글, 빙빙

ぐるぐる

의미 같은 곳을 계속 도는 모양, 빙글빙글, 빙빙

용법 'くるくる'보다 동작이 크고 느린 것에 사용

빈출표현 ぐるぐる(と)回(まわ)る/回(まわ)す(빙글빙글 돌다/돌리다), ぐるぐる(と)巻(ま)く(빙글빙글 감다, 친친 감다)

*출제가능유형 : 문맥 용법

48

ざあざあ
좍좍, 주르륵주르륵

ざあざあ

의미 좍좍, 쏴쏴, 주르륵주르륵

용법 비가 계속 쏟아지는 소리에 사용

빈출표현 雨(あめ)がざあざあ(と)降(ふ)る(비가 좍좍 내리다), ざあざあ降(ぶ)り(주르륵주르륵 쏟아짐)

*출제가능유형 : 문맥 용법

관용구

49

気が置けない
마음을 놓을 수 있다, 허물없이 지낼 수 있다

(한자풀이) **気** 기운 기, **置** 둘 치

きがおけない

의미 마음을 놓을 수 있다, 허물없이 지낼 수 있다

용법 조심할 필요 없이 마음 놓고 지낼 수 있는 사이에 사용

빈출표현 気が置けない間柄(あいだがら)/仲間(なかま)(허물없는 사이/동료)

*출제가능유형 : 유의표현 용법

50

机上の空論
탁상공론

(한자풀이) **机** 책상 궤, **上** 윗 상, **空** 빌 공, **論** 말할 론

きじょうのくうろん

의미 실현성이 없는 헛된 이론, 탁상공론

*출제가능유형 : 한자읽기-음독 용법

Step 2 │ 연관 단어	Step 3 │ 예문
= くらくら 부글부글, 현기증이 나는 모양, 어질어질 └ 마구 끓는 모양 유 ことこと 보글보글 └ 약하게 끓는 모양 참 ぶくぶく 부글부글, 보글보글 └ 거품이 이는 모양	鍋(なべ)の湯(ゆ)がぐらぐら(と)煮(に)え立(た)つ。 냄비의 물이 펄펄 끓어오르다.
= くるくる 같은 곳을 가볍게 계속 도는 모양, 뱅글뱅글, 뱅뱅 유 ぐるりと 한 바퀴 도는 모양, 빙, 휙 └ 'くるりと'보다 무거운 느낌 유 くるりと 한 바퀴 도는 모양, 빙, 휙	回転木馬(かいてんもくば)がぐるぐる(と)回(まわ)っている。 회전 목마가 빙글빙글 돌고 있다.
유 ぽつぽつ 뚝뚝 └ 비가 조금씩 내리기 시작하는 모양 유 ぱらぱら 후드득후드득 └ 비·우박이 드문드문 떨어지는 모양으로, 'ぽつぽつ'보다 조금 더 많고 기세도 있으며 가볍게 소리가 나는 것	ざあざあ(と)滝(たき)のような雨(あめ)が降(ふ)る。 좍좍 억수 같은 비가 내리다.
유 気楽(きらく)だ 마음 편하다 유 気兼(きが)ねない 스스럼없다 참 気が置けない 마음을 놓을 수 없다(×)*해석 주의!* 참 気が置ける(×)*형태 주의!*	彼(かれ)とは何(なん)でも話(はな)せる気が置けない間柄(あいだがら)だ。 그와는 뭐든지 이야기할 수 있는 허물없는 사이다.
유 絵(え)に描(か)いたもち 그림의 떡 유 砂上(さじょう)の楼閣(ろうかく) 사상누각, 모래 위에 세운 높은 건물이란 뜻으로 실현 불가능한 일을 의미 ↔ 現実論(げんじつろん) 현실론 참 卓上の空論(×)*한자 주의!*	そんなのは机上の空論に過(す)ぎない。 그런 건 탁상공론에 불과하다.

DAY 13

Day 13

문제로 확인하기

❶ 다음 단어의 한자 읽는 법을 고르세요.

1. 婉曲　　A. わんきょく　　B. えんきょく
2. 脅かす　　A. おびやかす　　B. おどろかす
3. 疎かだ　　A. おろそかだ　　B. おろかだ

❷ 다음 단어의 한자 표기를 고르세요.

4. おとろえる　　A. 衷える　　B. 衰える
5. ぎぞう　　A. 為造　　B. 偽造
6. きんこう　　A. 均衡　　B. 均衝

❸ 다음 빈칸에 공통으로 들어갈 수 있는 한자 또는 단어로 적절한 것을 고르세요.

7. (　)範　(　)索　規(　)
A. 模　B. 捜　C. 則

8. (　)断　(　)判　決(　)
A. 診　B. 裁　C. 済

9. (　)寄せる　(　)入れ　(　)付けがましい
A. 打ち　B. 差し　C. 押し

❹ 빈칸에 들어갈 단어로 적절한 것을 고르세요.

A. 若しくは　　B. 型破り　　C. 横柄

10. 出張は新幹線＿＿＿＿＿飛行機で行きます。
11. 彼は＿＿＿＿＿な発想の持ち主ですね。
12. あのお客さんはいつも＿＿＿＿＿な態度を取っている。

정답　1. B　2. A　3. A　4. B　5. B　6. A　7. A　8. B　9. C　10. A　11. B　12. C

WEEK 3

Day 14

강의와 예문 듣기

매일 품사별로 골고루! 오늘의 50단어 한눈에 보기!

음독명사

01. 懸念
02. 原稿
03. 語彙
04. 硬貨
05. 降参
06. 控除
07. 交替
08. 香典
09. 高騰
10. 恒例

고유어

11. 殻
12. がらくた
13. 為替
14. 岸
15. 生地
16. 絆
17. 霞

い형용사

18. おぼつかない
19. 堅い
20. 決まり悪い
21. 擽ったい

な형용사

22. 頑丈だ
23. 気障だ
24. 気さくだ
25. 几帳面だ

동사

26. 悔いる
27. 寛ぐ
28. 企てる
29. 漕ぐ
30. 熟す
31. ごまかす
32. 堪える
33. 凝らす
34. 凝る
35. 遡る
36. 避ける
37. 差し掛かる

부사

38. うんざり
39. 恐らく
40. 折り返し
41. きっちり
42. ぐっと

가타카나

43. サービスエリア
44. サボタージュ
45. シック

의성어・의태어

46. かさかさ
47. ざわざわ
48. しくしく

관용구

49. 弘法にも筆の誤り
50. 匙を投げる

표제어	Step 1 | 단어 풀이(용법·의미)
1 **懸念** 걱정, 염려 (한자풀이) **懸** 매달 현, **念** 생각 념	けねん **의미** 마음에 걸려서 불안하게 생각하는 것 ★ **빈출표현** ～が懸念される(~가 걱정되다) *출제가능유형 : 한자읽기-음독 | 유의표현
2 **原稿** 원고 (한자풀이) **原** 근원 원, 벌판 원, **稿** 볏집 고	げんこう **의미** 인쇄나 출판하기 위하여 초벌로 쓴 글 ★ **빈출표현** 原稿用紙(ようし)(원고지), 原稿料(りょう)(원고료) *출제가능유형 : 문맥 | 유의표현
3 **語彙** 어휘 (한자풀이) **語** 말씀 어, **彙** 무리 휘	ごい **의미** 어떤 일정한 범위 안에서 쓰이는 단어 전체 ★ **빈출표현** 語彙力(りょく)(어휘력), 基本(きほん)語彙(기본 어휘), 語彙が豊富(ほうふ)だ(어휘가 풍부하다) *출제가능유형 : 한자읽기-음독 | 유의표현
4 **硬貨** 경화, 동전 (한자풀이) **硬** 굳을 경, **貨** 재물 화, 재화 화	こうか **의미** 금속 화폐, 동전 ★ **빈출표현** 100円(えん)硬貨(100엔짜리 동전), 500円(えん)硬貨(500엔짜리 동전) *출제가능유형 : 한자읽기-음독 | 유의표현
5 **降参** 항복, 질림 (한자풀이) **降** 내릴 강, 항복할 항, **参** 참여할 참	こうさん **의미** 항복, 질림, 손듦 **용법** 일상의 언쟁이나 놀이에 졌다라는 의미로, 주로 개인의 투쟁 장면에서 사용 ★ **빈출표현** ～には降参した(~에는 질렸다) *출제가능유형 : 문맥 | 유의표현

음독명사

Step 2 │ 연관 단어	Step 3 │ 예문
= 心配(しんぱい) 걱정 = 気掛(きが)かり 마음에 걸림, 걱정 참 懸念(けねん)만 け로 발음, 나머지는 けん으로 발음 예 懸命(けんめい) 힘껏 함, 열심히 함	環境(かんきょう)への影響(えいきょう)が懸念される。 환경에 대한 영향이 걱정된다.
유 草稿(そうこう) 초고 유 草案(そうあん) 초안 유 下書(したが)き 초고, 초안	原稿の締(し)め切(き)りに間(ま)に合(あ)って安心(あんしん)した。 원고 마감 시간에 맞춰서 안심했다.
= ボキャブラリー 어휘	彼(かれ)は英語(えいご)の語彙が豊富(ほうふ)だ。 그는 영어 어휘가 풍부하다.
= コイン 코인, 동전 ↔ 紙幣(しへい) 지폐 참 硬(かた)い 단단하다, 질기다	新(あたら)しい500円(えん)硬貨が発行(はっこう)された。 새로운 500엔짜리 동전이 발행되었다.
유 降伏(こうふく) 항복 └ 전쟁에서 패배를 인정하며 적에게 항복하는 것 유 お手上(てあ)げ 손듦, 항복 유 閉口(へいこう) 손듦, 질림 유 辟易(へきえき) 손듦, 질림	相手(あいて)に敵(かな)わないことを知(し)って降参した。 상대에게 적수가 못될 것을 알고 항복했다.

DAY 14

표제어	Step 1 | 단어 풀이(용법·의미)

음독명사

6

控除
공제

(한자풀이) **控** 당길 공, **除** 덜 제

こうじょ

의미 금액이나 수량 등을 빼는 것

빈출표현 控除額(공제액), 基礎控除(기초 공제), 扶養控除(부양 공제, 부양가족의 수에 따라서 세금을 감면)

*출제가능유형 : [한자읽기-음독] [유의표현]

7

交替
교대

(한자풀이) **交** 사귈 교, **替** 바꿀 체

こうたい

의미 교대되는 일이 되풀이되는 것

용법 交替와 交代는 서로 반대로 해석되는 것에 주의

빈출표현 交替勤務(교대 근무), 3交替制(3교대제), 昼夜交替制(주야 교대제)

*출제가능유형 : [문맥] [용법]

8

香典
향전, 부의

(한자풀이) **香** 향기 향, **典** 법 전

こうでん

의미 상가에 부조로 보내는 돈이나 물건

용법 주로 ご香典, ご香料의 형태로 쓰임

빈출표현 香典返し(부의를 받은 답례를 함, 또는 그 물품)

*출제가능유형 : [한자읽기-음독] [문맥]

9

高騰
고등, (가격) 급등

(한자풀이) **高** 높을 고, **騰** 오를 등

こうとう

의미 물가가 뛰어오르는 것

빈출표현 価格高騰(가격 급등), 地価高騰(지가 급등)

*출제가능유형 : [한자읽기-음독] [유의표현]

10

恒例
항례

(한자풀이) **恒** 항상 항, **例** 법식 례

こうれい

의미 항상 어느 시기에 정해져 행해지는 의식이나 행사

빈출표현 恒例行事(항례 행사), 恒例化(항례화)

*출제가능유형 : [한자읽기-음독] [유의표현]

Step 2	연관 단어	Step 3	예문
유 差し引き(さしひき) 차감 유 減免(げんめん) 감면 참 控える(ひかえる) 대기하다, 삼가다, 앞두다, 메모하다 TIP 控える의 뜻은 뒤로 물러서 있는 느낌	70歳以上(さいいじょう)の方(かた)は医療費(いりょうひ)が控除されます。 70세 이상이신 분은 의료비가 공제됩니다.
유 交代(こうたい) 교체 └ 역할이 한 번만 바뀌는 것 예 政権交代(せいけんこうたい) 정권 교체	長距離(ちょうきょり)なので交替で運転(うんてん)した。 장거리이기 때문에 교대로 운전했다.
= 香料(こうりょう) 부의 = 弔慰金(ちょういきん) 조위금 참 香典(こうでん)만 탁음, 나머지는 てん으로 발음 예 典型(てんけい) 전형 예 古典(こてん) 고전 TIP 불교 용어는 읽는 방법이 특이합니다 참 ご祝儀(しゅうぎ) 축의금	香典返(がえ)しには、後(あと)に残(のこ)らない物(もの)がいい。 부의에 대한 답례품에는 나중에 남지 않는 물품이 좋다.
유 値上(ねあ)がり 값이 오름 유 暴騰(ぼうとう) 폭등 ↔ 低落(ていらく) 저락, 하락, 물가가 떨어짐	不作(ふさく)のために農作物(のうさくぶつ)が高騰した。 흉작으로 농작물의 가격이 급등했다.
유 慣例(かんれい) 관례 └ 이전부터 행해져 와서 습관처럼 되어 있는 것 유 定例(ていれい) 정례 └ 전부터 정해져 정기적으로 행해지고 있는 것 유 しきたり 관례, 관습	毎年(まいねん)5月(がつ)の恒例行事(ぎょうじ)となっている運動会(うんどうかい)を今年(ことし)も開催(かいさい)いたします。 매년 5월에 열리는 항례 행사인 운동회를 올해도 개최하겠습니다.

DAY 14

표제어	Step 1 | 단어 풀이(용법·의미)

고유어

11

殻
껍데기, 자기 나름의 세계

(한자풀이) 殻 껍질 각

から

의미 ① (딱딱한) 껍데기, 껍질 ② (비유적으로) 자기 나름의 세계

★ 빈출표현 卵(たまご)の殻(달걀 껍질), 貝殻(かいがら)(조개껍데기),
殻に閉(と)じこもる(자기만의 세계에 틀어박히다)

*출제가능유형 : [한자읽기-훈독] [용법]

12

がらくた
잡동사니

がらくた

의미 쓸모나 가치가 없는 잡다한 물건, 쓰레기 같은 물건

★ 빈출표현 がらくた道具(どうぐ)(쓸모없는 도구),
がらくたを整理(せいり)する(잡동사니를 정리하다)

*출제가능유형 : [유의표현] [용법]

13

為替
환

(한자풀이) 為 할 위, 替 바꿀 체

かわせ

의미 서로 종류가 다른 화폐와 화폐를 교환하는 것

★ 빈출표현 為替レート(환율), 為替相場(そうば)(환시세)

*출제가능유형 : [한자읽기-훈독] [용법]

14

岸
물가, 해변

(한자풀이) 岸 언덕 안

きし

의미 육지가 물과 접하는 부분, 물가, 강변, 해변

★ 빈출표현 波(なみ)が岸を洗(あら)う(물결이 물가를 씻다),
岸に打(う)ち寄(よ)せる波(なみ)(해변에 밀려오는 파도)

*출제가능유형 : [한자읽기-훈독] [문맥]

15

生地
옷감, 반죽

(한자풀이) 生 날 생, 地 땅 지

きじ

의미 ① 옷감, 천 ② 반죽 ③ 본성

★ 빈출표현 生地を裁断(さいだん)する(옷감을 재단하다),
洋服(ようふく)の生地(양복감), 小麦粉(こむぎこ)生地(밀가루 반죽)

*출제가능유형 : [한자읽기-훈음독] [유의표현]

Step 2 │ 연관 단어	Step 3 │ 예문
유 皮(かわ) (과일 등의) 껍질 ↔ 実(み) (껍데기에 대하여) 열매 ↔ 身(み) (껍데기에 대하여) 살 참 穀 곡식 곡	彼(かれ)は自分(じぶん)の殻に閉(と)じこもっている。 그는 자기만의 세계에 틀어박혀 있다.
유 不用品(ふようひん) 불용품 유 無用(むよう)の品(しな) 쓸모없는 물건	引(ひ)き出(だ)しはがらくたでぎっしり詰(つ)まっている。 서랍은 잡동사니로 가득 차 있다.
참 為替(いたい)(×)*발음 주의!* 참 為替(ためかえ)(×)*발음 주의!*	為替レートは時々刻々(じじこっこく)と変化(へんか)する。 환율은 시시각각으로 변화한다.
= 水際(みずぎわ) 물가 암기 TIP 육지와 물이 키스(きし)하는 부분	ボートを岸に漕(こ)ぎ着(つ)けた。 보트를 저어 물가에 댔다.
유 布(ぬの) 직물, 피륙, 천 참 生地(せいち) 출생지 암기 TIP 옷이 해지면 천으로 기지(きじ)요	ドレスの生地を裁断(さいだん)する。 드레스 감을 재단하다.

표제어	Step 1 ｜ 단어 풀이(용법·의미)

고유어

16

絆
고삐, 유대

(한자풀이) 絆 줄 반, 얽어맬 반

きずな

의미 ① (소·말·개 등을) 매어두는 줄, 고삐
② 끊기 어려운 정이나 인연, 유대, 굴레

빈출표현 親子(おやこ)の絆(부모 자식 간의 정), 夫婦(ふうふ)の絆(부부의 정), 固(かた)い絆(굳은 인연)

＊**출제가능유형 :** [한자읽기-훈독] [유의표현]

17

霞
안개

(한자풀이) 霞 노을 하

かすみ

의미 안개 **용법** 특히 봄 안개를 뜻함

빈출표현 霞がかかる(안개가 끼다), 霞が棚引(たなび)く(안개가 길게 끼다), 霞を食(く)う(수입도 없이 살아가다) [신선은 안개를 먹고 산다는 전설에서]

＊**출제가능유형 :** [문맥] [유의표현]

18

おぼつかない
불안하다, 가망 없을 것 같다

おぼつかない

의미 ① 미덥지 못하다, 불안하다 ② 가망 없을 것 같다

빈출표현 おぼつかない足取(あしど)り(불안한 걸음걸이), 成功(せいこう)/合格(ごうかく)はおぼつかない(성공/합격은 가망이 없을 것 같다)

＊**출제가능유형 :** [유의표현] [용법]

い형용사

19

堅い
견실하다, 확실하다

(한자풀이) 堅 굳을 견

かたい

의미 ① 견실하다, 건실하다 ② 확실하다, 틀림없다

빈출표현 堅い人(ひと)(견실한 사람, 착실한 사람), 堅い商売(しょうばい)(견실한 장사, 견실한 사업), 優勝(ゆうしょう)は堅い(우승은 확실하다), 口(くち)が堅い(입이 무겁다)

＊**출제가능유형 :** [한자읽기-훈독] [용법]

20

決まり悪い
쑥스럽다, 겸연쩍다

(한자풀이) 決 결단할 결, 悪 악할 악

きまりわるい

의미 쑥스럽다, 겸연쩍다, 어쩐지 부끄럽다

빈출표현 決まり悪そうに(쑥스러운듯이), 決まり悪い顔付(かおつ)き(겸연쩍은 표정), 顔(かお)を合(あ)わせるのが決まり悪い(얼굴을 마주하는 것이 쑥스럽다)

＊**출제가능유형 :** [유의표현] [용법]

Step 2 │ 연관 단어	Step 3 │ 예문
유 結(むす)び付(つ)き 연결, 결합 유 繋(つな)がり 연결, 관계, 유대	彼(かれ)らは固(かた)い絆で結(むす)ばれている。 그들은 굳은 인연으로 맺어져 있다.
유 霧(きり) 안개 └→ 특히 가을 안개를 뜻함 유 狭霧(さぎり) 안개 └→ 특히 가을 안개를 뜻함	山(やま)すそに霞が棚引(たなび)いている。 산기슭에 안개가 길게 껴 있다.
= 頼(たよ)りない 미덥지 못하다, 불안하다 = 心(こころ)もとない 미덥지 못하다, 불안하다 = 疑(うたが)わしい 의심스럽다, 불확실하다	このままでは成功(せいこう)はおぼつかない。 이대로는 성공을 바라기 힘들다.
참 硬(かた)い 딱딱하다, 단단하다 └→ 물건의 성질에 사용 예 硬い石(いし) 단단한 돌 참 固(かた)い 굳다, 엄하다 └→ 변함없는 신념이나 주장에 사용 예 固い約束(やくそく) 굳은 약속	ミスをしない限(かぎ)り、彼(かれ)の優勝(ゆうしょう)は堅い。 실수를 하지 않는 한 그의 우승은 확실하다.
= 気恥(きは)ずかしい 겸연쩍다, 어쩐지 부끄럽다 = 照(て)れくさい 겸연쩍다, 쑥스럽다 = ばつが悪(わる)い 겸연쩍다, 쑥스럽다	大事(だいじ)な会議(かいぎ)に遅(おく)れてしまって、決まり悪かった。 중요한 회의에 늦어서 쑥스러웠다.

DAY 14

표제어	Step 1 | 단어 풀이(용법·의미)

い형용사

21

擽ったい
간지럽다, 쑥스럽다

(한자풀이) 擽 칠 력

くすぐったい

의미 ① 간지럽다 ② 낯간지럽다, 쑥스럽다, 겸연쩍다

빈출표현 背中(せなか)が擽ったい(등이 간지럽다),
褒(ほ)められて擽ったい(칭찬받아서 쑥스럽다)

*출제가능유형 : [문맥] [유의표현]

な형용사

22

頑丈だ
튼튼하다

(한자풀이) 頑 완고할 완, 丈 어른 장

がんじょうだ

의미 (신체 · 사물이) 튼튼하다

빈출표현 頑丈な体(からだ)/道具(どうぐ)(튼튼한 몸/도구),
頑丈に出来(でき)ている(튼튼하게 만들어졌다)

*출제가능유형 : [한자읽기-음독] [유의표현]

23

気障だ
아니꼽다, 비위에 거슬리다

(한자풀이) 気 기운 기, 障 막힐 장

きざだ

의미 '気障(きざわ)り'의 준말, (언어 · 동작 · 복장 등이) 아니꼽다, 같잖다, 비위에 거슬리다

빈출표현 気障な話(はな)し方(かた)/態度(たいど)(비위에 거슬리는 말투/태도),
気障な奴(やつ)(아니꼬운 녀석)

*출제가능유형 : [한자읽기-음훈독] [문맥]

24

気さくだ
싹싹하다, 서글서글하다

(한자풀이) 気 기운 기

きさくだ

의미 소탈하다, 싹싹하다, 서글서글하다, 상냥하다, 허물없다

빈출표현 気さくな人(ひと)(싹싹한 사람), 気さくな人柄(ひとがら)(소탈한 인품),
気さくに話(はな)し掛(か)ける(허물없이 말을 걸다)

*출제가능유형 : [문맥] [유의표현]

25

几帳面だ
꼼꼼하다

(한자풀이) 几 안석 궤, 帳 휘장 장, 面 얼굴 면

きちょうめんだ

의미 성격이 규칙적이고 꼼꼼하다

빈출표현 几帳面な人(ひと)/性格(せいかく)(꼼꼼한 사람/성격),
几帳面に日記(にっき)をつける(꼼꼼하게 일기를 쓰다)

*출제가능유형 : [한자읽기-음독] [유의표현]

Step 2 │ 연관 단어	Step 3 │ 예문
= 決まり悪い(きまりわるい) 쑥스럽다, 겸연쩍다 = 照れくさい(てれくさい) 겸연쩍다, 쑥스럽다 참 擽る(くすぐる) 간지럽히다 참 くすくす 킥킥, 낄낄	皆(みんな)の前(まえ)で褒(ほ)められて擽ったかった。 여러 사람 앞에서 칭찬을 들어서 쑥스러웠다.
= 丈夫だ(じょうぶだ) (신체가) 튼튼하다, 건강하다, (사물이) 튼튼하다, 탄탄하다 유 逞しい(たくましい) 다부지다, 튼튼하다 ↔ 華奢だ(きゃしゃだ) 가냘프다, 날씬하고 연약하다	この車(くるま)は頑丈にできている。 이 자동차는 튼튼하게 만들어졌다(제작되었다).
= 気障りだ(きざわりだ) 아니꼽다, 비위에 거슬리다, 못마땅하다 유 嫌味だ(いやみだ) 빈정대다, 비아냥거리다, 불쾌감을 주다 참 虫が好かない(むしがすかない) 어쩐지 마음에 안 들다, 주는 것 없이 밉다	彼(かれ)の話(はな)し方(かた)は気障だ。 그의 말투는 비위에 거슬린다.
유 友好的だ(ゆうこうてきだ) 우호적이다 유 人懐っこい(ひとなつっこい) 붙임성이 있다, 상냥하다, 사람을 잘 따르다 암기 TIP 마음(気)이 싹싹(さく)함	彼女(かのじょ)は気さくで社交的(しゃこうてき)な人(ひと)だ。 그녀는 싹싹하고 사교적인 사람이다.
유 誠実だ(せいじつだ) 성실하다 유 真面目だ(まじめだ) 성실하다, 착실하다 ↔ ずぼらだ 야무지지 못하다, 게으르다	彼(かれ)はとても几帳面な性格(せいかく)です。 그는 매우 꼼꼼한 성격입니다.

DAY 14

표제어 | **Step 1 | 단어 풀이(용법·의미)**

동사

26

悔いる

후회하다, 뉘우치다

한자풀이 悔 뉘우칠 회

くいる

용법 자신이 한 일에 대해서 잘못된 점을 유감스럽게 생각하며 뉘우치고 반성하는 것에 사용

빈출표현 罪(つみ)/前非(ぜんぴ)/軽率(けいそつ)な行動(こうどう)を悔いる
(죄/이전의 잘못/경솔한 행동을 뉘우치다)

*출제가능유형 : 문맥 | 유의표현

27

寛ぐ

느긋하게 쉬다, 편안히 지내다

한자풀이 寛 너그러울 관

くつろぐ

의미 느긋하게 쉬다, 편안히 지내다

빈출표현 寛いだ雰囲気(ふんいき)(편안한 분위기), 家(いえ)で寛ぐ(집에서 느긋하게 쉬다), 温泉(おんせん)で寛ぐ(온천에서 편히 쉬다)

*출제가능유형 : 유의표현 | 용법

28

企てる

계획하다, 꾸미다

한자풀이 企 꾀할 기

くわだてる

의미 계획하다, 꾸미다, 기도하다, 꾀하다

용법 크고 중요한 계획을 의미하며, 주로 좋지 않은 일에 사용

빈출표현 事業(じぎょう)を企てる(사업을 계획하다), 陰謀(いんぼう)を企てる(음모를 꾸미다), 乗(の)っ取(と)りを企てる(납치를 꾀하다)

*출제가능유형 : 한자읽기-훈독 | 유의표현

29

漕ぐ

젓다, 밟다

한자풀이 漕 배로 실어 나를 조

こぐ

의미 ① (노를) 젓다 ② (자전거나 그네를 탈 때) 발을 구부렸다 폈다 하다, 밟다, 타다

빈출표현 ボートを漕ぐ(보트를 젓다), ペダルを漕ぐ(페달을 밟다), ブランコを漕ぐ(그네를 타다)

*출제가능유형 : 문맥 | 용법

30

熟す

잘게 부수다, 소화시키다, 능숙하게 ~하다

한자풀이 熟 익을 숙

こなす

의미 ① 빻다, 잘게 부수다 ② (음식을) 소화시키다 ③ (일 등을 계획대로) 처리하다, 소화시키다 ④ 능숙하게 ~하다

용법 주로 '처리하다' '능숙하게 ~하다'의 의미로 사용

빈출표현 一日(いちにち)で熟す(하루에 처리하다), 着(き)熟す(맵시 있게 잘 입다)

*출제가능유형 : 문맥 | 유의표현

Step 2 │ 연관 단어	Step 3 │ 예문
= 後悔(こうかい)する 후회하다 유 悔(く)やむ 후회하다, 분해하다, 아쉽게 여기다 └→ 돌이킬 수 없는 일에 대해서 유감스럽게 생각하며 분하다고 생각하는 것 참 悔(くや)しい 분하다, 억울하다	今更(いまさら)悔いても始(はじ)まらない。 이제 와서 후회해도(반성해도) 소용없다.
유 リラックスする 긴장을 풀다, 편안히 쉬다 └→ 심신의 긴장을 푸는 것 유 憩(いこ)う (편히) 쉬다, 휴식하다 └→ 심신을 편히 하기 위해서 쉬는 것	温泉(おんせん)に行(い)って寛ぐ。 온천에 가서 느긋하게 쉬다.
유 企(たくら)む 계획하다, 꾸미다, 기도하다, 꾀하다 └→ 좋지 않은 일에만 사용 유 目論(もくろ)む 계획하다, 꾸미다, 꾀하다 └→ 정확한 계획이나 준비 없이 막연히 기대하는 것. 주로 좋지 않은 일에 사용 암기 TIP 쿠데타와(くわ) 같은 좋지 않은 계획을 세우다(立てる)	彼(かれ)はクーデターを企てた疑(うたが)いで逮捕(たいほ)された。 그는 쿠데타를 계획한 의혹으로 체포되었다.
참 漕(こ)ぎ着(つ)ける 노력해서 겨우 목표에 도달하다, 간신히 ~하기에 이르다 예 ようやく開店(かいてん)に漕(こ)ぎ着(つ)ける 간신히 개점하기에 이르다 참 槽 구유 조	電車(でんしゃ)の座席(ざせき)で舟(ふね)を漕ぐ。 전철 좌석에서 꾸벅꾸벅 졸다.
유 細(こま)かく砕(くだ)く 잘게 부수다 유 消化(しょうか)する 소화시키다 유 処理(しょり)する 처리하다 유 上手(うま)く～する 능숙하게 ~하다 암기 TIP 가루(こな)로 하다(する), 즉 잘게 부수다	彼女(かのじょ)はいつもおしゃれに着(き)熟す。 그녀는 항상 멋지게 옷을 잘 입는다.

DAY 14

표제어	Step 1 ǀ 단어 풀이(용법·의미)

동사

31 ごまかす
속이다

ごまかす

의미 속이다

용법 남의 눈에 띄지 않도록 부정을 행하는 것으로, 어떤 일이나 내용을 목적어로 함

빈출표현 年(とし)/売上金(うりあげきん)/分量(ぶんりょう)をごまかす(나이/매상금/분량을 속이다)

*출제가능유형 : 유의표현 | 용법

32 堪える
참다, 견디다, 억제하다

한자풀이 堪 견딜 감

こらえる

용법 ① 추위·통증 등의 감각을 참고 견디는 것에 사용
② 분노·눈물·웃음 등의 감정을 억제하는 것에 사용

빈출표현 寒(さむ)さ/怒(いか)り/涙(なみだ)/笑(わら)いを堪える(추위/분노/눈물/웃음을 참다)

*출제가능유형 : 문맥 | 유의표현

33 凝らす
엉기게 하다, 한곳에 집중시키다

한자풀이 凝 엉길 응

こらす

의미 ① 엉기게 하다, 응결시키다
② (마음·눈·귀 등을) 한곳에 집중시키다

빈출표현 工夫(くふう)/思(おも)いを凝らす(골똘히 궁리하다/생각하다), 瞳(ひとみ)を凝らす(응시하다), 耳(みみ)を凝らす(귀를 기울이다)

*출제가능유형 : 한자읽기-훈독 | 용법

34 凝る
엉기다, 열중하다, 공들이다, 근육이 뻐근하다

한자풀이 凝 엉길 응

こる

의미 ① 엉기다, 응고하다 ② 열중하다, 몰두하다, 미치다, 빠지다
③ 공들이다, 신경을 쓰다 ④ (근육이) 뻐근하다, 결리다

빈출표현 血(ち)が凝る(피가 엉기다), ゴルフに凝る(골프에 열중하다), 凝った料理(りょうり)(공들인 요리), 肩(かた)が凝る(어깨가 뻐근하다)

*출제가능유형 : 문맥 | 유의표현

35 遡る
거슬러 올라가다, 되돌아가다

한자풀이 遡 거슬러 올라갈 소

さかのぼる

의미 ① (흐르는 물을) 거슬러 올라가다
② (과거·근본으로) 거슬러 올라가다, 되돌아가다

빈출표현 川(かわ)/歴史(れきし)/時代(じだい)を遡る(강/역사/시대를 거슬러 올라가다), 原点(げんてん)に遡る(원점으로 되돌아가다)

*출제가능유형 : 문맥 | 용법

Step 2 ｜ 연관 단어	Step 3 ｜ 예문
유 だます 속이다 ㄴ 사람(상대방)을 목적어로 함 유 偽(いつわ)る 속이다, 거짓말하다 ㄴ 거짓말을 하는 것	不良品(ふりょうひん)をごまかして売(う)る。 불량품을 속여서 팔다.
유 耐(た)える 참다, 견디다 ㄴ 추위 · 더위 · 통증 등의 감각을 참고 견디는 것, 외부로부터의 작용을 견디는 것 유 堪(た)える 참다, 견디다, ~할 가치가 있다 ㄴ 추위 · 더위 · 통증 등의 감각을 참고 견디는 것	寒(さむ)さを堪えながらバスを待(ま)つ。 추위를 참으며 버스를 기다리다.
유 澄(す)ます 차분하게 주의를 집중하다 예 目(め)を澄ます 눈여겨보다 예 耳(みみ)を澄ます 귀를 기울이다 참 疑らす(×)*한자 주의!* 참 疑 의심할 의	好(す)きな子(こ)を瞳(ひとみ)を凝らして見詰(みつ)める。 좋아하는 아이를 응시하여 바라보다.
유 はまる 열중하다, 빠지다, 미치다 유 耽(ふけ)る 탐닉하다, 빠지다 유 工夫(くふう)を凝(こ)らす 골똘히 궁리하다 유 張(は)る 결리다, 뻐근하다	最近(さいきん)うちの旦那(だんな)はゴルフに凝っている。 최근 우리 남편은 골프에 빠져 있다.
유 立(た)ち返(かえ)る (원래의 장소나 상태로) 되돌아오다(가다) 참 辿(たど)る (뚜렷하지 않은 발자취 · 기억 등을) 더듬다 예 先人(せんじん)の足跡(あしあと)を辿る 선인의 발자취를 더듬다 암기 TIP 비탈길(さか)을 거슬러 올라가다(のぼる)	この話(はなし)は300年前(ねんまえ)に遡る。 이 이야기는 300년 전으로 거슬러 올라간다.

DAY 14

표제어	Step 1 | 단어 풀이(용법·의미)

36 동사

避ける

피하다, 멀리하다

한자풀이 避 피할 피

さける

의미 피하다, 멀리하다, 꺼리다

용법 추상적으로 피하는 것에 사용

빈출표현 危険/人目を避ける(위험/남의 시선을 피하다), 避けて通れない問題(피해 갈 수 없는 문제)

＊출제가능유형 : 문맥 용법

37

差し掛かる

접어들다, 다다르다

한자풀이 差 어긋날 차, 掛 걸 괘

さしかかる

의미 ① (바로 앞까지) 접어들다, 다다르다, 막 당도하다
② (그 시기에) 접어들다, 이르다

용법 그곳의 조금 앞부분부터 말하는 것에 사용

빈출표현 山道/雨期/中年に差し掛かる(산길/우기/중년에 접어들다)

＊출제가능유형 : 문맥 유의표현

38 부사

うんざり

진절머리 남, 지긋지긋함

うんざり

용법 같은 일이 길어지거나 반복되어 싫어지는 것에 사용

빈출표현 長話にうんざりする(긴 이야기에 진절머리나다), 同じことの繰り返しでうんざりする (같은 일의 반복으로 몹시 싫증 나다)

＊출제가능유형 : 문맥 유의표현

39

恐らく

아마, 어쩌면, 틀림없이

한자풀이 恐 두려워할 공

おそらく

용법 정확도가 높은 추측을 나타내는 표현으로, 뒤에는 추측 표현이 따름

빈출표현 恐らく雨が降るだろう(아마 비가 올 것이다), 恐らく合格するだろう(아마 합격할 것이다)

＊출제가능유형 : 문맥 용법

40

折り返し

반환점, (받은) 즉시

한자풀이 折 꺾을 절, 返 돌아올 반

おりかえし

용법 편지·전화·메일·질문 등에 대해서, 받은 즉시 회답하는 경우에 사용

빈출표현 マラソンの折り返し点(마라톤의 반환점), 折り返し電話/返事する(즉시 전화/답장하다)

＊출제가능유형 : 문맥 유의표현

Step 2 │ 연관 단어	Step 3 │ 예문
유 避(よ)ける 피하다, 비키다 └, 구체적으로 피하는 것 예 ボールを避(よ)ける 공을 피하다 ↔ 会(あ)う 만나다 참 裂(さ)ける 찢어지다	高齢化(こうれいか)は誰(だれ)もが避けて通(とお)れない道(みち)である。 고령화는 누구도 피해 갈 수 없는 길이다.
유 通(とお)り掛(か)かる 마침 지나가다 └, 마침 그곳을 지나가는 것	列車(れっしゃ)が橋(はし)に差し掛かると、海(うみ)が見(み)えてきた。 열차가 다리에 접어들자 바다가 보였다.
= 飽(あ)き飽(あ)き 진절머리 남, 넌더리 남, 몹시 싫증 남 유 げんなり 진절머리 남, 몹시 싫증 남 └, 너무 많아서 싫어지는 것 예 宿題(しゅくだい)の量(りょう)にげんなりする 숙제 양에 진절머리 나다	毎日同(まいにちおな)じ献立(こんだて)でうんざりする。 매일 같은 메뉴라서 싫증 나다.
유 たぶん 아마 └, 그다지 강한 확신이 없는 추측 유 きっと 꼭, 반드시, 틀림없이 └, 강한 확신에 근거한 추측 참 확신·실현 가능성 순 きっと＞おそらく＞たぶん 암기 TIP 오!(お) 하늘(そら) 봐봐 아마 내일은 비가 오겠는데	明日(あした)は恐らく雨(あめ)だろう。 내일은 아마 비가 올 것이다.
유 ユーターン 유턴 유 直(す)ぐに 곧, 즉시 유 直(ただ)ちに 곧, 즉시, 당장	こちらから折り返しお電話(でんわ)いたします。 저희가 즉시 전화 드리겠습니다.

DAY 14

표제어	Step 1 단어 풀이(용법·의미)
41 부사 **きっちり** 꼭, 딱, 정각	きっちり 의미 ① 빈틈이 없는 모양, 꽉 들어맞는 모양, 꼭, 꽉, 딱 ② 시간·수량 등에 우수리가 없는 모양, 꼭, 정각 빈출표현 きっちりはめ込(こ)む(꼭 끼워 넣다), きっちり合(あ)う(딱 맞다), きっちり千円(せんえん)(딱 1,000엔), きっちり2時(じ)(정각 2시) *출제가능유형 : 문맥 유의표현
42 부사 **ぐっと** 꿀꺽, 뭉클	ぐっと 의미 ① 힘을 주어 단숨에 하는 모양, 꿀꺽, 쭉 ② 감동·감격을 받는 모양, 뭉클 빈출표현 ぐっと飲(の)む/飲(の)み込(こ)む(꿀꺽 마시다/삼키다), 胸(むね)にぐっと来(く)る(가슴에 뭉클 와닿다) *출제가능유형 : 문맥 유의표현
43 가타카나 **サービスエリア** (고속도로) 휴게소	service area 의미 서비스 에어리어, (고속도로) 휴게소 빈출표현 サービスエリアに寄(よ)る(휴게소에 들르다), サービスエリアで休憩(きゅうけい)する/食事(しょくじ)をする (휴게소에서 휴식하다/식사를 하다) *출제가능유형 : 문맥 용법
44 가타카나 **サボタージュ** 태업, 게으름 피움	sabotage(프랑스어) 의미 태업, 게으름 피움, 게을리함 빈출표현 ～をサボタージュする(～을 게을리하다) *출제가능유형 : 유의표현 용법
45 가타카나 **シック** 멋진 모양, 세련된 모양	chic(프랑스어) 의미 시크, 멋진 모양, 세련된 모양 빈출표현 シックなデザイン(세련된 디자인), シックな装(よそお)い(멋진 옷차림), シックに着(き)こなす(멋지게 옷을 잘 입다) *출제가능유형 : 문맥 유의표현

Step 2 연관 단어	Step 3 예문
= ぴったり 꼭, 딱 (맞음) = きっかり 꼭, 정각 = 丁度(ちょうど) 꼭, 정각	中身(なかみ)がこぼれないように、蓋(ふた)をきっちり閉(し)めてください。 내용물이 흐르지 않도록 뚜껑을 꽉 닫아 주세요.
유 がぶり(と) 단번에 들이키거나 먹는 모양, 꿀꺽, 덥석 유 じいん(と) 감동 · 감격으로 몸이 짜릿해지는 모양, 찡, 짜릿하게	今日(きょう)の映画(えいが)には、胸(むね)にぐっと来(く)るシーンがあった。 오늘의 영화에는 가슴에 뭉클 와닿는 장면이 있었다.
참 パーキングエリア 파킹 에어리어, 주차 구역	サービスエリアに寄(よ)ってお土産(みやげ)を買(か)う。 휴게소에 들러서 선물을 사다.
= サボ サボタージュ의 준말 = 怠業(たいぎょう) 태업, 일을 게을리함 참 サボる 게을리하다, 게으름 피우다, (수업을) 빼먹다 참 怠(なま)ける 게으름 피우다	うちの上司(じょうし)は仕事(しごと)をサボタージュしている。 우리 상사는 일을 게을리하고 있다.
유 おしゃれ 멋부림, 멋쟁이 유 粋(いき) 때 벗음, 멋짐, 세련됨 유 あか抜(ぬ)け 때 벗음, 세련됨 ↔ 野暮(やぼ) 촌스러움	彼女(かのじょ)はいつもシックに着(き)こなす。 그녀는 항상 세련되게 옷을 잘 입는다.

DAY 14

표제어	Step 1 ㅣ 단어 풀이(용법·의미)

의성어·의태어

46

かさかさ
까칠까칠, 바스락바스락

かさかさ

의미 ① 윤기가 없이 까칠한 모양, 까칠까칠, 까슬까슬
② 바싹 마른 것들이 부딪쳐 나는 소리, 바스락바스락

★ 빈출표현 皮膚(ひふ)がかさかさになる(피부가 까칠까칠해지다),
かさかさ(と)落(お)ち葉(ば)を踏(ふ)む(바스락바스락 낙엽을 밟다)

*출제가능유형 : [문맥] [용법]

47

ざわざわ
웅성웅성, 술렁술렁

ざわざわ

의미 웅성웅성, 술렁술렁, 수런수런

용법 많은 사람들이 동요되어 침착하지 못한 모양에 사용

★ 빈출표현 場内(じょうない)/客席(きゃくせき)/心(こころ)がざわざわする(장내/객석/마음이 술렁거리다)

*출제가능유형 : [문맥] [유의표현]

48

しくしく
훌쩍훌쩍

しくしく

의미 훌쩍훌쩍

용법 코를 훌쩍이며 힘없이 우는 모양에 사용

★ 빈출표현 しくしく(と)泣(な)く(훌쩍훌쩍 울다)

*출제가능유형 : [문맥] [용법]

관용구

49

弘法にも筆の誤り
아무리 재주가 뛰어난 사람도 실수가 있음의 비유

(한자풀이) **弘** 넓을 홍, **法** 법 법, **筆** 붓 필, **誤** 그르칠 오

こうぼうにもふでのあやまり

의미 [서예에 뛰어난 홍법대사(弘法大師)도 때로는 잘못 쓸 때가 있다는 뜻] 아무리 재주가 뛰어난 사람도 실수가 있음의 비유, 원숭이도 나무에서 떨어진다

*출제가능유형 : [문맥] [유의표현]

50

匙を投げる
의사가 치료의 가망이 없어 포기하다, 어떤 일의 가망이 없어 포기하다

(한자풀이) **匙** 숟가락 시, **投** 던질 투

さじをなげる

의미 [약 제조용 스푼을 던져 버린다는 뜻] 의사가 치료의 가망이 없어 포기하다, 어떤 일의 가망이 없어 포기하다

*출제가능유형 : [문맥] [유의표현]

Step 2 │ 연관 단어	Step 3 │ 예문
= がさがさ 표면이 매끄럽지 않은 모양, 꺼칠꺼칠, 꺼슬꺼슬, 바싹 마른 것들이 스쳐서 나는 소리, 버스럭버스럭 └, 'かさかさ'보다 더 거칠고 시끄러운 소리 ↔ すべすべ 매끄러운 모양, 매끈매끈	寒(さむ)くなると、肌(はだ)がかさかさして痒(かゆ)くなる。 추워지면 피부가 까칠까칠해져서 가려워진다.
유 がやがや 시끌시끌, 와글와글, 왁자지껄 └, 많은 사람들이 시끄럽게 떠드는 모양 유 わあわあ 와와, 와글와글, 왁자지껄 참 ざわめく 웅성거리다, 술렁거리다, 수런거리다	急(きゅう)に電気(でんき)が消(き)えると、客席(きゃくせき)はざわざわしはじめた。 갑자기 정전이 되자 객석은 웅성거리기 시작했다.
유 さめざめ 하염없이 └, 주룩주룩 눈물을 흘리며 조용히 계속 우는 모양 유 めそめそ 훌짝훌짝 └, 마음이 약해서 소리 없이 또는 낮은 소리로 걸핏하면 우는 모양 참 わあわあ 엉엉, 앙앙 참 わんわん 엉엉, 앙앙 └, わあわあ와 わんわん은 큰소리로 우는 모양	妹(いもうと)は母(はは)に叱(しか)られて部屋(へや)の隅(すみ)でしくしく(と)泣(な)いている。 여동생은 어머니에게 혼나서 방 구석에서 훌쩍훌쩍 울고 있다.
유 猿(さる)も木(き)から落(お)ちる 원숭이도 나무에서 떨어진다 유 かっぱの川流(かわなが)れ [헤엄을 잘 치는 かっぱ가 물에 빠져 죽는다는 뜻] 아무리 숙련된 사람도 실수하는 일이 있음의 비유 참 かっぱ 물속에 산다는 어린애 모양을 한 상상의 동물	彼(かれ)がこんなミスをするなんて、弘法にも筆の誤りだな。 그가 이런 실수를 하다니, 아무리 뛰어난 사람도 실수가 있는 법이구나.
유 諦(あきら)める 체념하다, 단념하다 참 匙(さじ) 숟가락	この病気(びょうき)は名医(めいい)も匙を投げるほどの難病(なんびょう)である。 이 병은 명의도 포기할 정도의 난병이다.

Day 14

문제로 확인하기

1 다음 단어의 한자 읽는 법을 고르세요.

1. 懸念　　A. けねん　　B. けんねん
2. 企てる　　A. へだてる　　B. くわだてる
3. 香典　　A. こうでん　　B. こうてん

2 다음 단어의 한자 표기를 고르세요.

4. きし　　A. 岸　　B. 崖
5. こうとう　　A. 高騰　　B. 高謄
6. から　　A. 穀　　B. 殻

3 다음 빈칸에 공통으로 들어갈 수 있는 한자 또는 단어로 적절한 것을 고르세요.

7. 両(　)　為(　)　交(　)
   A. 側　B. 替　C. 代
8. (　)伏　(　)参　昇(　)
   A. 起　B. 降　C. 進
9. 気(　)　(　)壁　支(　)
   A. 持　B. 障　C. 援

4 빈칸에 들어갈 단어로 적절한 것을 고르세요.

A. ざわざわ　　B. 恒例　　C. きっちり

10. 急に電気が消えると、客席は＿＿＿＿＿しはじめた。
11. 中身がこぼれないように、蓋を＿＿＿＿＿閉めてください。
12. 毎年5月の＿＿＿＿＿行事となっている運動会を今年も開催いたします。

정답 1. A　2. B　3. A　4. A　5. A　6. B　7. B　8. B　9. B　10. A　11. C　12. B

강의와
예문 듣기

WEEK 3

Day 15

매일 품사별로 골고루! 오늘의 50단어 한눈에 보기!

음독명사

01. 骨
02. 根底
03. 採決
04. 採算
05. 細胞
06. 察知
07. 支度
08. 祝儀
09. 充実
10. 修行

고유어

11. 鎖
12. 蔵
13. 口コミ
14. 玄人
15. 事柄
16. 独楽
17. 差し入れ

い형용사

18. 汚らわしい
19. 好ましい
20. すばしこい
21. 逞しい

な형용사

22. 華奢だ
23. 窮屈だ
24. 健気だ
25. 淑やかだ

동사

26. 擦る
27. 定める
28. 妨げる
29. 強いる
30. 仕切る
31. 凌ぐ
32. 忍ぶ
33. 搾る
34. 退ける
35. 救う
36. 優れる
37. 濯ぐ

부사

38. 殊に
39. さっぱり
40. 至急
41. しっとり
42. 終始

가타카나

43. ジャーナリズム
44. ストライキ
45. スペースシャトル

의성어・의태어

46. しぶしぶ
47. しゃきしゃき
48. ずるずる

관용구

49. 鯖を読む
50. 舌鼓を打つ

표제어	Step 1 ǀ 단어 풀이(용법·의미)

음독명사

1

骨

요령

(한자풀이) **骨** 뼈 골

コツ

의미 경험으로부터 얻은 묘한 이치

용법 주로 히라가나 혹은 가타카나로 쓰임

★ **빈출표현** コツを掴(つか)む/飲(の)み込(こ)む(요령을 파악하다/터득하다)

*출제가능유형 : [문맥] [유의표현]

2

根底

근저, 근본, 토대

(한자풀이) **根** 뿌리 근, **底** 밑 저

こんてい

의미 사물의 밑바탕, 기초, 근본

★ **빈출표현** 根底にある~(밑바탕에 깔린 ~),
根底から間違(まちが)う(근본부터 잘못되다),
根底から覆(くつがえ)す(근본부터 뒤엎다)

*출제가능유형 : [문맥] [용법]

3

採決

채결

(한자풀이) **採** 캘 채, **決** 결단할 결

さいけつ

의미 회의 등에서 의안의 찬반 여부를 물어 결정하는 것

★ **빈출표현** 採決を行(おこな)う(채결하다),
採決に付(ふ)する(채결에 부치다),
挙手(きょしゅ)で採決する(거수로 채결하다)

*출제가능유형 : [문맥] [유의표현]

4

採算

채산

(한자풀이) **採** 캘 채, **算** 셀 산

さいさん

의미 수입과 지출을 맞추어 계산하는 것

★ **빈출표현** 採算が合(あ)う/取(と)れる(채산이 맞다)

*출제가능유형 : [문맥] [유의표현]

5

細胞

세포

(한자풀이) **細** 가늘 세, **胞** 세포 포

さいぼう

의미 생물체를 구성하는 최소 단위

★ **빈출표현** 細胞組織(そしき)(세포 조직), 細胞分裂(ぶんれつ)(세포 분열),
癌(がん)細胞(암세포)

*출제가능유형 : [한자읽기-음독] [문맥]

Step 2 ｜ 연관 단어	Step 3 ｜ 예문
= 要領(ようりょう) 요령 예 要領を覚(おぼ)える 요령을 터득하다	何事(なにごと)においてもコツを掴(つか)むという事(こと)が最(もっと)も重要(じゅうよう)だ。 어떠한 일에 있어서도 요령을 파악하는 것이 가장 중요하다.
= 根本(こんぽん) 근본 = 根元(ねもと)・根本(ねもと) 근원, 근본	その理論(りろん)は根底から間違(まちが)っている。 그 이론은 근본부터 잘못되었다.
유 議決(ぎけつ) 의결 유 決議(けつぎ) 결의 참 裁決(さいけつ) 재결 └ 행정기관이 선인지 악인지를 재판(裁判)하여 내리는 결정	法案(ほうあん)が採決に付(ふ)された。 법안이 채결에 부쳐졌다.
유 収支(しゅうし) 수지	この事業計画(じぎょうけいかく)は採算が取(と)れない。 이 사업 계획은 채산이 맞지 않는다.
= セル 세포 참 細胞(さいぼう)만 탁음, 나머지는 ほう로 발음 예 同胞(どうほう) 동포 TIP 包가 포함된 한자들의 음은 기본적으로 ほう로 읽힘	細胞は細胞分裂(ぶんれつ)によって増(ふ)えていく。 세포는 세포 분열에 의해서 증식한다.

DAY 15

표제어	Step 1 ㅣ 단어 풀이(용법·의미)

음독명사

6

察知

알아차림

(한자풀이) **察** 살필 찰, **知** 알 지

さっち

의미 살펴서 아는 것, 헤아려서 아는 것

★빈출표현 事前(じぜん)/未然(みぜん)に察知する(사전/미연에 알아차리다)

*출제가능유형 : [문맥] [유의표현]

7

支度

준비, 채비

(한자풀이) **支** 지탱할 지, **度** 법도 도

したく

의미 주로 일상생활에서의 옷차림이나 식사와 같은 그리 오래 걸리지 않는 간단한 준비를 뜻함

★빈출표현 食事(しょくじ)の支度(식사 준비), 出掛(でか)ける支度(나갈 준비), 旅(たび)の支度(여행 준비)

*출제가능유형 : [한자읽기-음독] [유의표현]

8

祝儀

축의(금), 축하 선물

(한자풀이) **祝** 빌 축, **儀** 거동 의

しゅうぎ

의미 ① 축하하는 의례나 의식 ② 축의(금)

용법 주로 ご祝儀의 형태로 축의금의 뜻으로 사용

★빈출표현 結婚式(けっこんしき)のご祝儀(결혼식 축의금), ご祝儀袋(ぶくろ)(축의금 봉투), ご祝儀相場(そうば)(축의금 시세)

*출제가능유형 : [한자읽기-음독] [용법]

9

充実

충실, 알참

(한자풀이) **充** 가득할 충, **実** 열매 실

じゅうじつ

의미 내용이 잘 갖춰지고 알참

용법 주로 '充実した~(알찬 ~)', '充実している(알차다)'의 형태로 사용

★빈출표현 充実感(かん)(충실감), 内容(ないよう)が充実する(내용이 충실하다)

*출제가능유형 : [문맥] [용법]

10

修行

수행

(한자풀이) **修** 닦을 수, **行** 갈 행, 다닐 행

しゅぎょう

의미 행실·학문·기예 등을 닦는 것

★빈출표현 修行者(しゃ)(수행자), 武者(むしゃ)修行(무사 수행), 仏道(ぶつどう)修行(불도 수행)

*출제가능유형 : [한자읽기-음독] [유의표현]

Step 2 ｜ 연관 단어	Step 3 ｜ 예문
유 感知(かんち) 감지 유 探知(たんち) 탐지 참 気付(きづ)く 알아차리다, 깨닫다	事前(じぜん)に危険(きけん)を察知した。 사전에 위험을 알아차렸다.
유 準備(じゅんび) 준비 └ 행사나 여행, 시험 등을 위해 여러 과정을 거쳐서 계획적이며 단계적으로 하는 긴 준비 유 用意(ようい) 준비, 채비 └ 이미 다 준비되어 있어 바로 행동으로 옮길 수 있는 상태의 물질적인 짧은 준비 암기 TIP 식사 준비는 식탁(したく)에 하죠	妻(つま)は食事(しょくじ)の支度で忙(いそが)しい。 아내는 식사 준비로 바쁘다.
참 祝儀(しゅくぎ)(×)*발음 주의!* 참 ご香典(こうでん) 부의 참 ご香料(こうりょう) 부의	ご祝儀相場(そうば)はどのぐらいですか。 축의금 시세는 어느 정도입니까?
참 忠実(ちゅうじつ) 충실 └ 주어진 업무에 성실하거나, 허위나 틀림이 없는 것 예 忠実な犬(いぬ) 충실한 개 예 原文(げんぶん)に忠実な翻訳(ほんやく) 원문에 충실한 번역	この本(ほん)は内容(ないよう)が充実している。 이 책은 내용이 충실하다.
유 修練(しゅうれん) 수련 참 修行(しゅうぎょう)(×)*발음 주의!* +TIP 불교 용어는 읽는 방법이 특이합니다 참 修(おさ)める (심신을) 수양하다, (학문을) 수학하다	お坊(ぼう)さんが修行をしている。 스님이 수행을 하고 있다.

DAY 15

표제어	Step 1 | 단어 풀이(용법·의미)
11 **鎖** 쇠사슬 (한자풀이) **鎖** 쇠사슬 쇄	くさり 의미 쇠고리를 여러 개 걸어 이은 줄, 체인 빈출표현 鎖で繋ぐ(つな)(쇠사슬로 매다), 懐中時計(かいちゅうどけい)の鎖(회중시계의 쇠사슬) *출제가능유형 : 한자읽기-훈독 유의표현
12 **蔵** 창고 (한자풀이) **蔵** 감출 장	くら 의미 창고, 곳간 용법 소중한 물건을 보관하는 창고를 뜻함 빈출표현 蔵が建つ(た)(창고가 서다, 큰 부자가 되다), お蔵にする(발표를 보류하다) *출제가능유형 : 한자읽기-훈독 문맥
13 고유어 **口コミ** 입소문 (한자풀이) **口** 입 구	くちコミ 의미 입에서 입으로 전해지는 소문 · 평판 용법 口(くち)와 コミュニケーション의 합성 빈출표현 口コミで売れる(う)/伝わる(つた)/広まる(ひろ)(입소문으로 팔리다/전해지다/퍼지다) *출제가능유형 : 유의표현 용법
14 **玄人** 프로, 전문가 (한자풀이) **玄** 검을 현, **人** 사람 인	くろうと 의미 기예 등에 숙달한 사람 빈출표현 玄人はだし(전문가 빰침), 玄人筋(すじ)(정통한 사람, 속사정에 밝은 사람) *출제가능유형 : 한자읽기-훈독 유의표현
15 **事柄** 사항, 일 (한자풀이) **事** 일 사, **柄** 자루 병	ことがら 의미 사물의 내용, 사물의 모양 빈출표현 重要(じゅうよう)/重大(じゅうだい)/特殊(とくしゅ)な事柄(중요/중대/특수한 사항) *출제가능유형 : 한자읽기-훈독 문맥

Step 2 ｜ 연관 단어	Step 3 ｜ 예문
= チェーン 체인 참 連鎖(れんさ) 연쇄 암기 TIP 옛날에는 노예들을 쇠사슬로 때리며 쿠사리를 줬죠	懐中時計(かいちゅうどけい)の**鎖**が切(き)れてしまった。 회중시계의 쇠사슬이 끊어져 버렸다.
= 倉庫(そうこ) 창고 유 倉(くら) 창고, 곳간 └→ 곡물의 창고를 뜻함 유 納屋(なや) 헛간	農具(のうぐ)を**蔵**に保管(ほかん)する。 농기구를 창고에 보관하다.
유 また聞(ぎ)き 간접적으로 들음 유 伝聞(でんぶん) 전문, 전해 들음 유 噂(うわさ) 소문	宣伝(せんでん)もしないのに、**口コミ**でよく売(う)れている。 선전도 하지 않는데 입소문으로 잘 팔리고 있다.
= プロ 프로 = 専門家(せんもんか) 전문가 ↔ 素人(しろうと) 아마추어, 비전문가 참 玄人(くろびと)(×)*발음 주의!*	彼(かれ)の料理(りょうり)の腕前(うでまえ)は**玄人**はだしだ。 그의 요리 솜씨는 전문가 빰친다.
= 事項(じこう) 사항	重要(じゅうよう)な**事柄**だから十分(じゅうぶん)に理解(りかい)しておこう。 중요한 사항이니까 충분히 이해해 두자.

DAY 15

표제어	Step 1 | 단어 풀이(용법·의미)
16 고유어	
独楽 팽이 (한자풀이) 独 홀로 독, 楽 즐거울 락, 풍류 악	こま 의미 [혼자(独) 즐겁게(楽) 돈다는 의미] 팽이 빈출표현 独楽を回(まわ)す(팽이를 돌리다), 独楽回(まわ)し(팽이 돌리기) *출제가능유형 : 한자읽기-훈독 / 문맥
17	
差し入れ 일하는 사람에게 보내는 음식물 (한자풀이) 差 어긋날 차, 다를 차, 入 들 입	さしいれ 의미 일을 하고 있는 사람을 위로하기 위해 보내는 음식물 빈출표현 ～に～を差し入れする(～에게 음식물을 보내다) *출제가능유형 : 문맥 / 용법
18 い형용사	
汚らわしい 더럽다, 추잡스럽다 (한자풀이) 汚 더러울 오	けがらわしい 용법 도덕적·윤리적으로 불결하여 불쾌감을 느끼는 추상적인 의미에 사용 빈출표현 汚らわしい噂(うわさ)(추잡스러운 소문), 見(み)るのも汚らわしい(보기에도 역겹다), 聞(き)くのも汚らわしい(듣기에도 추잡스럽다) *출제가능유형 : 한자읽기-훈독 / 용법
19	
好ましい 바람직하다, 탐탁하다 (한자풀이) 好 좋을 호	このましい 의미 바람직하다, 탐탁하다 용법 세상의 일반 사람들이 그렇게 생각하고 있다는 의미 빈출표현 好ましい状態(じょうたい)/傾向(けいこう)(바람직한 상태/경향), 好ましくない風潮(ふうちょう)(바람직하지 못한 풍조) *출제가능유형 : 문맥 / 유의표현
20	
すばしこい 재빠르다, 민첩하다	すばしこい 의미 재빠르다, 민첩하다 용법 동작이 빠를 때 사용 빈출표현 すばしこい子供(こども)(민첩한 아이), すばしこいリス(재빠른 다람쥐), すばしこく逃(に)げ回(まわ)る(재빠르게 도망 다니다) *출제가능유형 : 문맥 / 유의표현

Step 2 | 연관 단어 / Step 3 | 예문

암기 TIP 꼬마 시절에 팽이 돌리기를 많이 하죠

子供(こども)の頃(ころ)、独楽回(まわ)しなどをして遊(あそ)んでいた。

어린 시절에 팽이 돌리기 등을 하며 놀았다.

참 陣中見舞(じんちゅうみま)い 진중 위문, 일하고 있는 사람을 찾아가서 위로하고 격려함

サークルの練習(れんしゅう)をしている後輩(こうはい)たちにアイスクリームを差し入れした。

서클 연습을 하고 있는 후배들에게 아이스크림을 보냈다.

유 汚(きたな)い 더럽다, 지저분하다
└ 신체·물건·장소 등이 청결하지 못한 구체적인 의미에 사용

↔ 清(きよ)い (도덕적·윤리적으로) 깨끗하다

そんな話(はなし)は耳(みみ)にするのも汚らわしい。

그런 이야기는 듣기에도 추잡스럽다.

유 望(のぞ)ましい 바람직하다, 소망스럽다
└ 그러길 바라는 희망을 나타내는 것이며, 꼭 그렇게 해야만 하는 것은 아니라는 의미

面接(めんせつ)の時(とき)は、髪(かみ)は黒(くろ)の方(ほう)が好ましい。

면접 시에는 머리는 검은 색이 바람직하다.

유 素早(すばや)い 재빠르다, 민첩하다, 날래다
└ 동작이나 머리 회전(판단)이 빠를 때 사용

↔ 鈍(どん)くさい 느려터지다

ネズミがすばしこく逃(に)げ回(まわ)る。

쥐가 잽싸게 요리조리 도망 다니다.

표제어	Step 1	단어 풀이(용법・의미)

い형용사

21

逞しい
다부지다, 튼튼하다

한자풀이 逞 굳셀 령

たくましい

의미 다부지다, 튼튼하다, 늠름하다, 억세다

용법 튼튼하고 다부진 체격에 사용

빈출표현 逞しい体付き(다부진 체격), 逞しい若者(늠름한 젊은이), 逞しく成長する(튼튼하게 성장하다)

*출제가능유형 : 문맥 유의표현

な형용사

22

華奢だ
가냘프다, 날씬하고 연약하다

한자풀이 華 빛날 화, 奢 사치할 사

きゃしゃだ

의미 (모습・모양 등이) 가냘프다, 날씬하고 연약하다

용법 모습・모양은 고상하고 아름다우나 연약하게 느껴지는 경우에 사용

빈출표현 華奢な体付き/女性(가냘픈 몸매/여성), 華奢な子供(연약한 아이)

*출제가능유형 : 문맥 유의표현

23

窮屈だ
비좁다, 갑갑하다

한자풀이 窮 다할 궁, 屈 굽을 굴

きゅうくつだ

의미 (공간・장소에 여유가 없어서) 비좁아 갑갑하다, 답답하다

빈출표현 窮屈な座席/部屋(비좁은 좌석/방), 窮屈な服(꽉 끼는 옷)

*출제가능유형 : 한자읽기-음독 유의표현

24

健気だ
기특하다, 장하다

한자풀이 健 튼튼할 건, 気 기운 기

けなげだ

의미 (나이나 몸에 비해서) 기특하다, 장하다

빈출표현 健気な子供/心/振る舞い(기특한 아이/마음/행동)

*출제가능유형 : 문맥 유의표현

25

淑やかだ
얌전하다, 정숙하다

한자풀이 淑 맑을 숙

しとやかだ

의미 얌전하다, 정숙하다, 부드럽다

용법 여성의 부드러운 태도에 사용

빈출표현 淑やかな女性(정숙한 여성), 淑やかな性格(얌전한 성격), 淑やかに振る舞う(얌전하게 행동하다)

*출제가능유형 : 문맥 용법

Step 2 │ 연관 단어	Step 3 │ 예문
유 頑丈(がんじょう)だ 튼튼하다 ↔ か弱(よわ)い 연약하다 참 がっしり 튼튼하고 다부진 모양, 튼튼히, 다부지게	素直(すなお)でたくましい子(こ)に育(そだ)ってほしい。 순진하고 늠름한 아이로 자라주기를 바란다.
유 スリムだ 슬림하다, 몸이 호리호리하고 날씬하다 유 ほっそり 홀쭉한 모양, 호리호리 ↔ 頑丈(がんじょう)だ (신체·사물이) 튼튼하다 참 奢(おご)る 한턱내다	華奢な体付(からだつ)きに憧(あこが)れてダイエットを始(はじ)めた。 가냘픈 몸매를 동경하여 다이어트를 시작했다.
유 手狭(てぜま)だ 비좁다, 협소하다 ↔ 安楽(あんらく)だ 안락하다	飛行機(ひこうき)のエコノミークラスの座席(ざせき)は窮屈だ。 비행기 이코노미 클래스 좌석은 좁아서 갑갑하다.
= 感心(かんしん)だ 기특하다	この子(こ)は両親(りょうしん)を助(たす)けて働(はたら)く健気な子供(こども)です。 이 아이는 부모님을 도와 일하는 기특한 아이입니다.
유 上品(じょうひん)だ 품위가 있다, 고상하다 참 しなやかだ 부드럽다, 탄력이 있다, 나긋나긋하다 └, 신체나 사물의 외형이 탄력이 있고 부드러움 예 しなやかな枝(えだ) 나긋나긋한 나뭇가지	佐藤先生(さとうせんせい)の奥(おく)さんはお淑やかな方(かた)ですね。 사토 선생님의 사모님은 정숙한 분이시네요.

DAY 15

표제어	Step 1 | 단어 풀이(용법·의미)

동사

26 **擦る**
문지르다, 쓰다듬다
한자풀이 擦 비빌 찰

さする
의미 (가볍게) 문지르다, 쓰다듬다
용법 손바닥 등으로 신체나 물건의 표면을 반복적으로 가볍게 문지르는(쓰다듬는) 것에 사용
빈출표현 背中/腰/腹を擦る(등/허리/배를 쓰다듬다)
*출제가능유형 : 문맥 용법

27 **定める**
정하다, 결정하다
한자풀이 定 정할 정

さだめる
의미 정하다, 결정하다
용법 결정한 후에 그 상태를 계속 유지하는 것에 사용
빈출표현 規則/憲法/目標を定める(규칙/헌법/목표를 정하다)
*출제가능유형 : 문맥 용법

28 **妨げる**
방해하다, 저해하다
한자풀이 妨 방해할 방

さまたげる
의미 방해하다, 저해하다, 지장을 주다
빈출표현 交通/安眠を妨げる(교통/안면을 방해하다),
成長を妨げる(성장을 저해하다)
*출제가능유형 : 한자읽기-훈독 유의표현

29 **強いる**
강요하다, 강권하다
한자풀이 強 굳셀 강

しいる
의미 강요하다, 강권하다, 억지로 시키다
빈출표현 結婚を強いる(결혼을 강요하다), 酒を強いる(술을 강권하다), 強いて言えば(굳이 말하자면)
*출제가능유형 : 문맥 용법

30 **仕切る**
구분하다, 칸막이하다
한자풀이 仕 섬길 사, 切 끊을 절

しきる
의미 (입체적으로) 구분하다, 칸막이하다
용법 실내 등을 입체적으로 칸막이해서 구분하는 것에 사용
빈출표현 部屋を仕切る(방을 칸막이하다),
カーテンで仕切る(커튼으로 칸막이하다)
*출제가능유형 : 문맥 용법

Step 2 | 연관 단어

Step 3 | 예문

유 擦(こす)る 문지르다, 비비다
└ 어떤 물건을 다른 물건에 꽉 대고 움직이는 것
예 目(め)を擦(こす)る 눈을 비비다

유 擦(す)る 문지르다, 비비다, 갈다
└ 물건과 물건을 서로 꽉 맞대고 힘껏 움직이는 것
예 墨(すみ)を擦(す)る 먹을 갈다

참 する＞こする＞さする 마찰의 강도

泣(な)いている子(こ)の背中(せなか)を優(やさ)しく擦る。

울고 있는 아이의 등을 부드럽게 쓰다듬다.

유 決(き)める 정하다, 결정하다
└ 단순히 무언가로 결정할 뿐
예 鬼(おに)を決める 술래를 정하다

学校(がっこう)の規則(きそく)を定める。

학교의 규칙을 정하다.

= 妨害(ぼうがい)する 방해하다

= 邪魔(じゃま)する 방해하다

↔ 助(たす)ける 돕다, 거들다

寝不足(ねぶそく)は成長(せいちょう)を妨げる。

수면 부족은 성장을 저해한다.

유 強要(きょうよう)する 강요하다

유 押(お)し付(つ)ける 밀어붙이다, 억지로 떠맡기다

참 強(つよ)いる(×) *발음 주의!*

암기 TIP 아이에게 공부를 강요하면 싫~어(しいる) 라고 하죠

会社(かいしゃ)からサービス残業(ざんぎょう)を強いられている。

회사로부터 서비스 잔업을 강요받고 있다.

유 区切(くぎ)る 구분하다, 구획 짓다
└ 토지 등을 평면적으로 구획 지어서 구분하는 것
예 土地(とち)を区切る 토지를 구획 짓다

お風呂(ふろ)とトイレは仕切られている。

욕실과 화장실이 구분되어 있다.

표제어 | **Step 1 | 단어 풀이(용법·의미)**

동사

31

凌ぐ
참아내다, 견디어내다

(한자풀이) 凌 능가할 릉

しのぐ

의미 참아내다, 견디어내다

용법 장애·곤란 등과 싸우며 그것을 극복하는 것에 사용

빈출표현 寒(さむ)さ/雨風(あめかぜ)を凌ぐ(추위/괴로운 일을 견디어내다), 飢(う)えを凌ぐ(굶주림을 참아내다)

*출제가능유형 : [유의표현] [용법]

32

忍ぶ
참다, 몰래 하다

(한자풀이) 忍 참을 인

しのぶ

의미 ① 참다, 견디다 ② 몰래 하다, 은밀히 하다

용법 눈에 띄지 않도록 참는 것에 사용

빈출표현 恥(はじ)/不便(ふべん)を忍ぶ(창피/불편함을 참다), 人目(ひとめ)を忍ぶ(남의 눈을 피하다)

*출제가능유형 : [한자읽기-훈독] [유의표현]

33

搾る
짜(내)다, 착취하다, 호되게 꾸짖다

(한자풀이) 搾 짤 착

しぼる

의미 ① (액즙을) 짜내다 ② (돈 등을) 착취하다 ③ 호되게 꾸짖다

용법 압력을 가해서 안의 액즙을 짜내는 것에 사용

빈출표현 牛乳(ぎゅうにゅう)/レモンの汁(しる)を搾る(우유/레몬즙을 짜다), 油(あぶら)を搾る(기름을 짜다, 호되게 꾸짖다)

*출제가능유형 : [한자읽기-훈독] [용법]

34

退ける
물리치다, 그만두게 하다

(한자풀이) 退 물러날 퇴

しりぞける

의미 ① 격퇴하다, 물리치다 ② (어떤 지위를) 그만두게 하다

빈출표현 敵(てき)を退ける(적을 격퇴하다), 誘惑(ゆうわく)を退ける(유혹을 물리치다), 会長(かいちょう)を退ける(회장직을 그만두게 하다)

*출제가능유형 : [한자읽기-훈독] [문맥]

35

救う
구하다, 구제하다

(한자풀이) 救 구원할 구

すくう

의미 구하다, 구조하다, 구제하다, 도와주다

용법 위험·곤란 등으로부터 벗어나도록 도와주는 것

빈출표현 地球環境(ちきゅうかんきょう)/命(いのち)を救う(지구환경/목숨을 구하다), 難民(なんみん)を救う(난민을 구제하다)

*출제가능유형 : [한자읽기-훈독] [유의표현]

Step 2 | 연관 단어

Step 3 | 예문

유 忍(しの)ぶ 참다, 견디다
ㄴ 눈에 띄지 않도록 참는 것

日本(にほん)の夏(なつ)は蒸(む)し暑(あつ)くて凌ぎがたい。

일본의 여름은 무더워서 참아내기 힘들다.

유 凌(しの)ぐ 참아내다, 견디어내다
ㄴ 장애·곤란 등과 싸우며 그것을 극복하는 것

유 耐(た)える 참다, 견디다

そのような侮辱(ぶじょく)は忍び難(がた)い。

그런 모욕은 참을 수 없다.

유 絞(しぼ)る (물기를) 짜다, 쥐어짜다, (범위를) 좁히다
ㄴ 양끝을 잡고 비틀어서 물기를 쥐어짜는 것

암기 TIP 구멍(穴)을 만들어서(乍) 손(扌)으로 꽉 죄어서 짜냄

コーチから、練習態度(れんしゅうたいど)のことで油(あぶら)を搾られた。

코치에게 연습 태도에 관한 일로 호되게 혼났다.

= 撃退(げきたい)する 격퇴하다

= 辞(や)めさせる 그만두게 하다

チャンピオンは挑戦者(ちょうせんしゃ)を見事(みごと)に退けた。

챔피언은 도전자를 멋지게 물리쳤다.

= 救助(きゅうじょ)する 구조하다

= 救済(きゅうさい)する 구제하다

유 助(たす)ける 구하다, 구조하다, 돕다, 거들다
ㄴ 위험·곤란 등으로부터 벗어나도록 도와주는 것, 곁에서 보좌하는 것

유 掬(すく)う 뜨다, 떠내다, 건져내다

川(かわ)に溺(おぼ)れている犬(いぬ)を救う。

강에 빠져 있는 개를 구하다.

DAY 15

표제어	Step 1 | 단어 풀이(용법·의미)

동사

36

優れる
우수하다, 뛰어나다

(한자풀이) **優** 넉넉할 우

すぐれる

의미 우수하다, 뛰어나다, 훌륭하다, 출중하다

용법 능력 · 지력 · 학력 · 기예 · 용모 · 물건의 가치 등에 사용

★ 빈출표현 体力(たいりょく)が優れる(체력이 출중하다), 性能(せいのう)が優れる(성능이 우수하다), 優れた技術(ぎじゅつ)(뛰어난 기술), 優れた業績(ぎょうせき)(우수한 업적)

＊**출제가능유형 :** [한자읽기－훈독] [유의표현]

37

濯ぐ
씻다, 헹구다, 설욕하다

(한자풀이) **濯** 씻을 탁

すすぐ

의미 ① (물로) 씻다, 헹구다
② (부끄러움 · 오명 등을) 씻다, 설욕하다

★ 빈출표현 洗濯物(せんたくもの)を濯ぐ(빨래를 헹구다),
汚名(おめい)を濯ぐ(오명을 씻다), 恥(はじ)を濯ぐ(수치를 설욕하다)

＊**출제가능유형 :** [문맥] [용법]

부사

38

殊に
특히, 한층 더

(한자풀이) **殊** 다를 수

ことに

의미 특히, 한층 더, 훨씬

용법 다른 것과 비교해서 정도가 한층 더 높은 것에 사용

★ 빈출표현 殊に優(すぐ)れている(특히 우수하다), 殊に寒(さむ)い(한층 더 춥다), 殊に緑(みどり)が多(おお)い(특히 신록이 많다)

＊**출제가능유형 :** [문맥] [용법]

39

さっぱり
시원하게, 말쑥하게, 담백하게, 깨끗이

さっぱり

의미 ① 기분이 개운한 모양 ② 옷차림이 말쑥한 모양
③ 맛이 담백한 모양 ④ 뒤에 아무것도 남지 않는 모양

★ 빈출표현 気持(きも)ちがさっぱりする(기분이 상쾌하다), さっぱりした味(あじ)(담백한 맛), さっぱり忘(わす)れる(깨끗이 잊다)

＊**출제가능유형 :** [문맥] [유의표현]

40

至急
매우 급함, 급히

(한자풀이) **至** 이를 지, **急** 급할 급

しきゅう

의미 지급, 매우 급함, 급히

★ 빈출표현 至急の要件(ようけん)(매우 급한 용건), 至急おいで下(くだ)さい(급히 와 주십시오), 至急お帰(かえ)り下(くだ)さい(급히 돌아와 주십시오)

＊**출제가능유형 :** [유의표현] [용법]

Step 2	연관 단어	Step 3	예문
유 秀(ひい)でる 뛰어나다, 빼어나다 └ 능력 · 학력 · 기량이 뛰어난 것 ↔ 劣(おと)る 뒤지다, 뒤떨어지다, 못하다 암기 TIP 성적이 우수하면 수 · 우 · 미 · 양 · 가 중에서 수(す)를 주죠(くれる)	この パソコンは他(ほか)の製品(せいひん)より優れている。 이 컴퓨터는 다른 제품보다 더 우수하다.
= 濯(ゆす)ぐ 씻다, 헹구다 유 洗(あら)う 씻다 └ 두드리거나 문지르거나 주무르거나 해서 때를 빼는 것 참 洗濯(せんたく) 세탁	洗濯物(せんたくもの)に洗剤(せんざい)が残(のこ)らないように、よく濯いでください。 빨래에 세제가 남지 않도록 잘 헹궈 주세요.
유 特(とく)に 특히, 특별히 └ 다른 것과 구별해서 특별하게 취급하는 것 예 特に君(きみ)のために 특별히 자네를 위해서 유 取(と)り分(わ)け 특히, 그중에서도, 유달리 └ 전반적으로 그러하지만 그중에서도 유달리 예 取り分けこの色(いろ)が気(き)に入(い)る 그중에서도 이 색이 마음에 든다	この地域(ちいき)は殊に緑(みどり)が多い。 이 지역은 (다른 곳에 비해) 특히 신록이 많다.
= すっきり 상쾌한 모양, 상쾌하게, 말쑥한 모양, 말쑥하게, 깔끔하게 = あっさり 맛이 담백한 모양, 담백하게 ↔ こってり (맛 · 빛깔 등이) 진한 모양 암기 TIP 머리를 삭발(さっぱり)했더니 시원하고 산뜻하고 깨끗함	昼(ひる)はさっぱりした和食(わしょく)にしよう。 점심은 담백한 일식으로 하자.
= 大急(おおいそ)ぎ 아주 급함, 몹시 서두름 = 早急(さっきゅう) 조급, 매우 급함	至急現場(げんば)に向(む)かって下(くだ)さい。 급히 현장으로 향해 주십시오.

DAY 15

표제어	Step 1 단어 풀이(용법·의미)

부사

41 **しっとり**
촉촉하게, 참하게, 차분히

しっとり

의미 ① 습기찬 모양, 촉촉하게
② 조용하고 침착한 모양, 참하게, 차분히

빈출표현 しっとり(と)した肌(はだ)(촉촉한 피부),
しっとり(と)した感(かん)じの女性(じょせい)(참한 느낌의 여성),
しっとり(と)した雰囲気(ふんいき)(조용하고 차분한 분위기)

*출제가능유형 : 문맥 용법

42 **終始**
시종, 내내

한자풀이 終 마칠 종, 始 비로소 시

しゅうし

용법 끝이 있는 경우이며, 어느 시간 동안 처음부터 끝까지 같은 상태가 계속 이어지는 것에 사용(all the time)

빈출표현 終始和(なご)やかな雰囲気(ふんいき)(시종 부드러운 분위기),
終始緊張(きんちょう)する(내내 긴장하다)

*출제가능유형 : 문맥 용법

가타카나

43 **ジャーナリズム**
저널리즘

journalism

의미 신문·잡지·방송 등 활자나 전파를 매체로 하는 보도나 그 밖의 전달 활동, 또는 그 사업

빈출표현 新聞(しんぶん)/雑誌(ざっし)/放送(ほうそう)/スポーツジャーナリズム
(신문/잡지/방송/스포츠 저널리즘)

*출제가능유형 : 문맥 유의표현

44 **ストライキ**
스트라이크, 동맹 파업

strike

의미 노동자의 동맹 파업

빈출표현 ストライキを打(う)つ/行(おこな)う(파업을 하다),
ストライキに入(はい)る(파업에 들어가다)

*출제가능유형 : 문맥 용법

45 **スペースシャトル**
스페이스 셔틀, 우주 왕복선

space shuttle

의미 스페이스 셔틀, 우주 왕복선

빈출표현 スペースシャトルの打(う)ち上(あ)げ/着陸(ちゃくりく)/帰還(きかん)
(우주 왕복선 발사/착륙/귀환)

*출제가능유형 : 문맥 용법

Step 2 │ 연관 단어	Step 3 │ 예문
= しっぽり 습기찬 모양, 촉촉하게 = しとしと 습기찬 모양, 촉촉하게, 비가 조용히 내리는 모양, 부슬부슬 참 淑(しと)やか 얌전함, 정숙함, 단아함, 부드러움	保湿(ほしつ)クリームを塗(ぬ)ってしっとり(と)した肌(はだ)を保(たも)つ。 보습 크림을 바르고 촉촉한 피부를 유지하다.
= ずっと 쭉, 줄곧 유 始終(しじゅう) 시종, 항상, 언제나, 늘 └→ 끝이 없는 경우이며, 동작과 행위가 그치지 않고 계속 이어지는 것(always) 예 健康(けんこう)に始終注意(ちゅうい)する 건강에 항상 주의하다	パーティーは終始笑顔(えがお)が絶(た)えなかった。 파티는 내내 웃음이 끊이지 않았다.
유 ニュースメディア 뉴스 미디어 유 ニュース媒体(ばいたい) 뉴스 매체 유 報道(ほうどう) 보도	私(わたし)は大学(だいがく)でジャーナリズムを専攻(せんこう)しています。 저는 대학에서 저널리즘을 전공하고 있습니다.
= スト ストライキ의 준말 = 同盟罷業(どうめいひぎょう) 동맹 파업 참 ハンスト 단식투쟁, ハンガーストライキ의 준말	鉄道労組(てつどうろうそ)は今日(きょう)からストライキに入(はい)った。 철도 노조는 오늘부터 파업에 들어갔다.
참 宇宙(うちゅう)ステーション 우주 정거장 참 人工衛星(じんこうえいせい) 인공위성	スペースシャトルは宇宙(うちゅう)ステーションに着陸(ちゃくりく)した。 우주 왕복선은 우주 정거장에 착륙했다.

표제어	Step 1	단어 풀이(용법·의미)

의성어·의태어

46

しぶしぶ
마지못해

しぶしぶ

의미 마지못해

★ 빈출표현 しぶしぶ(と)承諾(しょうだく)する/承知(しょうち)する/同意(どうい)する
(마지못해 승낙하다/승낙하다/동의하다)

*출제가능유형 : [유의표현] [용법]

47

しゃきしゃき
아삭아삭, 사각사각

しゃきしゃき

의미 시원스럽게 씹히는 소리, 아삭아삭, 사각사각

★ 빈출표현 しゃきしゃき(と)噛(か)む(아삭아삭 씹다), しゃきしゃき(と)した歯触(はざわ)り/歯応(はごた)え(아삭아삭 씹히는 맛)

*출제가능유형 : [문맥] [용법]

48

ずるずる
질질

ずるずる

의미 ① 질질 끌거나 끌리는 모양, 질질
② 일을 오래 끄는 모양, 질질

용법 일을 매듭짓지 못하고 질질 끄는 모양에 사용

★ 빈출표현 ずるずる(と)すそを引(ひ)きずる(옷자락을 질질 끌다), ずるずる(と)延(の)ばす/延(の)びる(질질 끌다/지연되다)

*출제가능유형 : [문맥] [용법]

관용구

49

鯖を読む
수를 실제보다 많거나 적게 속이다

(한자풀이) 鯖 청어 청, 読 읽을 독

さばをよむ

의미 [다량의 고등어 수를 셀 때, 서두르는 척하면서 수를 속인다는 뜻] 수를 실제보다 많거나 적게 속이다

*출제가능유형 : [문맥] [유의표현]

50

舌鼓を打つ
입맛을 다시다

(한자풀이) 舌 혀 설, 鼓 북 고, 打 칠 타

したつづみをうつ

의미 (너무 맛이 있어) 입맛을 다시다

용법 '舌鼓を鳴(な)らす'라고도 함

*출제가능유형 : [한자읽기-훈독] [문맥]

Step 2	연관 단어	Step 3	예문
= いやいや(ながら) 마지못해 = 不承不承(ふしょうぶしょう) 마지못해 참 渋(しぶ)い (맛이) 떫다, (표정이) 떨떠름하다, 인색하다 암기 TIP 씨부렁씨부렁(しぶしぶ) 거리면서 마지못해 함	父親(ちちおや)はしぶしぶ(と)娘(むすめ)の結婚(けっこん)に同意(どうい)した。 아버지는 마지못해 딸의 결혼에 동의했다.
= さくさく 사각사각, 사박사박	キャベツがしゃきしゃきで美味(おい)しい。 양배추가 아삭아삭하고 맛있다.
유 だらだら 질질, 장황하게 ㄴ 지루하게(장황하게) 질질 끄는 모양 예 だらだら(と)した演説(えんぜつ) 지루하게 질질 끄는(장황한) 연설	ずるずる(と)期限(きげん)を延(の)ばしている。 질질 기한을 끌고 있다.
유 ごまかす 속이다 참 さんま 꽁치 참 まぐろ 참치 참 鯉(こい) 잉어 참 鯖(さば) 고등어 참 鯛(たい) 도미 참 鮒(ふな) 붕어	鯖を読んで3, 4歳(さい)若(わか)く言(い)う。 속여서 3, 4살 어리게 말하다.
참 舌(した) 혀 참 鼓(つづみ) 북 참 舌鼓(したつづみ) (맛있는 음식을 먹고) 입맛을 다심	美味(おい)しい料理(りょうり)に舌鼓を打つ。 맛있는 요리에 입맛을 다시다.

DAY 15

Day 15

문제로 확인하기

❶ 다음 단어의 한자 읽는 법을 고르세요.

1. 細胞　A. さいぼう　B. さいほう
2. 汚らわしい　A. わずらわしい　B. けがらわしい
3. 祝儀　A. しゅうぎ　B. しゅくぎ

❷ 다음 단어의 한자 표기를 고르세요.

4. くら　A. 臓　B. 蔵
5. ことに　A. 殊に　B. 株に
6. しとやかだ　A. 淑やかだ　B. 叔やかだ

❸ 다음 빈칸에 공통으로 들어갈 수 있는 한자 또는 단어로 적절한 것을 고르세요.

7. (　)算　(　)決　伐(　)
A. 精　B. 即　C. 採

8. 舌(　)を打つ　太(　)判を押す　(　)動
A. 戦　B. 鼓　C. 騒

9. (　)乏　貧(　)　(　)屈
A. 窮　B. 富　C. 退

❹ 빈칸에 들어갈 단어로 적절한 것을 고르세요.

A. 玄人　B. 逞しい　C. 搾られた

10. 素直で＿＿＿＿＿子に育ってほしい。
11. 彼の料理の腕前は＿＿＿＿＿はだしだ。
12. コーチから、練習態度のことで油を＿＿＿＿＿。

정답　1. A　2. B　3. A　4. B　5. A　6. A　7. C　8. B　9. A　10. B　11. A　12. C

WEEK 문제

3주차를 무사히 마치셨네요, 대단합니다!
이번주에는 무려 250단어를 배웠는데요,
다음 장의 WEEK 문제를 풀면서 실력을 점검해 봅시다.
틀린 것들은 해설에 적힌 단어 위치를 따라가서
다시 한번 읽으며 내것으로 만드세요!

다음 장으로 GO!

WEEK 3 : 문제

실전형 문제로 복습하기

問題 1. ＿＿＿＿の言葉の読み方として最もよいものを、1・2・3・4から一つ選びなさい。

1 細かいところまで工夫を凝らした新製品は、お客様に大変人気です。
① もらした　② こらした　③ さらした　④ はらした

2 自分の半生を省みて、恥じるところがないと言い切れる人はいないだろう。
① せいみて　② かんがみて　③ しょうみて　④ かえりみて

3 清水寺から見える秋の紅葉と街並みがとても趣がある。
① おもむき　② かたむき　③ ひたむき　④ したむき

問題 2. (　　)に入れるのに最もよいものを1・2・3・4から一つ選びなさい。

4 そんな価格じゃ(　　)が取れなくて倒産してしまうよ。
① 精算　② 決算　③ 採算　④ 概算

5 '馬子にも(　　)'というのは、つまらぬ者でも外見を飾ると立派に見えるという意味です。
① 身だしなみ　② 衣装　③ 服装　④ 身なり

6 試合の前日は、(　　)を担いでカツ丼を食べることにしている。
① 勝運　② 運勢　③ 吉凶　④ 縁起

7 彼女はいつも(　　)なデザインの洋服を着こなしている。
① シック　② センス　③ カリスマ　④ ノルマ

問題 3. ＿＿＿＿の言葉に意味が最も近いものを、1・2・3・4から一つ選びなさい。

8 雨、若しくは雪が降った場合には、試合は中止することにします。
① あるいは　② おそらく　③ あたかも　④ まんざら

9 型破りな発想をする人がいる方が、開発などで役に立つ。

① ありふれた　② 風変りな　③ ありきたりの　④ 陳腐な

10 周囲が皆賛成するので、唯一反対だった人もしぶしぶ賛成をした。

① いさぎよく　② あやふやに　③ ふしょうぶしょう　④ こころよく

問題 4. 次の言葉の使い方として最もよいものを１・２・３・４から一つ選びなさい。

11 侵す

① 人は誰でも過ちを侵すことがある。

② 他国の領土はもちろん、領空·領海も侵すことは、許されない。

③ 彼は金のためとあれば、何でも侵す人だ。

④ その記者は命の危険を侵してまで現地取材に行った。

12 悼む

① 商品が悼まないようにカバーをかけてください。

② 冷蔵庫に入れるのを忘れてトマトが悼んでしまった。

③ 遺族の気持ちを思うと胸が悼む。

④ 突然の事故で亡くなってしまった親友を心から悼む。

13 介護

① 木村君は週に2回福祉施設に行って介護のバイトをしているそうだ。

② みゆきさんは旅行中に具合が悪くなった私を介護してくれた。

③ 最近、足首を捻挫してしまい、鍼介護を受けている。

④ 姉は大学病院で介護師として働いている。

WEEK 3 : 정답 및 해설

: 정답 :

1 ② 2 ④ 3 ① 4 ③ 5 ② 6 ④ 7 ①

8 ① 9 ② 10 ③ 11 ② 12 ④ 13 ①

: 해석 :

문제 1.

1 細かいところまで工夫を凝(こ)らした新製品は、お客様に大変人気です。 Day 14-33번

세세한 부분까지 아이디어를 짜낸 신제품은 고객에게 대단히 인기입니다.

2 自分の半生を省(かえり)みて、恥じるところがないと言い切れる人はいないだろう。 Day 13-30번

자신의 반평생을 돌이켜보고 부끄러운 점이 없다고 단언할 수 있는 사람은 없을 것이다.

3 清水寺から見える秋の紅葉と街並みがとても趣(おもむき)がある。 Day 13-12번

기요미즈사(청수사)에서 보이는 가을 단풍과 거리가 매우 정취가 있다.

문제 2.

4 そんな価格じゃ(採算(さいさん))が取れなくて倒産してしまう。 Day 15-4번

그런 가격으로는 채산(타산)이 맞지 않아서 도산하고 만다.

5 '馬子にも(衣装(いしょう))'というのは、つまらぬ者でも外見を飾ると立派に見えるという意味です。 Day 11-4번

「마부에게도 의상」(옷이 날개)라는 것은, 보잘것없는 사람이라도 외견을 꾸미면 훌륭하게 보인다는 의미입니다.

6 試合の前日は、(縁起(えんぎ))を担いでカツ丼を食べることにしている。 Day 11-10번

시합 전날에는 길흉을 따지며 가츠동를 먹는다.

7 彼女はいつも(シック)なデザインの洋服を着こなしている。 Day 14-45번

그녀는 항상 세련된 디자인의 양복을 맵시있게 잘 입는다.

문제 3.

8 雨、若しくは(≒あるいは)雪が降った場合には、試合は中止することにします。 Day 13-42번

비 또는 눈이 내린 경우에는 시합은 중지하기로 하겠습니다.

9 型破りな(≒風変り)発想をする人がいる方が、開発などで役に立つ。 Day 13-17번

색다른 발상을 하는 사람이 있는 편이 개발 등에 도움 된다.

10 周囲が皆賛成するので、唯一反対だった人もしぶしぶ(≒ふしょうぶしょう)賛成をした。

Day 15-46번

주위 사람들이 찬성하기 때문에 유일하게 반대였던 사람도 마지못해 찬성했다.

문제 4.

11 他国の領土はもちろん、領空·領海も侵すことは、許されない。 Day 12-32번

타국의 영토는 물론 영공·영해도 침범하는 것은 허용되지 않는다.

① 犯(おか)す : (도덕·법률·규칙 등을) 범하다, 어기다　③ しでかす : 저지르다

④ 冒(おか)して : 무릅써서

12 突然の事故で亡くなってしまった親友を心から悼む。 Day 11-35번

갑작스러운 사고로 죽은 친구를 마음으로 애도하다.

① 傷(いた)まない : 손상되지 않다, 파손되지 않다　② 傷(いた)んで : (음식·과일이) 상해, 썩어

③ 痛(いた)む : 아프다

13 木村君は週に2回福祉施設に行って介護のバイトをしているそうだ。 Day 12-4번

기무라 군은 일주일에 2번 복지시설에 가서 간호 아르바이트를 하고 있다고 한다.

② 介抱(かいほう) : (비의료행위) 간호, 돌봄　③ 治療(ちりょう) : 치료

④ 看護(かんご) : (의료행위) 간호

WEEK 4

Day 16

Day 17

Day 18

Day 19

Day 20

WEEK 문제

WEEK 4

Day 16

강의와 예문 듣기

매일 품사별로 골고루! 오늘의 50단어 한눈에 보기!

음독명사

01. 熟練
02. 樹立
03. 生涯
04. 照合
05. 情緒
06. 食糧
07. 辛抱
08. 精算
09. 静止
10. 摂取

고유어

11. 地金
12. 敷居
13. 芝
14. 自腹
15. 重箱
16. 衝動買い
17. 隙間

い형용사

18. つれない
19. 手厚い
20. 手強い
21. 尊い

な형용사

22. 迅速だ
23. 精巧だ
24. 存分だ
25. 怠惰だ

동사

26. せがむ
27. 競る
28. 揃える
29. 耕す
30. 奉る
31. 弛む
32. 垂れる
33. 誓う
34. 縮める
35. ちらつく
36. 仕える
37. 償う

부사

38. 四六時中
39. ずきずき
40. ずばり
41. そもそも
42. だぶだぶ

가타카나

43. スローガン
44. ドタキャン
45. ドライ

의성어・의태어

46. だくだく
47. だらだら
48. ちょろちょろ

관용구

49. 立て板に水
50. 長蛇の列を成す

표제어	Step 1 │ 단어 풀이(용법·의미)

음독명사

1

熟練
숙련

(한자풀이) **熟** 익을 숙, **練** 익힐 련

じゅくれん

의미 연습을 많이 하여 능숙하게 익히는 것

빈출표현 熟練工(숙련공), 熟練者(숙련자), 熟練した~(숙련된 ~)

*출제가능유형 : [한자읽기-음독] [유의표현]

2

樹立
수립

(한자풀이) **樹** 나무 수, **立** 설 립

じゅりつ

의미 국가 · 정부 · 제도 · 계획 따위를 이룩하여 세우는 것

빈출표현 国交樹立(국교 수립),
新記録/新政権を樹立する(신기록/새 정권을 수립하다)

*출제가능유형 : [한자읽기-음독] [용법]

3

生涯
생애

(한자풀이) **生** 날 생, **涯** 물가 애

しょうがい

의미 일생, 평생

용법 사람에게만 사용

빈출표현 生涯学習(평생 교육), 生涯の事業(평생의 사업),
生涯忘れない(평생 잊지 않는다)

*출제가능유형 : [한자읽기-음독] [유의표현]

4

照合
조합, 대조

(한자풀이) **照** 비출 조, **合** 합할 합

しょうごう

의미 대조하여 확인하는 것

빈출표현 書類/指紋を照合する(서류/지문을 대조하다)

*출제가능유형 : [문맥] [용법]

5

情緒
정서

(한자풀이) **情** 뜻 정, **緒** 실마리 서

じょうちょ

의미 감정을 불러일으키는 주위의 분위기나 기분

용법 'じょうしょ'도 맞는 발음이지만, 현재는 'じょうちょ'가 일반적임

빈출표현 情緒豊かな~(정서가 풍부한 ~),
情緒が溢れる/漂う(정서가 넘치다/감돌다)

*출제가능유형 : [한자읽기-음독] [유의표현]

Step 2 연관 단어	Step 3 예문
유 上達(じょうたつ) 향상됨 유 熟達(じゅくたつ) 숙달 ↔ 未熟(みじゅく) 미숙 참 熟(う)れる (과일 등이) 익다, 여물다	この仕事(しごと)は熟練者(しゃ)でないと難(むずか)しい。 이 일은 숙련자가 아니면 어렵다.
유 確立(かくりつ) 확립	彼(かれ)はオリンピックで世界新記録(せかいしんきろく)を樹立した。 그는 올림픽에서 세계 신기록을 수립했다.
= 一生(いっしょう) 일생, 평생 └, 사람이나 동식물에 사용	この経験(けいけん)は生涯忘(わす)れることはない。 이 경험은 평생 잊을 일은 없다.
= 対照(たいしょう) 대조 유 対比(たいひ) 대비 참 照(て)らし合(あ)わせる 대조하다, 맞추어 보다	書類(しょるい)を原簿(げんぼ)と照合する。 서류를 원부(원본)와 대조하다.
유 雰囲気(ふんいき) 분위기 유 風情(ふぜい) 운치, 정취 유 趣(おもむき) 풍취, 멋, 분위기 암기 TIP 이곳 정서(분위기) 좋죠(じょうちょ)?	ここは異国(いこく)情緒が漂(ただよ)う街(まち)ですね。 여기는 이국적 정서가 감도는 거리네요.

DAY 16

표제어	Step 1 | 단어 풀이(용법·의미)

음독명사

6

食糧
식량

(한자풀이) **食** 밥 식, **糧** 양식 량

しょくりょう

의미 생존을 위하여 필요한 사람의 먹을거리

빈출표현 食糧難(식량난), 食糧危機(식량 위기), 食糧援助(식량 원조)

＊**출제가능유형 :** [한자읽기-음독] [유의표현]

7

辛抱
참음, 참고 견딤

(한자풀이) **辛** 매울 신, **抱** 안을 포

しんぼう

의미 괴로운 상황을 장기적이고 긍정적인 마인드로 참는 것

빈출표현 辛抱強い(인내심이 강하다), 辛抱人(인내심이 강한 사람), 辛抱が足りない(참을성이 부족하다)

＊**출제가능유형 :** [한자읽기-음독] [유의표현]

8

精算
정산

(한자풀이) **精** 정할 정, **算** 셈할 산

せいさん

의미 정밀하게 계산함, 자세하게 계산함

빈출표현 精算機(정산기), 精算所(정산소), 運賃を精算する(운임을 정산하다)

＊**출제가능유형 :** [문맥] [용법]

9

静止
정지

(한자풀이) **静** 고요할 정, **止** 그칠 지

せいし

의미 조용히 머물러서 움직이지 않고 가만히 있는 것

빈출표현 静止画面(정지 화면), 静止衛星(정지 위성), 静止状態(정지 상태)

＊**출제가능유형 :** [문맥] [용법]

10

摂取
섭취

(한자풀이) **摂** 당길 섭, **取** 취할 취

せっしゅ

의미 ① 영양분 따위를 몸속에 빨아들이는 것
② 사물을 자기 것으로 받아들이는 것

빈출표현 ビタミンの摂取(비타민 섭취), 栄養の摂取(영양 섭취), 外国文化を摂取する(외국문화를 받아들이다)

＊**출제가능유형 :** [한자읽기-음독] [문맥]

Step 2 ㅣ 연관 단어	Step 3 ㅣ 예문
= 糧食(りょうしょく) 양식, 식량 = 糧(かて) 식량, 양식, 활동의 근원 예 心(こころ)の糧 마음의 양식	地球温暖化(ちきゅうおんだんか)が食糧危機(きき)をもたらしている。 지구온난화가 식량 위기를 초래하고 있다.
유 我慢(がまん) 참음, 견딤 └ 욕망이나 괴로움 등을 단기적이고 부정적인 마인드로 참는 것 예 痛(いた)みを我慢する 통증을 참다	長年(ながねん)辛抱した甲斐(かい)があった。 오랜 세월 참고 견딘 보람이 있었다.
↔ 概算(がいさん) 개산, 어림셈, 대강하는 계산 예 経費(けいひ)を概算する 경비를 개산하다	乗(の)り越(こ)し運賃(うんちん)を精算した。 승차 초과 운임을 정산했다.
유 停止(ていし) 정지 └ 움직이고 있던 것이 도중에 멈추는 것 예 車(くるま)が停止する 자동차가 정지하다	過去(かこ)は永遠(えいえん)に静止している。 과거는 영원히 정지해 있다.
↔ 排泄(はいせつ) 배설 참 摂(と)る 섭취하다	栄養(えいよう)をバランスよく摂取してください。 영양을 균형 있게 섭취하세요.

DAY 16

표제어	Step 1 | 단어 풀이(용법·의미)

고유어

11

地金

바탕쇠, 본성

한자풀이 **地** 땅 지, **金** 쇠 금

じがね

의미 ① 도금·가공의 바탕이 되는 쇠
② 타고난 (나쁜) 성질, 본바탕, 본성(주로 나쁜 의미로 사용)

빈출표현 地金が出る/現れる(본성이 드러나다),
地金を出す(본성을 드러내다)

*출제가능유형 : 한자읽기-음훈독 | 유의표현

12

敷居

문지방

한자풀이 **敷** 펼 부, **居** 있을 거, 살 거

しきい

의미 문지방, 문턱

빈출표현 敷居が高い((가게가) 너무 고급스러워 들어가기 어렵다, (상대에게) 면목 없는 짓을 하여 그 집을 방문하기 거북하다),
敷居を跨ぐ(문지방을 넘다, 그 집에 출입하다)

*출제가능유형 : 한자읽기-훈독 | 문맥

13

芝

잔디

한자풀이 **芝** 지초 지

しば

의미 잔디

빈출표현 芝生(잔디밭), 芝を刈る(잔디를 깎다), 芝刈り(잔디를 깎음),
芝居(연극, 특히 일본 고유의 연극을 뜻함)

*출제가능유형 : 한자읽기-훈독 | 용법

14

自腹

자기 배, 자기 부담

한자풀이 **自** 스스로 자, **腹** 배 복

じばら

의미 ① 자기 배 ② 자기 돈, 자기 부담

빈출표현 自腹を切る(자기가 부담하지 않아도 될 경비를 자기가 부담하다)

*출제가능유형 : 한자읽기-음훈독 | 용법

15

重箱

찬합

한자풀이 **重** 무거울 중, **箱** 상자 상

じゅうばこ

의미 음식 따위를 담는 여러 층으로 된 그릇, 찬합

빈출표현 重箱詰めの料理(찬합에 담은 요리), 重箱読み(한자 두 글자로 된 단어의 앞글자는 음으로, 뒷글자는 훈으로 읽는 법),
重箱の隅をつつく(사소한 일까지 문제삼아 까다롭게 따지다)

*출제가능유형 : 한자읽기-음훈독 | 용법

Step 2 ｜ 연관 단어	Step 3 ｜ 예문
유 本性(ほんしょう) 본성 유 生地(きじ) 본성 ↔ 鍍金(めっき) 도금	彼(かれ)は酔(よ)うと地金が出(で)る。 그는 취하면 본성이 드러난다.
↔ 鴨居(かもい) 미닫이문의 윗 틀 참 敷(し)く 깔다, 펴다	あのレストランは高級(こうきゅう)すぎて敷居が高(たか)い。 저 레스토랑은 너무 고급스러워서 들어가기 어렵다.
암기 TIP 얘들아 잔디 씨 받(しば)아와라	昨日(きのう)、庭(にわ)の芝を刈(か)った。 어제 정원의 잔디를 깎았다.
유 自費(じひ) 자비 유 自己負担(じこふたん) 자기 부담	自腹を切(き)って会社(かいしゃ)の備品(びひん)を買(か)う。 자기 부담으로 회사의 비품을 사다.
= お重(じゅう) 찬합 참 湯桶読(ゆとうよ)み 한자 두 글자로 된 단어의 앞글자는 훈으로, 뒷글자는 음으로 읽는 법 예 身分(みぶん) 신분 예 荷物(にもつ) 짐	あの人(ひと)は重箱の隅(すみ)ばかりつつく。 저 사람은 사소한 일까지 따지기만 한다.

DAY 16

표제어	Step 1 │ 단어 풀이(용법·의미)

고유어

16

衝動買い
충동구매

(한자풀이) **衝** 찌를 충, **動** 움직일 동, **買** 살 매

しょうどうがい

의미 구매할 의사나 필요가 없었으나, 물건을 구경하거나 광고를 보다가 충동을 받아 하는 구매

빈출표현 衝動買いをする(충동구매를 하다), 衝動買いに走(はし)る(충동구매로 치닫다), 主婦(しゅふ)の衝動買い(주부의 충동구매)

*출제가능유형 : [한자읽기-음훈독] [문맥]

17

隙間
빈틈, 틈새기

(한자풀이) **隙** 틈 극, **間** 사이 간

すきま

의미 빈틈, 틈새기

용법 눈에 보이는 구체적인 빈틈을 의미

빈출표현 隙間なく(빈틈없이), 壁(かべ)の隙間(벽틈), 戸(と)の隙間(문틈), カーテンの隙間(커튼의 빈틈)

*출제가능유형 : [한자읽기-훈독] [용법]

18

つれない
냉담하다, 무정하다

つれない

의미 냉담하다, 무정하다, 매정하다, 야속하다

빈출표현 つれない返事(へんじ)(냉담한 답변), つれない仕打(しう)ち(매정한 처사), つれなく断(ことわ)る(무정하게 거절하다)

*출제가능유형 : [문맥] [유의표현]

い형용사

19

手厚い
극진하다, 융숭하다

(한자풀이) **手** 손 수, **厚** 두터울 후

てあつい

의미 어떤 대상에 대하여 마음과 정성을 다하다, 극진하다, 정중하다, 융숭하다

빈출표현 手厚いもてなし/看護(かんご)/サービス(극진한 대접/간호/서비스)

*출제가능유형 : [문맥] [용법]

20

手強い
만만치 않다, 벅차다

(한자풀이) **手** 손 수, **強** 굳셀 강

てごわい

의미 ① (상대하기에) 만만치 않다, 힘겹다, 버겁다
② (처리하기에) 벅차다

용법 너무 강해서 방심할 수 없음

빈출표현 手強い相手(あいて)(만만치 않은 상대), 手強い問題(もんだい)(벅찬 문제)

*출제가능유형 : [한자읽기-훈독] [용법]

Step 2 ❘ 연관 단어	Step 3 ❘ 예문
참 衡動買い(×)한자 주의! 참 衡 저울대 형	私(わたし)の妻(つま)はよく衝動買いをする。 나의 아내는 자주 충동구매를 한다.
= 隙(すき) 빈틈, 틈새기, 겨를, 짬, 허점, 방심 참 合間(あいま) (일하는 중간중간의) 틈, 사이, 짬, 짬짬이, 틈틈이	カーテンの隙間から朝日(あさひ)が差(さ)し込(こ)む。 커튼의 빈틈으로 아침 해가 들이비치다.
유 冷(つめ)たい 냉담하다, 매정하다 유 すげない 냉담하다, 매정하다 유 素(そ)っ気(け)ない 매정하다, 쌀쌀맞다 ↔ 親切(しんせつ)だ 친절하다	相手(あいて)からつれない返事(へんじ)が返(かえ)ってきた。 상대방으로부터 냉담한 답변이 돌아왔다.
유 丁寧(ていねい)だ 정중하다, 세심하다 유 細(こま)やかだ 자상하다, 세밀하다	取引先(とりひきさき)から手厚いもてなしを受(う)けた。 거래처로부터 극진한 대접을 받았다.
↔ 与(くみ)し易(やす)い (승부 상대로서) 다루기 만만하다, 상대하기 쉽다 참 手強(てづよ)い 강경하다, 거세다 └ 강경한 태도 예 手強い反対(はんたい) 강경한 반대	これはなかなか手強い問題(もんだい)です。 이것은 상당히 벅찬 문제입니다.

DAY 16

표제어	Step 1 ㅣ 단어 풀이(용법·의미)

21 い형용사

尊い
귀중하다, 고귀하다

한자풀이 尊 높을 존

とうとい

의미 ① 귀중하다, 소중하다 ② 고귀하다, 존귀하다

빈출표현 尊い生命[せいめい](귀중한 생명), 尊い体験[たいけん](소중한 체험), 尊い身分[みぶん](고귀한 신분)

*출제가능유형 : 한자읽기-훈독 | 유의표현

22 な형용사

迅速だ
신속하다

한자풀이 迅 빠를 신, 速 빠를 속

じんそくだ

의미 매우 빠르다

빈출표현 迅速な対応[たいおう]/処理[しょり]/報道[ほうどう](신속한 대응/처리/보도), 迅速に行動[こうどう]する(신속히 행동하다)

*출제가능유형 : 한자읽기-음독 | 유의표현

23

精巧だ
정교하다

한자풀이 精 정할 정, 巧 공교할 교

せいこうだ

의미 솜씨나 기술 따위가 정밀하고 교묘하다

빈출표현 精巧な仕組[しく]み/機械[きかい]/デザイン/工芸品[こうげいひん] (정교한 구조/기계/디자인/공예품)

*출제가능유형 : 한자읽기-음독 | 유의표현

24

存分だ
마음껏이다, 충분하다

한자풀이 存 있을 존, 分 나눌 분

ぞんぶんだ

용법 제한이 없는 상태에서 자기 생각대로 충분히 무언가를 하는 것으로, 주관적인 의미에 사용

빈출표현 存分に楽[たの]しむ(마음껏 즐기다), 存分な活躍[かつやく](충분한 활약), 思[おも]う存分食[た]べる(실컷 먹다)

*출제가능유형 : 한자읽기-음독 | 용법

25

怠惰だ
나태하다, 게으르다

한자풀이 怠 게으를 태, 惰 게으를 타

たいだだ

의미 나태하다, 태만하다, 게으르다

용법 타인이 봤을 때 어떤 사람의 평소의 태도나 습관이 게으른 것

빈출표현 怠惰な人[ひと]/生活[せいかつ](나태한 사람/생활), 怠惰な日々[ひび]を送[おく]る(나태한 나날을 보내다)

*출제가능유형 : 한자읽기-음독 | 유의표현

Step 2 연관 단어	Step 3 예문
= 尊い 귀중하다, 소중하다, 고귀하다, 존귀하다 유 貴重だ 귀중하다 유 高貴だ 고귀하다 ↔ 卑しい (신분·지위가) 낮다	生命ほど尊いものはない。 생명만큼 소중한 것은 없다.
= 速やかだ 빠르다, 신속하다 ↔ 緩慢だ 완만하다, (동작·속도가) 느리다 참 迅速(×)*발음 주의!*	災害時には迅速な対応が求められる。 재해 시에는 신속한 대응이 요구된다.
유 精密だ 정밀하다 유 巧みだ 교묘하다 ↔ 粗雑だ 조잡하다, 거칠고 엉성하다 ↔ 粗悪だ 조악하다, 거칠고 나쁘다	精巧なデザインが客の心を惹き付ける。 정교한 디자인이 손님의 마음을 매혹하다.
유 十分だ 충분하다 ㄴ 어떤 기준이나 수치를 충분히 충족시키는 것으로, 객관적인 의미에 사용 예 十分間に合う 충분히 시간 내에 닿다 유 フルだ 풀(full)이다, 최대한이다, 충분하다 ㄴ 시간이나 능력 등에서 제한이 있는 것을 최대한 이용하는 것 예 能力をフルに発揮する 능력을 최대한 발휘하다	せっかくの海外旅行を存分に楽しみたい。 모처럼만의 해외여행을 충분히 즐기고 싶다.
유 怠慢だ 태만하다 ㄴ 당연히 해야 할 일이나 의무 등을 소홀히 하는 것으로, 구제적인 사항에 사용 유 怠ける 게으름 피우다 유 怠る 게을리하다, 소홀히 하다 ↔ 勤勉だ 근면하다	仕事を辞めて怠惰な日々を送っている。 일을 그만두고 나태한 나날을 보내고 있다.

DAY 16

표제어	Step 1 ㅣ 단어 풀이(용법·의미)

동사

26

せがむ
조르다

せがむ

의미 조르다

용법 친한 손윗사람에게 무언가를 (해)달라고 요구하는 것에 사용

빈출표현 金(かね)/お小遣(こづか)いをせがむ(돈/용돈을 조르다), しつこくせがむ(집요하게 조르다)

*출제가능유형 : 문맥 유의표현

27

競る
경쟁하다, 경매하다

한자풀이 競 겨룰 경

せる

의미 ① 겨루다, 경쟁하다, 다투다 ② 경매하다

빈출표현 激(はげ)しく競る(격렬하게 경쟁하다), 首位(しゅい)を競る(수석을 겨루다), 馬(うま)を競る(말을 경매하다)

*출제가능유형 : 한자읽기-훈독 유의표현

28

揃える
갖추다, 맞추다

한자풀이 揃 자를 전

そろえる

의미 ① 갖추다 ② 맞추다, 일치시키다

용법 일상에서 필요한 것이나 있어야 할 것을 준비하는 것에 사용

빈출표현 食器(しょっき)/商品(しょうひん)を揃える(식기/상품을 갖추다), 足並(あしな)みを揃える(보조를 맞추다)

*출제가능유형 : 문맥 용법

29

耕す
(논·밭을) 갈다, 일구다

한자풀이 耕 밭 갈 경

たがやす

의미 (논·밭을) 갈다, 일구다, 경작하다

용법 '田返(たがえ)す(논밭을 뒤집다)'의 의미

빈출표현 田(た)/畑(はたけ)を耕す(논/밭을 갈다), 荒(あ)れ地(ち)を耕す(황무지를 일구다)

*출제가능유형 : 한자읽기-훈독 문맥

30

奉る
바치다, 모시다

한자풀이 奉 받들 봉

たてまつる

용법 ① 신불이나 높은 사람에게 물건을 바치는 것에 사용
② 형식상으로만 높은 자리에 모시는 것에 사용

빈출표현 貢物(みつぎもの)/お供(そな)えを奉る(공물/제물을 바치다), 社長(しゃちょう)に奉る(사장으로 모시다)

*출제가능유형 : 한자읽기-훈독 용법

Step 2 ｜ 연관 단어	Step 3 ｜ 예문
유 ねだる 조르다, 보채다 └ 친한 상대(대개 육친)에게 어리광 부리며 무언가를 요구하는 것 유 せびる 조르다, 강요하다 └ 금전 등을 무리하게 요구해서 손에 넣는 것 암기 TIP SEGA 게임기 사달라고 조르다	子供(こども)が母(はは)にお小遣(こづか)いをせがむ。 아이가 어머니에게 용돈을 달라고 조르다.
= 争(あらそ)う 겨루다, 경쟁하다, 다투다 = 競(きそ)う 겨루다, 경쟁하다, 다투다 = 競売(きょうばい)する 경매하다 참 競市(せりいち) 경매 시장	ゴール直前(ちょくぜん)で激(はげ)しく競る。 골 바로 앞에서 격렬하게 경쟁하다.
유 調(ととの)える 갖추다, 마련하다, 준비하다 └ 특별히 목표로 한 일에 부족함이 없는 상태로 준비하는 것 예 準備万端(じゅんびばんたん)調える 만반의 준비를 갖추다	商品(しょうひん)を豊富(ほうふ)に揃える。 상품을 풍부하게 갖추다.
유 鋤(す)く (가래 등으로) 땅을 일구다, 가래질하다 참 鋤(すき) (농기구) 가래 참 鋤焼(すきや)き 스키야키, 전골요리 └ 농사짓다가 가래에 굶여 먹은 데에서 유래 암기 TIP 밭 다 갈았어(たがやす)	畑(はたけ)を耕して種(たね)を蒔(ま)いた。 밭을 갈고 씨를 뿌렸다.
유 捧(ささ)げる 바치다 └ 어떤 대상에게 공손히 정성·애정·신념 등을 바치는 것 예 愛(あい)を捧げる 사랑을 바치다 유 仕(つか)える 모시다, 섬기다, 시중들다 └ 윗사람 곁에서 시중들며 모시는 것 예 父母(ふぼ)に仕える 부모를 모시다	彼(かれ)を社長(しゃちょう)に奉っておくと便利(べんり)だ。 그를 사장으로 모셔두면 편리하다.

DAY 16

표제어	Step 1 ㅣ 단어 풀이(용법·의미)

동사

31

弛む

느슨해지다, 처지다

(한자풀이) 弛 늦출 이

たるむ

의미 느슨해지다, 처지다

용법 팽팽하던 것이 탄력을 잃어 처지는(느슨해지는) 것에 사용

빈출표현 電線/ロープ/頬の肉が弛む(전선/밧줄/볼살이 처지다)

*출제가능유형 : 문맥 용법

32

垂れる

처지다, 늘어지다

(한자풀이) 垂 드리울 수

たれる

용법 무게로 인해서 끝이 아래로 처지는 것, 또는 일부가 처진 상태로 위치해 있는 것에 사용

빈출표현 垂れた目(처진 눈), 前髪が垂れる(앞머리가 늘어지다), 枝/天井が垂れる(나뭇가지/천장이 처지다)

*출제가능유형 : 한자읽기-훈독 문맥

33

誓う

맹세하다, 서약하다

(한자풀이) 誓 맹세할 서

ちかう

의미 맹세하다, 서약하다

빈출표현 神にかけて誓う(신을 두고 맹세하다), 心に誓う(마음속으로 맹세하다), 将来を誓い合う(장래를 서로 서약하다)

*출제가능유형 : 한자읽기-훈독 문맥

34

縮める

줄이다, 단축시키다

(한자풀이) 縮 오그라들 축, 줄일 축

ちぢめる

의미 (길이·거리·시간·기간 등을) 줄이다, 작게 하다, 단축시키다

빈출표현 着物の丈/文章/格差を縮める(옷의 기장/문장/격차를 줄이다), 命を縮める(수명을 단축시키다)

*출제가능유형 : 한자읽기-훈독 용법

35

ちらつく

어른거리다, 조금씩 흩날리다

ちらつく

의미 ① (눈앞에) 어른거리다, 아물거리다
② (가랑비·가랑눈이) 조금씩 흩날리며 내리다

빈출표현 目の前にちらつく(눈앞에 어른거리다), 小雨/小雪がちらつく(가랑비/가랑눈이 조금씩 흩날리다)

*출제가능유형 : 문맥 용법

Step 2 │ 연관 단어	Step 3 │ 예문
유 緩む（ゆる） 느슨해지다, 헐렁해지다, 풀리다 └ 단단히 죄어져 있는 힘이 약해지는 것으로, 물리적인 상황에도 추상적인 상태에도 널리 사용됨 예 靴（くつ）の紐（ひも）が緩む 구두 끈이 풀리다 ↔ 張る（は） 팽팽해지다 참 顔（かお）の弛み 얼굴살이 처짐	年（とし）を取（と）ると、顔（かお）の弛みが気（き）になる。 나이를 먹으면 얼굴살이 처지는 것이 신경 쓰인다.
= 下（さ）がる 드리워지다, 늘어지다 참 雨垂（あまだ）れ 낙숫물	実（み）がたくさん生（な）って枝（えだ）が垂れている。 열매가 많이 열려서 나뭇가지가 처져 있다.
참 誓（ちが）う(×)발음 주의! 참 哲 밝을 철 예 哲学（てつがく） 철학	あの二人（ふたり）は将来（しょうらい）を誓い合（あ）った仲（なか）です。 저 두 사람은 장래를 서로 서약한 사이입니다.
유 詰（つ）める (길이를) 줄이다, 짧게 하다, (사이를) 좁히다 ↔ 伸（の）ばす (길이를) 늘이다 ↔ 延（の）ばす (시간·기간을) 늘이다, 연장하다, 연기하다 참 宿める(×)한자 주의! 참 宿 잘 숙	この文章（ぶんしょう）は長（なが）すぎるので、縮めた方（ほう）がいい。 이 문장은 너무 기니까 줄이는 편이 좋다.
유 ぱらつく (비·싸라기눈·우박이) 조금씩 뿌리다, 후드득거리다 └ 내리기 시작한 비·우박·싸라기눈이 조금씩 후드득 떨어지는 것 참 ちらちら 어른어른, 아물아물, 팔랑팔랑 참 ぱらぱら (눈·싸라기눈·우박이) 후드득후드득	目（め）の前（まえ）に子供（こども）の顔（かお）がちらつく。 눈앞에 아이의 얼굴이 어른거리다.

DAY 16

표제어	Step 1 ㅣ 단어 풀이(용법·의미)

동사

36

仕える
모시다, 섬기다

(한자풀이) 仕 섬길 사

つかえる

의미 모시다, 섬기다, 시중들다

용법 윗사람 곁에서 시중들며 모시는 것에 사용

빈출표현 父母(ふぼ)に仕える(부모를 모시다), 神(かみ)/師(し)に仕える(신/스승을 섬기다)

*출제가능유형 : [한자읽기-훈독] [문맥]

37

償う
변상하다, 속죄하다

(한자풀이) 償 갚을 상

つぐなう

의미 ① 배상하다, 변상하다 ② 속죄하다, 죄값음을 하다

빈출표현 損失(そんしつ)を償う(손실을 배상하다), 修理代(しゅうりだい)を償う(수리비를 변상하다), 罪(つみ)を償う(속죄하다, 죄값음을 하다)

*출제가능유형 : [한자읽기-훈독] [문맥]

38

四六時中
하루 종일

(한자풀이) 四 넉 사, 六 여섯 륙, 時 때 시, 中 가운데 중

しろくじちゅう

의미 하루 종일, 24시간 동안

용법 '4 x 6 = 24(24시간)'이라는 의미

빈출표현 四六時中忙(いそが)しい/ごろごろする/頭(あたま)から離(はな)れない(하루 종일 바쁘다/빈둥거리다/머리에서 떠나지 않다)

*출제가능유형 : [문맥] [유의표현]

부사

39

ずきずき
욱신욱신

ずきずき

의미 쑤시고 아픈 모양, 욱신욱신

용법 머리·이·상처·종기 등이 맥박 뛰듯이 연속해서 아픈 것에 사용

빈출표현 頭(あたま)/虫歯(むしば)がずきずきする(머리/충치가 욱신거리다), 傷口(きずぐち)がずきずき痛(いた)む(상처가 욱신욱신 아프다)

*출제가능유형 : [문맥] [용법]

40

ずばり
썩둑, 정통으로

ずばり

의미 ① 칼 등으로 단번에 잘라 버리는 모양, 썩둑
② 급소나 핵심을 정확하게 찌르는 모양, 정통으로, 거침없이

빈출표현 ずばり(と)切(き)る(썩둑 자르다), ずばり(と)言(い)い当(あ)てる/的中(てきちゅう)する(정통으로 알아맞히다/적중하다)

*출제가능유형 : [문맥] [용법]

Step 2 | 연관 단어	Step 3 | 예문
유 奉る(たてまつ) 모시다, 받들다 └ 형식상으로만 모시는 것	彼女は献身的に病身の父親に仕えた。(かのじょ・けんしんてき・びょうしん・ちちおや) 그녀는 헌신적으로 병약한 아버지를 시중들었다.
유 弁償する(べんしょう) 변상하다 └ 개인 간의 대화로 해결이 가능한 경우 유 賠償する(ばいしょう) 배상하다 └ 중대한 과실로 법적으로 죄가 될 만한 경우	追突事故を起こしてしまい、修理代を償った。(ついとつじこ・お・しゅうりだい) 추돌 사고를 일으켜 수리비를 변상했다.
= 一日中(いちにちじゅう) 하루 종일	四六時中仕事のことが頭から離れない。(しごと・あたま・はな) 하루 종일 일에 관한 것이 머리에서 떠나지 않는다.
유 しくしく 콕콕, 쌀쌀 └ 그다지 심한 통증은 아니나 끊임없이 찌르듯이 아픈 것 예 お腹(なか)がしくしく痛(いた)む 배가 쌀쌀 아프다 암기 TIP 이가 욱신거려서 죽기(ずきずき) 일보 직전이야	虫歯が悪化して歯がずきずきする。(むしば・あっか・は) 충치가 악화되어서 이가 욱신거리다.
유 正確に(せいかく) 정확하게 유 単刀直入に(たんとうちょくにゅう) 단도직입적으로	相手の考えをずばり(と)言い当てる。(あいて・かんが・い・あ) 상대의 생각을 정통으로 알아맞히다.

D A Y 16

표제어		Step 1 ㅣ 단어 풀이(용법·의미)
41 부사	**そもそも** 애당초, 원래	そもそも **용법** '파고들어 밝혀내자면'이라는 의미로, 논리적인 것에 사용 **빈출표현** そもそも間違(まちが)っている(애당초 잘못되었다), そもそも人間(にんげん)というものは(원래 인간이라는 것은), そもそも問題(もんだい)の発端(ほったん)は(원래 문제의 발단은) ＊출제가능유형 : 문맥 유의표현
42 부사	**だぶだぶ** 헐렁헐렁	だぶだぶ **의미** (옷 등이) 헐렁한 모양, 헐렁헐렁 **빈출표현** だぶだぶのズボン/コート(헐렁헐렁한 바지/코트), だぶだぶな靴(くつ)(헐렁헐렁한 구두) ＊출제가능유형 : 문맥 유의표현
43 가타카나	**スローガン** 슬로건, 표어	slogan **의미** 어떤 단체의 주의·주장 따위를 간결한 말로 나타낸 것 **빈출표현** スローガンを掲(かか)げる(슬로건을 내걸다), 会社(かいしゃ)のスローガン(회사의 슬로건), 選挙(せんきょ)スローガン(선거 슬로건) ＊출제가능유형 : 유의표현 용법
44 가타카나	**ドタキャン** 직전에 취소함	どたんば(土壇場 : 막판) + キャンセル(cancel : 취소) **의미** 이행 시간 직전에 약속을 파기하는 것 **빈출표현** ドタキャンする(직전에 취소하다), ドタキャンされる(직전에 취소되다) ＊출제가능유형 : 유의표현 용법
45 가타카나	**ドライ** 드라이, 무미건조함	dry **의미** [맛이 없고 메마르다는 뜻으로] 글이나 그림 또는 분위기가 딱딱하여 재미나 멋이 없는 것 **빈출표현** ドライな生活(せいかつ)/文章(ぶんしょう)/風景(ふうけい)(무미건조한 생활/문장/풍경) ＊출제가능유형 : 문맥 유의표현

Step 2	연관 단어	Step 3	예문
유 もともと 원래, 본디 ㄴ 시작부터·처음부터라는 의미로, 시간적인 것에 사용 예 もともとやる気(き)がなかった 원래(처음부터) 할 마음이 없었다	口論(こうろん)の原因(げんいん)はそもそも彼(かれ)の勘違(かんちが)いだった。 말다툼의 원인은 애초에 그의 착각이었다.
= ぶかぶか 헐렁헐렁 참 有(あ)り余(あま)る 남아돌다 참 緩(ゆる)い 느슨하다, 헐렁하다 암기 TIP 옷의 사이즈가 몸의 2배(ダブル, double)라서 헐렁헐렁(だぶだぶ)	最近(さいきん)だぶだぶのジーンズが流行(はや)っている。 최근에 헐렁헐렁한 청바지가 유행하고 있다.
유 標語(ひょうご) 표어 유 モットー 모토, 표어, 좌우명	A候補(こうほ)は最低賃金(さいていちんぎん)アップをスローガンに掲(かか)げている。 A후보는 최저임금 인상을 슬로건으로 내걸고 있다.
참 取(と)り止(や)め 그만둠, 중지	会議(かいぎ)はドタキャンされた。 회의는 직전에 취소되었다.
= 無味乾燥(むみかんそう) 무미건조 참 味気(あじけ)ない 재미없다, 무미건조하다	最近(さいきん)、ドライな生活(せいかつ)をしている。 최근 무미건조한 생활을 하고 있다.

DAY 16

표제어	Step 1 단어 풀이(용법·의미)
46 **だくだく** 줄줄	だくだく 의미 줄줄 용법 땀·피 등이 몹시 흐르는 모양에 사용 빈출표현 汗(あせ)/血(ち)がだくだく(と)流(なが)れる(땀/피가 줄줄 흐르다) *출제가능유형 : 문맥 용법
47 **だらだら** 줄줄, 질질	だらだら 의미 ① (액체가) 줄줄 ② 질질, 장황하게 빈출표현 だらだら(と)流(なが)す(줄줄 흘리다), だらだら(と)した演説(えんぜつ)(장황한 연설), だらだら(と)長引(ながび)く(질질 길어지다) *출제가능유형 : 문맥 유의표현
48 **ちょろちょろ** 졸졸, 조르르	ちょろちょろ 의미 ① 물이 조금씩 흐르는 모양, 졸졸 ② 작은 것이 재빠르게 돌아다니는 모양, 조르르, 졸랑졸랑 빈출표현 ちょろちょろ(と)流(なが)れる(졸졸 흐르다), ちょろちょろ(と)逃(に)げる(조르르 도망가다) *출제가능유형 : 문맥 용법
49 **立て板に水** 청산유수, 막힘없이 술술 말함 한자풀이 立 설 립, 板 널빤지 판, 水 물 수	たていたにみず 의미 [기대어 세워 놓은 판자에 물을 부으면 잘 흘러내린다는 뜻] (물이 잘 흘러내리듯이) 청산유수, 막힘없이 술술 말함 *출제가능유형 : 문맥 유의표현
50 **長蛇の列を成す** 장사진을 치다, 길게 줄을 서다 한자풀이 長 길 장, 蛇 뱀 사, 列 벌일 렬, 成 이룰 성	ちょうだのれつをなす 의미 긴 뱀과 같은 긴 행렬을 이룬다는 뜻 *출제가능유형 : 한자읽기-음훈독 문맥

(46–48: 의성어·의태어, 49–50: 관용구)

Step 2 | 연관 단어	Step 3 | 예문
유 だらだら 줄줄 └ 액체가 줄줄 흐르는 모양 예 涙(なみだ)をだらだら(と)流(なが)す 눈물을 줄줄 흘리다 참 つゆだく 국물을 넉넉하게 하여 소고기 덮밥을 담아내는 것 암기 TIP 줄줄 흐르는 땀좀 닦구(だくだく)	選手(せんしゅ)たちは汗(あせ)をだくだく(と)流(なが)していた。 선수들은 땀을 줄줄 흘리고 있었다.
유 だくだく 줄줄 └ 땀·피 등이 몹시 흐르는 모양 유 ずるずる 질질 └ 일을 매듭짓지 못하고 질질 끄는 모양 예 ずるずる(と)返事(へんじ)を延(の)ばす 답변을 질질 끌다	会議(かいぎ)がだらだら(と)長引(ながび)く。 회의가 질질(장황하게) 길어지다.
참 ちょこちょこ 아장아장, 이따금, 가끔	蛇口(じゃぐち)から水(みず)がちょろちょろ(と)漏(も)れている。 수도꼭지에서 물이 졸졸 새고 있다.
유 口上手(くちじょうず) 말주변이 좋음, 또는 그런 사람 유 口達者(くちだっしゃ) 말주변이 좋음, 또는 그런 사람 유 雄弁(ゆうべん) 웅변 ↔ 横板(よこいた)に雨垂(あまだ)れ 변설이 서투름	彼(かれ)のスピーチは正(まさ)に立て板に水のようだった。 그의 스피치는 그야말로 청산유수 같았다.
참 ずらっと 잇달아 늘어선 모양, 죽 참 長蛇(ちょうだ) 길고 큰 뱀	あのラーメン屋(や)の前(まえ)はいつも人が長蛇の列を成している。 저 라면 가게 앞은 항상 사람들이 장사진을 치고 있다.

DAY 16

Day 16

문제로 확인하기

❶ 다음 단어의 한자 읽는 법을 고르세요.

1. 迅速　A. じんそく　B. しんそく
2. 償う　A. つぐなう　B. あがなう
3. 情緒　A. じょしょ　B. じょうちょ

❷ 다음 단어의 한자 표기를 고르세요.

4. ちかう　A. 誓う　B. 哲う
5. せいし　A. 停止　B. 静止
6. じゅくれん　A. 熟練　B. 塾練

❸ 다음 빈칸에 공통으로 들어갈 수 있는 한자 또는 단어로 적절한 것을 고르세요.

7. ( )惰 ( )慢 ( )け者
   A. 緩　B. 我　C. 怠
8. ( )取 ( )生 ( )氏
   A. 搾　B. 衆　C. 摂
9. 街路( ) ( )立 植( )デー
   A. 樹　B. 創　C. 林

❹ 빈칸에 들어갈 단어로 적절한 것을 고르세요.

A. 敷居　B. 辛抱　C. 立て板に水

10. 借金を返していないので、彼の家は＿＿＿＿＿が高い。
11. 彼のスピーチは正に＿＿＿＿＿のようだった。
12. 長年＿＿＿＿＿した甲斐があった。

정답 | 1. A　2. A　3. B　4. A　5. B　6. A　7. C　8. C　9. A　10. A　11. C　12. B

WEEK 4

Day 17

강의와 예문 듣기

매일 품사별로 골고루! 오늘의 50단어 한눈에 보기!

음독명사

01. 切望
02. 絶望
03. 繊維
04. 遭遇
05. 遭難
06. 訴訟
07. 逮捕
08. 堕落
09. 秩序
10. 徴収

고유어

11. 筋
12. 図星
13. 炭
14. 魂
15. 俵
16. つじつま
17. 手柄

い형용사

18. 何気ない
19. 馴れ馴れしい
20. 儚い
21. 捗々しい

な형용사

22. 月並みだ
23. 円らだ
24. 的確だ
25. 手頃だ

동사

26. 培う
27. 集う
28. 尊ぶ
29. 尖る
30. 調える
31. とろける
32. 成し遂げる
33. 撫でる
34. 怠ける
35. 臨む
36. 乗っ取る
37. 化かす

부사

38. ちやほや
39. つるつる
40. てっきり
41. とっさに
42. なおさら

가타카나

43. ハッカー
44. ハンディキャップ
45. ピンチ

의성어・의태어

46. とぼとぼ
47. にやにや
48. はきはき

관용구

49. 隣の芝生は青い
50. 猫も杓子も

	표제어	Step 1 | 단어 풀이(용법·의미)
1	**切望** 절망, 갈망 한자풀이 **切** 끊을 절, **望** 바랄 망	せつぼう **의미** 간절히 바라는 것, 갈망 **빈출표현** 切望して止(や)まない(갈망하여 마지않다, 진심으로 갈망하다), ～を切望する(~을 갈망하다) *출제가능유형 : [문맥] [유의표현]
2	**絶望** 절망 한자풀이 **絶** 끊을 절, **望** 바랄 망	ぜつぼう **의미** 모든 희망이 끊어지는 것 **빈출표현** 絶望的(てき)(절망적), 絶望感(かん)(절망감), 絶望のどん底(ぞこ)(절망의 구렁텅이) *출제가능유형 : [문맥] [용법]
3	**繊維** 섬유 한자풀이 **繊** 가늘 섬, **維** 벼리 유, 바 유	せんい **의미** 가는 실 모양의 고분자 물질 **빈출표현** 繊維産業(さんぎょう)(섬유 산업), 繊維製品(せいひん)(섬유 제품), 化学(かがく)繊維(화학 섬유) *출제가능유형 : [한자읽기-음독] [용법]
4	**遭遇** 조우 한자풀이 **遭** 만날 조, **遇** 만날 우	そうぐう **의미** 우연히 만나거나 맞닥뜨리는 것 **빈출표현** 困難(こんなん)に遭遇する(곤란과 마주치다), 苦難(くなん)/事故現場(じこげんば)に遭遇する(고난/사고 현장을 만나다) *출제가능유형 : [한자읽기-음독] [유의표현]
5	**遭難** 조난 한자풀이 **遭** 만날 조, **難** 어려울 난	そうなん **의미** 항해나 등산 등에서 재난을 만나는 것 **빈출표현** 遭難者(しゃ)(조난자), 遭難事故(じこ)(조난 사고), 遭難信号(しんごう)(조난 신호) *출제가능유형 : [문맥] [용법]

음독명사

Step 2 │ 연관 단어	Step 3 │ 예문
= 渇望(かつぼう) 갈망 = 熱望(ねつぼう) 열망 참 絶望(ぜつぼう) 절망, 모든 희망이 끊어짐	世界(せかい)の平和(へいわ)を切望する。 세계 평화를 갈망하다.
유 失望(しつぼう) 실망, 희망을 잃음 ↔ 希望(きぼう) 희망	状況(じょうきょう)はかなり絶望的(てき)だ。 상황은 상당히 절망적이다.
= ファイバー 파이버, 섬유 = フィラメント 필라멘트, 섬유	この国(くに)は古(ふる)くから繊維産業(さんぎょう)が発達(はったつ)していた。 이 나라는 오래전부터 섬유 산업이 발달해 있었다.
유 出会(であ)い 마주침, 만남 유 際会(さいかい) 제회, (중대한 사건이나 시기를) 우연히 만남	旅行先(りょこうさき)で友達(ともだち)にたまたま遭遇した。 여행지에서 친구를 우연히 만났다.
참 遭(あ)う (좋지 않은 일을) 만나다, 당하다	遭難者(しゃ)は全員無事(ぜんいんぶじ)に救助(きゅうじょ)された。 조난자는 전원 무사히 구조되었다.

DAY 17

표제어	Step 1 ㅣ 단어 풀이(용법·의미)

음독명사

6

訴訟
소송

(한자풀이) **訴** 하소연할 소, **訟** 송사할 송

そしょう

의미 법원에 재판을 청구하는 일

빈출표현 訴訟を起(お)こす(소송을 제기하다), 訴訟に勝(か)つ(소송에 이기다), 刑事(けいじ)訴訟(형사 소송)

*출제가능유형 : [한자읽기-음독] [유의표현]

7

逮捕
체포

(한자풀이) **逮** 미칠 체, **捕** 잡을 포

たいほ

의미 검사나 경찰관 등이 피의자를 구속하여 연행하는 강제 수단

빈출표현 逮捕状(じょう)(체포장, 구속영장), 犯人(はんにん)を逮捕する(범인을 체포하다), 緊急(きんきゅう)逮捕(긴급 체포)

*출제가능유형 : [한자읽기-음독] [유의표현]

8

堕落
타락

(한자풀이) **堕** 떨어질 타, **落** 떨어질 락

だらく

의미 올바른 길에서 벗어나 잘못된 길로 빠지는 것

빈출표현 政治(せいじ)の堕落(정치의 타락), 堕落者(しゃ)(타락한 자), 堕落僧(そう)(타락승)

*출제가능유형 : [한자읽기-음독] [문맥]

9

秩序
질서

(한자풀이) **秩** 차례 질, **序** 차례 서

ちつじょ

의미 사회가 올바른 상태를 유지하기 위해서 지켜야 할 차례나 규칙

빈출표현 秩序を守(まも)る/保(たも)つ/乱(みだ)す(질서를 지키다/유지하다/어지럽히다)

*출제가능유형 : [한자읽기-음독] [용법]

10

徴収
징수

(한자풀이) **徴** 부를 징, **収** 거둘 수

ちょうしゅう

의미 세금이나 수수료 따위를 거두어들이는 것

빈출표현 源泉(げんせん)徴収(원천 징수), 税金(ぜいきん)/会費(かいひ)を徴収する(세금/회비를 징수하다)

*출제가능유형 : [한자읽기-음독] [문맥]

Step 2 | 연관 단어

Step 3 | 예문

유 起訴(きそ) 기소, 형사 사건에 대하여 검사가 법원에 심판을 요구하는 일

유 提訴(ていそ) 제소, 소송을 일으킴

참 訴(うった)える 소송하다, 호소하다

会社相手(かいしゃあいて)に**訴訟**を起(お)こした。

회사 상대로 소송을 제기했다.

유 検挙(けんきょ) 검거

↔ 釈放(しゃくほう) 석방

참 捕(つか)まえる 잡다, 붙잡다

참 挙(あ)げる 검거하다, 체포하다

逮捕の際(さい)には、**逮捕**状(じょう)を示(しめ)すのが原則(げんそく)となっている。

체포 시에는 구속 영장을 제시하는 것이 원칙이다.

유 腐敗(ふはい) 부패

↔ 向上(こうじょう) 향상

참 墜落(×) *한자 주의!*　　참 墜落(ついらく) 추락

TIP 堕墜 이 두 한자는 오른쪽 윗부분만 다릅니다. 3(阝)류(有)로 타락(堕落)했다로 연상, 돼지(豕: 멧돼지 수)처럼 묵직한 것이 추락(墜落)했다로 연상

なぜ政治(せいじ)はここまで**堕落**したのか。

어째서 정치는 이토록 타락한 걸까.

유 順序(じゅんじょ) 순서

↔ 混乱(こんらん) 혼란

学校(がっこう)の**秩序**を乱(みだ)す行為(こうい)は許(ゆる)されません。

학교 질서를 어지럽히는 행위는 용서되지 않습니다.

↔ 納入(のうにゅう) 납입

참 取(と)り立(た)てる (강제로) 거두다, 징수하다

참 徴収(×) *한자 주의!*

참 徴 혼날 징

国家(こっか)を運営(うんえい)するために、国民(こくみん)から税金(ぜいきん)を**徴収**する。

국가를 운영하기 위해서 국민으로부터 세금을 징수하다.

DAY 17

표제어	Step 1 ㅣ 단어 풀이(용법·의미)

고유어

11

筋

힘줄, 핏줄, 줄거리, 조리, 당국

한자풀이 筋 힘줄 근

すじ

의미 ① 힘줄, 근육 ② 핏줄 ③ 줄거리 ④ 조리, 도리
⑤ 당국, 관계자, 소식통

빈출표현 青筋を立てる(핏대를 세우다, 몹시 화내다), 粗筋(대강의 줄거리), 筋が立つ/通る(조리가 서다), 確かな筋(확실한 소식통)

*출제가능유형 : 한자읽기 - 훈독 | 용법

12

図星

과녁 중심의 검은 점, 핵심

한자풀이 図 그림 도, 星 별 성

ずぼし

의미 ① 과녁 중심의 검은 점 ② 핵심, 급소, 정곡

빈출표현 図星を指す/突く(핵심을 찌르다, 정곡을 찌르다)

*출제가능유형 : 한자읽기 - 음훈독 | 유의표현

13

炭

숯

한자풀이 炭 숯 탄

すみ

의미 숯, 목탄

빈출표현 炭を焼く(숯을 굽다), 炭火(숯불), 炭火焼き(숯불 구이)

*출제가능유형 : 한자읽기 - 훈독 | 문맥

14

魂

넋, 정신

한자풀이 魂 넋 혼

たましい

의미 ① 넋, 혼, 영혼 ② (직업·신분 등을 나타내는 말에 붙어) 특유의 정신 자세, 마음가짐

빈출표현 魂が抜ける(넋이 빠지다), 侍魂(무사 정신), 大和魂(일본 민족 고유의 용맹스런 정신), 負けじ魂(지지 않으려는 정신, 투지)

*출제가능유형 : 한자읽기 - 훈독 | 용법

15

俵

섬, 가마니

한자풀이 俵 흩을 표

たわら

의미 (쌀·숯 등을 담는) 섬, 멱서리, 가마니

빈출표현 俵を担ぐ(가마니를 짊어지다), 米俵(쌀가마니)

*출제가능유형 : 한자읽기 - 훈독 | 문맥

Step 2 | 연관 단어

Step 3 | 예문

= 筋肉(きんにく) 근육
= 血管(けっかん) 혈관
= 筋道(すじみち) 조리, 도리
암기 TIP 근육이 많으면 힘 좀 쓰지(すじ)

彼(かれ)の話(はなし)は、いつも筋が通(とお)っている。
그의 이야기는 항상 이치에 맞는다.

= 急所(きゅうしょ) 급소
참 的(まと) 과녁, 대상

彼女(かのじょ)は図星を指(さ)されて慌(あわ)てた。
그녀는 정곡을 찔려서 당황했다.

= 木炭(もくたん) 목탄
참 隅(すみ) 구석
참 墨(すみ) 먹
TIP 세 단어의 すみ의 공통은 검은색
암기 TIP 습기와 냄새가 숯에 스미(すみ)도록 실내나 냉장고 안에 숯을 놓아두곤 하죠

やっぱり肉(にく)は炭火焼(びや)きが美味(おい)しいですね。
역시 고기는 숯불 구이가 맛있네요.

= 霊魂(れいこん) 영혼
= 霊(たま) 혼, 영혼
= 気構(きがま)え 마음가짐

スポーツには負(ま)けじ魂が必要(ひつよう)だ。
스포츠에는 투지가 필요하다.

유 かます 가마니
참 土俵(どひょう) 흙 가마니, 씨름판
참 表 겉 표
암기 TIP 가마니에 쌀 좀 타와라(たわら)

彼(かれ)は米俵(こめだわら)を軽々(かるがる)と持(も)ち上(あ)げた。
그는 쌀 가마니를 가볍게 들어 올렸다.

DAY 17

표제어	Step 1 | 단어 풀이(용법·의미)
16 **つじつま** 조리, 이치	つじつま **의미** (어떤 일이나 말·글 등에서) 앞뒤가 들어맞고 체계가 서는 것 **빈출표현** つじつまが合(あ)う(이치가 맞다, 앞뒤가 맞다), つじつまが合(あ)わない(이치가 맞지 않다, 앞뒤가 맞지 않다) * 출제가능유형 : 유의표현 / 용법
17 **手柄** 공, 공적 한자풀이 手 손 수, 柄 자루 병	てがら **의미** 남으로부터 칭찬받을 만한 훌륭한 성과 **용법** 주로 일상에서의 개인적인 작은 성과에 대해서 사용 **빈출표현** 手柄を立(た)てる(공을 세우다), 手柄顔(がお)(공을 뽐내는 듯한 얼굴), 手柄話(ばなし)(공을 세운 이야기, 공훈담) * 출제가능유형 : 한자읽기-훈독 / 유의표현
18 **何気ない** 아무렇지도 않다, 무심하다 한자풀이 何 어찌 하, 気 기운 기	なにげない **용법** 특별히 의식하지 않고 행동하는 모습 **빈출표현** 何気ない一言(ひとこと)(아무렇지도 않은 한 마디), 何気なく近付(ちかづ)く(아무렇지도 않게 접근하다), 何気ない風(ふう)を装(よそお)う(아무렇지도 않은 체하다) * 출제가능유형 : 문맥 / 용법
19 **馴れ馴れしい** 친한 척하다, 허물없다 한자풀이 馴 길들일 순	なれなれしい **용법** 친한 사이도 아닌데 너무 친한 척하는 마이너스적인 의미 **빈출표현** 馴れ馴れしい態度(たいど)(허물없는 태도), 馴れ馴れしい人(ひと)(허물없는 사람, 버릇없는 사람), 馴れ馴れしく接(せっ)する(허물없이 접하다) * 출제가능유형 : 문맥 / 용법
20 **儚い** 덧없다, 허무하다 한자풀이 儚 어두울 맹, 어두울 몽	はかない **용법** 사람(亻)이 꿈(夢)을 꾼 것처럼 수명이 짧고 금방 사라져서 덧없게 느끼는 것 **빈출표현** 儚い命(いのち)/恋(こい)(덧없는 목숨/사랑), 儚い夢(ゆめ)/運命(うんめい)(허무한 꿈/운명) * 출제가능유형 : 문맥 / 유의표현

고유어 (16–17) / い형용사 (18–20)

Step 2 ｜ 연관 단어	Step 3 ｜ 예문
= 条理(じょうり) 조리 = 道理(どうり) 도리 = 筋道(すじみち) 사리, 조리, 도리	彼(かれ)の話(はなし)は多(おお)くの点(てん)でつじつまが合(あ)わない。 그의 이야기는 많은 점에서 앞뒤가 맞지 않는다.
= 功(いさお) 공, 공적, 공로 유 功績(こうせき) 공적 └ 주로 국가적·사회적인 큰 성과에 대해서 사용	この契約(けいやく)は、なんといっても彼(かれ)の手柄だ。 이 계약은 뭐니 뭐니 해도 그의 공이다.
유 さり気(げ)ない 아무 일도 없는 듯하다, 그런 티를 보이지 않다, 천연덕스럽다 └ 자신이 의도적으로 한 일을 주위 사람들이 눈치 못 채게 행동하는 모습	何気ない一言(ひとこと)で彼女(かのじょ)を傷付(きずつ)けてしまった。 무심한 한 마디로 그녀를 상처 입히고 말았다.
↔ 余所余所(よそよそ)しい 쌀쌀맞다, 냉담하다 참 馴(な)れる 길들다	初対面(しょたいめん)なのに馴れ馴れしい態度(たいど)を取(と)るのは良(よ)くない。 첫 대면인데 허물없는 태도를 취하는 것은 좋지 않다.
유 空(むな)しい = 虚(むな)しい 헛되다, 보람 없다, 허무하다 └ 노력에 대한 성과가 없어서(空虚 공허) 헛되게 느끼는 것 예 空しい努力(どりょく) 헛된 노력	桜(さくら)は儚く散(ち)るからこそ美(うつく)しいのだ。 벚꽃은 허무하게 지기(수명이 짧기) 때문에 아름다운 것이다.

DAY 17

표제어 | **Step 1 | 단어 풀이(용법·의미)**

い형용사

21 捗々しい

진척되다, 순조롭다

한자풀이 捗 칠 척

はかばかしい

용법 대개 뒤에 부정어가 따름

★ 빈출표현 捗々しく進(すす)まない(순조롭게 진행되지 않다), 進(すす)み具合(ぐあい)が捗々しくない(진행 상태가 순조롭지 않다), 回復(かいふく)が捗々しくない(회복이 순조롭지 않다)

*출제가능유형 : 문맥 용법

な형용사

22 月並みだ

평범하다, 진부하다

한자풀이 月 달 월, 並 아우를 병

つきなみだ

의미 [본래는 매달 정기적으로 행해지는 '월례 행사'라는 뜻] 평범하다, 진부하다, 흔해 빠지다

★ 빈출표현 月並みな表現(ひょうげん)(진부한 표현), 月並みな発想(はっそう)/文句(もんく)(평범한 발상/문구)

*출제가능유형 : 문맥 유의표현

23 円らだ

동그랗다, 동그랗고 귀엽다

한자풀이 円 둥글 원

つぶらだ

의미 동그랗다, 동그랗고 귀엽다

용법 대개 눈과 얼굴에 사용

★ 빈출표현 円らな瞳(ひとみ)/目(め)/顔(かお)(동그랗고 귀여운 눈동자/눈/얼굴)

*출제가능유형 : 한자읽기-훈독 문맥

24 的確だ

정확하다, 딱 들어맞다

한자풀이 的 과녁 적, 確 굳을 확

てきかくだ

의미 과녁(的)에 맞듯이 경우나 상황에 꼭 맞아 확실한(確) 것

용법 상황에 적절한지 적격 여부 판단에 사용

★ 빈출표현 的確な判断(はんだん)/措置(そち)(정확한 판단/조치), 的確に指示(しじ)する/掴(つか)む(정확히 지시하다/파악하다)

*출제가능유형 : 문맥 용법

25 手頃だ

적당하다, 알맞다

한자풀이 手 손 수, 頃 잠깐 경

てごろだ

의미 ① (크기나 굵기가) 손에 알맞다, 적합하다 ② (자기 능력·경제력·조건에) 적당하다, 적합하다, 걸맞다

★ 빈출표현 手頃な大(おお)きさ/厚(あつ)さ(알맞은 크기/두께), 手頃な値段(ねだん)(적당한 가격), 手頃な仕事(しごと)(적합한 일)

*출제가능유형 : 유의표현 용법

Step 2	연관 단어	Step 3	예문
= 進捗(しんちょく)する 진척되다 참 捗(はかど)る 진척되다, 일이 잘 되어 가다 참 馬鹿馬鹿(ばかばか)しい 몹시 어리석다, 어처구니없다, 터무니없다	工事(こうじ)の進(すす)み具合(ぐあい)が捗々しくない。 공사의 진행 상태가 순조롭지 못하다.
유 平凡(へいぼん)だ 평범하다 유 陳腐(ちんぷ)だ 진부하다, 낡고 케케묵다 유 ありきたりだ 본래부터 있었다, 얼마든지 있다, 진부하다 ↔ 風変(ふうがわ)りだ 색다르다, 특이하다, 별나다	月並みな表現(ひょうげん)ではあるが、人生(じんせい)はしばしば旅(たび)に喩(たと)えられる。 평범한 표현이기는 하지만 인생은 자주 여행에 비유된다.
= 円(つぶ)らかだ 동그랗다, 동그랗고 귀엽다 유 円(まる)い 둥글다	姪(めい)っ子(こ)の円らな瞳(ひとみ)が可愛(かわい)くてたまらない。 조카딸의 동그랗고 귀여운 눈동자가 귀여워 죽겠다.
유 正確(せいかく)だ 정확하다 └ 바르고(正 바를 정) 확실하다(確 굳을 확)는 의미로, 옳고 그르냐의 판단에 사용 ↔ 的外(まとはず)れだ 빗나가다, 요점에서 벗어나다 ↔ 不適格(ふてきかく)だ 부적격하다	情勢(じょうせい)を的確に掴(つか)む。 정세를 정확하게 파악하다.
유 適切(てきせつ)だ 적절하다 유 適当(てきとう)だ 적당하다 유 値頃(ねごろ)だ (가격이) 적당하다 유 リーズナブルだ 리즈너블하다, 합리적이다, 이치에 맞고 타당하다, (가격 등이) 적당하다	この寿司屋(すしや)では美味(おい)しい寿司(すし)が手頃な値段(ねだん)で食(た)べられる。 이 초밥집에서는 맛있는 초밥을 적당한 가격으로 먹을 수 있다.

DAY 17

표제어	Step 1 ǀ 단어 풀이(용법·의미)

동사

26

培う
가꾸다, 기르다

(한자풀이) **培** 북돋울 배

つちかう

의미 ① (초목을) 북돋다, 가꾸다, 배양하다
② (능력 · 체력 · 정신력을) 기르다, 배양하다

빈출표현 苗木(なえぎ)を培う(묘목을 가꾸다), 学力(がくりょく)/体力(たいりょく)/精神力(せいしんりょく)を培う(학력/체력/정신력을 기르다)

*출제가능유형 : [한자읽기-훈독] [용법]

27

集う
모이다, 회합하다

(한자풀이) **集** 모일 집

つどう

의미 모이다, 회합하다

용법 사람이 특정한 목적을 가지고 한자리에 모이는 것에 사용

빈출표현 全国(ぜんこく)から集う(전국에서 모이다), 一堂(いちどう)/集会(しゅうかい)に集う(한자리/집회에 모이다)

*출제가능유형 : [한자읽기-훈독] [용법]

28

尊ぶ
존경하다, 중요시하다

(한자풀이) **尊** 높을 존

とうとぶ·たっとぶ

의미 ① 존경하다, 공경하다 ② 존중하다, 중요시하다

빈출표현 目上(めうえ)の人(ひと)を尊ぶ(손윗사람을 공경하다), 人命(じんめい)/伝統(でんとう)/名誉(めいよ)を尊ぶ(인명/전통/명예를 중요시하다)

*출제가능유형 : [한자읽기-훈독] [유의표현]

29

尖る
뾰족해지다, 예민해지다

(한자풀이) **尖** 뾰족할 첨

とがる

의미 ① 뾰족해지다, 날카로워지다 ② 예민해지다

용법 '尖った＋명사', '～尖っている'의 형태로 사용

빈출표현 尖った針(はり)(날카로운 바늘), 尖った鉛筆(えんぴつ)(뾰족한 연필), 神経(しんけい)が尖っている(신경이 예민해져 있다)

*출제가능유형 : [한자읽기-훈독] [문맥]

30

調える
갖추다, 성립시키다

(한자풀이) **調** 고를 조

ととのえる

의미 ① 갖추다, 마련하다, 준비하다 ② 성립시키다

용법 특별히 목표한 일에 부족함 없는 상태로 준비하는 것에 사용

빈출표현 準備万端(じゅんびばんたん)調える(만반의 준비를 갖추다), 書類(しょるい)を調える(서류를 갖추다), 縁談(えんだん)を調える(혼담을 성립시키다)

*출제가능유형 : [한자읽기-훈독] [유의표현]

Step 2 | 연관 단어

Step 3 | 예문

유 養う(やしな) 양육하다, 기르다, 키우다, 부양하다
└ 음식이나 의복을 주어 생활을 돌보며 기르는 것

유 育てる(そだ) 양육하다, 기르다, 키우다, 양성하다
└ 사람·동물·식물을 기르는 것, 추상적으로 기르는 것

암기 TIP 흙(つち)에서 기르다(飼(か)う)

祖母(そぼ)は色(いろ)んな苗木(なえぎ)を大切(たいせつ)に培っている。

할머니는 여러 가지 묘목을 소중히 가꾸고 있다.

유 集まる(あつ) 모이다, 모여들다, 집합하다
└ 많은 사람·동물·사물이 한곳에 모이는 것

예 お金(かね)が集まる 돈이 모이다

平和集会(へいわしゅうかい)に人々(ひとびと)が集った。

평화 집회에 사람들이 모였다.

= 敬う(うやま) 존경하다, 공경하다

= 重んじる(おも) 중요시하다, 존중하다

↔ 卑しむ(いや) 경멸하다, 깔보다, 무시하다

↔ 蔑む(さげす) 깔보다, 얕보다, 멸시하다

命(いのち)を尊ぶ心(こころ)を育(はぐく)む。

생명을 존중하는 마음을 기르다.

= 尖る(とんが) 뾰족해지다, 날카로워지다

유 敏感(びんかん)になる 민감해지다

참 鋭い(するど) 날카롭다, 예리하다, 예민하다

암기 TIP 뾰족해지게 또 갈아(とがる)

ストレスで神経(しんけい)が尖っている。

스트레스로 신경이 예민해져 있다.

유 揃える(そろ) 갖추다, 맞추다, 일치시키다
└ 일상에서 필요한 것이나 있어야 할 것을 준비하는 것에 사용

참 整える(ととの) 가지런히 하다, 가다듬다, 정돈하다

예 服装(ふくそう)を整える 복장을 가다듬다

新規事業(しんきじぎょう)のために資金(しきん)を調える。

신규 사업을 위해서 자금을 마련하다.

DAY 17

표제어	Step 1 | 단어 풀이(용법·의미)

31

とろける
녹다, 황홀해지다

とろける

의미 ① (고체가 액체로) 녹다 ② (마음이) 녹다, 황홀해지다

빈출표현 バターがとろける(버터가 녹다), 心(こころ)がとろける(마음이 황홀해지다), 口(くち)の中(なか)でとろける(입안에서 살살 녹다)

＊출제가능유형 : 문맥 유의표현

32

成し遂げる
완수하다, 달성하다

한자풀이 成 이룰 성, 遂 이룰 수

なしとげる

용법 정한 목표·수치를 달성하는 의미로, 성공했을 때에만 사용

빈출표현 研究(けんきゅう)を成し遂げる(연구를 완수하다), 偉業(いぎょう)を成し遂げる(위업을 달성하다), 快挙(かいきょ)を成し遂げる(쾌거를 이룩하다)

＊출제가능유형 : 한자읽기-훈독 문맥

동사

33

撫でる
쓰다듬다, 어루만지다

한자풀이 撫 어루만질 무

なでる

의미 쓰다듬다, 어루만지다

빈출표현 頭(あたま)を撫でる(머리를 쓰다듬다), 顎(あご)を撫でる(일이 뜻대로 되어 만족해하다, 우쭐해하다)

＊출제가능유형 : 문맥 용법

34

怠ける
게으름 피우다

한자풀이 怠 게으를 태

なまける

용법 시간적 여유가 있음에도 불구하고 귀찮거나 편히 지내고 싶어서 본래 해야 할 일을 하지 않고 게으름 피우는 것에 사용

빈출표현 怠けて暮(く)らす(게으름 피우며 지내다), 怠け者(もの)(게으름뱅이), 仕事(しごと)を怠ける(일을 게으름 피우다)

＊출제가능유형 : 한자읽기-훈독 유의표현

35

臨む
임하다, 임석하다

한자풀이 臨 임할 임

のぞむ

의미 ① 임하다, 면하다, 향하다 ② (중요한 장면에) 임하다, 임석하다

빈출표현 海(うみ)に臨む(바다에 임하다, 바다를 향하다), 試験(しけん)/開会式(かいかいしき)に臨む(시험/개회식에 임하다)

＊출제가능유형 : 한자읽기-훈독 용법

Step 2 | 연관 단어	Step 3 | 예문
= 溶(と)ける (고체가 액체로) 녹다 = うっとりする 황홀해지다 참 とろとろ 녹아서 걸쭉한 모양	美(うつく)しいメロディーに心(こころ)がとろけそうだ。 아름다운 멜로디에 마음이 녹아들 것 같다.
유 やり遂(と)げる 끝까지 해내다, 완수하다 ㄴ 성패에 관계없이 자기가 가지고 있는 힘을 다해서 일을 끝까지 해내는 것 예 計画(けいかく)をやり遂げる 계획을 완수하다	木村選手(きむらせんしゅ)は新記録樹立(しんきろくじゅりつ)という快挙(かいきょ)を成し遂げた。 기무라 선수는 신기록 수립이라는 쾌거를 이룩했다.
유 擦(さす)る (가볍게) 문지르다, 쓰다듬다 ㄴ 손바닥 등으로 신체나 물건의 표면을 반복적으로 가볍게 문지르는(쓰다듬는) 것 암기 TIP 잘난 체하는 아이의 머리를 쓰다듬으며.. 나대지(なでる) 마라~	愛犬(あいけん)の頭(あたま)を撫でてやったら、しっぽを振(ふ)った。 애견의 머리를 쓰다듬어 주었더니 꼬리를 흔들었다.
유 怠(おこた)る 게을리하다, 태만히 하다, 소홀히 하다 ㄴ 당연히 해야 할 의무·책임 등을 하지 않거나 소홀히 하는 것 ↔ 努(つと)める 노력하다, 힘쓰다 ↔ 働(はたら)く 일하다	青木君(あおきくん)は怠け者(もの)で毎日遊(まいにちあそ)んでばかりいる。 아오키 군은 게으름뱅이여서 매일 놀고만 있다.
유 面(めん)する 면하다 유 出席(しゅっせき)する 출석하다	開会式(かいかいしき)に臨んで一言(ひとこと)述(の)べる。 개회식에 임하여 한마디 하다.

DAY 17

		표제어	Step 1 ㅣ 단어 풀이(용법·의미)
36	동사	**乗っ取る** 납치하다 (한자풀이) 乗 탈 승, 取 취할 취	のっとる **의미** 납치하다 **용법** 비행기·배 등 탈것을 납치하는 것에 사용 **빈출표현** 旅客機/飛行機/船を乗っ取る(여객기/비행기/배를 납치하다) *출제가능유형 : 문맥, 용법
37	동사	**化かす** 홀리다 (한자풀이) 化 될 화	ばかす **의미** 홀리다, 속여서 남의 정신을 흐리게 하다 **빈출표현** 狸は人を化かす(너구리는 사람을 홀린다), 狐に化かされる(여우에게 홀리다) *출제가능유형 : 한자읽기-훈독, 문맥
38	부사	**ちやほや** 상대를 추어올리는 모양, 상대의 비위를 맞추는 모양	ちやほや **용법** 손위 아래에 관계없이 상대의 비위를 맞추거나 치켜세우며 소중히 다루는 것에 사용 **빈출표현** ちやほや(と)機嫌を取る(추어올려 비위를 맞추다), 子供をちやほやする(어린애를 떠받들다) *출제가능유형 : 유의표현, 용법
39	부사	**つるつる** 매끈매끈, 미끈미끈	つるつる **용법** 닿았을 때 감촉이 매끈매끈한 것, 혹은 광택이 있어서 시각적으로 매끈매끈(반들반들)하게 보이는 것에 사용 **빈출표현** つるつる(と)した肌(매끈매끈한 피부), つるつるの頭(반들반들한 머리, 대머리), つるつる滑る(미끈미끈 미끄러지다) *출제가능유형 : 문맥, 유의표현
40	부사	**てっきり** 틀림없이, 꼭	てっきり **용법** 예상·확신했던 것이 반대의 결과가 되었을 때 사용 **빈출표현** てっきり~だと思った(틀림없이 ~라고 생각했다), てっきり~だと思ったが/思ったのに(틀림없이 ~라고 생각했는데) *출제가능유형 : 문맥, 용법

Step 2 ｜ 연관 단어	Step 3 ｜ 예문
= ハイジャックする (항공기를) 공중 납치하다 유 拉致(らち)する 납치하다 └→ 사람을 납치하는 것 참 則(のっと)る (기준으로 삼고) 따르다, 준하다 예 原則(げんそく)に則る 원칙에 따르다	アメリカで飛行機(ひこうき)を乗っ取る事件(じけん)が発生(はっせい)した。 미국에서 비행기 납치 사건이 발생했다.
유 騙(だま)す 속이다 참 化(ば)ける 둔갑하다, 변신하다	昨日(きのう)は何(なに)かに化かされたかのような気分(きぶん)だった。 어제는 무언가에 홀린 기분이었다.
유 甘(あま)やかす 응석을 받아주다, 버릇없게 만들다 └→ 제멋대로인 어린아이나 부하 등 아랫사람에게 엄격히 예의범절을 가르치지 않고 그냥 놔두는 것 암기 TIP 이름이 ち인 사람과 ほ인 사람에게.. 치야~^^ 호야~^^ 하며 비위를 맞추며 치켜 세움	ちやほやされて調子(ちょうし)に乗(の)っている。 추어올려 줘서 우쭐해져 있다.
유 すべすべ 매끄러운 모양, 매끈매끈 └→ 닿았을 때 감촉이 매끈매끈한 것 예 すべすべ(と)した肌(はだ) 매끈매끈한 피부 ↔ ざらざら 꺼칠꺼칠, 까칠까칠 암기 TIP 주르르 주르르(つるつる) 미끄러지다	道(みち)が凍(こお)り付(つ)いてつるつる滑(すべ)る。 길이 얼어붙어서 미끈미끈 미끄러지다.
유 きっと 꼭, 반드시, 틀림없이 └→ 강한 확신에 근거한 추측 예 明日(あした)はきっと雨(あめ)だろう 내일은 틀림없이 비가 올 것이다	今日(きょう)はてっきり雨(あめ)だと思(おも)っていたら晴(は)れた。 오늘은 틀림없이 비가 올 거라고 생각했는데 개었다.

DAY 17

표제어	Step 1 ㅣ 단어 풀이(용법·의미)

부사

41

とっさに
순간적으로, 즉시

とっさに

용법 주로 반사적인 동작에 사용

빈출표현 とっさに手を出す(순간적으로 손을 내다), とっさに身をかわす(순간적으로 몸을 피하다), とっさにブレーキを踏む(순간적으로 브레이크를 밟다)

*출제가능유형 : 유의표현 용법

42

なおさら
더욱(더), 더더욱

なおさら

의미 더욱(더), 더더욱, 더 한층

용법 뒤에 거론된 경우가 앞의 경우보다 정도가 더 강한 것에 사용

빈출표현 なおさらいい(더욱 좋다), なおさら嬉しい(더욱더 기쁘다), なおさら上手くなる(더더욱 능숙해지다)

*출제가능유형 : 문맥 용법

가타카나

43

ハッカー
해커, 컴퓨터 침입자

hacker

의미 통신망 등을 통해 다른 사람의 컴퓨터에 무단 침입하여 데이터와 프로그램을 없애는 사람

빈출표현 ハッカーに侵入される(해커에게 침입당하다), ハッカー集団(해커 집단)

*출제가능유형 : 문맥 용법

44

ハンディキャップ
핸디캡, 불리한 조건

handicap

의미 불리한 조건

빈출표현 ハンディキャップを持つ/負う/抱える/克服する (핸디캡을 가지다/짊어지다/안다/극복하다)

*출제가능유형 : 문맥 유의표현

45

ピンチ
핀치, 위기

pinch

의미 매우 어렵거나 절박한 상태, 궁지, 위기

빈출표현 ピンチに陥る(위기에 빠지다), ピンチに追い込まれる(핀치에 몰리다), ピンチを切り抜ける(위기를 헤쳐 나가다)

*출제가능유형 : 유의표현 용법

Step 2 | 연관 단어

Step 3 | 예문

유 一瞬(いっしゅん) 일순, 순간, 한순간

유 瞬時(しゅんじ) 순시, 순간

유 刹那(せつな) 찰나, 순간

ボールが飛(と)んできて、とっさに身(み)をかわした。

공이 날아와서 순간적으로 몸을 피했다.

유 まして 하물며, 더구나

ㄴ 앞에 거론된 경우도 이런 상태이니까, 뒤에 거론된 경우는 말할 것도 없이 그 상태가 더 강한 것

예 一週間(いっしゅうかん)でも無理(むり)なのにまして三日(みっか)では

일주일도 무리인데 하물며 3일로는

あの絵(え)も上手(うま)いが、これがなおさらいい。

저 그림도 잘 그렸지만, 이 그림이 더욱 잘 그렸다.

참 ハッキング 해킹

참 サイバーテロリスト 사이버 테러리스트

ハッカーに侵入(しんにゅう)され、ファイルが削除(さくじょ)された。

해커에게 침입당해 파일이 삭제되었다.

유 欠点(けってん) 결점

유 障害(しょうがい) 장애

彼女(かのじょ)はハンディキャップを克服(こくふく)して成功(せいこう)した。

그녀는 핸디캡을 극복하고 성공했다.

= 危機(きき) 위기

= 窮地(きゅうち) 궁지

유 苦境(くきょう) 곤경

投手(とうしゅ)は満塁(まんるい)のピンチを切(き)り抜(ぬ)けた。

투수는 만루의 위기를 헤쳐 나갔다.

표제어	Step 1 단어 풀이(용법·의미)
46 의성어·의태어	
とぼとぼ 터벅터벅	とぼとぼ 의미 터벅터벅 용법 피로·고독·무기력 등으로 힘없이 걷는 모양에 사용 빈출표현 とぼとぼ(と)歩く(ある)/ついていく(터벅터벅 걷다/쫓아가다) *출제가능유형 : 문맥 유의표현
47	
にやにや 히죽히죽	にやにや 의미 우스웠던 일 등을 회상하며 히죽거리는 모양, 히죽히죽 빈출표현 にやにやする(히죽거리다), にやにや(と)笑う(わら)(히죽히죽 웃다) *출제가능유형 : 문맥 용법
48	
はきはき 시원시원, 또렷또렷	はきはき 의미 시원시원, 또렷또렷, 또랑또랑 용법 명료하고 시원시원하게 말하는 모양에 사용 빈출표현 はきはき(と)答える(こた)/返事(へんじ)する(또렷또렷하게 대답하다/답변하다), はきはき(と)言う(い)(또랑또랑하게 말하다) *출제가능유형 : 문맥 용법
49 관용구	
隣の芝生は青い 남의 떡이 커 보인다 한자풀이 隣 이웃 린, 芝 지초 지, 生 날 생, 青 푸를 청	となりのしばふはあおい 의미 [이웃집 잔디밭이 푸르다는 뜻] 뭐든지 남의 것이 좋게 보인다는 비유, 남의 떡이 커 보인다 *출제가능유형 : 문맥 유의표현
50	
猫も杓子も 어중이떠중이 모두, 너 나 할 것 없이 한자풀이 猫 고양이 묘, 杓 구기 작, 子 아들 자	ねこもしゃくしも 의미 어중이떠중이 모두, 너 나 할 것 없이, 너도나도, 누구나가, 개나 소나 *출제가능유형 : 문맥 유의표현

Step 2 │ 연관 단어	Step 3 │ 예문
유 てくてく 터벅터벅 └→ 그냥 보통 걸음걸이로 걷는 모양	太郎(たろう)はうつむいてとぼとぼ(と)歩(ある)いた。 타로는 고개를 숙이고 터벅터벅 걸었다.
유 にこにこ 생글생글, 싱글벙글 유 にっこり 생긋, 방긋	好(す)きな人(ひと)のことを考(かんが)えながらにやにやする。 좋아하는 사람을 생각하며 히죽거리다.
유 てきぱき 척척, 시원시원 └→ 일을 재빨리 능숙하게 처리해 나가는 모양 유 きびきび 팔팔하게, 빠릿빠릿하게 └→ 태도 · 동작 등이 빠르고 활기찬 모양 ↔ ぐずぐず 꾸물꾸물, 우물쭈물	質問(しつもん)にはきはき(と)答(こた)える。 질문에 또렷또렷하게 대답하다.
유 隣(となり)の花(はな)は赤(あか)い 남의 떡이 커 보인다 참 芝(しば) 잔디 참 芝生(しばふ) 잔디밭 참 芝居(しばい) 연극	誰(だれ)にでも隣の芝生は青くみえるものだ。 누구에게라도 남의 떡이 커 보이게 마련이다.
유 どんな人(ひと)も 어떤 사람도 유 誰(だれ)も彼(か)も 누구나 다, 누구나 모두, 너 나 없이 참 猫(ねこ)に小判(こばん) 고양이에게 금화, 돼지에 진주 참 杓子(しゃくし) 주걱 참 杓文字(しゃもじ) 주걱 참 お玉杓子(たまじゃくし) 올챙이, 국자, 악보의 음표	昨今(さっこん)は猫も杓子も海外旅行(かいがいりょこう)に行(い)く。 요즘은 너 나 할 것 없이 해외여행을 간다.

DAY 17

Day 17

문제로 확인하기

1 다음 단어의 한자 읽는 법을 고르세요.

1. 培う　A. つちかう　B. やしなう
2. 訴訟　A. そしょう　B. そうしょう
3. 繊維　A. せんゆ　B. せんい

2 다음 단어의 한자 표기를 고르세요.

4. だらく　A. 墜落　B. 堕落
5. ちょうしゅう　A. 徴収　B. 懲収
6. せつぼう　A. 絶望　B. 切望

3 다음 빈칸에 공통으로 들어갈 수 있는 한자 또는 단어로 적절한 것을 고르세요.

7. 手(　)　家(　)　大(　)
   A. 際　B. 賃　C. 柄
8. 月(　)　人(　)　町(　)
   A. 賦　B. 並　C. 外れ
9. 青(　)を立てる　(　)を通す　(　)道
   A. 腹　B. 目　C. 筋

4 빈칸에 들어갈 단어로 적절한 것을 고르세요.

A. 手頃　B. てっきり　C. 成し遂げた

10. 今日は＿＿＿＿＿雨だと思っていたら晴れた。
11. 木村選手は新記録樹立という快挙を＿＿＿＿＿。
12. この寿司屋では美味しい寿司が＿＿＿＿＿な値段で食べられる。

정답　1. A　2. A　3. B　4. B　5. A　6. B　7. C　8. B　9. C　10. B　11. C　12. A

WEEK 4

Day 18

강의와 예문 듣기

매일 품사별로 골고루! 오늘의 50단어 한눈에 보기!

음독명사

01. 追究
02. 追及
03. 都度
04. 通夜
05. 停滞
06. 低迷
07. 撤廃
08. 当該
09. 匿名
10. 途方
11. 女房

고유어

12. 峠
13. 問屋
14. 苗木
15. 名残
16. 納屋
17. 成り上がり

い형용사

18. 歯痒い
19. 眩い
20. 水臭い
21. みすぼらしい

な형용사

22. 丁重だ
23. 和やかだ
24. 滑らかだ
25. のどかだ

동사

26. 測る
27. 剥ぐ
28. はぐらかす
29. 励ます
30. 恥じらう
31. 果たす
32. 跳ねる
33. 羽ばたく
34. 腫れる
35. 控える
36. 翻す
37. 響く

부사

38. 何卒
39. 何分
40. はらはら
41. はるばる
42. びしょびしょ

가타카나

43. ボイコット
44. ホームシック
45. モラル

의성어・의태어

46. ばたばた
47. ぱらぱら
48. ひっそり

관용구

49. 八方美人
50. 腹を割る

표제어	Step 1 ㅣ 단어 풀이(용법·의미)
1 **追究** 추구, 구명 / 한자풀이 追 쫓을 추, 究 궁구할 구	ついきゅう 의미 깊이 연구하여 밝히는(구명하는) 것 용법 진리 · 학문 추구를 뜻함 빈출표현 真理(しんり)を追究する(진리를 추구하다), 医学的(いがくてき)な追究(의학적인 구명), 科学的(かがくてき)に追究する(과학적으로 추구하다) *출제가능유형 : 문맥 용법
2 **追及** 추적, 추궁 / 한자풀이 追 쫓을 추, 及 미칠 급	ついきゅう 용법 범인 · 행방의 추적이나, 죄 · 책임의 추궁을 뜻함 빈출표현 犯人(はんにん)/行方(ゆくえ)を追及する(범인/행방을 추적하다), 余罪(よざい)/責任(せきにん)を追及する(여죄/책임을 추궁하다) *출제가능유형 : 문맥 용법
3 **都度** 때마다 / 한자풀이 都 도읍 도, 度 법도 도	つど 의미 할 때마다, 그때마다, 매번, 매회 빈출표현 その都度(그때마다), 上京(じょうきょう)/帰郷(ききょう)の都度(상경/귀향할 때마다) *출제가능유형 : 한자읽기-음독 문맥
4 **通夜** 밤샘 / 한자풀이 通 통할 통, 夜 밤 야	つや 의미 (초상집에서 유해를 지키며) 하룻밤을 새는 것, 밤샘 용법 주로 'お通夜'의 형태로 쓰임 빈출표현 お通夜に行(い)く(장례식에 밤샘하러 가다), お通夜に参列(さんれつ)する(장례식 밤샘에 참석하다) *출제가능유형 : 한자읽기-음독 문맥
5 **停滞** 정체, 침체 / 한자풀이 停 머무를 정, 滞 막힐 체	ていたい 의미 일이 순조롭게 진행되지 않는 것 용법 주로 일이나 물류의 정체, 경기의 침체에 사용 빈출표현 業務(ぎょうむ)/物流(ぶつりゅう)が停滞する(업무/물류가 정체되다), 景気(けいき)の停滞(경기 침체) *출제가능유형 : 문맥 유의표현

음독명사

Step 2	연관 단어	Step 3	예문
= 究明(きゅうめい) 구명, 깊이 연구하여 밝힘 유 追求(ついきゅう) 추구 └ 행복·이윤 추구를 뜻함 예 幸福(こうふく)を追求する 행복을 추구하다	原因(げんいん)を科学的(かがくてき)に**追究**する。 원인을 과학적으로 추구(구명)하다.
유 追跡(ついせき) 추적 유 詰問(きつもん) 힐문, 잘못을 따져 물음 참 詰(なじ)る 힐문하다, 힐책하다, 따지다 참 追求·追究·追及 * "ついきゅう" 비교할 것	犯人(はんにん)の行方(ゆくえ)を**追及**する。 범인의 행방을 추적하다.
= 度(たび)に ~ 때마다, ~ 적마다 유 毎回(まいかい) 매회 참 都度(とど)(×) *발음 주의!* 참 都合(つごう) 형편, 사정	変更(へんこう)する場合(ばあい)はその**都度**お知(し)らせします。 변경하는 경우에는 그때마다 알려 드리겠습니다.
참 通夜(つうや)(×) *발음 주의!* TIP 불교용어는 읽는 법이 특이합니다 참 夜通(よどお)し 밤새도록	亡(な)くなった知人(ちじん)のお**通夜**に行(い)く。 죽은 지인의 장례식에 밤샘하러 가다.
유 低迷(ていめい) 저조, 침체 └ 안 좋은 상태에서 헤어나지 못하고 헤매는 것 유 難航(なんこう) 난항 ↔ 進捗(しんちょく) 진척 참 滞(とどこお)る (일이나 물류가) 밀리다, 막히다, 정체되다 참 渋滞(じゅうたい) 정체 └ 교통 정체에 사용	ストライキで物流(ぶつりゅう)が**停滞**している。 파업으로 물류가 정체되고 있다.

DAY 18

표제어	Step 1 ｜ 단어 풀이(용법・의미)

음독명사

6

低迷

저조, 침체

한자풀이 低 낮을 저, 迷 미혹할 미

ていめい

의미 안 좋은 상태에서 헤어나지 못하고 헤매는 것, 침체 상태를 벗어나지 못하는 것

빈출표현 景気(けいき)が低迷する(경기가 침체 상태를 벗어나지 못하다), 売(う)り上(あ)げが低迷する(매상이 저조하다), 下位(かい)に低迷する(하위에서 맴돌다)

*출제가능유형 : 문맥 용법

7

撤廃

철폐

한자풀이 撤 거둘 철, 廃 폐할 폐

てっぱい

의미 어떤 제도나 규정 따위를 폐지하는 것

빈출표현 規則(きそく)/規制(きせい)/関税(かんぜい)を撤廃する(규칙/규제/관세를 철폐하다)

*출제가능유형 : 한자읽기-음독 문맥

8

当該

해당, 그

한자풀이 当 마땅 당, 該 갖출 해

とうがい

의미 그것에 관계가 있는 것 용법 '当該＋명사'의 형태로 쓰임

빈출표현 当該部署(ぶしょ)(해당 부서, 그 부서), 当該職員(しょくいん)(해당 직원, 그 직원), 当該官庁(かんちょう)(해당 관청, 그 관청), 当該事件(じけん)(해당 사건, 그 사건)

*출제가능유형 : 한자읽기-음독 용법

9

匿名

익명

한자풀이 匿 숨을 닉, 名 이름 명

とくめい

의미 이름을 숨기는 것

빈출표현 匿名寄付(きふ)(익명 기부), 匿名投票(とうひょう)(익명 투표), 匿名投書(とうしょ)(익명 투서)

*출제가능유형 : 한자읽기-음독 문맥

10

途方

수단, 방법

한자풀이 途 길 도, 方 모 방

とほう

의미 ① 수단, 방법 ② 조리, 이치

빈출표현 途方に暮(く)れる(어찌할 바를 모르다), 途方もない(얼토당토않다, 터무니없다, 사리에 맞지 않다)

*출제가능유형 : 문맥 용법

Step 2 연관 단어	Step 3 예문
유 停滞(ていたい) 정체, 침체 └ 주로 일이나 물류의 정체, 경기의 침체에 사용	不景気(ふけいき)の影響(えいきょう)で売(う)り上(あ)げが低迷する。 불경기의 영향으로 매상이 저조하다.
= 廃止(はいし) 폐지 참 徹廃(×)한자 주의! 참 徹 통할 철 예 徹底(てってい) 철저	フランス産(さん)ワインの関税(かんぜい)が撤廃された。 프랑스산 와인의 관세가 철폐되었다.
유 該当(がいとう) 해당 └ 조건에 들어맞는 것 예 該当者(しゃ) 해당자 예 該当事項(じこう) 해당 사항	当該部署(ぶしょ)へ行(い)ってお尋(たず)ねください。 해당 부서에 가서 물어보세요.
참 隠匿(いんとく) 은닉, (남의 물건이나 범인 등을) 몰래 감추어 둠	1億円(おくえん)の寄付(きふ)が匿名で届(とど)いた。 1억엔의 기부가 익명으로 도착했다.
= 手立(てだ)て 수단, 방법 = 筋道(すじみち) 사리, 조리, 도리	道(みち)に迷(まよ)って途方に暮(く)れる。 길을 잃어 어찌할 바를 모르다.

DAY 18

표제어 | **Step 1 | 단어 풀이(용법·의미)**

음독명사

11

女房
아내

한자풀이 **女** 계집 녀, **房** 방 방

にょうぼう

의미 아내, 처

용법 남편이 자기 아내를 말할 때 사용

빈출표현 姉(あね)さん女房(연상의 아내),
女房の尻(しり)に敷(し)かれる(아내에게 쥐어 살다)

*출제가능유형 : [한자읽기-음독] [유의표현]

고유어

12

峠
고개, 절정, 고비

한자풀이 **峠** 일본에서 만든 한자

とうげ

의미 ① 고개 ② 절정 ③ 고비

빈출표현 峠の茶屋(ちゃや)(고개에 있는 찻집), 峠を越(こ)える(고개를 넘다),
今夜(こんや)が峠だ(오늘 밤이 고비다), 峠を越(こ)す(고비를 넘기다)

*출제가능유형 : [한자읽기-훈독] [유의표현]

13

問屋
도매상

한자풀이 **問** 물을 문, **屋** 집 옥

とんや

의미 도매하는 장사, 또는 그 가게나 장수

빈출표현 問屋から仕入(しい)れる(도매상으로부터 매입하다),
そうは問屋が卸(おろ)さない(그렇게는 안 될 것이다, 엿장수 마음대로는 안 된다)

*출제가능유형 : [한자읽기-훈독] [유의표현]

14

苗木
묘목

한자풀이 **苗** 모 묘, **木** 나무 목

なえぎ

의미 옮겨 심기 위해 가꾼 어린 나무, 나무모

용법 자랐을 때 큰 나무가 되는 어린 모를 의미

빈출표현 苗木を育(そだ)てる(묘목을 기르다),
苗木を植(う)える(묘목을 심다)

*출제가능유형 : [한자읽기-훈독] [용법]

15

名残
자취, 이별

한자풀이 **名** 이름 명, **残** 남을 잔

なごり

의미 ① 어떤 일이 지난 뒤에도 그것을 생각하게 하는 흔적·영향 등이 남아 있음, 자취, 흔적 ② 이별, 석별

빈출표현 台風(たいふう)の名残(태풍의 흔적), 昔(むかし)/古都(こと)の名残(옛/옛 도읍의 자취), 名残惜(お)しい(헤어지기 섭섭하다)

*출제가능유형 : [한자읽기-훈독] [용법]

Step 2 ㅣ 연관 단어	Step 3 ㅣ 예문
= 妻(つま) 아내, 처 = 家内(かない) 아내, 집사람 ↔ 夫(おっと) 남편 ↔ 亭主(ていしゅ) 남편 참 女房(じょぼう)(×) *발음 주의!* 암기 TIP 아내를 여보(にょうぼう)라고 부르죠	最近(さいきん)、姉(あね)さん女房の夫婦(ふうふ)が増(ふ)えている。 최근에 아내가 연상인 부부가 늘고 있다.
유 山(やま) 산, 절정, 고비 유 山場(やまば) 절정, 고비 유 絶頂(ぜっちょう) 절정 유 クライマックス 클라이맥스, 절정	病気(びょうき)は今夜(こんや)が峠です。 병은 오늘 밤이 고비입니다.
= 卸屋(おろしや) 도매상 = 卸商(おろししょう) 도매상 참 問屋(といや)(×) *발음 주의!* 암기 TIP 도매상은 통(とん) 크게 대량으로 매매하죠 ↔ 小売商(こうりしょう) 소매상	商品(しょうひん)を問屋から安(やす)く仕入(しい)れる。 상품을 도매상으로부터 싸게 매입하다.
유 若木(わかぎ) 어린 나무 유 苗(なえ) 모종 └ 다 자라도 나무가 되지 않는 작은 식물의 어린 모를 의미 예 トマトの苗 토마토의 모종 암기 TIP 나 애기야 (묘목) 암기 TIP 나 애야 (모종)	庭(にわ)に松(まつ)の苗木を植(う)えた。 정원에 소나무 묘목을 심었다.
유 跡(あと) 자국, 자취, 흔적 유 影(かげ) 자취 유 余韻(よいん) 여운 유 名残(なのこり)(×) *발음 주의!*	この町(まち)には昔(むかし)の名残が残(のこ)っている。 이 동네에는 옛 자취가 남아 있다.

DAY 18

표제어	Step 1 │ 단어 풀이(용법·의미)

고유어

16

納屋

헛간, 곳간

한자풀이 **納** 바칠 납, **屋** 집 옥

なや

의미 막 쓰는 물건을 넣어 두는, 문짝이 없이 한 면이 트여 있는 광

빈출표현 納屋にしまう(헛간에 넣다), 納屋から出す(だ)(헛간에서 꺼내다)

*출제가능유형 : 한자읽기-음훈독 / 유의표현

17

成り上がり

벼락출세, 벼락부자

한자풀이 **成** 이룰 성, **上** 윗 상

なりあがり

의미 갑작스러운 출세, 갑작스러운 부자

빈출표현 成り上がり者(もの)(벼락출세한 사람, 벼락부자)

*출제가능유형 : 문맥 / 용법

い형용사

18

歯痒い

답답하다, 안타깝다

한자풀이 **歯** 이 치, **痒** 가려울 양, 앓을 양

はがゆい

용법 남이 하는 일이 시간이 걸리거나 잘 되지 않아서 보고 있자니 답답한 것

빈출표현 歯痒くて見(み)ていられない(답답해서 보고 있을 수 없다), 鈍(のろ)くて歯痒い(느려서 답답하다)

*출제가능유형 : 문맥 / 유의표현

19

眩い

눈부시다, 눈부실 정도로 아름답다

한자풀이 **眩** 어지러울 현, 아찔할 현

まばゆい

의미 ① (빛 등으로) 눈부시다 ② 눈부실 정도로 아름답다

빈출표현 眩い太陽(たいよう)/光(ひかり)(눈부신 태양/빛), 眩いほど美(うつく)しい(눈부실 정도로 아름답다)

*출제가능유형 : 문맥 / 유의표현

20

水臭い

서먹서먹하다, 남남 같다

한자풀이 **水** 물 수, **臭** 냄새 취

みずくさい

용법 친한 사이라고 생각했던 사람이 자기에게 사양·사과·감사의 뜻을 표하는 등 서먹서먹한 태도를 취할 때에 사용

빈출표현 水臭い態度(たいど)(서먹서먹한 태도), お礼(れい)なんて水臭い(사례 같은 것은 서먹서먹하다)

*출제가능유형 : 문맥 / 유의표현

Step 2 | 연관 단어

Step 3 | 예문

= 物置(ものおき) 헛간, 광
유 蔵(くら) 창고
참 納税(のうぜい) 납세
참 納得(なっとく) 납득
참 納戸(なんど) (의복이나 가구 등을) 간수해 두는 방, 헛방

암기 TIP 이도령이 헛간에서 춘향이 손을 잡으려고 하니 춘향이 왈... 이 손 놔야(なや)

農具(のうぐ)を納屋にしまっておく。

농기구를 헛간에 넣어 두다.

유 成金(なりきん) 벼락부자, 졸부
참 一獲千金(いっかくせんきん) 일확천금
↔ 成(な)り下(さ)がり 영락함

成り上がり者(もの)はとかく威張(いば)りたがる。

벼락부자는 자칫하면 뻐기고 싶어 한다.

유 もどかしい 답답하다, 애타다
└ 서두르고 있음에도 시간이 걸릴 것 같아서 답답한 것
유 じれったい 답답하다, 감질나다, 애타다, 애달다
└ 일이 좀처럼 생각처럼 되지 않아서 마음이 차분하지 못하고 답답한 것

彼(かれ)の仕事(しごと)ぶりは歯痒くて見(み)ていられない。

그의 일하는 모습은 답답해서 보고 있을 수 없다.

= 眩(まぶ)しい 눈부시다, 눈부실 정도로 아름답다
참 目覚(めざ)ましい 눈부시다, 놀랍다
└ 놀랄 만큼 훌륭함
예 目覚ましい業績(ぎょうせき) 눈부신 업적

암기 TIP 눈부셔서 눈을 못 뜨니 상대방 왈... 눈(目:ま) 좀 뜨고 나 좀 봐유(ばゆ)

眩い太陽(たいよう)が降(ふ)り注(そそ)ぐ。

눈부신 태양이 내리쬐다.

= よそよそしい (이제까지와는 달리) 서먹서먹하다, 쌀쌀하다, 냉담하다
참 余所(よそ) 딴 곳, 남, 남의 집, 남의 일

そんなことでお礼(れい)を言(い)うなんて水臭いね。

그런 일로 감사 인사를 하다니 서먹서먹하네.

DAY 18

표제어	Step 1 ｜ 단어 풀이(용법·의미)

い형용사

21

みすぼらしい
초라하다, 볼품없다

みすぼらしい

의미 (몰골이) 초라하다, 볼품없다, 빈약하다

용법 見(み)る에서 파생된 み로 시작되는 몇몇 형용사들은 대개 '보기에 좋지 않다'라는 부정적인 의미를 가짐

빈출표현 みすぼらしい家(いえ)/服装(ふくそう)/格好(かっこう)(초라한 집/복장/모습)

*출제가능유형 : 문맥 용법

な형용사

22

丁重だ
정중하다, 공손하다

한자풀이 丁 고무래 정, 重 무거울 중

ていちょうだ

의미 정중하다, 공손하다, 극진하다 **용법** 정중한 겉모습

빈출표현 丁重な挨拶(あいさつ)/対応(たいおう)(정중한 인사/대응),
丁重に断(ことわ)る(정중히 거절하다)

*출제가능유형 : 문맥 용법

23

和やかだ
온화하다, 부드럽다

한자풀이 和 화할 화

なごやかだ

용법 사람과 사람이 만드는 마음을 터놓을 수 있는 기분 좋은 상태나 좋은 분위기를 의미하므로, 사람이 관여하는 일에만 사용

빈출표현 和やかな雰囲気(ふんいき)(부드러운 분위기),
和やかな家庭(かてい)/笑顔(えがお)(온화한 가정/웃는 얼굴)

*출제가능유형 : 한자읽기-훈독 문맥

24

滑らかだ
매끈매끈하다, 거침없다, 순조롭다

한자풀이 滑 미끄러울 활

なめらかだ

의미 ① (표면이) 매끈매끈하다, 미끄럽다
② (일·말 등이) 거침없다, 순조롭다, 부드럽다

빈출표현 滑らかな肌(はだ)(매끈매끈한 피부),
滑らかな口調(くちょう)(거침없는 어조),
滑らかに事(こと)を運(はこ)ぶ(순조롭게 일을 진행하다)

*출제가능유형 : 한자읽기-훈독 용법

25

のどかだ
화창하다, 한가롭다

のどかだ

의미 ① (날씨가) 화창하다 ② 마음이 편하고 한가롭다

빈출표현 のどかな天気(てんき)(화창한 날씨), のどかな休日(きゅうじつ)/田園風景(でんえんふうけい)(한가로운 휴일/전원 풍경), のどかに暮(く)らす(한가롭게 지내다)

*출제가능유형 : 유의표현 용법

Step 2 ㅣ 연관 단어	Step 3 ㅣ 예문
유 哀れだ 가엾다, 불쌍하다, 초라하다, 비참하다 ↔ 素晴らしい 훌륭하다, 멋지다 ↔ 立派だ 훌륭하다, 뛰어나다 암기 TIP 나의 초라한 모습을 짝사랑 미스(ミス)김이 볼라(ぼら)	みすぼらしい家ではあるが、なんと１億円もするそうだ。 초라한 집이긴 하지만 무려 1억엔이나 한다고 한다.
유 丁寧だ 정중하다, 공손하다, 예의 바르고 친절하다 └ 정중한 마음이 담긴 상태 참 丁寧に断る(×) ↔ 粗略だ 조략하다, 소홀하다, 허술하다	職場の同僚からの告白を丁重にお断りした。 직장 동료의 고백을 정중히 거절했다.
유 穏やかだ 온화하다, 평온하다, 잔잔하다, 차분하다 └ 기복이 적고 안정된 상태를 의미하며, 사람에게도 일(현상)에도 사용 예 穏やかな人柄 온화한 인품 예 穏やかな時代 평온한 시대	会談は和やかな雰囲気で行われた。 회담은 부드러운 분위기에서 진행되었다.
= すべすべだ 매끈매끈하다, 반들반들하다 = つるつるだ 매끈매끈하다, 반들반들하다 = スムーズだ 스무드(smooth)하다, 원활하다, 순조롭다	彼女は滑らかに英語を話す。 그녀는 영어를 능숙하게 말한다.
유 安らかだ 편안하다, 평온하다 유 のんびり 한가롭고 평온한 모양, 한가로이 ↔ 慌ただしい 분주하다	のどかな田園風景が目の前に広がっている。 한가로운 전원 풍경이 눈앞에 펼쳐져 있다.

DAY 18

표제어	Step 1 │ 단어 풀이(용법·의미)
26 **測る** 재다, 측정하다 (한자풀이) 測 잴 측	はかる **의미** 재다, 측정하다 **용법** 길이·깊이·면적·체적 등을 측정(測定)하는 것에 사용 **★ 빈출표현** 距離(きょり)/面積(めんせき)を測る(거리/면적을 재다), 深(ふか)さを測る(깊이를 측정하다) *출제가능유형 : 문맥 용법
27 **剥ぐ** 벗기다, 떼다 (한자풀이) 剥 벗길 박	はぐ **의미** 벗기다, 떼다 **용법** 표면에 붙어 있거나 씌어져 있는 것을 벗기는(떼는) 것 **★ 빈출표현** 木(き)の皮(かわ)/包装紙(ほうそうし)を剥ぐ(나무 껍질/포장지를 벗기다) *출제가능유형 : 문맥 용법
28 **はぐらかす** 얼버무리다, 어름어름 넘기다	はぐらかす **용법** 이야기의 초점을 모호하게 흐지부지 얼버무려 넘기는 것에 사용 **★ 빈출표현** 話(はなし)をはぐらかす(말을 얼버무리다), 質問(しつもん)をはぐらかす(질문을 어름어름 넘기다), 答(こた)えをはぐらかす(대답을 얼버무려 넘기다) *출제가능유형 : 유의표현 용법
29 **励ます** 격려하다 (한자풀이) 励 힘쓸 려	はげます **의미** 격려하다, 힘을 돋우어 주다 **용법** 현재 침울해져 있는 상태를 격려하는 것에 사용 **★ 빈출표현** 友達(ともだち)/子供(こども)を励ます(친구/아이를 격려하다) *출제가능유형 : 한자읽기-훈독 용법
30 **恥じらう** 부끄러워하다, 수줍어하다 (한자풀이) 恥 부끄러워할 치	はじらう **용법** 상대방이나 그 자리의 분위기 등으로부터 영향을 받아서 수줍은 동작과 표정을 짓는 것으로, 주로 젊은 여성에게 사용 **★ 빈출표현** 頬(ほお)を染(そ)めて恥じらう(볼을 붉히며 수줍어하다), 花(はな)も恥じらう乙女(おとめ)(꽃도 무색해할 소녀) *출제가능유형 : 문맥 용법

동사

Step 2 ǀ 연관 단어	Step 3 ǀ 예문
유 量(はか)る (무게·양을) 재다 〈重量(중량)〉 유 計(はか)る (수량·시간을) 재다 〈計算(계산)〉 참 図(はか)る (수단·방법을) 도모하다, 꾀하다 〈図謀(도모)〉 참 謀(はか)る (나쁜 일을) 꾀하다, 기도하다 〈陰謀(음모)〉 참 諮(はか)る (의견을) 자문하다, 상의하다 〈諮問(자문)〉	グーグルマップを利用(りよう)して駅(えき)までの距離(きょり)を測ってみた。 구글 맵을 이용하여 역까지 거리를 재 보았다.
= 剥(は)がす 벗기다, 떼다 ㄴ 표면에 붙어 있거나 씌어져 있는 것을 벗기는(떼는) 것 유 剥(む)く (껍질 등을) 벗기다, 까다 ㄴ 물건의 표면을 덮고 있는 것을 얇게 제거하여 안의 내용물을 드러나게 하는 것	布団(ふとん)を剥いで洗濯(せんたく)する。 이불 홑청을 벗겨내어 세탁하다.
유 逸(そ)らす 돌리다, 빗나가게 하다 ㄴ 이야기나 행위를 초점에서 완전히 다른 방향으로 돌리는 것 암기 TIP 하하(は) 내가 구라까서(ぐらかす) 얼버무려 넘겨버렸지	彼女(かのじょ)に年(とし)を聞(き)いてもはぐらかして答(こた)えない。 그녀에게 나이를 물어도 얼버무려 넘기며 대답하지 않는다.
= 力付(ちからづ)ける 격려하다, 힘을 돋우어 주다 유 激励(げきれい)する 격려하다 ㄴ 현재 내고 있는 힘을 지속 또는 더욱 증진하도록 격려하는 것 ↔ 挫(くじ)く 기세를 꺾다 암기 TIP 잘 하게(はげます) 격려하다	落(お)ち込(こ)んでいる友達(ともだち)を励ます。 침울해져 있는 친구를 격려하다.
= はにかむ 부끄러워하다, 수줍어하다 유 恥(は)じる 부끄러워하다, 부끄럽게 생각하다 ㄴ 자신의 잘못·죄·미숙함·결점 등을 부끄럽게 생각하는 것	彼(かれ)の娘(むすめ)さんは花(はな)も恥じらう17歳(さい)です。 그의 따님은 꽃도 무색해할 17살입니다.

D A Y 18

표제어	Step 1 | 단어 풀이(용법·의미)

동사

31 果たす

다하다, 이루다

한자풀이 果 열매 과

はたす

의미 (의무 · 역할 등을) 다하다, 완수하다, (소원 등을) 이루다

용법 그 입장에서의 일을 멋지게 해내는(완수하는) 것에 사용

빈출표현 役割(やくわり)/責任(せきにん)を果たす(역할/책임을 다하다), 念願(ねんがん)を果たす(염원을 이루다)

*출제가능유형 : 문맥 유의표현

32 跳ねる

뛰다, 튀다

한자풀이 跳 뛸 도

はねる

의미 ① 뛰다, 뛰어오르다 ② 튀다

용법 그 자체가 뛰어오르는 것에 사용

빈출표현 蛙(かえる)/バッタが跳ねる(개구리/메뚜기가 뛰다), 油(あぶら)が跳ねる(기름이 튀다)

*출제가능유형 : 한자읽기-훈독 문맥

33 羽ばたく

날개 치다, 넓은 사회로 나가 활약하다

한자풀이 羽 깃 우

はばたく

의미 ① (새가) 날개 치다 ② (사람이) 넓은 사회로 나가 활약하다

빈출표현 鶏(にわとり)が羽ばたく(닭이 날개 치다), 大空(おおぞら)へ羽ばたく(넓은 하늘로 날아가다), 世界(せかい)に羽ばたく(세계로 웅비하다, 세계로 뻗어 나가다)

*출제가능유형 : 문맥 용법

34 腫れる

붓다

한자풀이 腫 부스럼 종

はれる

의미 붓다 **용법** 염증 · 타박 등으로 몸의 일부가 붓는 것에 사용

빈출표현 扁桃腺(へんとうせん)/打(う)たれた所(ところ)/目蓋(まぶた)が腫れる (편도선/맞은 데/눈꺼풀이 붓다)

*출제가능유형 : 문맥 유의표현

35 控える

대기하다, 삼가다, 앞두다, 메모하다

한자풀이 控 당길 공

ひかえる

용법 4가지 뜻 모두 뒤로 물러서 있는 이미지

빈출표현 楽屋(がくや)で控える(분장실에서 대기하다), たばこを控える(담배를 삼가다), 一(いっ)か月後(げつご)に控える(한 달 후로 앞두다), 要点(ようてん)を控える(요점을 메모하다)

*출제가능유형 : 한자읽기-훈독 유의표현

Step 2 │ 연관 단어	Step 3 │ 예문
유 尽くす 다하다 └ 그것을 위해서 전부 사용하는 것, 있는 한 다 내는 것 참 果たして 과연, 도대체	我がチームはついに念願の初優勝を果たした。 우리 팀은 마침내 염원하던 첫 우승을 이루었다.
유 弾む 튀다, 활기를 띠다 └ 탄력 있는 것이 무언가에 부딪혀 반동의 힘으로 튀어오르는 것 예 ボールが弾む 공이 튀다 예 話が弾む 이야기가 활기를 띠다	蛙が跳ねて、池に飛び込んだ。 개구리가 뛰어올라 연못으로 뛰어 들어갔다.
유 飛ぶ 날다 유 飛躍する 비약하다	皆さん、未来に向かって大きく羽ばたいてください。 여러분, 미래를 향해서 크게 뻗어 나가세요.
유 浮腫む 부어오르다, 붓다 └ 수분 등이 차서 몸 전체 또는 몸의 일부가 붓는 것 예 腎臓病で顔が浮腫む 신장병으로 얼굴이 붓다 참 膨れる 부풀다, 불룩해지다	目蓋を蚊に刺されて腫れている。 눈꺼풀을 모기에 물려서 부어 있다.
= 待機する 대기하다 = 慎む 삼가다 = 迫る 다가오다 = 書き留める 적어 두다, 기록하다 참 控え室 대기실	館内での私語はお控えください。 관내에서의 사담은 삼가 주십시오.

DAY 18

표제어	Step 1	단어 풀이(용법·의미)
36 동사	

36 翻す

뒤집다, 바꾸다

한자풀이 翻 날 번

ひるがえす

의미 ① (상·하를) 뒤집다 ② (태도·의견을) 바꾸다, 번복하다

용법 ② 자기의 의견·태도를 바꾸는 것에 사용

빈출표현 手(て)の平(ひら)を翻す(손바닥을 뒤집다), 前言(ぜんげん)を翻す(앞서 한 말을 번복하다)

*출제가능유형 : 한자읽기-훈독 | 용법

37 響く

울리다, 메아리치다, 영향을 미치다, 감동을 주다

한자풀이 響 울릴 향

ひびく

의미 ① 울리다 ② 메아리치다 ③ (나쁜) 영향을 미치다 ④ 감동을 주다, 마음에 전해지다

빈출표현 音(おと)が響く(소리가 울리다), 健康(けんこう)に響く(건강에 영향을 미치다), 胸(むね)に響く(가슴에 와닿다)

*출제가능유형 : 한자읽기-훈독 | 용법

부사

38 何卒

제발, 부디

한자풀이 何 어찌 하, 卒 군사 졸, 마칠 졸

なにとぞ

의미 제발, 부디, 아무쪼록

용법 상대에게 강한 간청의 마음을 나타내는 경우에 사용

빈출표현 何卒ご容赦(ようしゃ)くださいませ(부디 용서해 주십시오), 何卒ご出席(しゅっせき)願(ねが)います(부디 출석해 주시기 바랍니다)

*출제가능유형 : 문맥 | 유의표현

39 何分

제발, 아무쪼록

한자풀이 何 어찌 하, 分 나눌 분

なにぶん

의미 제발, 부디, 아무쪼록

용법 적절한 조치를 의뢰할 때 사용

빈출표현 何分よろしく(아무쪼록 잘 부탁합니다), 何分よろしくお願(ねが)いします(아무쪼록 잘 부탁합니다)

*출제가능유형 : 문맥 | 유의표현

40 はらはら

조마조마

はらはら

의미 위태위태하여 조바심하는 모양, 조마조마

빈출표현 はらはらどきどき(조마조마 두근두근), はらはらしながら見守(みまも)る(조마조마해하면서 지켜보다), 観衆(かんしゅう)をはらはらさせる(관중을 조마조마하게 하다)

*출제가능유형 : 문맥 | 용법

Step 2 │ 연관 단어	Step 3 │ 예문
유 引っ繰り返す(ひっくりかえす) (상·하를) 뒤집다, (정설·학설 등을) 뒤집다, 근본부터 고치다 유 覆す(くつがえす) (상·하를) 뒤집다, (정설·학설 등을) 뒤집다, 근본부터 고치다 └ 引っ繰り返す와 覆す는 남의 의견을 바꾸는(뒤엎는) 것 예 定説(ていせつ)を覆す 정설을 뒤엎다	あの政治家(せいじか)は発言(はつげん)を翻してばかりで、信用(しんよう)できない。 저 정치가는 발언을 번복하기만 해서 신용할 수 없다.
유 反響(はんきょう)する 반향하다, 메아리치다 유 影響(えいきょう)が及(およ)ぶ 영향이 미치다 유 心(こころ)に通(つう)じる 마음에 통하다 참 郷く(×)한자 주의! 참 郷 시골 향	恩師(おんし)のお言葉(ことば)が胸(むね)に響いた。 은사님의 말씀이 가슴에 와닿았다.
유 どうぞ 제발, 부디, 아무쪼록 └ 상대에게 화자의 희망을 정중히 의뢰하는 것 유 どうか 제발, 부디, 아무쪼록 └ 곤란한 것은 알고 있지만 그걸 어떻게 좀 해 달라고 부탁하는 것 유 くれぐれも 제발, 부디, 아무쪼록 └ 주의하도록 상대에게 거듭 다짐하는 것	何卒ご協力(きょうりょく)賜(たまわ)りますよう、お願(ねが)い申(もう)し上(あ)げます。 부디 협력해 주시기를 부탁드립니다.
유 どうぞ 제발, 부디, 아무쪼록 유 どうか 제발, 부디, 아무쪼록 유 くれぐれも 제발, 부디, 아무쪼록 유 何卒(なにとぞ) 제발, 부디, 아무쪼록	では、何分よろしく願(ねが)います。 그럼 아무쪼록 잘 부탁드립니다.
유 どきどき 두근두근 └ 기대·기쁨·공포·놀람·불안·운동 등으로 심장의 고동이 심해지는 것 참 気(き)を揉(も)む 마음을 졸이다, 조바심하다 암기 TIP 잘 못하는데 자꾸 하라하라(はらはら) 하니까 마음이 조마조마해짐	はらはらしながらサーカスを見(み)る。 조마조마해하면서 서커스를 구경하다.

DAY 18

표제어	Step 1 | 단어 풀이(용법·의미)

부사

41 **はるばる**
멀리

はるばる

의미 아득히 먼 모양, 멀리

용법 거리·시간이 아주 멀리 떨어져 있는 모양

★ 빈출표현 遠路(えんろ)はるばる(먼 길을 오래 걸려서), はるばる(と)やってくる/見渡(みわた)す(멀리 찾아오다/바라다보다)

*출제가능유형 : 문맥 용법

42 **びしょびしょ**
흠뻑

びしょびしょ

의미 흠뻑 젖은 모양, 흠뻑

★ 빈출표현 汗(あせ)/雨(あめ)でびしょびしょになる(땀/비로 흠뻑 젖다)

*출제가능유형 : 문맥 유의표현

가타카나

43 **ボイコット**
불매 동맹, 참석 거부

boycott

의미 ① (소비자의) 불매 동맹 ② 단결하여 어떤 사람을 배척하거나 수업·집회 등의 참석을 포기하는 것

★ 빈출표현 ～製品(せいひん)のボイコット(～ 제품의 불매 동맹), オリンピック/授業(じゅぎょう)をボイコットする(올림픽/수업을 보이콧하다)

*출제가능유형 : 문맥 용법

44 **ホームシック**
향수병

homesick

의미 고향이나 집을 그리워하는 마음

★ 빈출표현 ホームシックにかかる/なる(향수병에 걸리다), ホームシックを感(かん)じる(향수병을 느끼다)

*출제가능유형 : 문맥 용법

45 **モラル**
도덕, 윤리

moral

의미 모럴, 도덕, 윤리

★ 빈출표현 モラルに反(はん)する(모럴에 위반되다), モラルに欠(か)ける(모럴이 결여되다)

*출제가능유형 : 유의표현 용법

Step 2 │ 연관 단어	Step 3 │ 예문
유 遥かに 아득히 ㄴ 거리·시간이 멀리 떨어져 있는 모양 예 遥かに離れている 아득히 떨어져 있다 ↔ ちかぢか 아주 가깝게, 머잖아	遠路はるばるお越しいただきありがとうございます。 먼 길을 오래 걸려 와 주셔서 감사합니다.
= びっしょり 몹시 젖은 모양, 흠뻑 = ずぶずぶ 흠뻑 젖은 모양, 흠뻑	雨に降られてびしょびしょになった。 비를 맞아서 흠뻑 젖었다.
= 不買同盟 불매 동맹 = 不買運動 불매 운동 = 排斥 배척 = 不参加 불참가	学生の大半が卒業式をボイコットした。 학생 대부분이 졸업식을 보이콧했다.
유 郷愁 향수 유 ノスタルジア 노스탤지어, 향수 참 香水 (화장품) 향수	海外生活ではホームシックにかかる人も少なくない。 해외 생활에서는 향수병에 걸리는 사람도 적지 않다.
= 道徳 도덕 = 倫理 윤리	人権侵害を放置することはモラルに反する。 인권 침해를 방치하는 것은 모럴에 위반된다.

표제어	Step 1 ǀ 단어 풀이(용법·의미)

의성어·의태어

46

ばたばた

푸드득, 동동, 분주하게

ばたばた

의미 ① 손발·날개 등을 계속 움직이는 모양이나 소리, 푸드득, 동동 ② 분주하게 뛰어다니거나 바쁜 모양, 분주하게, 허둥지둥

★ 빈출표현 足(あし)をばたばたさせる(발을 동동 구르다),
ばたばたする(분주하게 뛰어다니다, 허둥거리다)

*출제가능유형 : 문맥 용법

47

ぱらぱら

후드득후드득, 훌훌

ぱらぱら

용법 비·우박이 드문드문 떨어지는 모양으로, 'ぽつぽつ'보다 조금 더 많고 기세도 있으며 가볍게 소리가 나는 것에 사용

★ 빈출표현 雨(あめ)がぱらぱら(と)降(ふ)る(비가 후드득후드득 내리다),
本(ほん)をぱらぱら(と)めくる(책장을 훌훌 넘기다)

*출제가능유형 : 문맥 용법

48

ひっそり

조용히, 고요히

ひっそり

의미 매우 조용한 모양, 조용히, 고요히, 쥐죽은 듯이

★ 빈출표현 ひっそり(と)した街(まち)(조용한 거리),
ひっそり(と)した森(もり)(고요한 숲),
ひっそり(と)静(しず)まり返(かえ)る(쥐죽은 듯이 조용해지다)

*출제가능유형 : 문맥 유의표현

관용구

49

八方美人

팔방미인,
누구에게나 기분 좋게 대하는 일(사람)

(한자풀이) 八 여덟 팔, 方 모 방, 美 아름다울 미, 人 사람 인

はっぽうびじん

용법 자기의 이미지를 위해서 누구에게나 기분 좋게 대하는 일(사람)을 의미하므로 비난의 뜻으로 사용, 여러 방면에 다재다능하다는 뜻의 한국어 팔방미인과는 의미가 다르다는 점에 유의

★ 빈출표현 八方美人型(がた)(팔방미인형), 八方美人主義(しゅぎ)(팔방미인주의)

*출제가능유형 : 문맥 유의표현

50

腹を割る

마음을 터놓다, 본심을 털어놓다

(한자풀이) 腹 배 복, 割 벨 할

はらをわる

의미 마음을 터놓다, 본심을 털어놓다

★ 빈출표현 腹を割って話(はな)す(마음을 터놓고 이야기하다),
腹を割って話(はな)し合(あ)う(마음을 터놓고 이야기를 나누다)

*출제가능유형 : 문맥 유의표현

Step 2 │ 연관 단어	Step 3 │ 예문
참 羽(は)ばたく 날개 치다, 사람이 넓은 사회로 나아가 활약하다 참 慌(あわ)ただしい 분주하다	息子(むすこ)が駄々(だだ)を捏(こ)ねて手足(てあし)をばたばたさせる。 아들이 떼를 쓰며 손발을 동동 구르다.
유 ぽつぽつ 뚝뚝 └ 비가 조금씩 내리기 시작하는 모양 유 ざあざあ 좍좍, 쏴쏴, 주르륵주르륵 └ 비가 계속 쏟아지는 소리	突然(とつぜん)、ぱらぱら(と)雨(あめ)が降(ふ)ってきた。 갑자기 후드득후드득 비가 오기 시작했다.
= しいん(と) 아주 조용한 모양, 조용히, 쥐죽은 듯이 암기 TIP 쉿! 소리(ひっそり)내지 마 조용히 해	放課後(ほうかご)の学校(がっこう)はひっそり(と)していた。 방과후의 학교는 고요했다.
참 愛想(あいそ) 붙임성, 상냥함	彼(かれ)は八方美人だから信用(しんよう)できない。 그는 팔방미인이기 때문에 신용할 수 없다.
유 打(う)ち解(と)ける 마음을 터놓다, 허물없이 사귀다 참 さらけ出(だ)す 완전히 내보이다, 다 드러내다	お互(たが)いに腹を割って話(はな)し合(あ)いましょう。 서로 마음을 터놓고 이야기를 나눕시다.

DAY 18

Day 18

문제로 확인하기

❶ 다음 단어의 한자 읽는 법을 고르세요.

1. 匿名　　A. じゃくめい　　B. とくめい
2. 翻す　　A. ひるがえす　　B. くつがえす
3. 名残　　A. なごり　　B. なのこり

❷ 다음 단어의 한자 표기를 고르세요.

4. はねる　　A. 挑ねる　　B. 跳ねる
5. なごやかだ　　A. 穏やかだ　　B. 和やかだ
6. てっぱい　　A. 撤廃　　B. 徹廃

❸ 다음 빈칸에 공통으로 들어갈 수 있는 한자 또는 단어로 적절한 것을 고르세요.

7. (　)及　(　)究　(　)求
A. 普　B. 追　C. 欲

8. 当(　)　(　)当　(　)博
A. 該　B. 妥　C. 賭

9. 自(　)　(　)を割る　(　)の虫が治まらない
A. 体　B. 背　C. 腹

❹ 빈칸에 들어갈 단어로 적절한 것을 고르세요.

A. のどか　　B. モラル　　C. はるばる

10. 遠路＿＿＿＿＿お越しいただきありがとうございます。
11. ＿＿＿＿＿な田園風景が目の前に広がっている。
12. 人権侵害を放置することは＿＿＿＿＿に反する。

정답　1. B　2. A　3. A　4. B　5. B　6. A　7. B　8. A　9. C　10. C　11. A　12. B

WEEK 4

Day 19

강의와 예문 듣기

매일 품사별로 골고루! 오늘의 50단어 한눈에 보기!

음독명사

01. 人相
02. 氾濫
03. 必需
04. 福祉
05. 沸騰
06. 奮闘
07. 分別
08. 返却
09. 返済
10. 放棄
11. 報酬

고유어

12. 歯軋り
13. 日取り
14. 吹雪
15. 洞
16. 前触れ
17. 町並み

い형용사

18. みっともない
19. 醜い
20. 惨い
21. 空しい/虚しい

な형용사

22. 遥かだ
23. 引っ切り無しだ
24. 物騒だ
25. 呆然だ
26. ぼろぼろだ

동사

27. 含む
28. 耽る
29. 隔てる
30. 葬る
31. 誇る
32. 掘る
33. 惚れる
34. 賄う
35. 勝る
36. 跨る
37. 免れる

부사

38. ひりひり
39. ふんだんに
40. ほかほか
41. まして
42. まるまる

가타카나

43. リーズナブル
44. レギュラー
45. レントゲン

의성어・의태어

46. ひらひら
47. ぶくぶく
48. ふらふら
49. ぶらぶら

관용구

50. 豚に真珠

표제어	Step 1 | 단어 풀이(용법·의미)

음독명사

1

人相
인상, 관상

(한자풀이) **人** 사람 인, **相** 서로 상

にんそう

의미 ① 사람의 얼굴 생김새, 용모 ② 관상

빈출표현 人相が悪(わる)い/変(か)わる(인상이 나쁘다/바뀌다), 人相見(み)(관상가), 人相を見(み)る(관상을 보다)

*출제가능유형 : [한자읽기-음독] [문맥]

2

氾濫
범람

(한자풀이) **氾** 넘칠 범, **濫** 넘칠 람

はんらん

의미 ① 물이 차서 넘쳐흐르는 것
② 바람직하지 못한 것들이 많이 나도는 것

빈출표현 川(かわ)が氾濫する(하천이 범람하다), 外来語(がいらいご)/悪書(あくしょ)の氾濫(외래어/악서의 범람)

*출제가능유형 : [한자읽기-음독] [용법]

3

必需
필수

(한자풀이) **必** 반드시 필, **需** 구할 수

ひつじゅ

의미 그 물건이 꼭 필요함, 없어서는 아니 됨

빈출표현 必需品(ひん)(필수품)

*출제가능유형 : [문맥] [용법]

4

福祉
복지

(한자풀이) **福** 복 복, **祉** 복 지

ふくし

의미 만족할 만한 생활 환경, 행복한 삶

빈출표현 福祉士(し)(복지사), 福祉施設(しせつ)(복지 시설), 福祉国家(こっか)(복지 국가), 社会(しゃかい)福祉(사회 복지)

*출제가능유형 : [한자읽기-음독] [용법]

5

沸騰
비등

(한자풀이) **沸** 끓을 비, **騰** 오를 등

ふっとう

의미 ① 액체가 끓어오르는 것 ② 여론이나 인기가 들끓는 것

빈출표현 沸騰点(てん)(비등점), 水(みず)が沸騰する(물이 끓어 오르다), 世論(よろん)が沸騰する(여론이 들끓다)

*출제가능유형 : [한자읽기-음독] [용법]

Step 2	연관 단어	Step 3	예문
유 顔付き(かおつ) 얼굴 생김새　유 容貌(ようぼう) 용모 유 観相(かんそう) 관상 참 印象(いんしょう) 인상 └ 어떤 대상에 대하여 마음속에 새겨지는 이미지 예 印象(いんしょう)に残(のこ)る 인상에 남다	人相見(み)に人相を見(み)てもらった。 관상가에게 관상을 봤다.
유 洪水(こうずい) 홍수 유 横行(おうこう) 횡행, (악이) 멋대로 설침, 활개침 참 溢(あふ)れる 넘치다	悪書(あくしょ)が書店(しょてん)に氾濫している。 악서가 서점에 범람하고 있다.
유 必修(ひっしゅう) 필수 └ 반드시 배워야 하는 일 예 必修科目(かもく)* 필수 과목 유 必須(ひっす) 필수 └ 마땅히 있어야 하는 것 예 必須条件(じょうけん) 필수 조건	100円(えん)ショップには生活(せいかつ)必需品(ひん)がほとんど揃(そろ)っている。 100엔숍에는 생활 필수품이 거의 갖추어져 있다.
유 福利(ふくり) 복리 유 厚生(こうせい) 후생 TIP 복은 대개 ふく로 발음, 지는 대개 し로 발음	社会(しゃかい)福祉士(し)の資格(しかく)を取得(しゅとく)した。 사회복지사 자격을 취득했다.
참 沸(わ)く (물이) 끓다, 비등하다, 들끓다, 열광하다 참 勝 이길 승 참 謄 베낄 등 예 謄本(とうほん) 등본	水(みず)は100度(ど)で沸騰する。 물은 100도에서 끓어 오른다.

DAY 19

표제어	Step 1 | 단어 풀이(용법·의미)

음독명사

6

奮闘

분투

(한자풀이) **奮** 떨칠 분, **闘** 싸울 투

ふんとう

의미 있는 힘을 다하여 싸우거나 노력하는 것

빈출표현 孤軍(こぐん)奮闘(고군 분투),
問題解決(もんだいかいけつ)のために奮闘する(문제 해결을 위해서 노력하다)

*출제가능유형 : [한자읽기-음독] [문맥]

7

分別

분별

(한자풀이) **分** 나눌 분, **別** 나눌 별

ふんべつ

의미 어떤 일을 사리에 맞게 판단함, 철, 지각

빈출표현 分別が付(つ)く/ない(철이 들다/없다),
無(む)分別(무분별), 思慮(しりょ)分別(사려 분별)

*출제가능유형 : [한자읽기-음독] [유의표현]

8

返却

반납, 반환

(한자풀이) **返** 돌이킬 반, **却** 물리칠 각

へんきゃく

의미 빌린 물건이나 맡은 물건을 소유주에게 돌려주는 것

빈출표현 図書(としょ)の返却(도서 반납), 返却期限(きげん)(반납 기한),
書類(しょるい)を返却する(서류를 반환하다)

*출제가능유형 : [문맥] [용법]

9

返済

반제, 변제

(한자풀이) **返** 돌이킬 반, **済** 건널 제

へんさい

의미 빌린 돈을 갚는 것

빈출표현 返済金額(きんがく)(변제 금액), ローンの返済(론 변제)
借金(しゃっきん)を返済する(빚을 갚다)

*출제가능유형 : [문맥] [용법]

10

放棄

포기

(한자풀이) **放** 놓을 방, **棄** 버릴 기

ほうき

의미 ① 하던 일을 중도에 그만둬 버리는 것
② 자기의 권리나 자격을 내버려 쓰지 않는 것

빈출표현 放棄試合(じあい)(포기 시합),
相続(そうぞく)/権利(けんり)を放棄する(상속/권리를 포기하다)

*출제가능유형 : [유의표현] [용법]

Step 2 ｜ 연관 단어	Step 3 ｜ 예문
= 奮戦(ふんせん) 분전	彼(かれ)は問題解決(もんだいかいけつ)のために孤軍(こぐん)**奮闘**している。 그는 문제 해결을 위해서 고군분투하고 있다.
유 弁別(べんべつ) 변별 유 判別(はんべつ) 판별 유 判断力(はんだんりょく) 판단력 참 分別(ぶんべつ) 분별, 분류 └, 사물을 종류에 따라 구별함 예 ゴミの分別(ぶんべつ) 쓰레기 분류	うちの息子(むすこ)はたまに**分別**のないことを言(い)う。 우리 아들은 간혹 철 없는 소리를 한다.
유 返還(へんかん) 반환 └, 장기적으로 차지하고 있던 것을 원래의 소유주에게 돌려줌 예 領土(りょうど)の返還 영토 반환	図書(としょ)の**返却**期限(きげん)が過(す)ぎてしまった。 도서 반납 기한이 지나버렸다.
유 返金(へんきん) 반금, 돈을 갚음 ↔ 借用(しゃくよう) 차용	毎月(まいつき)、住宅(じゅうたく)ローンを**返済**している。 매달 주택 융자를 변제하고 있다.
유 諦(あきら)め 체념, 단념 유 棄権(きけん) 기권 ↔ 行使(こうし) 행사, (권리 · 권력 등을) 실제로 사용함	彼(かれ)は遺産相続(いさんそうぞく)を**放棄**したそうだ。 그는 유산 상속을 포기했다고 한다.

DAY 19

표제어	Step 1 | 단어 풀이(용법·의미)

음독명사

11 **報酬**

보수

한자풀이 報 갚을 보, 酬 갚을 수

ほうしゅう

의미 ① 보답 ② 노력의 대가나 사례의 뜻으로 주는 돈이나 물품

빈출표현 報酬を与(あた)える/受(う)ける/得(え)る(보수를 주다/받다/얻다), 無(む)報酬(무보수)

＊출제가능유형 : 한자읽기-음독 | 용법

고유어

12 **歯軋り**

이를 갊

한자풀이 歯 이 치, 軋 삐걱거릴 알

はぎしり

의미 이를 갊

용법 수면 중 혹은 분해서 이를 가는 것을 의미

빈출표현 眠(ねむ)りながら歯軋りをする(잠자면서 이를 갈다), 歯軋りして悔(くや)しがる(이를 갈면서 분해하다)

＊출제가능유형 : 문맥 | 용법

13 **日取り**

날짜를 잡음, 날짜

한자풀이 日 날 일, 取 취할 취

ひどり

의미 (큰 일·중요한 일을 위하여) 날짜를 잡음, 또는 그 날짜

용법 큰 일이나 중요한 일의 날짜에 사용

빈출표현 結婚式(けっこんしき)の日取り(결혼식 날짜), 旅行(りょこう)の日取り(여행 날짜)

＊출제가능유형 : 문맥 | 용법

14 **吹雪**

눈보라

한자풀이 吹 불 취, 雪 눈 설

ふぶき

의미 바람에 불리어 휘몰아쳐 날리는 눈

빈출표현 吹雪を冒(おか)す(눈보라를 무릅쓰다), 花(はな)吹雪(눈보라처럼 흩날리는 꽃잎), 紙(かみ)吹雪(환영·축하 때 뿌리는 잘게 썬 색종이)

＊출제가능유형 : 한자읽기-훈독 | 문맥

15 **洞**

굴, 동굴

한자풀이 洞 골 동

ほら

의미 굴, 동굴

＊출제가능유형 : 한자읽기-훈독 | 용법

Step 2	연관 단어	Step 3	예문
유 お礼(れい) 사례(품) 유 返礼(へんれい) 반례, 답례(품) ↔ 罰金(ばっきん) 벌금 참 報(むく)いる 보답하다, 보복하다	金銭的(きんせんてき)な**報酬**は期待(きたい)していません。 금전적인 보수는 기대하고 있지 않습니다.
유 歯嚙(はが)み 이를 악묾, 이를 갊 └→ 분해서 이를 가는 것을 의미 참 軋(きし)る 삐걱거리다 참 軋(きし)む 삐걱거리다	眠(ねむ)りの浅(あさ)さが**歯軋り**の一因(いちいん)だそうだ。 얕은 잠이 이를 가는 하나의 원인이라고 한다.
유 日(ひ)にち 날짜 └→ 시간과 관련 예 日(ひ)にちが過(す)ぎる 날짜가 지나가다 유 日付(ひづけ) 날짜 └→ 문서 등에 표기되는 날짜 예 手紙(てがみ)に日付を書(か)く 편지에 날짜를 쓰다	結婚式(けっこんしき)の**日取り**を決(き)める。 결혼식 날짜를 정하다.
참 吹雪(ふきゆき)(×) *발음 주의!* 참 飛沫(しぶき) 비말, 물보라 참 息吹(いぶき) 숨결, 호흡	**吹雪**を冒(おか)して冬山(ふゆやま)に登(のぼ)る。 눈보라를 무릅쓰고 겨울산에 오르다.
= 洞穴(ほらあな) 동굴 = 洞穴(どうけつ) 동굴 = 洞窟(どうくつ) 동굴 암기 TIP 호랑이를 잡으려면 호랑이 굴에 들어가야죠	崖(がけ)の中途(ちゅうと)に**洞**がある。 절벽 중간에 동굴이 있다.

DAY 19

표제어	Step 1 | 단어 풀이(용법·의미)

고유어

16

前触れ
전조, 조짐

(한자풀이) 前 앞 전, 触 닿을 촉

まえぶれ

의미 어떤 일이 생길 기미

빈출표현 地震の前触れ(지진의 전조), 嵐の前触れ(폭풍우의 조짐)

*출제가능유형 : [문맥] [유의표현]

17

町並み
거리

(한자풀이) 町 밭두둑 정, 並 아우를 병

まちなみ

의미 거리에 집이나 상점이 즐비하게 늘어선 모양, 또는 그 거리

빈출표현 昔ながらの町並み(옛날 그대로의 거리),
伝統的/歴史的な町並み(전통적/역사적인 거리)

*출제가능유형 : [문맥] [용법]

18

みっともない
보기 싫다, 꼴사납다

みっともない

의미 보기 싫다, 보기 흉하다, 꼴사납다, 꼴불견이다

빈출표현 みっともない真似(꼴사나운 짓),
みっともない格好/服装(보기 흉한 모습/복장)

*출제가능유형 : [문맥] [용법]

い형용사

19

醜い
추하다, 보기 흉하다

(한자풀이) 醜 추할 추

みにくい

의미 ① (얼굴이) 추하다, 못생기다 ② (행태가) 추하다, 보기 흉하다

빈출표현 醜い顔(못생긴 얼굴), 醜い争い/行為(보기 흉한 싸움/행위)

*출제가능유형 : [한자읽기-훈독] [문맥]

20

惨い
매정하다, 무자비하다

(한자풀이) 惨 참혹할 참

むごい

의미 ① 비참하다 ② 잔인하다, 매정하다, 무자비하다

빈출표현 惨い結果(비참한 결과), 惨い仕打ち/言葉(매정한 처사/말), 惨く責める(매정하게 꾸짖다)

*출제가능유형 : [문맥] [용법]

Step 2 ǀ 연관 단어	Step 3 ǀ 예문
= 兆し 징조, 조짐 = 前兆 전조 = 兆候 조후, 징조 = 徴候 징후, 징조	動物の異常行動は大地震の前触れである。 동물의 이상행동은 대지진의 전조이다.
참 並み ~과 같은 수준, 줄지음, 늘어섬 참 プロ並み 프로 수준 참 並木 가로수 참 足並み 보조, (여럿이 같이 걷는) 발걸음	ここは情緒あふれる伝統的な町並みですね。 여기는 정서 넘치는 전통적인 거리네요.
= 見苦しい 보기 흉하다, 볼꼴 사납다	そんなみっともない格好は止めなさい。 그런 꼴사나운 모습은 그만둬.
유 見苦しい 보기 흉하다, 볼꼴사납다 ↔ 美しい 아름답다 참 見難い 보기 어렵다, 잘 보이지 않다	遺産をめぐって兄弟が醜い争いをしている。 유산을 둘러싸고 형제가 추한 싸움을 하고 있다.
유 悲惨だ 비참하다 유 無慈悲だ 무자비하다 암기 TIP 無＋恋＝むごい 사랑(こい)이 없고(む) 매정하다	そんなことで首になるなんて、惨い仕打ちだ。 그런 일로 해고 당하다니 무자비한 처사이다.

DAY 19

표제어	Step 1 ㅣ 단어 풀이(용법·의미)

21 い형용사

空しい/虚しい

헛되다, 허무하다

한자풀이 空 빌 공, 虚 빌 허

むなしい

의미 헛되다, 보람 없다, 허무하다

용법 노력에 대한 성과가 없어서(空虚 : 공허) 헛되게 느끼는 것

빈출표현 空しい努力(どりょく)/希望(きぼう)(헛된 노력/희망), 空しく敗(やぶ)れる(보람 없이 패하다)

*출제가능유형 : 문맥 유의표현

22

遥かだ

아득하다

한자풀이 遥 멀 요

はるかだ

의미 (거리·시간이) 멀리 떨어져 있다, 아득하게 멀다

빈출표현 遥かな昔(むかし)(아득한 옛날), 遥か彼方(かなた)/向(む)こう/遠方(えんぽう)(아득히 먼 저편/먼 저쪽/먼 곳)

*출제가능유형 : 문맥 용법

23 な형용사

引っ切り無しだ

끊임없다, 쉴 새 없다

한자풀이 引 끌 인, 切 끊을 절, 無 없을 무

ひっきりなしだ

의미 끊임없다, 쉴 새 없다, 부단하다

빈출표현 引っ切り無しの注文(ちゅうもん)(끊임없는 주문), 引っ切り無しに通(とお)る/鳴(な)る(끊임없이 다니다/울리다)

*출제가능유형 : 문맥 용법

24

物騒だ

위험하다, 뒤숭숭하다

한자풀이 物 만물 물, 騒 떠들 소

ぶっそうだ

용법 주로 사람에 의한 범죄와 관련된 위험한 상황에 사용

빈출표현 物騒な世(よ)の中(なか)(뒤숭숭한 세상), 物騒な物(もの)/夜道(よみち)(위험한 물건/밤길)

*출제가능유형 : 문맥 유의표현

25

呆然だ

어안이 벙벙하다, 맥이 빠져 멍하다

한자풀이 呆 어리석을 매, 然 그러할 연

ぼうぜんだ

의미 ① 어안이 벙벙하다, 어이가 없어 얼떨떨하다
② 맥이 빠져 멍하다, 망연하다

빈출표현 呆然とする(어안이 벙벙하다), 呆然と立(た)ちつくす(멍하니 서 있다), 呆然たる(망연한)

*출제가능유형 : 유의표현 용법

Step 2 ǀ 연관 단어	Step 3 ǀ 예문
유 儚い 덧없다, 허무하다 └ 사람(亻)이 꿈(夢)을 꾼 것처럼 수명이 짧고 금방 사라져서 덧없게 느끼는 것 예 儚い命 덧없는 수명 암기 TIP 無(없음) + 無し(없음) = 성과가 없어 허무함	努力が空しい結果に終わってしまった。 노력이 허무한 결과로 끝나 버렸다.
유 遠い 멀다 └ 遠い보다 遥かだ가 더 멀리 떨어져 있는 뉘앙스 참 遥々 (거리·시간이) 아주 멀리 떨어져 있는 모양 참 遥かに 훨씬	遥か彼方に星が見える。 아득히 먼 저편에 별이 보인다.
유 しきりだ 빈번하다 유 頻繁だ 빈번하다	この道は引っ切り無しに人が通る。 이 길은 끊임없이 사람이 다닌다.
유 危険だ 위험하다 └ 모든 위험한 상황에 사용, 위험도 면에서는 物騒だ가 높음	夜中に一人で歩くのは物騒だ。 밤중에 혼자 걷는 것은 위험하다.
유 唖然だ 놀라서 어안이 벙벙하다 유 ぼんやり 맥 빠진 모양, 망연히, 우두커니 참 呆気に取られる 어안이 벙벙하다	焼け落ちた家を前に呆然とする。 불타서 내려앉은 집을 앞에 두고 멍하니 있다.

DAY 19

표제어	Step 1 | 단어 풀이(용법·의미)

な형용사

26 ぼろぼろだ
너덜너덜하다

ぼろぼろだ

의미 물건이나 옷 등이 형편없이 낡고 해지다

★ 빈출표현 ぼろぼろの服(ふく)(너덜너덜한 옷), ぼろぼろな本(ほん)(너덜너덜한 책), ぼろぼろな家(いえ)(낡아빠진 집)

*출제가능유형 : 문맥 용법

동사

27 含む
포함하다, 함유하다

(한자풀이) 含 머금을 함

ふくむ

의미 포함하다, 함유하다

용법 사물이 주어로서 객관적인 상태를 나타내는 것에 사용

★ 빈출표현 税金(ぜいきん)/手数料(てすうりょう)を含む(세금/수수료를 포함하다), ビタミンを含む(비타민을 함유하다)

*출제가능유형 : 한자읽기 - 훈독 용법

28 耽る
열중하다, 빠지다

(한자풀이) 耽 즐길 탐

ふける

의미 탐닉하다, (지나치게) 열중하다, 잠기다, 빠지다

용법 긍정적·부정적인 일에 열중하여 빠지는 것에 사용

★ 빈출표현 読書(どくしょ)に耽る(독서에 열중하다), 物思(ものおも)いに耽る(생각에 잠기다), 酒色(しゅしょく)に耽る(주색에 빠지다)

*출제가능유형 : 문맥 유의표현

29 隔てる
사이를 떼다, 사이를 떼어 놓다, 사이에 두다

(한자풀이) 隔 사이 뜰 격

へだてる

의미 ① (공간적) 사이를 떼다, 거리를 두다 ② (사람 간의) 사이를 떼어 놓다 ③ 사이에 두다

★ 빈출표현 1メートル隔てる(1미터 사이를 떼다), 道路(どうろ)を隔てる(도로를 사이에 두다)

*출제가능유형 : 한자읽기 - 훈독 문맥

30 葬る
묻다, 덮어 버리다, 매장시키다

(한자풀이) 葬 장사 지낼 장

ほうむる

의미 ① 묻다, 매장하다 ② 덮어 버리다, 묻어 버리다 ③ (사회적으로) 매장시키다

★ 빈출표현 墓(はか)に葬る(무덤에 묻다), 事件(じけん)を葬る(사건을 묻어 버리다), 業界(ぎょうかい)から葬る(업계에서 매장시키다)

*출제가능유형 : 한자읽기 - 훈독 용법

Step 2 | 연관 단어	Step 3 | 예문
참 ぼろける (천·의복 등이) 헐다, 누더기가 되다 참 くたびれる 지치다, 피로하다, 낡다, 허름해지다 암기 TIP 옷이 너덜너덜해졌다 버려버려(ぼろぼろ)	もうぼろぼろの靴(くつ)は思(おも)い切(き)って捨(す)てよう。 이제 너덜너덜한 구두는 과감히 버리자.
유 含(ふく)める 포함시키다, 포함하다 └ 사람이 주어로서 의지적인 행위를 나타내는 것 예 税金(ぜいきん)を含(ふく)めた価格(かかく) 세금을 포함한 가격	これは消費税(しょうひぜい)を含んだ価格(かかく)です。 이것은 소비세를 포함한 가격입니다.
유 溺(おぼ)れる 탐닉하다, 열중하다, 빠지다 └ 부정적인 일에 이성을 잃을 정도로 열중하는 것 유 凝(こ)る 탐닉하다, 열중하다, 미치다 └ 주로 취미로 하는 일에 열중하는 것	彼(かれ)はギャンブルに耽っている。 그는 도박에 빠져 있다.
= 引(ひ)き裂(さ)く (사람 간의) 사이를 떼어 놓다, 갈라 놓다 = 挟(はさ)む 사이에 두다, 끼다 ↔ 近付(ちかづ)ける 접근시키다 참 隔(へだ)たり 간격, 격차, 차이	距離(きょり)が二人(ふたり)の仲(なか)を隔てた。 거리가 두 사람의 사이를 떼어 놓았다.
유 埋(う)める 묻다 └ 땅속에 묻는 모든 행위에 폭넓게 사용 예 タイムカプセルを埋(う)める 타임캡슐을 묻다 참 お葬式(そうしき) 장례식 암기 TIP 생명체의 본래 집인 땅속 집으로(ホームる) 묻다	事件(じけん)をうやむやのうちに葬る。 사건을 흐지부지 묻어 버리다.

DAY 19

표제어	Step 1 ǀ 단어 풀이(용법·의미)
31 **誇る** 자랑하다, 뽐내다 한자풀이 誇 자랑할 과	ほこる **용법** 자신과 관련된 것이 뛰어나 자신감을 가지고 다른 곳에 내보이는 것, 주로 자랑하는 스케일이 큼 **빈출표현** 日本一(にほんいち)の高(たか)さ/世界最大(せかいさいだい)/歴史(れきし)と伝統(でんとう)を誇る (일본 제일의 높이/세계 최대/역사와 전통을 자랑하다) *출제가능유형 : 유의표현 용법
32 **掘る** 파다, 캐다 한자풀이 掘 팔 굴	ほる **의미** 파다, 캐다 **빈출표현** 地面(じめん)/トンネルを掘る(지면/터널을 파다), じゃがいもを掘る(감자를 캐다) *출제가능유형 : 한자읽기-훈독 문맥
33 **惚れる** 반하다, 넋을 잃고 ~하다 한자풀이 惚 황홀할 홀	ほれる **의미** ① (이성에게) 반하다 ② (동사의 ます형에 붙어) 넋을 잃고 ~하다 **빈출표현** 異性(いせい)に惚れる(이성에게 반하다), 一目(ひとめ)惚(ぼ)れ(첫눈에 반함), 見(み)惚れる(넋을 잃고 보다), 聞(き)き惚れる(넋을 잃고 듣다) *출제가능유형 : 문맥 용법
34 **賄う** 꾸려가다, 마련하다, 식사를 마련해 주다 한자풀이 賄 뇌물 회	まかなう **의미** ① 꾸려가다 ② 마련하다, 조달하다 ③ (식사를) 마련해 주다 **용법** 일시적·지속적으로 꾸려가거나 마련하는 것에 사용 **빈출표현** 月(つき)5万円(まんえん)で賄う(월 5만엔으로 꾸려가다), 会社(かいしゃ)で賄ってくれる(회사에서 대주다) *출제가능유형 : 한자읽기-훈독 용법
35 **勝る** 낫다, 뛰어나다 한자풀이 勝 이길 승	まさる **용법** 능력·자질·상태 등이 다른 것에 비해서 뛰어난 것으로, '~に勝る(~보다 낫다)'의 형태로 사용 **빈출표현** 実力(じつりょく)において勝る(실력에 있어서 낫다), 勝るとも劣(おと)らない(나으면 낫지 못하지 않다) *출제가능유형 : 한자읽기-훈독 유의표현

동사

Step 2 │ 연관 단어	Step 3 │ 예문
유 自慢(じまん)する 자랑하다 └ 자신과 관련된 것이 뛰어나서 그것을 이야기하거나 일부러 다른 사람에게 알게 하는 것 유 威張(いば)る 뽐내다, 뻐기다, 으스대다 └ 자신이 뛰어나다고 생각하여 필요 이상으로 내세워 보이는 것	この都市(とし)は長(なが)い歴史(れきし)と文化(ぶんか)を**誇る**。 이 도시는 오랜 역사와 문화를 자랑한다.
유 穴(あな)を空(あ)ける 구멍을 내다 유 取(と)り出(だ)す 끄집어내다 참 彫(ほ)る 조각하다, 새기다 암기 TIP 땅에 구멍(hole, ホール)을 파다(ほる)	桜(さくら)の苗木(なえぎ)を植(う)えようと、地面(じめん)に穴(あな)を**掘った**。 벚나무 묘목을 심으려고 지면에 구멍을 팠다.
유 好(す)く 좋아하다 유 うっとりする 넋을 잃다, 황홀해지다	美(うつく)しい音色(ねいろ)に、つい聞(き)き**惚れて**しまった。 아름다운 음색에 그만 넋을 잃고 들었다.
유 やりくりする 꾸려가다, 변통하다 └ 가계 · 가게의 경영 등 지속적인 것 유 工面(くめん)する (금품을) 마련하다, 변통하다 └ 일시적인 출비에 관한 것 참 賄賂(わいろ) 뇌물	福祉(ふくし)を税金(ぜいきん)で**賄う**。 복지를 세금으로 꾸려가다.
유 優(すぐ)れる 우수하다, 뛰어나다, 훌륭하다 └ 능력 · 기량 · 가치 · 용모 등이 뛰어난 것 유 凌(しの)ぐ 능가하다 └ 상대를 누르고 우위에 서는 것 ↔ 劣(おと)る 뒤지다, 뒤떨어지다, (딴 것만) 못하다	これに**勝る**喜(よろこ)びはない。 이것보다 나은 즐거움은 없다.

DAY 19

표제어	Step 1 | 단어 풀이(용법·의미)
36 **동사** **跨る** 올라타다, 걸치다 (한자풀이) 跨 타넘을 과	またがる **의미** ① (두 다리를 벌리고) 올라타다 ② 걸치다 **빈출표현** 馬/自転車に跨る(말/자전거에 올라타다), 5年に跨る計画(5년에 걸친 계획) *출제가능유형 : 문맥 유의표현
37 **동사** **免れる** 면하다, 피하다 (한자풀이) 免 면할 면	まぬかれる · まぬがれる **의미** 면하다, 피하다, 벗어나다 **용법** 위험한 일 등에 처하기 전에 사전에 피하거나 멀리하는 것 **빈출표현** 死/災難/責任を免れる(죽음/재난/책임을 면하다) *출제가능유형 : 한자읽기-훈독 유의표현
38 **부사** **ひりひり** 따끔따끔	ひりひり **용법** 찰과상이나 화상을 입거나 약품이 스며 들어서 피부가 따갑게 느껴지는 것에 사용 **빈출표현** 傷口がひりひり(と)痛む(상처가 따끔따끔 아프다), せっけんで目がひりひり(と)する(비눗물 때문에 눈이 따끔따끔하다) *출제가능유형 : 문맥 용법
39 **부사** **ふんだんに** 많이, 충분히	ふんだんに **의미** 많이, 충분히, 풍부하게, 넉넉하게 **용법** '不断(ふだん)に(끊임없이)'가 변한 말 **빈출표현** ふんだんにある/食べる(충분히 있다/먹다), ふんだんに使う(많이 쓰다) *출제가능유형 : 유의표현 용법
40 **부사** **ほかほか** 따끈따끈	ほかほか **용법** 음식·물건·신체 등이 적당히 따뜻한 느낌이 드는 것에 사용 **빈출표현** ほかほか(と)したご飯(따뜻한 밥), ほかほかの布団(따뜻한 이불), 背中がほかほか(と)する(등이 따뜻하다) *출제가능유형 : 유의표현 용법

Step 2 ǀ 연관 단어	Step 3 ǀ 예문
유 乗(の)っかる 올라서다, 올라타다 유 わたる 건너다, 걸치다 유 及(およ)ぶ 미치다, 이르다, 달하다, 걸치다 참 股(また) 다리 가랑이 암기 TIP 말에 올라타 말타고 가라(またがる)	この山(やま)は2県(けん)に跨っている。 이 산은 두 현에 걸쳐 있다.
= 逃(のが)れる 도망치다, 벗어나다, 면하다, 피하다 유 逃(に)げる 도망치다, (싫은 일 등을) 피하다 ㄴ 이미 잡혀 있는 곳에서 탈출하거나, 이미 눈앞에 닥친 위험한 일이나 싫은 일을 피하는 것	幸(さいわ)いにも災難(さいなん)を免れた。 다행히도 재난을 면했다.
유 ちくちく 따끔따끔 ㄴ 바늘이나 가시에 찔린 듯 아픈 것 참 びりびり 찌르르 ㄴ 전기에 감전된 느낌 참 ぴりぴり 얼얼 ㄴ 몹시 매운 느낌	日(ひ)に焼(や)けて背中(せなか)がひりひり(と)する。 햇볕에 타서 등이 따끔거리다.
= 沢山(たくさん) 많이 = 豊富(ほうふ)に 풍부하게	急(いそ)ぐことはない。時間(じかん)はふんだんにある。 서두를 필요는 없다. 시간은 충분히 있다
유 ぽかぽか 포근포근, 후끈후끈 ㄴ 몸속까지 따스하게 느껴지는 것 예 酒(さけ)を飲(の)むと、体(からだ)がぽかぽかしてくる 술을 마시면 몸이 후끈후끈해진다	ほかほかの炊(た)きたてのご飯(はん)が食(た)べたい。 따끈따끈한 갓 지은 밥이 먹고 싶다.

DAY 19

표제어	Step 1 ㅣ 단어 풀이(용법·의미)
41 (부사) **まして** 하물며, 더구나	まして 용법 앞에 거론된 경우도 이런 상태이니까, 뒤에 거론된 경우는 말할 것도 없이 그 상태가 더 강하다고 할 때 사용 빈출표현 ～のに、まして～(～인데, 하물며 ～), ～だから、まして～(～이기 때문에, 하물며 ～) *출제가능유형 : 문맥 용법
42 (부사) **まるまる** 토실토실, 꼬박	まるまる 의미 ① 통통하게 살이 찐 모양, 토실토실, 포동포동 ② 완전히, 전부, 꼬박 빈출표현 まるまる(と)太(ふと)る(토실토실 살이 찌다), まるまる一日(いちにち)かかる(꼬박 하루 걸리다) *출제가능유형 : 문맥 용법
43 (가타카나) **リーズナブル** 합리적임, (가격 등이) 적당함	リーズナブル 의미 ① 합리적임, 납득이 감, 타당함 ② (가격 등이) 적당함 빈출표현 リーズナブルな理由(りゆう)/対応(たいおう)(타당한 이유/대응), リーズナブルな価格(かかく)(적당한 가격) *출제가능유형 : 유의표현 용법
44 (가타카나) **レギュラー** 레귤러, 정규	regular 의미 정규, 정식, 통상, 규칙 바름 빈출표현 レギュラーメンバー(레귤러 멤버, 정규 멤버), レギュラーサイズ(레귤러 사이즈, 표준 사이즈) *출제가능유형 : 문맥 유의표현
45 (가타카나) **レントゲン** 뢴트겐, 엑스선	Rontgen(독일의 물리학자 이름) 의미 엑스선, 엑스레이 빈출표현 レントゲンを撮(と)る(뢴트겐을 찍다), レントゲン撮影(さつえい)/検査(けんさ)/写真(しゃしん)(뢴트겐 촬영/검사/사진) *출제가능유형 : 문맥 용법

Step 2 ｜ 연관 단어	Step 3 ｜ 예문
유 なおさら 더욱(더), 더더욱, 더 한층 └ 뒤에 거론된 경우가 앞의 경우보다 정도가 더 강한 것 예 練習(れんしゅう)すればなおさら上手(うま)くなる 연습하면 더욱더 능숙해진다	大人(おとな)でも大変(たいへん)なのだから、まして子供(こども)には無理(むり)だ。 어른도 힘든데, 하물며 아이들에게는 무리다.
유 ぶくぶく 살이 찐 모양, 뒤룩뒤룩 참 デブ 뚱뚱함, 뚱보 참 丸(まる)い 둥글다, 포동포동하다 참 げっそり 갑자기 여위는 모양, 홀쭉 참 がりがり 몸이 깡마른 모양, 빼빼	まるまる太(ふと)った赤(あか)ん坊(ぼう)って可愛(かわい)いですね。 포동포동 살찐 아기는 귀엽네요.
유 妥当(だとう) 타당 유 手頃(てごろ) 알맞음, 적당함	この店(みせ)では美味(おい)しい料理(りょうり)をリーズナブルな価格(かかく)で楽(たの)しめる。 이 가게에서는 맛있는 요리를 합리적인(적당한) 가격으로 즐길 수 있다.
유 正式(せいしき) 정식 유 正規(せいき) 정규 ↔ イレギュラー 이레귤러, 불규칙적, 변칙적	彼(かれ)はその番組(ばんぐみ)のレギュラーメンバーです。 그는 그 프로그램의 정규 멤버입니다.
참 X線(エックスせん) 엑스선	健康診断(けんこうしんだん)でレントゲン検査(けんさ)を受(う)ける。 건강진단에서 뢴트겐 검사를 받다.

DAY 19

표제어	Step 1 ❘ 단어 풀이(용법·의미)

46

ひらひら
팔랑팔랑, 훨훨

ひらひら

의미 가볍고 얇은 것이 날리는 모양, 팔랑팔랑, 펄럭펄럭, 훨훨

빈출표현 ひらひら(と)舞(ま)う(팔랑팔랑 춤추듯 날다),
ひらひら(と)飛(と)ぶ(훨훨 날다),
旗(はた)がひらひら(と)する(기가 펄럭거리다)

*출제가능유형 : 문맥 용법

47

ぶくぶく
부글부글, 뒤룩뒤룩

ぶくぶく

의미 ① 부글부글, 보글보글, 부걱부걱 ② 뒤룩뒤룩

용법 ① 거품이 이는 모양에 사용 ② 살이 찐 모양에 사용

빈출표현 ぶくぶく(と)泡(あわ)が立(た)つ(부글부글 거품이 일다),
ぶくぶく(と)太(ふと)る(뒤룩뒤룩 살찌다)

*출제가능유형 : 문맥 용법

의성어·의태어

48

ふらふら
비틀비틀, 어질어질

ふらふら

의미 ① 걸음이 흔들리는 모양, 비틀비틀, 휘청휘청
② 머리가 도는 모양, 어질어질, 빙빙

빈출표현 ふらふら(と)歩(ある)く(비틀비틀 걷다),
頭(あたま)がふらふらする(머리가 어질어질하다)

*출제가능유형 : 문맥 용법

49

ぶらぶら
대롱대롱, 어슬렁어슬렁, 빈둥빈둥

ぶらぶら

의미 ① 매달려서 흔들리는 모양 ② 지향 없이 거니는 모양
③ 하는 일 없이 놀고 지내는 모양

빈출표현 ぶらぶら(と)歩(ある)く(어슬렁어슬렁 거닐다),
家(いえ)でぶらぶら(と)している(집에서 빈둥빈둥 놀고 있다)

*출제가능유형 : 문맥 용법

50

관용구

豚に真珠
돼지에 진주

한자풀이 **豚** 돼지 돈, **真** 참 진, **珠** 구슬 주

ぶたにしんじゅ

의미 돼지에 진주

용법 아무리 귀중한 것이라도 그 가치를 모르는 사람에게는 아무런 소용이 없음을 비유

*출제가능유형 : 문맥 유의표현

Step 2 ǀ 연관 단어	Step 3 ǀ 예문
참 ひら 종이·잎·꽃잎 등 얇고 평평한 것을 세는 말, 조각, 장 예 一(ひと)ひらの花(はな)びら 한 장의 꽃잎 참 翻(ひるがえ)る 바람에 날리다, 나부끼다	花(はな)びらがひらひら(と)舞(ま)い落(お)ちる。 꽃잎이 팔랑팔랑 춤추듯 떨어지다.
참 ぐらぐら 부글부글, 펄펄 └ 마구 끓는 모양 참 ことこと 보글보글 └ 약하게 끓는 모양	カニがぶくぶく(と)泡(あわ)を吹(ふ)いている。 게가 부걱부걱 거품을 뿜고 있다.
참 ふらつく 비틀거리다, 휘청거리다, 어슬렁거리다, 배회하다 참 ぶらぶら 대롱대롱, 어슬렁어슬렁, 빈둥빈둥	酒(さけ)に酔(よ)ってふらふら(と)歩(ある)いている。 술에 취해서 비틀비틀 걷고 있다.
유 のらりくらり 빈둥빈둥 참 ぶらつく 대롱거리다, 흔들리다, 어슬렁거리다, 배회하다, 빈둥거리다 암기 TIP 그네(ぶらんこ)는 흔들흔들(ぶらぶら) 거리죠	近所(きんじょ)をぶらぶら(と)散歩(さんぽ)する。 근처를 어슬렁어슬렁 산책하다.
= 猫(ねこ)に小判(こばん) 고양이에게 금화	赤(あか)ちゃんに高級(こうきゅう)なブランド服(ふく)なんて豚に真珠だ。 아기에게 고급 브랜드 옷 같은 것은 돼지에 진주다.

DAY 19

Day 19

문제로 확인하기

❶ 다음 단어의 한자 읽는 법을 고르세요.

1. 隔てる　A. おだてる　B. へだてる
2. 報酬　A. ほうしゅう　B. ほうしゅ
3. 吹雪　A. ふきゆき　B. ふぶき

❷ 다음 단어의 한자 표기를 고르세요.

4. みにくい　A. 醜い　B. 魅い
5. ひつじゅ　A. 必須　B. 必需
6. はんらん　A. 氾濫　B. 氾覧

❸ 다음 빈칸에 공통으로 들어갈 수 있는 한자 또는 단어로 적절한 것을 고르세요.

7. (　)酬　(　)復　朗(　)
   A. 応　B. 往　C. 報
8. 放(　)　遺(　)　(　)権
   A. 牧　B. 跡　C. 棄
9. (　)却　(　)還　(　)済
   A. 脱　B. 奪　C. 返

❹ 빈칸에 들어갈 단어로 적절한 것을 고르세요.

A. 前触れ　B. リーズナブル　C. 福祉

10. この店では美味しい料理を＿＿＿＿＿な価格で楽しめる。
11. 動物の異常行動は大地震の＿＿＿＿＿である。
12. 社会＿＿＿＿＿士の資格を取得した。

정답　1. B　2. A　3. B　4. A　5. B　6. A　7. C　8. C　9. C　10. B　11. A　12. C

WEEK 4

Day 20

강의와 예문 듣기

매일 품사별로 골고루! 오늘의 50단어 한눈에 보기!

음독명사

01. 膨張
02. 褒美
03. 補償
04. 補足
05. 没収
06. 名簿
07. 猛暑
08. 目下
09. 融合
10. 幽霊
11. 利潤

고유어

12. 的
13. 幹
14. 峰
15. 目処
16. 目盛り
17. 余所見
18. 童歌

い형용사

19. 脆い
20. ややこしい
21. よそよそしい
22. 侘しい

な형용사

23. 惨めだ
24. むちゃくちゃだ
25. 無闇だ
26. 矢鱈だ

동사

27. 見届ける
28. 見逃す
29. 捲る
30. 申し出る
31. 潜る
32. 持て成す
33. 揉む
34. 揉める
35. 漏れる
36. 歪む
37. 行き届く
38. 委ねる

부사

39. まんざら
40. 自ら
41. 見す見す

가타카나

42. ロケ
43. ローン
44. ワクチン

의성어・의태어

45. ふわふわ
46. ぺこぺこ
47. まごまご
48. わあわあ

관용구

49. 懐が寂しい
50. 腑に落ちない

표제어	Step 1 ㅣ 단어 풀이(용법·의미)

음독명사

1

膨張
팽창

(한자풀이) **膨** 부풀 팽, **張** 베풀 장

ぼうちょう

의미 부풀어서 부피가 커지는 것

용법 원래는 膨脹(팽창)이지만, 脹(배부를 창)이 상용한자에 포함되지 않기 때문에 보통 膨張으로 쓰임

빈출표현 膨張率(팽창률), 気体の膨張(기체의 팽창), 人口が膨張する(인구가 팽창하다)

＊**출제가능유형 :** 한자읽기-음독 | 유의표현

2

褒美
포상, 상

(한자풀이) **褒** 기릴 포, **美** 아름다울 미

ほうび

의미 칭찬하며 주는 금품

용법 주로 'ご褒美'의 형태로 쓰임

빈출표현 ご褒美をもらう(포상을 받다, 상을 받다), ご褒美を与える(포상을 주다, 상을 주다)

＊**출제가능유형 :** 한자읽기-음독 | 용법

3

補償
보상

(한자풀이) **補** 기울 보, **償** 갚을 상

ほしょう

의미 남에게 끼친 손해를 금전으로 갚는 것

빈출표현 補償金(보상금), 補償を要求する(보상을 요구하다), 損害を補償する(손해를 보상하다)

＊**출제가능유형 :** 문맥 | 유의표현

4

補足
보충

(한자풀이) **補** 기울 보, **足** 발 족

ほそく

의미 보충하여 채우는 것

용법 지금까지 없었지만 필요한 것이기 때문에 덧붙인다는 의미로, 주로 자료나 설명의 보충에 사용

빈출표현 補足説明(보충 설명), 資料を補足する(자료를 보충하다)

＊**출제가능유형 :** 문맥 | 용법

5

没収
몰수

(한자풀이) **没** 빠질 몰, **収** 거둘 수

ぼっしゅう

의미 정당하지 못한 행위로 얻은 물건이나 재산을 강제로 빼앗는 것

빈출표현 没収試合(몰수 시합), 土地/財産を没収する(토지/재산을 몰수하다)

＊**출제가능유형 :** 한자읽기-음독 | 문맥

Step 2 ｜ 연관 단어	Step 3 ｜ 예문
유 膨大(ぼうだい) 팽대, 방대 유 拡大(かくだい) 확대 유 拡張(かくちょう) 확장 ↔ 収縮(しゅうしゅく) 수축 참 膨(ふく)れる 부풀다, 불룩해지다, 뾰로통해지다 참 膨(ふく)らむ 부풀다, 불룩해지다	気体(きたい)に熱(ねつ)を加(くわ)えると、気体(きたい)は**膨張**する。 기체에 열을 가하면 기체는 팽창한다.
유 褒賞(ほうしょう) 포상 유 賞与(しょうよ) 상여, 상으로 금품을 줌 유 賞金(しょうきん) 상금 참 褒(ほ)める 칭찬하다	ご**褒美**は子供(こども)の勉強(べんきょう)に対(たい)しての意欲(いよく)を高(たか)めてくれる。 포상은 아이들의 공부에 대한 의욕을 높여준다.
유 賠償(ばいしょう) 배상 유 弁償(べんしょう) 변상 유 償(つぐな)い 보상, 속죄	加害者(かがいしゃ)に**補償**を要求(ようきゅう)した。 가해자에게 보상을 요구했다.
유 補充(ほじゅう) 보충 └→ 지금까지 있었던 것이 없어져서 메운다는 의미로, 주로 인원이나 잉크, 용지 등의 소모품에 사용 예 欠員(けついん)を補充する 결원을 보충하다 예 インクを補充する 잉크를 보충하다	理解(りかい)を助(たす)けるために、**補足**説明(せつめい)を加(くわ)えた。 이해를 돕기 위해서 보충 설명을 덧붙였다.
유 押収(おうしゅう) 압수 └→ 조사하기 위해서 범죄의 증거가 될 만한 물건을 경찰이 용의자로부터 빼앗는 것 예 証拠品(しょうこひん)を押収する 증거품을 압수하다	政府(せいふ)は不法財産(ふほうざいさん)を**没収**した。 정부는 불법 재산을 몰수했다.

DAY 20

표제어	Step 1 | 단어 풀이(용법·의미)

음독명사

6

名簿
명부

한자풀이 **名** 이름 명, **簿** 장부 부

めいぼ

의미 관계자의 이름이나 주소 · 직업 따위를 적어놓은 장부

빈출표현 会員(かいいん)名簿(회원 명부), 同窓会(どうそうかい)名簿(동창회 명부), 名簿を作(つく)る(명부를 작성하다)

*출제가능유형 : 한자읽기-음독 | 유의표현

7

猛暑
맹서

한자풀이 **猛** 사나울 맹, **暑** 더울 서

もうしょ

의미 몹시 심한 더위, 혹서

빈출표현 猛暑日(び)(최고 기온이 35도 이상인 날), 猛暑が続(つづ)く(혹서가 계속되다), 連日(れんじつ)猛暑(연일 혹서)

*출제가능유형 : 한자읽기-음독 | 문맥

8

目下
지금, 현재

한자풀이 **目** 눈 목, **下** 아래 하

もっか

의미 ① 지금, 현재, 당장 ② 눈앞, 목전

용법 명사나 부사로 쓰임

빈출표현 目下のところ(현재로서는), 目下の急務(きゅうむ)(당장의 급선무), 目下調査中(ちょうさちゅう)(현재 조사 중)

*출제가능유형 : 한자읽기-음독 | 유의표현

9

融合
융합

한자풀이 **融** 화할 융, **合** 합할 합

ゆうごう

의미 여럿이 녹아서 하나로 합치는 것

빈출표현 核(かく)融合(핵융합), 民族(みんぞく)/東西文化(とうざいぶんか)の融合(민족/동서 문화의 융합)

*출제가능유형 : 문맥 | 용법

10

幽霊
유령

한자풀이 **幽** 그윽할 유, **霊** 신령 령

ゆうれい

의미 ① 죽은 사람의 혼령이 생전의 모습으로 나타나는 것 ② 이름뿐이고 실제는 없는 것

빈출표현 幽霊が出(で)る(유령이 나오다), 幽霊都市(とし)(유령 도시), 幽霊会社(がいしゃ)(유령 회사, 이름뿐인 회사)

*출제가능유형 : 한자읽기-음독 | 유의표현

Step 2	연관 단어	Step 3	예문
= リスト 리스트, 명단, 목록	会員名簿に抜けがないか、もう一度確認してください。 회원 명부에 누락이 없는지 다시 한번 확인해 주세요.
= 酷暑 혹서 ↔ 酷寒 혹한 참 真夏日 (최고 기온이 30도를 넘는) 한여름날 참 熱中症 열사병	連日猛暑が続いていますね。 연일 심한 더위가 이어지고 있네요.
= 現在 현재 = ただいま 지금, 현재 = 目の前 눈앞, 목전 = 目前 목전, 눈앞 참 目下 아랫사람, 손아래 암기 TIP 나 지금 못가(もっか)	警察は目下その事故について調査中である。 경찰을 현재 그 사고에 대해서 조사 중이다.
유 結合 결합 유 合成 합성 ↔ 分裂 분열 ↔ 分離 분리	トルコは東西文化を融合させてきた国である。 터키는 동서 문화를 융합시켜 온 나라이다.
= ゴースト 유령 유 お化け 귀신 유 妖怪 요괴	夕べの夢に幽霊が出た。 어젯밤 꿈에 유령이 나왔다.

DAY 20

표제어	Step 1 ㅣ 단어 풀이(용법·의미)

음독명사

11

利潤
이윤

한자풀이 利 날카로울 리, 潤 젖을 윤

りじゅん

의미 기업의 총수익에서 생산비를 빼고 남은 소득

용법 주로 기업의 소득에 사용

빈출표현 利潤を追求(ついきゅう)する/上(あ)げる(이윤을 추구하다/올리다), 利潤率(りつ)(이윤율)

*출제가능유형 : 한자읽기-음독 | 유의표현

고유어

12

的
과녁, 대상

한자풀이 的 과녁 적

まと

의미 ① 과녁, 표적 ② 대상

빈출표현 的に当(あ)たる(과녁에 맞다), 的外(はず)れ(요점에서 벗어남), 関心(かんしん)/憧(あこが)れの的(관심/동경의 대상)

*출제가능유형 : 문맥 | 유의표현

13

幹
줄기, 기간

한자풀이 幹 줄기 간

みき

의미 ① 줄기 ② 사물의 주요 부분, 기간

용법 ① 나무의 굵은 줄기를 의미 ② 사물의 주요 부분

빈출표현 木(き)の幹(나무 줄기), 幹となる企画(きかく)(기간이 되는 기획)

*출제가능유형 : 한자읽기-훈독 | 문맥

14

峰
산봉우리

한자풀이 峰 봉우리 봉

みね

의미 산봉우리

빈출표현 高(たか)くそびえる峰(높이 솟은 산봉우리), 富士(ふじ)の峰(후지산 봉우리)

*출제가능유형 : 한자읽기-훈독 | 문맥

15

目処
전망, 목표

한자풀이 目 눈 목, 処 곳 처

めど

의미 지향하는 곳, 목표, 목적, 전망

용법 뒤에 동사는 '立(た)つ', '付(つ)く'가 온다

빈출표현 目処が立(た)つ/付(つ)く(전망이 서다, 목표가 서다, 전망이 보이다)

*출제가능유형 : 한자읽기-훈독 | 유의표현

Step 2 │ 연관 단어	Step 3 │ 예문
유 利益(りえき) 이익 └ 사업 등으로 얻은 총수입에서 비용을 빼고 남은 소득 유 儲(もう)け 벌이, 이익, 이득 참 潤(うるお)う 축축해지다, 넉넉해지다, 이익을 얻다	一般(いっぱん)に企業(きぎょう)の目的(もくてき)は利潤の追求(ついきゅう)と言(い)われている。 일반적으로 기업의 목적은 이윤 추구라고 한다.
= ターゲット 타깃, 과녁, 목표 = 標的(ひょうてき) 표적 = 対象(たいしょう) 대상 = 目当(めあ)て 목표, 목적 암기 TIP 과녁에 맞도(まと)록 잘 쏴 보세요	野球選手(やきゅうせんしゅ)は子供(こども)たちの憧(あこが)れの的だ。 야구선수는 아이들의 동경의 대상이다.
유 茎(くき) 줄기 └ 화초 등의 가는 줄기 유 基幹(きかん) 기간 유 要(かなめ) 가장 중요한 부분, 요점 ↔ 枝(えだ) 가지 암기 TIP 나무(木,き)의 몸통(身,み)에 해당하는 줄기라는 뜻	これは来年度(らいねんど)の幹となる企画(きかく)です。 이것은 내년도의 기간이 되는 기획입니다.
유 山頂(さんちょう) 산정, 산꼭대기 유 頂上(ちょうじょう) 정상 참 崖(がけ) 벼랑, 절벽	高(たか)くそびえた峰に雲(くも)がかかっている。 높이 솟은 산봉우리에 구름이 걸려 있다.
유 目当(めあ)て 목표, 목적 유 見込(みこ)み 전망, 예상, 가망, 희망 유 見通(みとお)し 전망, 예측 참 目処(めしょ)(×) *발음 주의!*	景気回復(けいきかいふく)の目処が付(つ)く。 경기 회복의 전망이 보이다.

DAY 20

표제어	Step 1 ㅣ 단어 풀이(용법·의미)

16

目盛り
눈금

(한자풀이) **目** 눈 목, **盛** 담을 성

めもり

의미 (자 · 저울 등의) 눈금

★ **빈출표현** 目盛りを読(よ)む(눈금을 읽다), はかり/温度計(おんどけい)/物差(ものさ)しの目盛り(저울/온도계/자의 눈금)

*출제가능유형 : 한자읽기-훈독 | 문맥

17

고유어

余所見
한눈팖

(한자풀이) **余** 남을 여, **所** 바 소, **見** 볼 견

よそみ

의미 한눈팖 **용법** 주로 'よそ見'의 형태로 사용

★ **빈출표현** 余所見をする(한눈을 팔다),
余所見運転(うんてん)(한눈팔며 하는 운전)

*출제가능유형 : 문맥 | 유의표현

18

童歌
동요

(한자풀이) **童** 아이 동, **歌** 노래 가

わらべうた

의미 예로부터 구전되어 내려온 자연 발생적인 동요

★ **빈출표현** 童歌を習(なら)う/歌(うた)う(동요를 배우다/부르다),
伝(つた)わる童歌(전해져 오는 동요)

*출제가능유형 : 한자읽기-훈독 | 용법

19

い형용사

脆い
깨지기 쉽다, 약하다

(한자풀이) **脆** 무를 취

もろい

의미 ① 깨지기 쉽다, 부서지기 쉽다, 무르다 ② 약하다, 여리다

용법 외부 작용에 대한 저항력이 낮아 깨지기 쉽거나 마음이 약해짐

★ **빈출표현** 地震(じしん)に脆い(지진에 무너지기 쉽다),
ガラスは脆い(유리는 깨지기 쉽다),
情(じょう)に脆い(정에 약하다), 涙(なみだ)脆い(눈물을 잘 흘리다)

*출제가능유형 : 문맥 | 용법

20

ややこしい
복잡하다, 까다롭다

ややこしい

의미 복잡하다, 까다롭다

★ **빈출표현** ややこしい問題(もんだい)(까다로운 문제),
ややこしい話(はなし)/手続(てつづ)き(복잡한 이야기/절차)

*출제가능유형 : 문맥 | 유의표현

Step 2 | 연관 단어

Step 3 | 예문

참 盛る(も) (그릇에) 담다, 눈금을 새기다

암기 TIP 밥솥에 눈금(めもり)이 있어야 물의 양을 기억(メモリー)하죠

温度計(おんどけい)の目盛りを読(よ)む。

온도계의 눈금을 읽다.

= 脇見(わきみ) 한눈팖

= 脇目(わきめ) 한눈팖

참 余所(よそ) 딴 곳, 남, 남의 일

余所見運転(うんてん)は危(あぶ)ないです。

한눈팔며 운전하는 것은 위험합니다.

유 童謡(どうよう) 동요
└ 근래에 만들어진 동요

참 童(わらべ) 아이(들), 아동

小学校(しょうがっこう)の時(とき)、童歌を習(なら)いました。

초등학교 때 동요를 배웠습니다.

= 崩(くず)れやすい 무너지기 쉽다

= 壊(こわ)れやすい 부서지기 쉽다

유 弱(よわ)い 약하다
└ 외부 작용과는 관계없이 그 자체의 힘이나 능력이 부족함

↔ 堅(かた)い 견고하다 ↔ 強(つよ)い 꿋꿋하다, 강하다

彼(かれ)は情(じょう)に脆くてよく騙(だま)される。

그는 정에 약해서 자주 속는다.

= 複雑(ふくざつ)だ 복잡하다

= 煩(わずら)わしい 까다롭다

留学(りゅうがく)の手続(てつづ)きがややこしい。

유학 절차가 복잡하다.

DAY 20

표제어	Step 1 단어 풀이(용법·의미)

い형용사

21

よそよそしい
쌀쌀하다, 냉담하다

よそよそしい

의미 (태도가) 쌀쌀하다, 냉담하다, 서먹서먹하다

용법 이전과는 다르게 태도가 쌀쌀할 때 사용

빈출표현 よそよそしい態度(たいど)/挨拶(あいさつ)(쌀쌀맞은 태도/인사), よそよそしく振(ふ)る舞(ま)う(쌀쌀맞게 행동하다)

*출제가능유형 : 문맥 유의표현

22

侘しい
쓸쓸하다, 적적하다

한자풀이 侘 실의할 차

わびしい

의미 쓸쓸하다, 적적하다, 외롭다, 초라하다

용법 고요하고 초라한 사물의 모습

빈출표현 侘しい田舎(いなか)(쓸쓸한 시골), 侘しい家(いえ)(초라한 집), 侘しい冬(ふゆ)の海(うみ)(적적한 겨울 바다)

*출제가능유형 : 문맥 용법

な형용사

23

惨めだ
비참하다, 참혹하다

한자풀이 惨 참혹할 참

みじめだ

의미 (차마 눈 뜨고 볼 수 없을 만큼) 비참하다, 참혹하다

용법 보기에 불쌍하고 비참한 것이며, 동정의 의미는 포함되지 않음

빈출표현 惨めな生活(せいかつ)/姿(すがた)(비참한 생활/모습), 惨めな思(おも)いをする(비참한 생각이 들다), 惨めに負(ま)ける(비참하게 패하다)

*출제가능유형 : 한자읽기-훈독 유의표현

24

むちゃくちゃだ
엉망(진창)이다, 터무니없다

むちゃくちゃだ

용법 정도가 심한·도리에 맞지 않는·상식(지식)이 없는 것으로, 원인에 무리가 있을 때 사용

빈출표현 むちゃくちゃに暴(あば)れる(마구 날뛰다), むちゃくちゃな値段(ねだん)/理論(りろん)(터무니없는 가격/이론)

*출제가능유형 : 문맥 용법

25

無闇だ
함부로 하다, 터무니없다

한자풀이 無 없을 무, 闇 어두울 암

むやみだ

의미 ① 함부로 하다, 무턱대다, 마구 하다 ② 터무니없다, 지나치다

용법 선악이나 앞뒤를 생각하지 않고 무언가를 하는 것에 사용

빈출표현 無闇に信(しん)じる(무턱대고 믿다), 無闇に高(たか)い(터무니없이 비싸다), 無闇に暑(あつ)い(너무 덥다)

*출제가능유형 : 문맥 유의표현

Step 2 | 연관 단어

Step 3 | 예문

= 水臭(みずくさ)い (친한 사이인데도) 서먹서먹하다

유 つれない 냉담하다, 무정하다

유 冷(ひ)ややかだ 쌀쌀하다, 차갑다

↔ 馴(な)れ馴(な)れしい 친한 척하다, 허물없다

참 余所(よそ) 딴 곳, 남, 남의 일

彼女(かのじょ)は急(きゅう)によそよそしい態度(たいど)を取(と)っている。

그녀는 갑자기 쌀쌀맞은 태도를 취하고 있다.

유 寂(さび)しい 쓸쓸하다, 적적하다, 외롭다, 허전하다
└, 본래 있어야 할 것이나 필요한 것이 없어서 고독이 나 허전함을 느끼는 사람의 마음

祖父(そふ)は侘しい山奥(やまおく)に住(す)んでいる。

할아버지는 적적한 깊은 산속에 살고 계신다.

= 悲惨(ひさん)だ 비참하다

유 凄惨(せいさん)だ 처참하다
└, 惨めだ와 悲惨だ보다도 더 잔인하고 참혹한 정도

예 戦場(せんじょう)の凄惨な光景(こうけい) 전쟁터의 처참한 광경

유 哀(あわ)れだ 불쌍하다, 딱하다, 가엾다, 비참하다
└, 불쌍해서 동정하지 않을 수 없는 상황

彼(かれ)は若(わか)い頃(ころ)惨めな生活(せいかつ)を送(おく)った。

그는 젊은 시절 참혹한 생활을 보냈다.

유 めちゃくちゃだ 엉망(진창)이다, 형편없다, 터무니없다, 뒤죽박죽이다
└, 정도가 심한·도리에 맞지 않는·혼란스럽고 질서가 없는 것으로, 결과적으로 안 좋은 상태가 되었을 때

この文章(ぶんしょう)はまとまりがなくむちゃくちゃだ。

이 문장은 정리가 안 되어 있고 엉망이다.

유 矢鱈(やたら)だ 함부로 하다, 무턱대다, 마구 하다, 지나치다, 몹시

참 無性(むしょう)に 무턱대고, 한없이, 몹시
└, 감정이나 욕구 등이 강하게 솟아오르는 모습

예 無性に喜(よろこ)ぶ 무턱대고 기뻐하다

無闇に進学(しんがく)しても意味(いみ)はない。

무턱대고 진학해도 의미는 없다.

DAY 20

표제어	Step 1 단어 풀이(용법·의미)

26 な형용사

矢鱈だ
함부로 하다, 무턱대다

한자풀이 矢 화살 시, 鱈 대구 설

やたらだ

의미 ① 함부로 하다, 무턱대다, 마구 하다 ② 지나치다, 몹시

용법 이유·순서·질서·절도 없이 무언가를 반복하는 것에 사용

빈출표현 矢鱈にしゃべる(마구 지껄이다), 矢鱈に文句(もんく)を言(い)う(무턱대고 불평하다), 矢鱈に忙(いそが)しい(몹시 바쁘다)

*출제가능유형 : 문맥 유의표현

27 동사

見届ける
지켜보다, 확인하다

한자풀이 見 볼 견, 届 이를 계

みとどける

의미 (끝까지) 지켜보다, (끝까지 보고) 확인하다

용법 순간적이고 배웅할 때 끝까지 그 뒷모습을 지켜보는 것에 사용

빈출표현 バスに乗(の)るまで見届ける(버스를 탈 때까지 지켜보다), 最期(さいご)/結果(けっか)を見届ける(임종/결과를 지켜보다)

*출제가능유형 : 문맥 용법

28

見逃す
간과하다, 눈감아주다

한자풀이 見 볼 견, 逃 달아날 도

みのがす

용법 ① 보면서도 알아차리지 못하는 것에 사용
② 잘못된 행위 등을 보면서도 나무라지 않는 것에 사용

빈출표현 大事(だいじ)な点(てん)を見逃す(중요한 점을 간과하다), 過失(かしつ)を見逃す(과실을 눈감아주다)

*출제가능유형 : 문맥 유의표현

29

捲る
넘기다, 젖히다

한자풀이 捲 말 권

めくる

의미 넘기다, 젖히다

빈출표현 ページ/カレンダーを捲る(페이지/달력을 넘기다)

*출제가능유형 : 문맥 용법

30

申し出る
신청하다, 자청하다

한자풀이 申 납 신, 出 날 출

もうしでる

용법 자신의 희망이나 의지를 윗사람 혹은 관청에 자발적으로 말하며 나설 때 사용

빈출표현 援助(えんじょ)を申し出る(원조를 자청하다), 希望者(きぼうしゃ)は申し出ること(희망자는 신청할 것)

*출제가능유형 : 문맥 유의표현

Step 2 | 연관 단어	Step 3 | 예문
유 無闇だ 함부로 하다, 무턱대다, 마구 하다, 터무니없다, 지나치다 ㄴ 선악이나 앞뒤를 생각하지 않고 무언가를 하는 것, 또는 정도가 지나친 것 참 鱈 (생선) 대구 암기 TIP 야(や) 따라(たら)하지 마! 함부로	矢鱈に感嘆詞を連発する。 함부로 감탄사를 연발하다.
유 見守る 지켜보다 ㄴ 기간적으로 길고 곁에서 보살펴 주면서 지켜보는 것 예 子供の成長を見守る 아이의 성장을 지켜보다	安全を見届けてから横断する。 안전을 확인하고 나서 횡단하다.
유 見落とす 간과하다, 못보고 넘기다 ㄴ 보면서도 알아차리지 못하는 것 유 見過ごす 간과하다, 못보고 넘기다, 눈감아주다, 못 본 체하다 ㄴ 보면서도 알아차리지 못하는 것, 보면서 무언가 대책이 필요한 일이지만 대책을 취하지 않고 그대로 두는 것	私たちは大事な点を見逃していた。 우리들은 중요한 점을 간과하고 있었다.
= はぐる 넘기다, 젖히다	カレンダーを捲りながら、誕生日や記念日に印を付ける。 달력을 넘기면서 생일과 기념일에 표시를 하다.
유 申し込む 신청하다 ㄴ 상대에게 무언가를 해주기를 기대 · 희망 · 요구하면서 신청하는 것 예 面会を申し込む 면회를 신청하다 예 結婚を申し込む 결혼을 신청하다	彼は私達に助けを申し出た。 그는 우리들에게 도움을 자청했다.

표제어	Step 1 ǀ 단어 풀이(용법·의미)

31

潜る
잠수하다, 기어들다, 숨다

한자풀이 潜 자맥질할 잠

もぐる

용법 남의 눈에 띄지 않는 곳에 모습을 감추고 무언가를 하는 것, 즉 사회로부터 숨는 것을 의미

빈출표현 海(うみ)に潜る(바다에 잠수하다), ふとんの中(なか)に潜る(이불 속으로 기어들다), 地下(ちか)に潜る(지하로 숨다)

*출제가능유형 : [한자읽기-훈독] [문맥]

32

持て成す
대우하다, 대접하다

한자풀이 持 가질 지, 成 이룰 성

もてなす

의미 ① 대우하다 ② (음식을) 대접하다, 환대하다

빈출표현 厚(あつ)く持て成す(후대하다),
手料理(てりょうり)で持て成す(손수 만든 요리로 대접하다),
一家(いっか)をあげて持て成す(온 식구가 환대하다)

*출제가능유형 : [유의표현] [용법]

동사

33

揉む
주무르다, 안마하다

한자풀이 揉 주무를 유

もむ

의미 주무르다, 안마하다

빈출표현 肩(かた)を揉む(어깨를 주무르다)

*출제가능유형 : [문맥] [용법]

34

揉める
옥신각신하다, 분쟁이 일어나다

한자풀이 揉 주무를 유

もめる

의미 옥신각신하다, 말썽이 일어나다, 분쟁이 일어나다

빈출표현 会議(かいぎ)が揉める(회의가 옥신각신하다),
遺産相続(いさんそうぞく)で揉める(유산 상속 문제로 분쟁이 일어나다),
気(き)が揉める(안절부절못하다, 조마조마하다)

*출제가능유형 : [유의표현] [용법]

35

漏れる
새다, 누락되다, 누설되다

한자풀이 漏 샐 루

もれる

의미 ① 새다 ② 누락되다, 빠지다 ③ 누설되다

용법 액체·기체·빛·소리·정보·비밀 등이 새는 것에 사용

빈출표현 水(みず)/ガス/明(あ)かり/秘密(ひみつ)が漏れる(물/가스/빛/비밀이 새다)

*출제가능유형 : [한자읽기-훈독] [용법]

Step 2 ｜ 연관 단어	Step 3 ｜ 예문
유 隠(かく)れる 숨다 ㄴ 남의 눈에 띄지 않도록 하는 것 유 潜(ひそ)む 숨다, 잠복하다 ㄴ 몰래 숨어서 조용히 있는 것 참 もぐら 두더지	海(うみ)に潜ってあわびをとる。 바다에 잠수해서 전복을 따다.
유 取(と)り扱(あつか)う 다루다, 취급하다, 대우하다 유 ご馳走(ちそう)する (음식을) 대접하다, 한턱내다	お客(きゃく)さんを山海(さんかい)の珍味(ちんみ)で持て成す。 손님을 산해진미로 대접하다.
= 按摩(あんま)をする 안마하다 참 マッサージ 마사지 참 柔む(×)*한자 주의!* 참 柔 부드러울 유	祖父(そふ)の肩(かた)を揉んでいる孫(まご)の姿(すがた)が可愛(かわい)い。 할아버지의 어깨를 주무르고 있는 손자의 모습이 귀엽다.
유 争(あらそ)う 경쟁하다, 겨루다, (옥신각신) 싸우다, 말다툼하다 참 揉(も)む 주무르다, 안마하다 참 柔める(×)*한자 주의!*	兄弟同士(きょうだいどうし)が遺産相続(いさんそうぞく)をめぐって揉めている。 형제끼리 유산 상속을 둘러싸고 옥신각신하고 있다.
= 抜(ぬ)ける 누락되다, 빠지다 = 漏洩(ろうえい)する 누설되다, 누설하다 유 漏(も)る 새다 ㄴ 주로 액체가 새는 것 예 雨漏(あまも)り 비가 샘	会社(かいしゃ)の機密情報(きみつじょうほう)が漏れてしまった。 회사의 기밀 정보가 누설되고 말았다.

DAY 20

표제어	Step 1 ǀ 단어 풀이(용법・의미)

동사

36

歪む
비뚤어지다, 일그러지다

(한자풀이) 歪 비뚤 왜

ゆがむ

의미 ① (사람 · 물건의 모양이) 비뚤어지다, 일그러지다
② (마음 · 행실이) 비뚤어지다, 바르지 못하다

용법 반듯했던 사람 · 물건의 모양이 무언가의 이유로 비뚤어지는 것

빈출표현 ネクタイが歪む(넥타이가 비뚤어지다), 歪んだ顔(かお)(일그러진 얼굴), 歪んだ性格(せいかく)(비뚤어진 성격)

＊출제가능유형 : 한자읽기-훈독 | 문맥

37

行き届く
두루 미치다, 빈틈없다

(한자풀이) 行 갈 행, 届 이를 계

ゆきとどく

용법 주의 · 마음 · 배려 · 관심 등이 자상하게 구석구석까지 미치는 것에 사용

빈출표현 サービスが行き届く(서비스가 빈틈없다), 注意(ちゅうい)が行き届く(두루 주의가 미치다)

＊출제가능유형 : 문맥 | 용법

38

委ねる
맡기다, (모든 것을) 위임하다

(한자풀이) 委 맡길 위

ゆだねる

용법 일의 처리 · 결정 · 판단 등 모든 것을 상대방에게 전면적으로 의존하며 맡기는(위임하는) 것으로, 맡는 사람의 능력과 관계있음

빈출표현 全権(ぜんけん)を委ねる(전권을 맡기다), 読者(どくしゃ)の判断(はんだん)に委ねる(독자의 판단에 맡기다)

＊출제가능유형 : 한자읽기-훈독 | 문맥

부사

39

まんざら
반드시, 꼭

まんざら

용법 뒤에 오는 마이너스 평가를 부정하고, 사실은 그와는 반대로 플러스적인 면이 있음을 나타내는 것에 사용

빈출표현 まんざらでもない(반드시 싫은 것만도 아니다, 그런대로 괜찮다), まんざら悪(わる)くもない(꼭 나쁘지도 않다)

＊출제가능유형 : 문맥 | 용법

40

自ら
스스로, 몸소, 손수

(한자풀이) 自 스스로 자

みずから

용법 '신체 일부+ずから(자신의 ~으로)'라는 의미를 나타냄

빈출표현 自ら進(すす)んで(스스로 자진해서), 自らの力(ちから)で(스스로의 힘으로), 自ら先頭(せんとう)に立(た)つ(스스로 선두에 서다)

＊출제가능유형 : 한자읽기-훈독 | 문맥

Step 2 | 연관 단어

Step 3 | 예문

유 歪む(ひずむ) (물건의 모양·음성이) 비뚤어지다, 일그러지다, 뒤틀리다
└ 물건의 모양이나 음성이 비뚤어져서(뒤틀려서) 보기 흉하고 듣기 거북한 것

참 歪曲(わいきょく) 왜곡

암기 TIP 비뚤어진 역사관에는 유감(ゆがむ)이다

地震(じしん)で家(いえ)が歪んでいる。

지진으로 집이 비뚤어져(기울어져) 있다.

유 行き渡る(ゆきわたる) 빠짐없이 골고루 미치다, 전체에 두루 미치다
└ 전체에 빠짐없이 골고루 미치는(전해지는) 것

細(こま)かい所(ところ)まで注意(ちゅうい)が行き届く。

세세한 데까지 두루 주의가 미치다.

유 預ける(あずける) 맡기다, (잠시) 보관시키다
└ 물건·사람·상황 등을 남에게 부탁하여 보관·관리·처리 등을 해 받는 것으로, 맡는 사람의 능력과는 관계없음

유 任せる(まかせる) 맡기다
└ 어떤 사람이 해야 할 일을 다른 사람에게 의뢰하여 그 사람의 책임하에 자유롭게 하게 하는 것으로, 맡는 사람의 능력과 관계있음

もう全(すべ)てを神(かみ)の手(て)に委ねるしかない。

이제 모든 것을 신의 손에 맡길 수밖에 없다.

유 必ずしも(かならずしも) 반드시, 꼭

유 あながち 반드시, 꼭
└ 뒤에 부정의 말이 따르며, 꼭 그렇다고만은 할 수 없다고 강한 단정에 대한 반대의 뜻을 나타내는 것

암기 TIP 이 논에서는 꼭 벼만 자라(まんざら)는 것은 아니다 풀도 자란다

彼女(かのじょ)は彼(かれ)の告白(こくはく)が、まんざらでもないようだ。

그녀는 그의 고백을 꼭 싫어하는 것만도 아닌 것 같다.

= 手ずから(てずから) 자기 손으로, 손수, 몸소

참 口ずから(くちずから) 자기 입으로

참 自ずから(おのずから) 저절로, 자연히

彼(かれ)は自らの力(ちから)で成(な)し遂(と)げた。

그는 스스로의 힘으로 해냈다.

DAY 20

표제어	Step 1 | 단어 풀이(용법·의미)
41 (부사) **見す見す** 빤히 알면서도, 눈앞에 보고서도	みすみす **용법** 주로 잘 대응하지 못한 과거를 상기할 때 사용하는 부정적인 표현 **빈출표현** 見す見す損(そん)をする(빤히 알면서 손해를 보다), 見す見す取(と)り逃(に)がす(눈앞에 보고서도 놓치다), チャンスを見す見す逃(のが)す(찬스를 눈앞에 보고서도 놓치다) *출제가능유형 : 문맥 용법
42 (가타카나) **ロケ** 로케이션	location **의미** ロケーション(location)의 준말, 영화의 야외 촬영 **빈출표현** 海外(かいがい)/現地(げんち)ロケ(해외/현지 야외 촬영), 映画(えいが)のロケ地(ち)(영화의 야외 촬영지) *출제가능유형 : 문맥 용법
43 (가타카나) **ローン** 론, 대출	loan **의미** 대부, 융자, 대출 **빈출표현** ローンを返済(へんさい)する(대출을 갚다), 住宅(じゅうたく)ローン(주택 융자), 銀行(ぎんこう)ローン(은행 대출) *출제가능유형 : 문맥 유의표현
44 (가타카나) **ワクチン** 백신	Vakzin(독일어) **의미** 전염병에 대하여 인공적으로 면역을 주기 위해 생체에 투여하는 항원의 하나 **빈출표현** ワクチン接種(せっしゅ)(백신 접종), ワクチンを受(う)ける(백신을 맞다), ワクチンの副作用(ふくさよう)(백신 부작용) *출제가능유형 : 문맥 용법
45 (의성어/의태어) **ふわふわ** 둥실둥실, 푹신푹신	ふわふわ **의미** ① 가볍게 떠돌거나 흔들리는 모양, 둥실둥실 ② 부드럽고 가벼운 모양, 푹신푹신 **용법** 지속적인 움직임을 나타내는 것에 사용 **빈출표현** ふわふわ(と)浮(う)かぶ(둥실둥실 뜨다), ふわふわ(と)した布団(ふとん)/ソファー(푹신푹신한 이불/소파) *출제가능유형 : 문맥 용법

Step 2 ｜ 연관 단어	Step 3 ｜ 예문
참 見え見え(みえみえ) 상대방의 의도 등이 훤히 들여다 보이는 모양, 훤히, 빤히 참 見る見る(みるみる) 보고 있는 동안에, 금세, 순식간에 암기 TIP 빤히 알면서도 실수(ミス)했다	容疑者(ようぎしゃ)を目(め)の前(まえ)でみすみす取(と)り逃(に)がした。 용의자를 눈앞에 보고서도 놓쳤다.
= 野外撮影(やがいさつえい) 야외 촬영	映画(えいが)やドラマのロケ地(ち)を巡(めぐ)る旅(たび)をする。 영화와 드라마의 야외 촬영지를 도는 여행을 하다.
= 貸し出し(かしだし) 대출 = 融資(ゆうし) 융자	住宅(じゅうたく)ローンを全額返済(ぜんがくへんさい)する。 주택 융자를 전액 갚다.
참 予防接種(よぼうせっしゅ) 예방 접종 참 抗原(こうげん) 항원 참 抗体(こうたい) 항체 참 免疫力(めんえきりょく) 면역력	ワクチン接種(せっしゅ)により、抗体(こうたい)が産生(さんせい)された。 백신 접종에 의해서 항체가 형성되었다.
유 ふわっと 둥실, 두둥실 └, 한 번의 움직임을 나타내는 것 유 ふわり 둥실, 두둥실 └, 한 번의 움직임을 나타내는 것 유 ふかふか 푹신푹신, 말랑말랑	風船(ふうせん)がふわふわ(と)空(そら)に浮(う)かんでいる。 풍선이 둥실둥실 공중에 떠 있다.

DAY 20

표제어	Step 1 │ 단어 풀이(용법·의미)

의성어·의태어

46

ぺこぺこ
배가 몹시 고픔, 굽실굽실

ぺこぺこ

의미 ① 배가 몹시 고픔
② 머리를 연방 숙이며 굽실거리는 모양, 굽실굽실

빈출표현 お腹がぺこぺこだ(배가 몹시 고프다),
ぺこぺこ(と)謝る(굽실굽실 사과하다),
上司にぺこぺこする(상사에게 굽실거리다)

*출제가능유형 : 유의표현 용법

47

まごまご
우물쭈물, 우왕좌왕

まごまご

의미 우물쭈물, 우왕좌왕

용법 짧은 시간 동안에 어찌할 바를 몰라 허둥대는 것에 사용

빈출표현 ~が分からずまごまごする(~를 몰라서 우물쭈물하다),
~が難しくてまごまごする(~가 어려워서 우물쭈물하다),
~が苦手でまごまごする(~가 서툴러서 우물쭈물하다)

*출제가능유형 : 문맥 용법

48

わあわあ
와글와글, 엉엉

わあわあ

의미 ① 와와, 와글와글, 왁자지껄 ② 앙앙, 엉엉

용법 많은 사람들이 시끄럽게 떠드는 모양에 사용

빈출표현 わあわあ(と)騒ぐ(와글와글 떠들다),
わあわあ(と)泣く(엉엉 울다)

*출제가능유형 : 문맥 유의표현

관용구

49

懐が寂しい
가진 돈이 적다, 가진 돈이 없다

한자풀이 懐 품 회, 寂 고요할 적

ふところがさびしい

의미 가진 돈이 적다, 가진 돈이 없다

*출제가능유형 : 한자읽기-훈독 문맥

50

腑に落ちない
납득이 안 가다, 이해가 안 되다

한자풀이 腑 장부 부, 落 떨어질 락

ふにおちない

의미 납득이 안 가다, 이해가 안 되다

*출제가능유형 : 유의표현 용법

Step 2 | 연관 단어

Step 3 | 예문

= へこへこ 굽실굽실

↔ 満腹(まんぷく) 만복, 배부름

참 腹(はら)が減(へ)る 배고프다, 허기지다

참 へつらう 아첨하다, 알랑거리다

암기 TIP 아 빼꼬파 빼꼬파(ぺこぺこ), 그리고 배고프면 배에 힘이 없어서 허리가 숙여져 굽실굽실

あいつはいつも上役(うわやく)にぺこぺこしている。

저 놈은 언제나 상사에게 굽실거리고 있다.

유 ぐずぐず 우물쭈물, 꾸물꾸물
ㄴ 결단·행동이 느린 것

예 ぐずぐずしないで答(こた)えなさい
우물쭈물(꾸물꾸물) 하지 말고 대답해라

東京駅(とうきょうえき)で新幹線(しんかんせん)ホームが分(わ)からずまごまごしてしまった。

도쿄역에서 신칸센 플랫폼을 몰라서 우물쭈물했다.

= がやがや 시끌시끌, 와글와글, 왁자지껄

유 ざわざわ 웅성웅성, 술렁술렁, 수런수런
ㄴ 많은 사람들이 동요되어 침착하지 못한 모양

↔ ひっそり 조용히, 쥐 죽은 듯이

観客(かんきゃく)がわあわあ(と)騒(さわ)いでいる。

관객이 와글와글 떠들고 있다.

= 懐が寒(さむ)い 가진 돈이 적다, 가진 돈이 없다

↔ 懐が暖(あたた)かい 호주머니 사정이 좋다, 가진 돈이 넉넉하다

참 懐(ふところ) 품, 가슴과 옷과의 틈, 품속에 지닌 돈, 가진 돈

給料日前(きゅうりょうびまえ)で懐が寂しい。

월급날 전이라서 가진 돈이 적다.

= 納得(なっとく)がいかない 납득이 안 가다

= 合点(がてん)がいかない 납득이 안 가다

彼(かれ)が落選(らくせん)したのは腑に落ちない。

그가 낙선한 것은 납득이 안 간다.

DAY 20

Day 20

문제로 확인하기

❶ 다음 단어의 한자 읽는 법을 고르세요.

1. 膨張　A. ほうちょう　B. ぼうちょう
2. 自ら　A. みずから　B. おのずから
3. 目処　A. めしょ　B. めど

❷ 다음 단어의 한자 표기를 고르세요.

4. もめる　A. 揉める　B. 柔める
5. りじゅん　A. 利潤　B. 利閏
6. ほしょう　A. 補償　B. 補賞

❸ 다음 빈칸에 공통으로 들어갈 수 있는 한자 또는 단어로 적절한 것을 고르세요.

7. (　)足　候(　)　(　)充
   A. 満　B. 補　C. 拡
8. (　)付け　大(　)　目(　)
   A. 備え　B. 当たり　C. 盛り
9. (　)中　(　)が暖かい　(　)が寂しい
   A. 腹　B. 胸　C. 懐

❹ 빈칸에 들어갈 단어로 적절한 것을 고르세요.

A. ワクチン　B. まんざら　C. 褒美

10. 彼女は彼の告白が、＿＿＿＿＿でもないようだ。
11. ご＿＿＿＿＿は子供の勉強に対しての意欲を高めてくれる。
12. ＿＿＿＿＿接種により、抗体が産生された。

정답 | 1. B　2. A　3. B　4. A　5. A　6. A　7. B　8. C　9. C　10. B　11. C　12. A

WEEK 문제

4주차를 무사히 마치셨네요, 대단합니다!
이번주에는 무려 250단어를 배웠는데요,
다음 장의 WEEK 문제를 풀면서 실력을 점검해 봅시다.
틀린 것들은 해설에 적힌 단어 위치를 따라가서
다시 한번 읽으며 내것으로 만드세요!

다음 장으로 GO!

WEEK 4 : 문제

실전형 문제로 복습하기

問題 1. ＿＿＿の言葉の読み方として最もよいものを、1・2・3・4から一つ選びなさい。

1 甘いものを食べたいけど、ダイエットのために<u>辛抱</u>する。
① しんぽう　② しんほう　③ しんぼう　④ しんぽ

2 最近、体の調子がよくないのでお酒を<u>控えて</u>いる。
① ひかえて　② さかえて　③ たたえて　④ となえて

3 失恋した友達を<u>励ます</u>ために飲み会を開いた。
① からます　② はげます　③ もてあます　④ れいます

問題 2. (　　)に入れるのに最もよいものを1・2・3・4から一つ選びなさい。

4 あの券売機で乗り越し運賃の(　　)をしてください。
① 採算　② 清算　③ 決算　④ 精算

5 (　　)立ち寄ったラーメン屋で、高校時代の恩師に出会った。
① いとけなく　② あっけなく　③ なにげなく　④ さりげなく

6 借りていた図書の(　　)期限が過ぎてしまった。
① 返却　② 返還　③ 返上　④ 返済

7 川越には江戸時代の(　　)が残っている。
① 月並み　② 町並み　③ 人並み　④ 足並み

問題 3. ＿＿＿の言葉に意味が最も近いものを、1・2・3・4から一つ選びなさい。

8 その件につきましては、<u>目下</u>鋭意検討中でございます。
① 取り分け　② 迅速に　③ 直ちに　④ ただ今

9 好きな人のことが、四六時中頭から離れない。

①一日中　　②日中　　③日増しに　　④始終

10 彼はそれが自分の手柄でもあるかのように得意げに胸を張った。

①ねぎらい　　②くふう　　③いさお　　④こうそう

問題4. 次の言葉の使い方として最もよいものを1・2・3・4から一つ選びなさい。

11 追及

①検察官は被告の余罪について深く追及した。
②企業活動の目的は利益の追及だけではない。
③事故の原因を科学的に追及して、次の事故を未然に防ぐ。
④誰しも幸福を追及する権利を持っている。

12 当該

①この条件に当該する方はお申し出ください。
②この件につきましては、当該部署へ行ってお尋ねください。
③このチェック項目に3つ以上当該する場合、生活習慣病の疑いがあります。
④今説明した問題の答えに当該する箇所に丸をつけて、提出してください。

13 測る

①久しぶりに体重を測ってみたら、なんと5キロも増えていた。
②彼は大統領夫妻の暗殺を測った主犯として逮捕された。
③この問題については次の委員会に測ることにしましょう。
④スマホのアプリを使って学校までの距離を測ってみた。

WEEK 4 : 정답 및 해설

: 정답 :

1 ③ 2 ① 3 ② 4 ④ 5 ③ 6 ① 7 ②

8 ④ 9 ① 10 ③ 11 ① 12 ② 13 ④

: 해석 :

문제 1.

1 甘いものを食べたいけど、ダイエットのために辛抱(しんぼう)する。 Day 16-7번

단 것을 먹고 싶지만 다이어트를 위해서 참다.

2 最近、体の調子がよくないのでお酒を控(ひか)えている。 Day 18-35번

요즈음 몸 상태가 좋지 않아서 술을 삼가고 있다.

3 失恋した友達を励(はげ)ますために飲み会を開いた。 Day 18-29번

실연 당한 친구를 격려하기 위해서 술자리를 열었다.

문제 2.

4 あの券売機で乗り越し運賃の(精算(せいさん))をしてください。 Day 16-8번

저 매표기에서 승차 초과 운임을 정산해 주세요.

5 (なにげなく)立ち寄ったラーメン屋で、高校時代の恩師に出会った。 Day 17-18번

별 생각 없이 들른 라면 가게에서 고교시절 은사님을 만났다.

6 借りていた図書の(返却(へんきゃく))期限が過ぎてしまった。 Day 19-8번

빌린 도서의 반납 기한이 지나 버렸다.

7 川越には江戸時代の(町並(まちな)み)が残っている。 Day 19-17번

가와고에에는 에도시대의 거리가 남아 있다.

문제 3.

8 その件につきましては、目下(≒ただ今)鋭意検討中でございます。 Day 20-8번

그 건에 대해서는 현재 예의 검토 중입니다.

9 好きな人のことが、四六時中(≒一日中)頭から離れない。 Day 16-38번

좋아하는 사람이 하루종일 머릿속에서 떠나지 않는다.

10 彼はそれが自分の手柄(≒いさお)でもあるかのように得意げに胸を張った。 Day 17-17번

그는 그것이 자신의 공인 것처럼 득의양양하게 가슴을 폈다.

문제 4.

11 検察官は被告の余罪について深く追及した。 Day 18-2번

검찰관은 피고의 여죄에 대해서 깊게 추궁했다.

② 追求(ついきゅう) : (행복 · 이윤) 추구　③ 追究(ついきゅう) : (진리 · 학문) 추구, 구명

④ 追求(ついきゅう) : (행복 · 이윤) 추구

12 この件につきましては、当該部署へ行ってお尋ねください。 Day 18-8번

이 건에 대해서는 해당(그) 부서에 가서 물어 보세요.

① 該当(がいとう) : (조건에 들어 맞음) 해당　③ 該当(がいとう) : (조건에 들어 맞음) 해당

④ 該当(がいとう) : (조건에 들어 맞음) 해당

13 スマホのアプリを使って学校までの距離を測ってみた。 Day 18-26번

스마트폰 어플을 사용해서 학교까지의 거리를 재(측정해) 봤다.

① 量(はか)って : (무게 · 양을) 재, 달아　② 謀(はか)った : (나쁜 일을) 꾀한, 기도한, 음모한

③ 諮(はか)る : 자문하다, 상의하다, 의견을 묻다

*図(はか)る : (수단 · 방법을) 도모하다, 꾀하다

*計(はか)る : (수량 · 시간을) 재다

PART 3

고득점 단어 200

JLPT N1 시험에서는 변별력을 위해 자주 쓰지 않는 어려운 단어도 매 시험마다 나옵니다. 그래서 PART 3에서는 어렵지만 시험에 나올 법한 **고득점 단어 200**개를 정리했습니다. 하루 50개씩, 4일 동안 고득점 단어를 익혀서 높은 점수까지 노려봅시다!

WEEK 5

WEEK 5

강의와 예문 듣기

WEEK 5

Day 21

매일 품사별로 골고루! 오늘의 50단어 한눈에 보기!

음독명사

01. 斡旋
02. 暗礁
03. 威嚇
04. 街道
05. 寡占
06. 葛藤
07. 貫禄
08. 機敏
09. 駆逐
10. 境内
11. 啓蒙

고유어

12. 相槌
13. 海女
14. 礎
15. 暇
16. 憂さ晴らし
17. 転寝
18. 海原
19. 掛け値
20. 舵

い형용사

21. いぶかしい
22. 初々しい
23. えげつない
24. 恩着せがましい
25. 姦しい

な형용사

26. 艶やかだ
27. あらわだ
28. おざなりだ
29. おぼろげだ
30. 愕然だ

동사

31. 崇める
32. 誂える
33. 侮る
34. 忌む
35. 己惚れる
36. 垣間見る
37. こじれる
38. 媚びる

부사

39. 自ずから
40. 皆目

가타카나

41. アトリエ
42. エゴ
43. エコ
44. オノマトペ
45. ガレージ

의성어・의태어

46. うつらうつら
47. きょろきょろ

관용구

48. 青は藍より出でて藍より青し
49. 鵜呑みにする
50. 取らぬ狸の皮算用

음독명사

1

斡旋

알선, 주선

한자풀이 **斡** 관리할 알, **旋** 돌 선

あっせん

의미 어떤 물건이나 사람을, 그것을 구하고 있는 사람에게 소개하는 것

빈출표현 就職(しゅうしょく)を斡旋する(취직을 알선하다), 移民(いみん)を斡旋する(이민을 알선하다)

*출제가능유형 : 한자읽기-음독 | 유의표현

2

暗礁

암초

한자풀이 **暗** 어두울 암, **礁** 물에 잠긴 바위 초

あんしょう

의미 ① 물속에 숨어 있어 항해에 방해가 되는 바위
② 뜻밖에 부딪히는 어려움

빈출표현 暗礁に乗(の)り上(あ)げる/ぶつかる(암초에 걸리다/부딪히다), 暗礁を乗(の)り越(こ)える(암초를 극복하다)

*출제가능유형 : 한자읽기-음독 | 유의표현

3

威嚇

위협

한자풀이 **威** 위엄 위, **嚇** 성낼 혁

いかく

의미 위협

빈출표현 威嚇射撃(しゃげき)(위협 사격), 威嚇的(てき)な言(い)い方(かた)(위협적인 말투), ピストルで威嚇する(권총으로 위협하다)

*출제가능유형 : 한자읽기-음독 | 유의표현

4

街道

가도

한자풀이 **街** 거리 가, **道** 길 도

かいどう

의미 중앙과 지방 또는 도시와 도시를 잇는 교통량이 많은 간선 도로

빈출표현 日光(にっこう)街道(닛코 가도), 甲州(こうしゅう)街道(고슈 가도)

*출제가능유형 : 한자읽기-음독 | 문맥

5

寡占

과점

한자풀이 **寡** 적을 과, **占** 차지할 점

かせん

의미 소수의 기업이 생산과 판매시장을 지배하고 있는 상태

빈출표현 寡占市場(しじょう)(과점 시장), 寡占価格(かかく)(과점 가격), 寡占経済(けいざい)(과점 경제), 寡占体制(たいせい)(과점 체제)

*출제가능유형 : 한자읽기-음독 | 문맥

Step 2 | 연관 단어

Step 3 | 예문

유 周旋(しゅうせん) 주선, 알선, 중개
ㄴ 쌍방의 사이에 서서 물건의 매매 · 취직 · 고용 등의 이야기가 잘 성사되도록 하는 것

유 取(と)り持(も)ち 주선, 중개, 중재
ㄴ 업무상의 관계자 · 가족 · 남녀 등 쌍방의 사이를 맺어주는 것

유 仲介(ちゅうかい) 중개
ㄴ 주로 부동산 · 금융기관 등에서 자주 사용

人材派遣会社(じんざいはけんがいしゃ)から仕事(しごと)を**斡旋**してもらった。

인재 파견 회사로부터 일을 알선해 받았다.

유 難関(なんかん) 난관

참 座礁(ざしょう) 좌초, 암초에 걸림

資金難(しきんなん)で工事(こうじ)が**暗礁**に乗(の)り上(あ)げた。

자금난으로 공사가 암초에 걸렸다.

= 脅(おど)し 위협, 협박

= 脅(おど)かし 위협, 협박

유 脅迫(きょうはく) 협박

警察(けいさつ)は空(そら)に向(む)かって**威嚇**射撃(しゃげき)をした。

경찰은 하늘을 향해 위협 사격을 했다.

유 本道(ほんどう) 본도, 주가 되는 도로

유 幹線道路(かんせんどうろ) 간선 도로

유 主要道路(しゅようどうろ) 주요 도로

참 街道(かいどう)만 かい로 발음, 나머지는 がい로 발음
예 街灯(がいとう) 가로등 예 街路樹(がいろじゅ) 가로수

この**街道**をまっすぐ行(い)くと日光(にっこう)に至(いた)る。

이 가도를 곧장 가면 닛코에 이른다.

유 独占(どくせん) 독점
ㄴ 하나의 기업이 생산과 판매 시장을 지배하고 있는 상태
예 独占事業(じぎょう) 독점사업

この市場(しじょう)はアメリカの大手企業(おおてきぎょう)が**寡占**している。

이 시장은 미국의 대기업이 과점하고 있다.

표제어	Step 1 | 단어 풀이(용법·의미)
6 **葛藤** 갈등 한자풀이 **葛** 칡 갈, **藤** 등나무 등	かっとう **의미** [칡 덩굴과 등나무 덩굴이 서로 얽혀 있다는 뜻] 견해·주장·이해 등이 뒤엉킨 복잡한 관계 ★ **빈출표현** 親子(おやこ)の葛藤(부모와 자식의 갈등), 心理的(しんりてき)葛藤(심리적 갈등) ＊출제가능유형 : 한자읽기-음독 / 유의표현
7 **貫禄** 관록 한자풀이 **貫** 꿸 관, **禄** 복 록	かんろく **의미** 몸에 갖추어진 위엄이나 무게 ★ **빈출표현** 貫禄がある/付(つ)く/出(で)てくる(관록이 있다/붙다/나오다) ＊출제가능유형 : 문맥 / 유의표현
8 **機敏** 기민 한자풀이 **機** 틀 기, **敏** 민첩할 민	きびん **의미** 눈치가 빠르고 동작이 날쌤 ★ **빈출표현** 機敏な動(うご)き/処置(しょち)(기민한 움직임/조치), 機敏に対処(たいしょ)する(기민하게 대처하다) ＊출제가능유형 : 한자읽기-음독 / 유의표현
9 **駆逐** 구축 한자풀이 **駆** 몰 구, **逐** 쫓을 축	くちく **의미** (어떤 세력이나 해로운 것을) 몰아냄, 쫓아냄 ★ **빈출표현** 駆逐艦(かん)(구축함), 敵艦(てきかん)を駆逐する(적함을 구축하다), 社会(しゃかい)から駆逐する(사회에서 몰아내다) ＊출제가능유형 : 한자읽기-음독 / 유의표현
10 **境内** 경내 한자풀이 **境** 지경 경, **内** 안 내	けいだい **의미** 신사·사찰의 구내 ★ **빈출표현** 神社(じんじゃ)の境内(신사의 경내), 寺院(じいん)の境内(사원의 경내) ＊출제가능유형 : 한자읽기-음독 / 용법

음독명사

Step 2 | 연관 단어	Step 3 | 예문
= もつれ 얽힘, 엉클어짐, 분규, 갈등 유 対立(たいりつ) 대립 유 不和(ふわ) 불화 유 摩擦(まさつ) 마찰 유 もめごと 다툼, 분규, 옥신각신 참 藤(ふじ) 등나무	仲間同士(なかまどうし)の間(あいだ)に葛藤が起(お)こる。 동료들 사이에 갈등이 생기다.
유 威厳(いげん) 위엄 ㄴ 다가갈 수 없을 정도로 당당하고 엄숙한 것 참 貫(つらぬ)く 꿰뚫다, 가로지르다, 관철하다, 일관하다	年(とし)とともに貫禄が付(つ)く。 나이를 먹음에 따라서 관록이 붙다.
유 迅速(じんそく) 신속　유 鋭敏(えいびん) 예민 ↔ 遅鈍(ちどん) 지둔, 느리고 둔함 참 素早(すばや)い 재빠르다, 민첩하다 참 すばしこい 잽싸다, 민첩하다 참 機敏(きみん)(×)발음 주의!	機敏な対応(たいおう)で難局(なんきょく)を切(き)り抜(ぬ)ける。 기민한 대응으로 난국을 헤쳐 나가다.
유 追放(ついほう) 추방 유 撃退(げきたい) 격퇴 ㄴ 쳐들어오는 적을 쳐서 물리침 유 駆除(くじょ) 구제 ㄴ 해충 따위를 몰아내어 없앰 참 追(お)い払(はら)う 쫓아 버리다, 내쫓다 참 駆(か)る 쫓다, 몰다	悪貨(あっか)は良貨(りょうか)を駆逐する。 악화는 양화를 구축한다. (악한 것이 세력을 떨침을 비유하여 씀)
유 区域内(くいきない) 구역 내 유 敷地内(しきちない) 부지 내 ↔ 境外(けいがい) 경외, 신사·사찰의 구역 외 참 境内(きょうない)(×)발음 주의! 참 境界(きょうかい) 경계	境内の中(なか)は立(た)ち入(い)り禁止(きんし)です。 경내 안은 출입금지입니다.

표제어	Step 1 ǀ 단어 풀이(용법·의미)

음독명사

11

啓蒙
계몽

(한자풀이) 啓 열 계, 蒙 어두울 몽

けいもう

의미 지식 수준이 낮거나 인습에 젖은 사람을 가르쳐서 깨우침

빈출표현 啓蒙書[しょ](계몽서), 啓蒙主義[しゅぎ](계몽주의), 啓蒙思想[しそう](계몽사상)

*출제가능유형 : 한자읽기-음독 | 용법

고유어

12

相槌
맞망치질, 맞장구

(한자풀이) 相 서로 상, 槌 망치 추, 망치 퇴

あいづち

의미 ① (연장을 벼릴 때 하는) 맞망치질, 맞메질 ② 맞장구

빈출표현 相槌を打[う]つ(맞장구를 치다)

*출제가능유형 : 문맥 | 유의표현

13

海女
해녀

(한자풀이) 海 바다 해, 女 계집 녀

あま

의미 해녀

빈출표현 海女が海[うみ]に潜[もぐ]る(해녀가 바다에 잠수하다), 海女がワカメを採[と]る(해녀가 미역을 채취하다), 海女がアワビを獲[と]る(해녀가 전복을 잡다)

*출제가능유형 : 한자읽기-훈독 | 유의표현

14

礎
초석, 기초

(한자풀이) 礎 주춧돌 초

いしずえ

의미 ①초석, 주춧돌 ②기초, 토대, 바탕

용법 '石[いし]を据[す]える(돌을 고정시키다)'의 뜻에서

빈출표현 礎を築[きず]く(초석을 쌓다, 기초를 쌓다), 国[くに]の礎(나라의 초석, 나라의 토대), 繁栄[はんえい]の礎(번영의 초석, 번영의 토대)

*출제가능유형 : 한자읽기-훈독 | 유의표현

15

暇
겨를, 틈

(한자풀이) 暇 겨를 가

いとま

의미 여가, 겨를, 틈, 짬

빈출표현 ～する暇もない(~할 틈도 없다), ～に暇がない(~에 겨를이 없다), 枚挙[まいきょ]に暇がない(일일이 들 겨를이 없다)

*출제가능유형 : 한자읽기-훈독 | 유의표현

Step 2 ǀ 연관 단어	Step 3 ǀ 예문
유 啓発(けいはつ) 계발 유 教化(きょうか) 교화 참 拝啓(はいけい) 배계, 근계 └ 삼가 아뢴다는 뜻으로 편지의 첫머리에 쓰는 말	啓蒙的(てき)な本(ほん)を購入(こうにゅう)した。 계몽적인 책을 구입했다.
유 応答(おうとう) 응답 유 返事(へんじ) 대답 유 反応(はんのう) 반응 참 うなずく 수긍하다, 고개를 끄덕이다	相槌を打(う)つのが上手(うま)い人(ひと)は好(す)かれやすい。 맞장구를 잘 치는 사람은 (더) 쉽게 호감이 간다.
유 漁師(りょうし) 어부 참 潜(もぐ)る 잠수하다 참 海女(かいじょ)(×) *발음 주의!*	これは海女さんが海(うみ)に潜(もぐ)って獲(と)ってきた天然(てんねん)アワビです。 이것은 해녀가 바다에 잠수해서 잡아 온 천연 전복입니다.
유 基礎(きそ) 기초 유 基本(きほん) 기본 유 土台(どだい) 토대 유 ベース 베이스, 토대, 기초, 기본	事業(じぎょう)の礎を築(きず)くには、資本金(しほんきん)は絶対不可欠(ぜったいふかけつ)なものだ。 사업의 초석을 쌓으려면 자본금은 절대 불가결한(없어서는 안 되는) 것이다.
참 暇(ひま) 시간, 틈, 짬, 기회	このような例(れい)は枚挙(まいきょ)に暇がない。 이러한 예는 (너무 많아서) 일일이 들 겨를이 없다.

표제어	Step 1 ｜ 단어 풀이(용법·의미)

고유어

16

憂さ晴らし
기분전환

(한자풀이) 憂 근심 우, 晴 갤 청

うさばらし

의미 기분 전환

용법 괴로운 일을 잊기 위해서 무언가를 하는 것

★ **빈출표현** 憂さ晴らしに酒を飲む(기분 전환으로 술을 마시다), 憂さ晴らしに旅に出る(기분 전환으로 여행을 떠나다)

＊**출제가능유형 :** 한자읽기-훈독 유의표현

17

転寝
선잠, 얕은 잠

(한자풀이) 転 구를 전, 寝 잠잘 침

うたたね

의미 선잠, 얕은 잠

★ **빈출표현** 転寝をする(선잠을 자다)

＊**출제가능유형 :** 한자읽기-훈독 문맥

18

海原
넓은 바다, 대양

(한자풀이) 海 바다 해, 原 벌판 원, 근원 원

うなばら

의미 넓은 바다, 대양

★ **빈출표현** 大海原(크고 넓은 바다), 青海原(푸르고 넓은 바다)

＊**출제가능유형 :** 한자읽기-훈독 용법

19

掛け値
값을 더 부름, 과장

(한자풀이) 掛 걸 괘, 値 값 치

かけね

의미 ① 값을 더 부름, 실제 값보다 더 얹어 매긴 값 ② 과장

★ **빈출표현** 掛け値なしの正価(에누리 없는 정가), 掛け値なしの話(과장이 없는 이야기)

＊**출제가능유형 :** 문맥 유의표현

20

舵
키

(한자풀이) 舵 키 타

かじ

의미 배의 방향을 조절하기 위해 선미(船尾)에 장착한 핸들과 같은 기구

★ **빈출표현** 舵を取る(키를 잡다, 배를 몰다, 운영해 가다), 舵を切る(키를 꺾다, 방향을 전환하다)

＊**출제가능유형 :** 문맥 용법

Step 2 | 연관 단어	Step 3 | 예문
유 気晴らし(きばらし) 기분 전환 ㄴ 스트레스 해소를 위해서 무언가를 하는 것 유 気慰み(きなぐさみ) 기분 전환 ㄴ 울적한 마음을 달래기 위해서 무언가를 하는 것 유 命の洗濯(いのちのせんたく) 기분 전환 ㄴ 평소의 속박이나 고생으로부터 해방되어 마음 내키는 대로 느긋이 즐기는 것	憂さ晴らしに友達(ともだち)を誘(さそ)って食事(しょくじ)をする。 기분 전환으로 친구를 불러내어 식사를 하다.
참 仮寝(かりね) 선잠 참 仮眠(かみん) 선잠 유 居眠り(いねむり) 앉아서 졺, 말뚝잠 ↔ 熟睡(じゅくすい) 숙수, 숙면	私(わたし)の父(ちち)は、いつもテレビを見(み)ながら転寝する。 우리 아버지는 항상 TV를 보면서 선잠을 잔다.
유 大海(たいかい) 대해 유 大洋(たいよう) 대양 참 海原(かいげん)(×)발음 주의! 참 海原(うみばら)(×)발음 주의! 암기 TIP 내가 넓은 바다에 혼자 있다고 우나 봐라(うなばら)	目(め)の前(まえ)に大(おお)海原が開(ひら)けている。 눈앞에 크고 넓은 바다가 펼쳐져 있다.
유 ぼったくり 바가지 유 大げさ(おおげさ) 과장됨 ↔ 正価(せいか) 정가	この映画(えいが)は掛け値なしに感動(かんどう)するから見(み)た方(ほう)がいい。 이 영화는 과장 없이 감동하니까 보는 게 좋다.
유 ハンドル 핸들, 손잡이	その企業(きぎょう)は新(あら)たな技術開発(ぎじゅつかいはつ)に舵を切(き)った。 그 기업은 새로운 기술 개발 쪽으로 방향을 바꾸었다.

い형용사

21 いぶかしい

의심스럽다, 수상쩍다

いぶかしい

용법 진상을 몰라서 알고 싶어 하는 것에 사용

빈출표현 いぶかしい点(てん)がある(의심스러운 점이 있다),
いぶかしく思(おも)う(수상쩍게 생각하다),
いぶかしそうな目付(めつ)き(의아스러운 듯한 눈초리)

*출제가능유형 : 문맥 | 유의표현

22 初々しい

풋풋하다

(한자풀이) 初 처음 초

ういういしい

의미 싱싱하고 순진하다, 풋풋하다

빈출표현 初々しい新入生(しんにゅうせい)(풋풋한 신입생),
初々しい笑顔(えがお)(순진한 웃는 얼굴)

*출제가능유형 : 한자읽기-훈독 | 유의표현

23 えげつない

매정하다, 인정미가 없다

えげつない

의미 매정하다, 인정미가 없다, 잔인하다

빈출표현 えげつない男(おとこ)(인정머리 없는 남자),
えげつない利己的(りこてき)な人(ひと)(인정미 없는 이기적인 사람)

*출제가능유형 : 문맥 | 유의표현

24 恩着せがましい

은혜를 베풀고 생색을 내다

(한자풀이) 恩 은혜 은, 着 붙을 착

おんきせがましい

용법 '명사·동사의 ます형 + がましい(~인 것 같다, ~하는 것 같다)'

빈출표현 恩着せがましい態度(たいど)(은혜를 베풀고 생색을 내는 태도),
恩着せがましく振(ふ)る舞(ま)う(자못 은혜를 베푸는 듯이 굴다)

*출제가능유형 : 유의표현 | 용법

25 姦しい

시끄럽다, 떠들썩하다

(한자풀이) 姦 간사할 간

かしましい

의미 시끄럽다, 떠들썩하다, 소란스럽다

용법 소리나 목소리가 커서 귀에 거슬리는 경우에 사용

빈출표현 姦しい声(こえ)(시끄러운 목소리), 姦しく騒(さわ)ぐ(시끄럽게 떠들다)

*출제가능유형 : 문맥 | 유의표현

Step 2 ｜ 연관 단어	Step 3 ｜ 예문
유 疑(うたが)わしい 수상하다, 의심스럽다 ㄴ 정체·진상을 모르는 상황 유 怪(あや)しい 수상하다, 의심스럽다 정체·진상을 몰라서 좋지 않게 느끼는 것	彼(かれ)の言動(げんどう)にはいぶかしい点(てん)がある。 그의 언동에는 의심스러운 점이 있다.
유 ピュアだ 순진하다, 청순하다 유 無邪気(むじゃき)だ 천진난만하다, 순진하다 유 あどけない 천진난만하다, 순진하고 귀엽다 유 若々(わかわか)しい 젊디젊다, 아주 젊다, 싱싱하다	新入社員(しんにゅうしゃいん)のスーツ姿(すがた)がとても初々しい。 신입사원의 슈트 차림이 매우 풋풋하다.
유 情(なさ)けない 무정하다, 박정하다, 매정하다 유 つれない 무정하다, 박정하다, 야속하다 유 惨(むご)い 매정하다, 잔인하다, 무자비하다	あの人(ひと)はえげつない利己的(りこてき)な男(おとこ)ですね。 저 사람은 인정머리 없는 이기적인 남자군요.
참 お節介(せっかい) 쓸데없는 참견 참 ありがた迷惑(めいわく) 달갑지 않은 친절, 고맙기는 하나 짐이 됨 참 催促(さいそく)がましい 재촉하는 것 같다	彼(かれ)はお土産(みやげ)を買(か)ってきて「それ5000円(えん)もしたんだよ」と恩着せがましく振(ふ)る舞(ま)った。 그는 선물을 사오고는 '그거 5000엔이나 했다'라며 은혜를 베푸는 듯이 굴었다.
유 喧(やかま)しい 시끄럽다, 요란스럽다(P.556 참고) 유 騒(さわ)がしい 시끄럽다, 소란스럽다, 뒤숭숭하다 유 騒々(そうぞう)しい 시끄럽다, 소란스럽다, 뒤숭숭하다 ㄴ 騒がしい와 騒々しい는 조용한 분위기를 깨는 어수선한 잡음이나 소리를 객관적으로 형용하는 경우에 사용, 또 사건이나 일 등으로 세상이 불안정한(뒤숭숭한) 경우에도 사용	姦しいグループがいてゆっくり食事(しょくじ)できなかった。 시끄러운 그룹이 있어서 느긋하게 식사를 못했다.

표제어	Step 1 ｜ 단어 풀이(용법·의미)

な형용사

26 **艶やかだ**
화려하고 아리땁다
한자풀이 艶 고울 염

あでやかだ

의미 (여성이) 화려하고 아리땁다, 요염하다

빈출표현 艶やかに装う(아리땁게 단장하다), 艶やかな衣装/姿(아리따운 의상/모습)

*출제가능유형 : 문맥 유의표현

27 **あらわだ**
드러나다, 노골적이다

あらわだ

의미 ① 드러나다, 드러내다, 노출하다 ② 노골적이다

빈출표현 あらわな肌(노출된 피부),
怒り/秘密をあらわにする(분노/비밀을 드러내다),
あらわに反対する(노골적으로 반대하다)

*출제가능유형 : 문맥 유의표현

28 **おざなりだ**
건성이다, 임시방편이다

おざなりだ

용법 일을 하기는 하지만 임시방편으로, 적당히 건성으로 하는 것

빈출표현 おざなりな挨拶(무성의한 인사),
おざなりな処置(임시방편의 조치),
勉強をおざなりにする(공부를 건성으로 하다)

*출제가능유형 : 문맥 유의표현

29 **おぼろげだ**
희미하다, 어슴푸레하다

おぼろげだ

의미 몽롱하다, 희미하다, 어슴푸레하다, 아련하다

빈출표현 おぼろげな記憶(희미한 기억), おぼろげに覚える(어렴풋이 기억하다), おぼろげに見える(어슴푸레하게 보이다),
おぼろげに思い出す(아련하게 생각나다)

*출제가능유형 : 유의표현 용법

30 **愕然だ**
깜짝 놀라다, 몹시 놀라다
한자풀이 愕 놀랄 악, 然 그러할 연

がくぜんだ

용법 의외의 사건 · 소식에 몹시 놀라는 것에 사용

빈출표현 愕然として見つめる(깜짝 놀라 바라보다),
～の知らせに愕然とする(～ 소식에 몹시 놀라다),
～を知って愕然とする(～을 알고 몹시 놀라다)

*출제가능유형 : 문맥 유의표현

Step 2 | 연관 단어

Step 3 | 예문

유 美(うつく)しい 아름답다

↔ 醜(みにく)い 추하다, 보기 흉하다, 못생기다

참 艶(つや)やかだ 윤기가 돌다, 광택이 돌다

예 艶やかな肌(はだ) 윤기가 도는 피부

彼女(かのじょ)の着物姿(きものすがた)はとても艶やかだった。

그녀의 기모노 차림은 매우 아리따웠다.

유 露骨(ろこつ)だ 노골적이다

유 あからさまだ 노골적이다, 분명하다, 명백하다

유 剥(む)き出(だ)しだ 드러내다, 노출하다, 노골적이다

↔ 密(ひそ)かだ 은밀하다, 몰래 하다

彼(かれ)は会議(かいぎ)で怒(いか)りをあらわにした。

그는 회의에서 분노를 드러냈다.

= いい加減(かげん)だ 적당하다, 엉성하다, 엉터리다

= ぞんざいだ 아무렇게나 하다

유 なおざりだ 등한시하다, 소홀히 하다

└ 거의 아무것도 하지 않고 그대로 방치하는 것

예 勉強(べんきょう)をなおざりにする 공부를 등한시하다(공부를 거의 하지 않음)

それはおざなりな対応(たいおう)にすぎない。

그것은 임시방편의 대응에 불과하다.

= 微(かす)かだ 희미하다, 어렴풋하다, 아련하다

= 仄(ほの)かだ 희미하다, 어렴풋하다, 아련하다

↔ 明瞭(めいりょう)だ 명료하다

참 くっきり 뚜렷하게, 선명하게

その当時(とうじ)の事(こと)は、おぼろげにしか記憶(きおく)していない。

그 당시의 일은 희미하게만 기억하고 있다.

= 驚愕(きょうがく)する 경악하다

유 驚嘆(きょうたん)する 경탄하다

└ 예상보다 아름답거나 훌륭해서 감탄하는 것

その発言(はつげん)に、皆(みんな)愕然として言葉(ことば)を失(うしな)った。

그 발언에 모두 놀라서 할 말을 잃었다.

표제어	Step 1 | 단어 풀이(용법·의미)

동사

31 崇める

우러르다, 존경하다

(한자풀이) 崇 높을 숭

あがめる

의미 우러르다, 존경하다, 숭상하다

★빈출표현 師(し)と崇める(스승으로 우러르다), 神(かみ)のように崇める(신처럼 우러르다), 祖先(そせん)を崇める(조상을 숭상하다)

＊출제가능유형 : [문맥] [유의표현]

32 誂える

맞추다, 주문하다

(한자풀이) 誂 꾈 조

あつらえる

의미 자기 희망에 맞도록 만들게 하는 것

★빈출표현 お誂え向(む)き(안성맞춤), 洋服(ようふく)を誂える(양복을 맞추다), 料理(りょうり)を誂える(요리를 주문하다)

＊출제가능유형 : [유의표현] [용법]

33 侮る

깔보다, 얕보다

(한자풀이) 侮 업신여길 모

あなどる

의미 깔보다, 얕보다, 업신여기다

용법 상대의 힘을 자기보다 낮게 보고 깔보는 것에 사용

★빈출표현 相手(あいて)を侮る(상대를 깔보다), 敵(てき)を侮る(적을 얕보다), 侮りがたい(얕볼 수 없다)

＊출제가능유형 : [한자읽기-훈독] [유의표현]

34 忌む

꺼리다, 피하다

(한자풀이) 忌 꺼릴 기

いむ

의미 꺼리다, 기하다, 피하다, 싫어하다

용법 신앙상 불길한 것으로 여겨 피하는 것에 사용

★빈출표현 忌むべき風習(ふうしゅう)(기해야 할 풍습), 肉食(にくしょく)を忌む(육식을 피하다), 不正(ふせい)を忌む(부정을 싫어하다)

＊출제가능유형 : [한자읽기-훈독] [유의표현]

35 己惚れる

자부하다, 자만하다

(한자풀이) 己 자기 기, 惚 황홀할 홀

うぬぼれる

용법 남이 어떻게 생각하든 스스로 자기를 뛰어나다고 생각하는 것에 사용

★빈출표현 有能(ゆうのう)だと己惚れる(유능하다고 자부하다), 自分一人(じぶんひとり)で己惚れる(자기 혼자 자만하다)

＊출제가능유형 : [유의표현] [용법]

Step 2 | 연관 단어 / Step 3 | 예문

= 敬(うやま)う 공경하다, 존경하다, 숭배하다
유 尊(とうと)ぶ 공경하다, 존경하다, 존중하다
↔ 蔑(さげす)む 깔보다, 얕보다, 멸시하다
참 崇拝(すうはい) 숭배

암기 TIP 높이 우러러보면 눈(め)이 위로 올라가죠(あがる)

恩師(おんし)を神様(かみさま)のように崇める。

은사를 신처럼 존경하다.

= オーダーメードする 주문 제작하다
= 特注(とくちゅう)する 특별 주문하다
유 注文(ちゅうもん)する 주문하다
참 うってつけ 안성맞춤
참 もってこい 안성맞춤

今日(きょう)は釣(つ)りをするのに、お誂え向(む)きの天気(てんき)だ。

오늘은 낚시하기에 안성맞춤인 날씨다.

유 見(み)くびる 깔보다, 얕보다, 업신여기다
└ 상대의 힘을 실제보다 낮게 보고 자기 힘을 다 내지 않는 것
유 見下(みくだ)す 깔보다, 얕보다
└ 자기가 위라고 생각하여 상대를 가볍게 보는 것
유 卑(いや)しむ 경멸하다, 깔보다, 무시하다
└ 천하고 낮은 사람으로 여겨 깔보는 것

相手(あいて)が子供(こども)だからといって、侮ってはいけない。

상대가 아이라고 해서 깔보면 안 된다.

유 疎(うと)む (꺼려) 멀리하다, 싫어하다, 소외하다
└ 마음에 안 들어서 멀리하려고 하는 행위
예 仲間(なかま)から疎まれる 친구들로부터 소외당하다
유 避(さ)ける 피하다, 멀리하다

암기 TIP 이무기(いむ)와 같은 뱀은 누구나 꺼리고 싶어하죠

日本人(にほんじん)は数字(すうじ)の四(し)を忌む。

일본인은 숫자 4를 꺼린다.

= 思(おも)い上(あ)がる 잘난 체하다, 우쭐해하다, 자만하다
유 誇(ほこ)る 자랑하다, 뽐내다, 자만하다
└ 남이 봐도 실제로 가치가 있는 점에 대해서 말하는 것
참 己(うぬ) 자기, 자신
참 惚(ほ)れる 반하다

彼(かれ)は自分(じぶん)に絵(え)の才能(さいのう)があると己惚れている。

그는 자신에게 그림의 재능이 있다고 자부하고 있다.

표제어	Step 1 단어 풀이(용법·의미)
36 **垣間見る** 틈 사이로 엿보다, 슬쩍 훔쳐보다 (한자풀이) 垣 담 원, 間 사이 간, 見 볼 견	かいまみる 의미 [담(울타리) 사이로 본다는 뜻] 틈 사이로 엿보다 빈출표현 隙間(すきま)から垣間見る(빈틈으로 살짝 엿보다), カーテンの間(あいだ)から垣間見る(커튼 사이로 엿보다), 実態(じったい)を垣間見る(실태를 엿보다) *출제가능유형 : 한자읽기-훈독 / 유의표현
37 (동사) **こじれる** 악화되다, 꼬이다	こじれる 의미 ① (병이) 악화되다, 덧나다 ② (일·이야기 등이) 꼬이다, 복잡해지다 빈출표현 病気(びょうき)がこじれる(병이 악화되다), 交渉(こうしょう)がこじれる(교섭이 꼬이다) *출제가능유형 : 유의표현 / 용법
38 **媚びる** 아양 떨다, 아첨하다 (한자풀이) 媚 아첨할 미	こびる 의미 ① 아양 떨다 ② 아첨하다, 알랑거리다 빈출표현 媚びるような目付(めつ)き(아양 떠는 듯한 눈초리), 社長(しゃちょう)/上役(うわやく)に媚びる(사장/상사에게 아첨하다) *출제가능유형 : 문맥 / 유의표현
39 **自ずから** 저절로, 자연히 (한자풀이) 自 스스로 자	おのずから 의미 저절로, 자연히 용법 주로 문장에서 사용 빈출표현 自ずから明(あき)らかになる(저절로 밝혀지다), 自ずから頭(あたま)が下(さ)がる(저절로 머리가 숙여지다), 自ずから変(か)わる(저절로 바뀌다) *출제가능유형 : 한자읽기-훈독 / 문맥
40 (부사) **皆目** 전혀, 도무지 (한자풀이) 皆 다 개, 目 눈 목	かいもく 의미 전혀, 도무지 용법 뒤에 부정을 수반함 빈출표현 皆目分(わ)からない(전혀 모르다), 皆目ない(전혀 없다), 皆目見当(けんとう)が付(つ)かない(전혀 짐작이 가지 않는다) *출제가능유형 : 유의표현 / 용법

Step 2 ｜ 연관 단어	Step 3 ｜ 예문
유 覗く(のぞ) 좁은 틈이나 구멍을 통해서 엿보다, 들여다보다, 훔쳐보다 유 盗み見る(ぬすみみ) 훔쳐보다, 몰래 보다 참 垣間見る(かきまみ)(×)*발음 주의!* 참 垣(かき) 울타리, 담 암기 TIP 집집마다 각기(かき) 담으로 둘러쳐져 있죠	ベランダで騒(さわ)がしい音(おと)がするので、カーテンの隙間(すきま)から**垣間見る**。 베란다에서 시끄러운 소리가 나서 커튼 빈틈으로 엿보다.
유 ぶり返す(かえ) (병이) 도지다, (날씨 등이) 다시 악화되다 유 もつれる 꼬이다, 복잡해지다 예 糸(いと)がもつれる 실이 꼬이다(얽히다) 예 交渉(こうしょう)がもつれる 교섭이 꼬이다	余計(よけい)な事(こと)を言(い)ってしまい、話(はなし)が**こじれて**しまった。 쓸데없는 말을 해서 이야기가 복잡해졌다.
= ごまをする 깨를 빻다, 아첨하다 = おべっかを使(つか)う 아첨하다, 알랑거리다 = おもねる 아첨하다, 알랑거리다 = へつらう 아첨하다, 알랑거리다 암기 TIP 다른 사람들은 알아차리지 못하도록 손바닥을 작게(こ) 빌어(びる) 아첨하다	彼(かれ)は部下(ぶか)には厳(きび)しいが、上役(うわやく)にはいつも**媚びて**いる。 그는 부하에게는 엄격하지만, 상사에게는 항상 아첨하고 있다.
= 自(おの)ずと 저절로, 자연히 └ 주로 문장에서 사용 = 自然(しぜん)に 자연히, 저절로 = 独(ひと)りでに 저절로, 자연히 └ 自然に와 独りでに는 주로 회화에서 사용 참 自(みずか)ら 스스로, 손수, 몸소	年(とし)を取(と)れば**自ずから**人生哲学(じんせいてつがく)も変(か)わるものだ。 나이를 먹으면 저절로 인생 철학도 바뀌게 마련이다.
= 全然(ぜんぜん) 전연, 전혀, 조금도 = 全(まった)く 전혀, 아주, 완전히, 정말로 예 全く暗(くら)くなる 완전히 어두워지다 예 全くそのとおりです 정말로 그대로입니다 = 丸(まる)っ切(き)り 전혀	君(きみ)がこの失敗(しっぱい)に関(かん)して、責任(せきにん)を感(かん)じる必要(ひつよう)は**皆目**ない。 자네가 이 실수에 관해서 책임을 느낄 필요는 전혀 없다.

표제어	Step 1 | 단어 풀이(용법·의미)
41 **アトリエ** 아틀리에	atelier(프랑스어) **의미** 화가·조각가·공예가 등의 작업장 **빈출표현** アトリエを持(も)つ(아틀리에를 가지다), アトリエを構(かま)える(아틀리에를 차리다) *출제가능유형 : 문맥 유의표현
42 **エゴ** 에고이즘, 이기주의	ego **의미** 이기주의, 자기중심주의 **용법** エゴイズム(egoism)의 준말 **빈출표현** エゴが強(つよ)い(이기주의가 강하다), エゴ的(てき)な考(かんが)え(이기주의적인 생각), エゴを捨(す)てる(이기주의를 버리다) *출제가능유형 : 문맥 용법
43 **エコ** 생태학, 환경보호	eco **의미** ① 이콜로지, 생태학 ② 이콜로지, 환경보호, 자연보호 운동 **용법** エコロジー(ecology)의 준말 **빈출표현** エコ運動(うんどう)(자연보호 운동), エコ製品(せいひん)(친환경 제품), エコに配慮(はいりょ)する(환경보호에 배려하다) *출제가능유형 : 문맥 유의표현
44 **オノマトペ** 의성어 및 의태어	onomatopee(프랑스어) **의미** 오노마토페, 오노매토피어, 의성어 및 의태어 **빈출표현** オノマトペで表現(ひょうげん)する(의성어·의태어로 표현하다), オノマトペはイメージしやすい(의성어·의태어는 상상하기 쉽다) *출제가능유형 : 문맥 용법
45 **ガレージ** 차고	garage **의미** 개라지, 차고 **빈출표현** ガレージの扉(とびら)(차고 문), ガレージ付(つ)き(차고가 딸림), ガレージのある家(いえ)(차고가 있는 집) *출제가능유형 : 문맥 유의표현

가타카나

Step 2 | 연관 단어	Step 3 | 예문
= 工房(こうぼう) 공방 유 画室(がしつ) 화실, 화가의 작업실	自分(じぶん)のアトリエを持(も)つことが夢(ゆめ)である。 나만의 아틀리에를 갖는 것이 꿈이다.
= 利己主義(りこしゅぎ) 이기주의 = 自己中心主義(じこちゅうしんしゅぎ) 자기중심주의 ↔ 利他主義(りたしゅぎ) 이타주의	彼(かれ)はエゴが強(つよ)いため、あまり信用(しんよう)できない。 그는 이기주의가 강하기 때문에 그다지 신용할 수 없다.
유 自然志向(しぜんしこう) 자연 지향 유 省(しょう)エネルギー 에너지 절약 참 環境(かんきょう)に優(やさ)しい 친환경적이다	エコのために冷房(れいぼう)の温度(おんど)を上(あ)げよう。 환경보호를 위해서 냉방 온도를 올리자.
유 擬声語(ぎせいご) 의성어 유 擬音語(ぎおんご) 의성어 유 擬態語(ぎたいご) 의태어	オノマトペを使(つか)うとイメージしやすくなる。 의성어·의태어를 사용하면 쉽게 연상(상상)된다.
= 車庫(しゃこ) 차고 유 駐車場(ちゅうしゃじょう) 주차장	いつかガレージ付(つ)きの一戸建(いっこだ)てを建(た)てたい。 언젠가 차고가 딸린 단독주택을 짓고 싶다.

표제어	Step 1	단어 풀이(용법·의미)

의성어·의태어

46

うつらうつら

꾸벅꾸벅, 깜박깜박

うつらうつら

의미 졸리는 모양, 꾸벅꾸벅, 깜박깜박

★ 빈출표현 うつらうつらする(꾸벅꾸벅 졸다), 寝不足(ねぶそく)でうつらうつらする(수면 부족으로 꾸벅꾸벅 졸다), 縁側(えんがわ)でうつらうつらする(마루에서 꾸벅꾸벅 졸다)

＊**출제가능유형 :** 문맥 | 유의표현

47

きょろきょろ

두리번두리번, 힐끔힐끔

きょろきょろ

의미 침착하지 못한 상태로 주위를 둘러보는 모양, 두리번두리번

★ 빈출표현 きょろきょろする(두리번두리번거리다), きょろきょろ(と)見(み)る/見回(みまわ)す(두리번두리번 보다/둘러보다)

＊**출제가능유형 :** 문맥 | 용법

관용구

48

青は藍より出でて藍より青し

청출어람

(한자풀이) **青** 푸를 청, **藍** 쪽 람, **出** 날 출

あおはあいよりいでてあいよりあおし

의미 [쪽에서 뽑아 낸 물감이 쪽보다 더 푸르다는 뜻] 제자나 후배가 스승이나 선배보다 뛰어남의 비유

＊**출제가능유형 :** 문맥 | 유의표현

49

鵜呑みにする

그대로 받아들이다

(한자풀이) **鵜** 사다새 제, **呑** 삼킬 탄

うのみにする

의미 [가마우지가 물고기를 통째로 삼킨다는 뜻] (잘 이해하지도 않고) 그대로 받아들이다

★ 빈출표현 説明(せつめい)を鵜呑みにする(설명을 이해하지도 않고 그대로 받아들이다), 人(ひと)の意見(いけん)を鵜呑みにする(남의 의견을 그대로 받아들이다)

＊**출제가능유형 :** 문맥 | 용법

50

取らぬ狸の皮算用

김칫국부터 마신다

(한자풀이) **取** 취할 취, **狸** 삵 리, **皮** 가죽 피, **算** 셀 산, **用** 쓸 용

とらぬたぬきのかわざんよう

의미 [아직 잡지도 않은 너구리의 가죽을 팔 생각을 한다는 뜻] 김칫국부터 마신다

＊**출제가능유형 :** 문맥 | 유의표현

Step 2 | 연관 단어

= うとうと 꾸벅꾸벅, 깜박깜박

= こっくり(と) 꾸벅, 꾸벅꾸벅

참 うつむく 고개(머리)를 숙이다

참 面(つら) 얼굴, 낯짝, 상판

암기 TIP 얼굴(つら)을 숙이고(うつむく) 또 얼굴(つら)을 숙이며(うつむく) 꾸벅꾸벅 졸아요

Step 3 | 예문

退屈(たいくつ)な話(はなし)を聞(き)かされてついうつらうつらする。

지루한 이야기를 들어서 그만 꾸벅꾸벅 졸다.

유 せかせか 동작·말 등이 성급하여 침착하지 못한 모양, 성급하게, 조급하게

└ 성급하게 돌아다니며 침착하지 못한 것

유 そわそわ 침착하지 못한 기분이나 태도, 안절부절못하는 모양

└ 무언가 마음속에서 기대하는 것이 있어서 침착하지 못하게 기다리는 것

物珍(ものめずら)しげにきょろきょろ(と)周(まわ)りを見(み)る。

신기한 듯이 두리번두리번 주위를 보다.

= 氷(こおり)は水(みず)より出(い)でて水(みず)よりも寒(さむ)し 제자가 스승보다 뛰어남의 비유, 청출어람

참 勝(まさ)る (다른 것과 비교해서) 낫다, 뛰어나다, 우수하다

青は藍より出でて藍より青しと言(い)うように、弟子(でし)が師匠(ししょう)を超(こ)えるというのはよくある事(こと)だ。

청출어람이라고 하듯이, 제자가 스승을 능가하는 것은 흔히 있는 일이다.

= 丸呑(まるの)みにする (이해하지도 않고) 무조건 받아들이다, 무조건 외다

유 真(ま)に受(う)ける 곧이 듣다, 정말로 믿다

유 思(おも)い込(こ)む 굳게 믿다, 믿어 버리다

彼(かれ)は参考書(さんこうしょ)に書(か)いてあることを鵜呑みにして試験(しけん)に挑(いど)んだ。

그는 참고서에 쓰여 있는 것을 (이해하지도 않고) 그대로 외워서 시험에 도전했다.

= 飛(と)ぶ鳥(とり)の献立(こんだて) 날고 있는 새의 요리 메뉴를 생각한다는 뜻, 김칫국부터 마신다

유 机上(きじょう)の空論(くうろん) 탁상공론

참 献立(こんだて) 식단, 메뉴

取らぬ狸の皮算用をして大失敗(だいしっぱい)をしてしまった。

김칫국부터 마셔서 큰 실패를 하고 말았다.

Day 21

문제로 확인하기

1 다음 단어의 한자 읽는 법을 고르세요.

1. 垣間見る　A. かいまみる　B. かきまみる
2. 街道　A. がいどう　B. かいどう
3. 境内　A. けいだい　B. きょうない

2 다음 단어의 한자 표기를 고르세요.

4. かんろく　A. 慣禄　B. 貫禄
5. くちく　A. 駆逐　B. 駆遂
6. ういういしい　A. 神々しい　B. 初々しい

3 다음 빈칸에 공통으로 들어갈 수 있는 한자 또는 단어로 적절한 것을 고르세요.

7. 寡(　)　(　)領　独(　)
   A. 黙　B. 占　C. 裁
8. 斡(　)　(　)律　(　)回
   A. 旋　B. 規　C. 撤
9. 機(　)　鋭(　)　(　)感
   A. 嫌　B. 角　C. 敏

4 빈칸에 들어갈 단어로 적절한 것을 고르세요.

A. お誂え向き　B. エコ　C. 暗礁

10. ＿＿＿＿＿のために冷房の温度を上げよう。
11. 今日は釣りをするのに、＿＿＿＿＿の天気だ。
12. 資金難で工事が＿＿＿＿＿に乗り上げた。

정답　1. A　2. B　3. A　4. B　5. A　6. B　7. B　8. A　9. C　10. B　11. A　12. C

WEEK 5

Day 22

강의와 예문 듣기

매일 품사별로 골고루! 오늘의 50단어 한눈에 보기!

음독명사

01. 謙遜
02. 巧拙
03. 酵素
04. 嗜好
05. 終焉
06. 収賄
07. 成就
08. 精進
09. 激励
10. 信憑
11. 出納

고유어

12. 糧
13. 絹
14. 五月雨
15. しがらみ
16. しきたり
17. 時雨
18. 老舗
19. 正念場
20. 瀬戸際

い형용사

21. ぎこちない
22. 屈託ない
23. 神々しい
24. 差し出がましい
25. 凄まじい

な형용사

26. 毅然だ
27. きらびやかだ
28. 豪奢だ
29. 滑稽だ
30. ざっくばらんだ

동사

31. 冴える
32. 蔑む
33. 虐げる
34. 切羽詰まる
35. 司る
36. 繕う
37. 咎める
38. 弔う

부사

39. がむしゃらに
40. 懲り懲り

가타카나

41. キャッチフレーズ
42. クールビズ
43. ゴージャス
44. コネ
45. シャンデリア

의성어・의태어

46. くねくね
47. しとしと

관용구

48. 二階から目薬
49. 濡れ手で粟
50. 仏の顔も三度

표제어	Step 1 │ 단어 풀이(용법·의미)

음독명사

1 **謙遜**
겸손
(한자풀이) **謙** 겸손할 겸, **遜** 겸손할 손

けんそん
의미 겸손, 겸양
★ 빈출표현 謙遜な人/態度(겸손한 사람/태도), 謙遜した言い方(겸손한 말투)
＊**출제가능유형 :** 한자읽기-음독 | 유의표현

2 **巧拙**
교졸
(한자풀이) **巧** 공교할 교, **拙** 졸할 졸

こうせつ
의미 능란함과 서투름
★ 빈출표현 巧拙を問わない(교졸을 묻지 않다), 巧拙を論じる(교졸을 논하다)
＊**출제가능유형 :** 한자읽기-음독 | 용법

3 **酵素**
효소
(한자풀이) **酵** 술밑 효, **素** 흴 소

こうそ
의미 생체 안에서 만들어지는 단백질을 중심으로 한 고분자 화합물
★ 빈출표현 酵素剤(효소제), 消化酵素(소화 효소), 発酵酵素(발효 효소)
＊**출제가능유형 :** 한자읽기-음독 | 문맥

4 **嗜好**
기호
(한자풀이) **嗜** 즐길 기, **好** 좋을 호

しこう
의미 어떤 사물을 즐기고 좋아함
용법 주로 음식에 대해서 사용
★ 빈출표현 嗜好に合う(기호에 맞다), 嗜好が変わる(기호가 바뀌다), 嗜好品(기호품)
＊**출제가능유형 :** 한자읽기-음독 | 유의표현

5 **終焉**
종언
(한자풀이) **終** 마칠 종, **焉** 어찌 언

しゅうえん
의미 계속 하던 일이 끝남
용법 어느 사회 체제나 시대의 끝을 의미하는 데 사용
★ 빈출표현 終焉を迎える(종언을 맞이하다), 政権/時代の終焉(정권/시대의 종언)
＊**출제가능유형 :** 유의표현 | 용법

Step 2 ｜ 연관 단어	Step 3 ｜ 예문
= 謙譲(けんじょう) 겸양 ↔ 不遜(ふそん) 불손 참 謙る(へりくだ)・遜る(へりくだ) 겸손하다, 겸양하다, 자기를 낮추다	彼(かれ)は常(つね)に謙遜な態度(たいど)を見(み)せている。 그는 항상 겸손한 태도를 보이고 있다.
유 上手(うま)いか下手(へた)か 능숙한지 서투른지 참 巧(たく)み 능숙함, 교묘함 참 拙(つたな)い 서투르다	作品(さくひん)の巧拙を問(と)わない。 작품의 교졸을 불문하다.
참 酵母(こうぼ) 효모 참 蛋白質(たんぱくしつ) 단백질	パパイヤには消化(しょうか)を助(たす)ける酵素が含(ふく)まれている。 파파야에는 소화를 돕는 효소가 함유되어 있다.
유 好(この)み 기호, 취향 유 趣味(しゅみ) 취미 유 嗜(たしな)み 기호, 취미, 소양 참 嗜好(きこう)(×)*발음 주의!*	嗜好が変(か)わって甘(あま)い物(もの)が好(す)きになった。 기호가 바뀌어서 단 것이 좋아졌다.
유 終局(しゅうきょく) 종국, 일의 마지막(종말), 막판 유 大詰(おおづ)め 최종 단계, 종국, 막판 └ 정치적인 교섭이나 사건 수사 등의 최종적인 단계의 의미로 사용 예 交渉(こうしょう)は大詰めに入(はい)った 교섭은 최종 단계에 접어들었다	5年続(ねんつづ)いた戦争(せんそう)がようやく終焉を迎(むか)えた。 5년 이어진 전쟁이 겨우 종언을 맞이했다.

음독명사

6

收賄
수회

한자풀이 **收** 거둘 수, **賄** 뇌물 회

しゅうわい

의미 뇌물을 받음

빈출표현 収賄罪（ざい）(수회죄), 収賄の容疑（ようぎ）(수회 혐의)

*출제가능유형 : 한자읽기-음독 | 용법

7

成就
성취

한자풀이 **成** 이룰 성, **就** 나아갈 취, 이룰 취

じょうじゅ

의미 목적한 바를 이룸

용법 소원·소망이 이루어지는 것에 사용

빈출표현 願（ねが）い/念願（ねんがん）が成就する(소원/염원이 성취되다), 学業（がくぎょう）成就(학업 성취), 大願（たいがん）成就(대원 성취, 큰 소원을 이룸)

*출제가능유형 : 한자읽기-음독 | 용법

8

精進
정진

한자풀이 **精** 정할 정, **進** 나아갈 진

しょうじん

의미 한 가지 일에 열심히 노력함, 정성을 다하여 노력함, 전념

빈출표현 勉強（べんきょう）/研究（けんきゅう）に精進する(공부/연구에 정진하다), 日夜（にちや）精進する(밤낮으로 정진하다)

*출제가능유형 : 한자읽기-음독 | 유의표현

9

激励
격려

한자풀이 **激** 격할 격, **励** 힘쓸 려

げきれい

의미 남의 용기나 의욕을 북돋우어 힘을 내게 함

빈출표현 激励の言葉（ことば）(격려의 말), 後輩（こうはい）/選手（せんしゅ）を激励する(후배/선수를 격려하다)

*출제가능유형 : 한자읽기-음독 | 유의표현

10

信憑
신빙

한자풀이 **信** 믿을 신, **憑** 기댈 빙

しんぴょう

의미 신용하여 증거나 근거로 삼음, 신뢰함

빈출표현 信憑性がある/ない/高（たか）い(신빙성이 있다/없다/높다), 信憑するに足（た）る(신빙할 만하다, 신뢰할 만하다)

*출제가능유형 : 유의표현 | 용법

Step 2 ǀ 연관 단어	Step 3 ǀ 예문
↔ 贈賄(ぞうわい) 증회, 뇌물을 줌 참 賄賂(わいろ) 뇌물 참 汚職事件(おしょくじけん) (공무원의) 비리 사건 참 賄(まかな)う 꾸려 가다, 마련하다, 조달하다, 식사를 마련해 주다	彼(かれ)は収賄の容疑(ようぎ)で逮捕(たいほ)された。 그는 수회 혐의로 체포되었다.
유 達成(たっせい) 달성 └ 미리 목표로 정한 단계에 도달하는 것 예 目標額(もくひょうがく)を達成する 목표액을 달성하다 ↔ 失敗(しっぱい) 실패 ↔ 挫折(ざせつ) 좌절 참 成就(せいしゅう)(×) *발음 주의!* TIP 불교 용어는 읽는 법이 특이합니다	長年(ながねん)の念願(ねんがん)が成就した。 오랜 세월의 염원이 성취되었다.
유 専念(せんねん) 전념 유 努力(どりょく) 노력 유 尽力(じんりょく) 진력, 힘을 다함, 노력함 참 精進(せいしん)(×) *발음 주의!* TIP 불교 용어는 읽는 법이 특이합니다	彼(かれ)は寝(ね)る時間(じかん)すら惜(お)しんで研究(けんきゅう)に精進した。 그는 자는 시간조차 아끼며 연구에 정진했다.
참 力付(ちからづ)ける 격려하다, 북돋우다 참 引(ひ)き立(た)てる 격려하다, 북돋우다 참 励(はげ)ます 격려하다, 북돋우다	多(おお)くの激励の手紙(てがみ)が私(わたし)の心(こころ)を慰(なぐさ)めてくれた。 많은 격려의 편지가 내 마음을 위로해 주었다.
유 信頼(しんらい) 신뢰 유 信用(しんよう) 신용 참 憑(つ)かれる 씌다, 홀리다	この情報(じょうほう)は信憑するに足(た)る。 이 정보는 신빙할(신뢰할) 만하다.

DAY 22

표제어	Step 1 ｜ 단어 풀이(용법・의미)

음독명사

11 出納
출납

(한자풀이) **出** 날 출, **納** 바칠 납

すいとう

의미 금전이나 물품을 내어 주거나 받아들임

빈출표현 出納係(がかり)(출납계), 出納帳(ちょう)(출납장), 出納簿(ぼ)(출납부), 現金(げんきん)を出納する(현금을 출납하다)

*출제가능유형 : [한자읽기-음독] [유의표현]

12 糧
식량, 양식

(한자풀이) **糧** 양식 량

かて

의미 ① 식량 ② 활동의 근원, 양식

빈출표현 糧が尽(つ)きる(식량이 떨어지다), 心(こころ)/生活(せいかつ)の糧(마음/생활의 양식)

*출제가능유형 : [한자읽기-훈독] [문맥]

13 絹
비단, 명주

(한자풀이) **絹** 비단 견

きぬ

의미 비단, 명주

빈출표현 絹のネクタイ(비단 넥타이), 絹の道(みち)(비단길, 실크로드), 絹を裂(さ)くような悲鳴(ひめい)(비단을 찢는 듯한 비명)

*출제가능유형 : [한자읽기-훈독] [유의표현]

고유어

14 五月雨
장마, 단속적으로 오래 끔

(한자풀이) **五** 다섯 오, **月** 달 월, **雨** 비 우

さみだれ

의미 ① 음력 5월경에 오는 장마 ② (장마처럼) 단속적으로 오래 끔

빈출표현 五月雨雲(ぐも)(장마 구름), 五月雨スト(단속적으로 오래 끄는 파업), 五月雨式(しき)(단속적으로 오래 끄는 방식)

*출제가능유형 : [한자읽기-훈독] [유의표현]

15 しがらみ
굴레, 얽매임

しがらみ

의미 들러붙어 떨어지지 않는 것, 굴레, 얽매임

빈출표현 恋(こい)のしがらみ(사랑의 굴레), 人情(にんじょう)のしがらみ(정에 얽매임), 世間(せけん)のしがらみ(세상사의 얽매임)

*출제가능유형 : [유의표현] [용법]

Step 2 ｜ 연관 단어	Step 3 ｜ 예문
유 収支(しゅうし) 수지 ㄴ, 금전의 수입과 지출에 사용 참 出師(すいし) 출사, 출병 참 納戸(なんど) 헛방, 의복이나 가구 등을 간수해 두는 방 참 納税(のうぜい) 납세 참 出納(しゅつのう)(×)*발음 주의!*	現金管理(げんきんかんり)は出納係(がかり)が担当(たんとう)しています。 현금 관리는 출납계가 담당하고 있습니다.
= 食糧(しょくりょう) 식량 유 肥(こ)やし 거름, 밑거름 예 失敗(しっぱい)を肥やしにする 실패를 밑거름으로 삼다	パソコンに対(たい)する豊富(ほうふ)な知識(ちしき)を生活(せいかつ)の糧にする。 컴퓨터에 대한 풍부한 지식을 생활의 양식으로 삼다.
= シルク 실크, 비단, 명주 참 生地(きじ) 옷감, 천 참 シルクロード 실크로드, 비단길 암기 TIP 해진 옷을 아깝게 비단으로 기누(きぬ)? 천으로 기지(きじ)	絹の道(みち)は東洋(とうよう)と西洋(せいよう)を繋(つな)ぐ交易路(こうえきろ)だった。 비단길은 동양과 서양을 잇는 교역로였다.
= 梅雨(つゆ) 장마 참 梅雨前線(ばいうぜんせん) 장마 전선 참 五月雨(ごがつあめ)(×)*발음 주의!*	一カ月間(いっかげつかん)五月雨式(しき)に会議(かいぎ)がある。 한 달 동안 단속적으로 지루하게 회의가 열리다.
유 腐(くさ)れ縁(えん) (끊으려야 끊을 수 없는) 좋지 않은 관계, 악연 유 繋(つな)がり 연결, 유대, 관계	やっと恋(こい)のしがらみから抜(ぬ)け出(で)た。 겨우 사랑의 굴레에서 벗어났다.

DAY 22

표제어	Step 1 ǀ 단어 풀이(용법·의미)

고유어

16

しきたり
관례, 관습

しきたり

용법 'してきたこと(해 온 것)'의 의미에서, 이전부터 행해져 와서 습관처럼 되어 있는 것

빈출표현 しきたりを守(まも)る(관례를 지키다), しきたりに従(したが)う(관례에 따르다), 土地(とち)のしきたり(고장의 관례)

*출제가능유형 : 문맥 유의표현

17

時雨
오다 말다 하는 비, 한 차례 지나가는 비

한자풀이 時 때 시, 雨 비 우

しぐれ

의미 오다 말다 하는 비, 한 차례 지나가는 비

용법 늦가을부터 초겨울에 걸쳐서 오다 말다 하는 비를 의미

빈출표현 時雨が降(ふ)る(비가 오다 말다 한다)

*출제가능유형 : 한자읽기-훈독 용법

18

老舗
노포, 대대로 이어 온 유명한(신용 있는) 가게

한자풀이 老 늙을 로, 舗 가게 포, 펼 포

しにせ

의미 대대로 이어 온 전통·격식·신용이 있는 오래된 점포

용법 'ろうほ'라고도 읽지만 'しにせ'로 읽은 것이 일반적임

빈출표현 老舗旅館(りょかん)(대대로 이어 온 여관), 先祖代々(せんぞだいだい)の老舗(조상 대대로 내려온 노포)

*출제가능유형 : 한자읽기-훈독 유의표현

19

正念場
가장 중요한 장면(국면), 중요한 고비

한자풀이 正 바를 정, 念 생각할 념, 場 마당 장

しょうねんば

의미 진가를 발휘해야 할 가장 중요한 장면(국면, 고비)

빈출표현 正念場を迎(むか)える(중요한 국면을 맞이하다), 今(いま)が正念場だ(지금이 가장 중요한 고비이다), 人生(じんせい)の正念場(인생의 가장 중요한 고비)

*출제가능유형 : 한자읽기-음훈독 유의표현

20

瀬戸際
운명의 갈림길

한자풀이 瀬 여울 뢰, 戸 지게 호, 際 사이 제

せとぎわ

의미 [바다와 좁은 해협의 경계라는 뜻] (승부·성패·생사 등) 운명의 갈림길

빈출표현 瀬戸際に立(た)つ(운명의 갈림길에 서다), 勝(か)つか負(ま)けるかの瀬戸際(이기느냐 지느냐의 갈림길)

*출제가능유형 : 한자읽기-훈독 유의표현

Step 2 │ 연관 단어	Step 3 │ 예문
= 慣例(かんれい) 관례 └ 이전부터 행해져 와서 습관처럼 되어 있는 것 = 習(なら)わし 관례, 관습 유 恒例(こうれい) 항례 └ 항상 어느 시기에 정해져 행해지는 의식이나 행사	その土地(とち)の昔(むかし)ながらのしきたりに従(したが)う。 그 고장의 옛날부터의 관습에 따르다.
유 にわか雨(あめ) 소나기 └ 계절에 관계없이 갑자기 한 차례 내리고 금방 그치는 비 유 夕立(ゆうだち) 소나기 └ 여름 오후나 저녁에 갑자기 한 차례 내리고 금방 그치는 비	午前中(ごぜんちゅう)は、所(ところ)によって時雨が降(ふ)る見込(みこ)みです。 오전 중에는 곳에 따라서 비가 오다 말다 할 전망입니다.
↔ 新店(しんみせ) 새 가게, 새 점포 참 伝統(でんとう)がある 전통이 있다 참 格式(かくしき)がある 격식이 있다 참 歴史(れきし)がある 역사가 있다	手土産(てみやげ)は老舗の和菓子屋(わがしや)さんのせんべいにしましょう。 간단한 선물은 전통 있는 일본 과자 가게의 센베이로 합시다.
유 山場(やまば) 절정, 고비 유 峠(とうげ) 절정, 고비 유 瀬戸際(せとぎわ) (승부 · 성패 · 생사 등) 운명의 갈림길	半年(はんとし)かけて準備(じゅんび)したプロジェクトが、ついに正念場を迎(むか)えた。 반년을 들여서 준비한 프로젝트가 드디어 중요한 국면을 맞이했다.
유 分(わ)かれ目(め) 갈림길, 분기점 예 勝負(しょうぶ)の分かれ目 승부의 갈림길 유 岐路(きろ) 기로, 갈림길 참 瀬戸(せと) 좁은 해협, 또 예로부터 요업이 발달한 일본의 도시 이름 참 瀬戸物(せともの) 도자기	そのビジネスを継続(けいぞく)できるかの瀬戸際に立(た)っている。 그 비즈니스를 계속할 수 있을지 갈림길에 서 있다.

DAY 22

표제어	Step 1 | 단어 풀이(용법·의미)

い형용사

21

ぎこちない
어색하다, 딱딱하다

ぎこちない

의미 (말·동작 등이) 어색하다, 딱딱하다

용법 일의 흐름·동작·태도 등이 아직 딱딱하고 어색해서 세련되지 못한 것. 'ぎごちない'로도 사용

빈출표현 ぎこちない挨拶/文章/態度(어색한 인사/문장/태도)

*출제가능유형 : 문맥 / 유의표현

22

屈託ない
걱정할 일이 없어 태평하다, 환하고 명랑하다

한자풀이 屈 굽을 굴, 託 부탁할 탁

くったくない

의미 걱정할 일이 없어 태평하다, 환하고 명랑하다

빈출표현 屈託ない顔付き(태평한 표정), 屈託ない笑顔(환한 웃는 얼굴), 屈託ない話し方(밝고 명랑한 말투)

*출제가능유형 : 문맥 / 유의표현

23

神々しい
숭고하다, 거룩하고 성스럽다

한자풀이 神 귀신 신

こうごうしい

의미 숭고하다, 거룩하고 성스럽다

빈출표현 神々しい姿(숭고하고 거룩한 모습), 神々しい境内(성스러운 경내), 神々しい雰囲気(거룩하고 성스러운 분위기)

*출제가능유형 : 한자읽기-훈독 / 문맥

24

差し出がましい
주제넘다, 중뿔나다

한자풀이 差 어긋날 차, 出 날 출

さしでがましい

의미 말이나 하는 짓이 제 분수에 넘게 건방진 것

빈출표현 差し出がましい事を言うようですが(주제넘는 말을 하는 것 같습니다만), 差し出がましく振る舞う(주제넘게 굴다)

*출제가능유형 : 유의표현 / 용법

25

凄まじい
굉장하다, 무섭다

한자풀이 凄 쓸쓸할 처, 차가울 처

すさまじい

의미 ① 굉장하다, 엄청나다 ② 무섭다, 무시무시하다

빈출표현 凄まじい人気(굉장한 인기), 凄まじい速度(굉장한 속도), 凄まじい勢い(엄청난 기세), 凄まじい光景(무서운 광경), 凄まじい形相(무시무시한 얼굴)

*출제가능유형 : 유의표현 / 용법

Step 2 │ 연관 단어	Step 3 │ 예문
유 不自然(ふしぜん)だ 부자연스럽다 유 たどたどしい (동작·말투 등이) 불안하다, 어설프다 └, 일의 흐름 · 동작이 서툴러서 자주 끊기거나 틀리기를 반복하는 것 예 たどたどしく英語(えいご)を話(はな)す 서투른 영어를 말하다	初対面(しょたいめん)の二人(ふたり)はぎこちない挨拶(あいさつ)を交(か)わした。 첫 대면인 두 사람은 어색한 인사를 나누었다.
유 のんきだ 태평하다, 낙천적이고 느긋하다 유 無邪気(むじゃき)だ 천진난만하다 유 朗(ほが)らかだ 명랑하다 참 屈託(くったく) 어떤 일이 마음에 걸려 걱정함, 신경을 씀	子供(こども)たちの屈託ない笑顔(えがお)に、心(こころ)が慰(なぐさ)められる。 아이들의 밝고 명랑한 웃는 얼굴에 마음이 위로된다.
유 崇高(すうこう)だ 숭고하다, 존엄하고 거룩하다 유 荘厳(そうごん)だ 장엄하다, 엄숙하고 위엄이 있다 유 神聖(しんせい)だ 신성하다	今年(ことし)の元旦(がんたん)は、富士山頂(ふじさんちょう)から神々しい初日(はつひ)の出(で)を拝(おが)んだ。 올해 설날 아침에는 후지산 정상에서 숭고한 첫 일출을 배례했다.
유 でしゃばる 주제넘게 참견하다, 중뿔나게 나서다 유 お節介(せっかい)だ 쓸데없는 참견이다	差し出がましいようですが、この数値(すうち)は誤(あやま)りではないでしょうか。 주제넘는 것 같습니다만, 이 수치 잘못된 거 아닌가요?
= 物凄(ものすご)い 대단하다, 굉장하다, 무섭다, 끔찍하다 예 物凄い爆音(ばくおん) 굉장한 폭음 예 物凄い顔(かお) 무서운 얼굴	台風(たいふう)は凄まじい威力(いりょく)で北上(ほくじょう)している。 태풍은 엄청난 위력으로 북상하고 있다.

표제어	Step 1 | 단어 풀이(용법·의미)

な형용사

26

毅然だ

의연하다

한자풀이 毅 굳셀 의, 然 그러할 연

きぜんだ

의미 의지가 굳고 태도가 꿋꿋하며 단호하다

빈출표현 毅然たる態度(의연한 태도), 毅然とした様子(의연한 모습), 毅然として立ち向かう(의연히 맞서다)

*출제가능유형 : 유의표현 용법

27

きらびやかだ

눈부시게 아름답다, 눈부시게 화려하다

きらびやかだ

의미 눈부시게 화려하고 아름답다, 현란하다

빈출표현 きらびやかな衣装(눈부시게 화려한 의상),
きらびやかな夜景/舞台(눈부시게 아름다운 야경/무대),
きらびやかに着飾る(눈부시도록 화려하게 차려입다)

*출제가능유형 : 문맥 유의표현

28

豪奢だ

호사스럽다

한자풀이 豪 호걸 호, 奢 사치할 사

ごうしゃだ

의미 매우 화려하고 사치스럽다

용법 생활 방식이 사치스러운 것에 사용

빈출표현 豪奢な生活/暮らし/邸宅(호사스러운 생활/생활/저택),
豪奢を極める(호사를 다하다)

*출제가능유형 : 유의표현 용법

29

滑稽だ

익살스럽다, 우스꽝스럽다

한자풀이 滑 미끄러울 활, 익살스러울 골, 稽 머무를 계

こっけいだ

의미 ① 익살스럽다(긍정) ② 우스꽝스럽다, 매우 어리석다(부정)

용법 좋은 의미로도 안 좋은 의미로도 사용

빈출표현 滑稽な話/しぐさ(익살스러운 이야기/동작),
滑稽に見える(우스꽝스럽게 보이다, 어리석게 보이다)

*출제가능유형 : 문맥 유의표현

30

ざっくばらんだ

솔직하고 숨김이 없다, 탁 털어놓고 숨김이 없다

ざっくばらんだ

용법 마음을 터놓고 솔직한 태도를 취하며 숨김이 없는 것에 사용

빈출표현 ざっくばらんに話し合う(탁 털어놓고 이야기하다),
ざっくばらんな態度(솔직하고 숨김없는 태도),
ざっくばらんな性格(꾸밈없는 솔직한 성격)

*출제가능유형 : 유의표현 용법

Step 2	연관 단어	Step 3	예문
유 平然(へいぜん)だ 평연하다, 태연하다 ↔ 優柔不断(ゆうじゅうふだん)だ 우유부단하다 참 きっぱり 단호하게, 딱 잘라 참 断固(だんこ) 단호히, 단연코	彼(かれ)はヤジを飛(と)ばされても毅然とした態度(たいど)を失(うしな)わなかった。 그는 야유를 받아도 의연한 태도를 잃지 않았다.
유 華(はな)やかだ 화려하다, 눈부시다 유 派手(はで)やかだ 화려하다 ↔ 地味(じみ)だ 수수하다, 검소하다 ↔ 質素(しっそ)だ 검소하다 참 きらきら 반짝반짝	この道(みち)をまっすぐ行(い)くと、きらびやかな繁華街(はんかがい)が広(ひろ)がっている。 이 길을 곧장 가면 눈부시게 화려한 번화가가 펼쳐져 있다.
유 豪華(ごうか)だ 호화롭다 ㄴ 사치스럽고 화려한 것, 또는 화려하고 훌륭한 것 예 豪華なパーティー 호화로운 파티 예 豪華な顔(かお)ぶれ 호화로운 멤버 유 贅沢(ぜいたく)だ 사치스럽다 ↔ 簡素(かんそ)だ 간소하다 ↔ 質素(しっそ)だ 검소하다	大企業(だいきぎょう)の御曹司(おんぞうし)である彼(かれ)は、豪奢な生活(せいかつ)をしている。 대기업의 자제(상속자)인 그는 호사스러운 생활을 하고 있다.
유 面白(おもしろ)い 재미있다, 우습다 유 ユーモラスだ 유머러스하다 유 ばかばかしい 매우 어리석다, 우습다, 어처구니없다 ↔ つまらない 시시하다, 하찮다, 재미없다	彼(かれ)はたまに滑稽な話(はなし)で人(ひと)を笑(わら)わせる。 그는 간혹 익살스러운 이야기로 사람을 웃게 하다.
유 開(あ)けっ広(ぴろ)げだ 탁 터놓다, 개방적이다 ㄴ 창문을 활짝 열듯이 개방적이고 숨김없이 있는 그대로를 보여주는 것 유 明(あ)け透(す)けだ 숨김없다, 솔직하다, 거리낌 없다 ㄴ 긍정적·부정적인 의미로 사용되지만, 조금 도를 넘었다는 부정적인 의미로 사용되는 경우가 많음	和(なご)やかな雰囲気(ふんいき)の中(なか)でざっくばらんに話(はな)し合(あ)った。 부드러운 분위기 속에서 탁 털어놓고 이야기했다.

표제어	Step 1 ㅣ 단어 풀이(용법·의미)

31

冴える
추워지다, (두뇌·신경이) 맑아지다

한자풀이 冴 찰 호

さえる

의미 ① 추워지다, 쌀쌀해지다
② (두뇌·신경이) 맑아지다, 예민해지다

빈출표현 冴えた冬(ふゆ)の夜(よる)(쌀쌀해진 겨울 밤), 頭(あたま)が冴える(머리가 맑아지다), 目(め)が冴える(눈이 말똥말똥해지다)

*출제가능유형 : 문맥 유의표현

32

蔑む
깔보다, 멸시하다

한자풀이 蔑 업신여길 멸

さげすむ

의미 깔보다, 얕보다, 멸시하다, 업신여기다

용법 자기보다 상당히 뒤떨어지는 사람으로 여겨서 깔보는 것에 사용

빈출표현 蔑むような目(め)で見(み)る(깔보는 듯한 눈으로 보다),
田舎者(いなかもの)と蔑む(시골뜨기라고 멸시하다)

*출제가능유형 : 문맥 유의표현

동사

33

虐げる
학대하다, 못살게 굴다

한자풀이 虐 사나울 학

しいたげる

의미 학대하다, 못살게 굴다

빈출표현 動物(どうぶつ)/捕虜(ほりょ)を虐げる(동물/포로를 학대하다),
圧政(あっせい)に虐げられる(압정에 시달리다)

*출제가능유형 : 한자읽기-훈독 유의표현

34

切羽詰まる
궁지에 몰리다, 다급해지다

한자풀이 切 끊을 절, 羽 깃 우, 詰 물을 힐

せっぱつまる

용법 어떤 일이 눈앞에 닥쳐서 이러지도 저러지도 못하는 것

빈출표현 切羽詰まって嘘(うそ)を吐(つ)く/夜逃(よに)げする(궁지에 몰려 거짓말을 하다/야반도주하다),
切羽詰まった事態(じたい)(궁지에 몰린 사태)

*출제가능유형 : 유의표현 용법

35

司る
담당하다, 관리하다

한자풀이 司 맡을 사

つかさどる

의미 ① (직무를) 맡다, 담당하다 ② 관리하다, 지배하다

빈출표현 経理(けいり)を司る(경리를 맡다),
広告業務(こうこくぎょうむ)を司る(광고 업무를 담당하다),
国(くに)を司る(나라를 관리하다, 나라를 지배하다)

*출제가능유형 : 문맥 유의표현

Step 2 ｜ 연관 단어	Step 3 ｜ 예문
유 冷(ひ)える 추워지다, 쌀쌀해지다 유 切(き)れる (머리가) 예민하다, 명석하다 ↔ 鈍(にぶ)る 둔해지다	コーヒーを飲(の)んだら目(め)が冴えてなかなか眠(ねむ)れない。 커피를 마셨더니 눈이 말똥말똥해져서 좀처럼 잠을 이룰 수가 없다.
유 見(み)くびる 깔보다, 얕보다, 업신여기다 └ 상대의 힘을 실제보다 낮게 보고 자기 힘을 다 내지 않는 것 유 侮(あなど)る 깔보다, 얕보다, 업신여기다 └ 상대의 힘을 자기보다 낮게 보고 깔보는 것 ↔ 仰(あお)ぐ 우러르다, 공경하다 암기 TIP 당신을 깎아 내리겠(さげる)스므니다(すむ)	人(ひと)を蔑む言葉(ことば)はあまり使(つか)わない方(ほう)がいい。 남을 깔보는 말은 그다지 사용하지 않는 게 좋다.
= 虐待(ぎゃくたい)する 학대하다 유 虐(いじ)める 괴롭히다, 못살게 굴다 ↔ 可愛(かわい)がる 귀여워하다, 애지중지하다 ↔ 慈(いつく)しむ 귀여워하다, 사랑하다 암기 TIP 싫다니께(しいたげる) 저리 가라니께, 학대하다	動物(どうぶつ)を虐げると処罰(しょばつ)を受(う)ける。 동물을 학대하면 처벌을 받는다.
유 行(ゆ)き詰(づ)まる 길이 막다르게 되다, (일이) 정체 상태에 빠지다 └ 어떤 일이 잘 되어 가지 않게 되는 것 예 計画(けいかく)が行き詰まる 계획이 정체에 빠지다 유 追(お)い込(こ)まれる (곤경에) 몰리다, 빠지다 ↔ 余裕(よゆう)がある 여유가 있다	締切(しめきり)が明日(あした)に迫(せま)り、切羽詰まっている。 마감이 내일로 다가와서 다급해져 있다.
유 受(う)け持(も)つ 담당하다, 담임하다 유 引(ひ)き受(う)ける 책임지고 (떠)맡다 유 統(す)べる 통치하다, 지배하다, 다스리다	総務課(そうむか)は会社(かいしゃ)の運営(うんえい)に関(かん)する事務(じむ)を司る。 총무과는 회사의 운영에 관한 사무를 담당한다.

표제어 | **Step 1** | 단어 풀이(용법·의미)

동사

36 繕う
긷다, 외관을 꾸미다

한자풀이 繕 기울 선

つくろう

의미 ① 깁다, 고치다, 수선하다 ② 외관을 꾸미다, 체면을 세우다

용법 주로 섬유제품을 고치는 것에 사용

빈출표현 ほころびを繕う(터진 데를 깁다), 体裁(ていさい)を繕う(외관을 꾸미다), 人前(ひとまえ)を繕う(체면을 세우다)

*출제가능유형 : 한자읽기-훈독 | 용법

37 咎める
나무라다, 책망하다

한자풀이 咎 허물 구

とがめる

용법 상대의 과실이나 나쁜 짓 등을 비난하는 것에 사용

빈출표현 過(あやま)ち/不注意(ふちゅうい)を咎める(잘못/부주의를 나무라다), 良心(りょうしん)が咎める(양심의 가책을 받다, 양심에 찔리다), 気(き)が咎める(마음에 걸리다, 마음이 켕기다, 양심에 찔리다)

*출제가능유형 : 유의표현 | 용법

38 弔う
조문하다, 애도하다

한자풀이 弔 조상할 조

とむらう

의미 남의 죽음을 슬퍼하며 유족에게 위로의 뜻을 전하는 것

빈출표현 故人(こじん)を弔う(고인을 애도하다), 死者(ししゃ)を弔う(죽은 사람을 애도하다), 遺族(いぞく)を弔う(유족을 조문하다)

*출제가능유형 : 한자읽기-훈독 | 유의표현

부사

39 がむしゃらに
앞뒤 생각 없이 덮어놓고, 죽을 둥 살 둥

がむしゃらに

의미 앞뒤 생각 없이 덮어놓고, 다짜고짜, 죽을 둥 살 둥

빈출표현 がむしゃらに勉強(べんきょう)する(덮어놓고 공부하다), がむしゃらに練習(れんしゅう)する(죽을 둥 살 둥 연습하다), がむしゃらに働(はたら)く(죽을 둥 살 둥 일하다)

*출제가능유형 : 유의표현 | 용법

40 懲り懲り
지긋지긋, 넌더리 남

한자풀이 懲 혼날 징

こりごり

의미 지긋지긋, 질색, 넌더리 남, 신물 남

용법 실패 등으로 참혹한 꼴을 당해서 싫어지는 것에 사용

빈출표현 もう懲り懲りした(이제 신물 났다), もう懲り懲りだ(이제 지긋지긋하다)

*출제가능유형 : 한자읽기-훈독 | 유의표현

Step 2 | 연관 단어

유 直(なお)す 고치다, 수리하다

유 修繕(しゅうぜん)する 수선하다

유 責(せ)める 나무라다, 비난하다, 꾸짖다
└ 상대의 과실이나 죄 등을 지적하여 강하게 반성을 촉구하는 것
예 容疑者(ようぎしゃ)を責める 용의자를 꾸짖다

↔ 褒(ほ)める 칭찬하다

암기 TIP 장난의 도가(とがめる) 지나쳐서 나무라다

유 悼(いた)む 애도하다, 슬퍼하다
└ 남의 죽음을 슬퍼하는 것

참 弔慰金(ちょういきん) 조위금

참 ご香料(こうりょう) 부의, 향전

참 お香典(こうでん) 향전, 부의

유 ひたすらに 오직, 오로지, 한결같이, 한마음으로
예 ひたすらに祈(いの)る 한마음으로 빌다

유 ひたむきに 한결같이, 외곬으로, 열심히
예 ひたむきに愛(あい)する 외곬으로 사랑하다

유 うんざり 지긋지긋하게, 진절머리 나게, 몹시 싫증나게
└ 싫증나거나 질려서 싫어지는 것
예 長話(ながばなし)にうんざりする 긴 이야기에 진절머리 나다

참 懲(こ)りる 질리다, 데다, 넌더리 나다

참 懲 부를 징

Step 3 | 예문

スカートのかぎ裂(ざ)きを繕ってもらった。

스커트의 찢긴 자리를 수선했다.

いたずらの度(ど)が過(す)ぎたので、子供(こども)を咎めた。

장난의 도가 지나쳐서 아이를 나무랐다.

残(のこ)された遺族(いぞく)や関係者(かんけいしゃ)を弔う。

남겨진 유족과 관계자를 조문하다.

30代(だい)の頃(ころ)は昼夜(ちゅうや)を問(と)わずがむしゃらに仕事(しごと)をした。

30대 때는 주야를 불문하고 죽을 둥 살 둥 일을 했다.

こんな仕事(しごと)はもう懲り懲りだ。

이런 일은 이제 지긋지긋하다.

표제어	Step 1 ㅣ 단어 풀이(용법·의미)

가타카나

41

キャッチフレーズ
선전 문구

catchphrase

의미 광고 등에서 손님에게 강한 인상을 주는 짧고 효과적인 문구

빈출표현 キャッチフレーズを考案(こうあん)する(캐치프레이즈를 고안하다), ユニークなキャッチフレーズ(독특한 캐치프레이즈), 強(つよ)い印象(いんしょう)のキャッチフレーズ(강한 인상의 캐치프레이즈)

*출제가능유형 : 유의표현 용법

42

クールビズ
쿨비즈

cool biz

의미 여름철 사무실에서 시원하게 일할 수 있도록 간편한 차림을 하는 것

빈출표현 クールビズスタイル(쿨비즈 스타일), クールビズのサラリーマン(쿨비즈의 샐러리맨)

*출제가능유형 : 유의표현 용법

43

ゴージャス
호화로움

gorgeous

의미 고저스, 호화스러운 모양, 화려하고 멋짐

빈출표현 ゴージャスな衣装(いしょう)/建物(たてもの)/インテリア (호화로운 의상/건물/인테리어)

*출제가능유형 : 문맥 유의표현

44

コネ
커넥션, 연줄

connection

의미 커넥션, 연줄 **용법** コネクション(connection)의 준말

빈출표현 コネがある(연줄이 있다), コネ入社(にゅうしゃ)(연줄로 입사), コネをつける(연줄을 대다, 연줄을 맺어 두다), コネで就職(しゅうしょく)する(연줄로 취직하다)

*출제가능유형 : 문맥 용법

45

シャンデリア
샹들리에, 장식용 전등

chandelier

의미 천장에 매다는 장식용 조명 기구

빈출표현 シャンデリアが光(ひか)り輝(かがや)く(샹들리에가 빛나다), シャンデリアが吊(つ)り下(さ)げられている(샹들리에가 매달려 있다)

*출제가능유형 : 문맥 용법

Step 2	연관 단어	Step 3	예문
= うたい文句 선전 문구, 캐치프레이즈 유 標語 표어 유 スローガン 슬로건, 표어	新製品発売のキャッチフレーズに苦心する。 신제품 발매의 캐치프레이즈에 고심하다.
유 カジュアル 캐주얼 ↔ ウォームビズ(warm biz) 웜비즈, 실내 난방 온도를 20도 이하로 유지하는 대신 옷을 껴입어 난방 소비를 줄이자는 운동 참 省エネ 에너지 절약	地球温暖化の対策としてクールビズを勧める企業が多くなった。 지구온난화 대책으로 쿨비즈를 권장하는 기업이 많아졌다.
= 豪華 호화 유 素敵 근사함, 멋짐, 훌륭함 유 煌びやか 눈부시게 화려하고 아름다움 ↔ プアー 푸어, 빈약함, 가난함	この建物のインテリアはとてもゴージャスですね。 이 건물의 인테리어는 매우 호화롭네요.
유 人脈 인맥 유 繋がり 연결, 관계, 유대 참 天下り 낙하산 인사	彼は政界にコネが多いらしい。 그는 정계에 연줄이 많은 모양이다.
참 照明器具 조명 기구	大きなシャンデリアがロビーを照らしている。 큰 샹들리에가 로비를 비추고 있다.

표제어	Step 1 ｜ 단어 풀이(용법·의미)

의성어·의태어

46

くねくね
구불구불

くねくね

의미 구불구불

빈출표현 くねくね(と)曲(ま)がる/流(なが)れる(구불구불 구부러지다/흐르다), くねくね(と)した山道(やまみち)(구불구불한 산길)

*출제가능유형 : 문맥 용법

47

しとしと
부슬부슬, 가만가만

しとしと

의미 ① 비가 조용히 내리는 모양, 부슬부슬
② 조용히 걷는 모양, 가만가만, 조용조용

빈출표현 しとしと(と)降(ふ)る(부슬부슬 내리다),
しとしと(と)歩(ある)く(가만가만 걷다)

*출제가능유형 : 문맥 용법

관용구

48

二階から目薬
이층에서 아래층 사람 눈에 안약 넣기,
대청에 앉아서 마당 쓸기

한자풀이 二 두 이, 階 섬돌 계, 目 눈 목, 薬 약 약

にかいからめぐすり

의미 뜻대로 되지 않아 답답하거나 그다지 효과가 없음의 비유

*출제가능유형 : 문맥 유의표현

49

濡れ手で粟
젖은 손으로 좁쌀 쥐기

한자풀이 濡 젖을 유, 手 손 수, 粟 조 속

ぬれてであわ

의미 쉽게 많은 이익을 얻음의 비유

*출제가능유형 : 문맥 유의표현

50

仏の顔も三度
부처님 얼굴도 세 번

한자풀이 仏 부처 불, 顔 얼굴 안, 三 석 삼, 度 법도 도

ほとけのかおもさんど

의미 [온화한 부처님도 얼굴을 세 번 건드리면 노한다는 뜻] 아무리 착한 사람이라도 무례한 짓이 거듭되면 화를 내는 것을 비유

*출제가능유형 : 문맥 유의표현

Step 2 ㅣ 연관 단어	Step 3 ㅣ 예문
= うねうね 구불구불, 굽이굽이 ↔ まっすぐ 똑바로, 곧게 참 くねる 구불거리다, (성질이) 비뚤어지다 참 うねる 구불거리다, (물결이) 넘실거리다	その小川(おがわ)は牧草地(ぼくそうち)をくねくね(と)流(なが)れていた。 그 실개천은 목초지를 구불구불 흐르고 있었다.
유 ぽつぽつ 뚝뚝 └ 비가 조금씩 내리기 시작하는 모양 유 ぱらぱら 후드득후드득 └ 비 · 우박이 드문드문 떨어지는 모양 유 ざあざあ 좍좍, 쏴쏴 └ 비가 기세 있게 계속 내리는 소리 참 淑(しと)やかだ 정숙하다, 얌전하다, 다소곳하다	朝(あさ)から雨(あめ)がしとしと(と)降(ふ)っている。 아침부터 비가 부슬부슬 내리고 있다.
= 天井(てんじょう)から目薬(めぐすり) 천장에서 아래 사람의 눈에 안약 넣기 유 焼(や)け石(いし)に水(みず) 언 발에 오줌 누기 유 上手(うま)くいかない 잘 되지 않다 유 効(き)き目(め)がない 효과가 없다	河原(かわら)で落(お)とした指輪(ゆびわ)を捜(さが)したところで、二階から目薬だよ。 강가 모래밭에서 분실한 반지를 찾는들, 이층에서 안약 넣기 식이다.
유 えびで鯛(たい)を釣(つ)る 새우로 도미를 낚는다, (적은 밑천이나 노력으로) 큰 이익을 얻다 유 ぼろ儲(もう)け (밑천이나 노력에 비하여) 엄청나게 이익을 봄, 굉장히 많이 범 ↔ 骨折(ほねお)り損(ぞん)のくたびれ儲(もう)け 수고만 하고 전혀 보람이 없음	海外(かいがい)のカジノ場(ば)で大当(おおあ)たりし、濡れ手で粟の大金(たいきん)を得(え)た。 해외 카지노장에서 크게 당첨되어 쉽게 거금을 얻었다.
유 我慢(がまん)の限界(げんかい) 인내의 한계 참 仏(ほとけ) 부처 참 知(し)らぬが仏(ほとけ) 모르는 것이 약	彼(かれ)また約束(やくそく)を破(やぶ)ったの。仏の顔も三度だよ。 그 사람 또 약속 어겼어? 부처님 얼굴도 세 번이야(참는 데에도 한계가 있다).

DAY 22

Day 22

문제로 확인하기

1 다음 단어의 한자 읽는 법을 고르세요.

1. 成就　A. じょうじゅ　B. せいしゅう
2. 正念場　A. せいねんじょう　B. しょうねんば
3. 精進　A. しょうじん　B. せいしん

2 다음 단어의 한자 표기를 고르세요.

4. しにせ　A. 老捕　B. 老舗
5. こりごり　A. 懲り懲り　B. 徴り徴り
6. くったくない　A. 屈詫ない　B. 屈託ない

3 다음 빈칸에 공통으로 들어갈 수 있는 한자 또는 단어로 적절한 것을 고르세요.

7. ( )稽　円( )　潤( )
   A. 滑　B. 満　C. 沢

8. ( )奢　( )華　富( )
   A. 豪　B. 繁　C. 裕

9. ( )怒　( )励　刺( )
   A. 憤　B. 激　C. 身

4 빈칸에 들어갈 단어로 적절한 것을 고르세요.

A. しきたり　B. 嗜好　C. 濡れ手で粟

10. その土地の昔ながらの________に従う。
11. 海外のカジノ場で大当たりし、________の大金を得た。
12. ________が変わって甘い物が好きになった。

정답　1. A　2. B　3. A　4. B　5. A　6. B　7. A　8. A　9. B　10. A　11. C　12. B

WEEK 5

Day 23

강의와 예문 듣기

매일 품사별로 골고루! 오늘의 50단어 한눈에 보기!

음독명사

01. 静粛
02. 喪失
03. 醍醐味
04. 断腸
05. 提灯
06. 体裁
07. 貪欲
08. 柔和
09. 捏造
10. 罷業
11. 必須

고유어

12. 焚火
13. 嗜み
14. 七夕
15. てんてこ舞い
16. どさくさ
17. 年の瀬
18. 土壇場
19. 雪崩
20. 八方塞がり

い형용사

21. たどたどしい
22. とめどない
23. はしたない
24. 人懐っこい
25. ふてぶてしい

な형용사

26. 強かだ
27. 凄絶だ
28. 拙劣だ
29. 堪能だ
30. 稚拙だ

동사

31. 嘆く
32. 和む
33. 詰る
34. 嫉む/妬む
35. 罵る
36. 諂る
37. 育む

부사

38. こぢんまり
39. さも
40. つくづく

가타카나

41. ジレンマ
42. テナント
43. デリケート
44. ノスタルジア
45. ノミネート

의성어・의태어

46. じろじろ
47. ぞろぞろ
48. なよなよ

관용구

49. 虫の居所が悪い
50. 身から出た錆

표제어	Step 1 ㅣ 단어 풀이(용법·의미)

음독명사

1

静粛
정숙

(한자풀이) **静** 고요할 정, **粛** 엄숙할 숙

せいしゅく

용법 격식 차린 장면에서 남의 이야기를 들을 때의 태도나, 질서가 중요시되는 장소에서의 태도에 대해서 사용

빈출표현 静粛にする(정숙히 하다), 静粛に聞く(정숙하게 듣다), 静粛に願います(정숙하시기 바랍니다)

*출제가능유형 : 한자읽기-음독 | 용법

2

喪失
상실

(한자풀이) **喪** 잃을 상, 죽을 상, **失** 잃을 실

そうしつ

의미 잃어버림

용법 기억 · 자신 · 자격 · 권리 · 의미 등 추상적인 의미에 사용

빈출표현 記憶喪失(기억 상실), 権威喪失(권위 상실), 自信を喪失する(자신감을 잃다), 資格を喪失する(자격을 상실하다)

*출제가능유형 : 한자읽기-음독 | 용법

3

醍醐味
묘미, 참맛

(한자풀이) **醍** 맑은술 제, **醐** 제호 호, **味** 맛 미

だいごみ

의미 그것이 지닌 진정한 즐거움

빈출표현 釣りの醍醐味(낚시의 묘미), 読書/山登りの醍醐味(독서/등산의 참다운 맛)

*출제가능유형 : 유의표현 | 용법

4

断腸
단장

(한자풀이) **断** 끊을 단, **腸** 창자 장

だんちょう

의미 [창자가 끊어질 듯한 슬픔이나 괴로움 이라는 뜻] 애끊는 슬픔

빈출표현 断腸の悲しみ/思い(단장의 슬픔/심정)

*출제가능유형 : 유의표현 | 용법

5

提灯
제등, 초롱

(한자풀이) **提** 끌 제, **灯** 등불 등

ちょうちん

의미 제등, 초롱

빈출표현 提灯行列(제등 행렬), 提灯持ち(남의 앞잡이가 되어서 그 사람의 장점 등을 선전함)

*출제가능유형 : 한자읽기-음독 | 문맥

Step 2 | 연관 단어	Step 3 | 예문
유 静か 조용함, 고요함 유 静寂 정적, 조용하고 쓸쓸함 유 閑静 한정, 한적함, 한가하고 고요함 └ 장소·주거지에 사용 예 閑静な住宅街 조용한 주택가 ↔ 喧噪 훤조, 훤소, 떠들썩함	皆さんご**静粛**に願います。 여러분 정숙하여 주십시오.
유 無くす 잃다, 분실하다 └ 어디에 두고 왔는지 짐작이 가지 않는 경우 유 落とす 잃다, 분실하다 └ 모르는 사이에 어딘가에 떨어뜨려 분실한 경우 유 失う 잃다, 상실하다 └ 집·재산이나 직업·지위·지지 등 가지고 있거나 소속되어 있던 중요한 것을 잃는 경우	交通事故で記憶**喪失**になる。 교통사고로 기억 상실이 되다.
유 持ち味 (식품의) 제맛, (사람·작품의) 독특한 맛, 개성 └ 다른 것에는 없는 그 자체의 독특한 맛(개성)에 사용 예 自分の持ち味を活かす 자신의 개성을 살리다	異文化に触れることが海外旅行の**醍醐味**だ。 이문화에 접하는 것이 해외여행의 묘미다.
유 悲しみ 슬픔 참 断つ (물체를) 끊다, 자르다, (술·담배를) 그만두다, (관계·인연을) 끊다	ダイエットのため、**断腸**の思いでチョコレートを食べないことに決めた。 다이어트를 위해서 단장의 심정으로 초콜릿을 먹지 않기로 결정했다.
참 街灯 가로등 참 蛍光灯 형광등 참 走馬灯 주마등 참 提げる (손에) 들다 참 提灯(×) *발음 주의!*	居酒屋の入り口に**提灯**が掲げられている。 선술집 입구에 제등이 걸려 있다.

DAY 23

표제어	Step 1 │ 단어 풀이(용법·의미)

음독 명사

6 **体裁**
외관, 체면
한자풀이 体 몸 체, 裁 마를 재

ていさい
의미 ① 외관, 겉모양 ② 체면, 남의 눈에 비친 자기의 모습
빈출표현 体裁を整(ととの)える(겉모양을 갖추다), 体裁を繕(つくろ)う(외관을 꾸미다, 체면을 차리다), 体裁が悪(わる)い(외관이 좋지 않다, 창피하다, 멋쩍다)
*출제가능유형 : 한자읽기-음독 | 유의표현

7 **貪欲**
탐욕, 탐욕스러움
한자풀이 貪 탐할 탐, 欲 바랄 욕

どんよく
의미 탐내는 욕심 용법 부정적·긍정적인 의미로 사용
빈출표현 金銭(きんせん)に貪欲だ(금전에 탐욕스럽다), 貪欲な性格(せいかく)(탐욕스러운 성격), 貪欲な姿勢(しせい)(탐욕스러운 자세, 욕심 많은 자세)
*출제가능유형 : 한자읽기-음독 | 유의표현

8 **柔和**
유화, 온화함
한자풀이 柔 부드러울 유, 和 화할 화

にゅうわ
의미 부드럽고 온화함, 온유함
용법 성격·태도에 사용
빈출표현 柔和な顔(かお)/目(め)/性格(せいかく)(온화한 얼굴/눈/성격)
*출제가능유형 : 한자읽기-음독 | 유의표현

9 **捏造**
날조
한자풀이 捏 꾸밀 날, 造 지을 조

ねつぞう
의미 사실이 아닌 것을 사실인 것처럼 거짓으로 꾸밈, 조작
빈출표현 記事(きじ)/証拠(しょうこ)/事件(じけん)を捏造する(기사/증거/사건을 날조하다)
*출제가능유형 : 한자읽기-음독 | 유의표현

10 **罷業**
파업
한자풀이 罷 마칠 파, 業 업 업

ひぎょう
의미 ① 하던 업무·작업을 중지함 ② '同盟罷業(동맹 파업)'의 준말
빈출표현 罷業が起(お)こる(파업이 일어나다), 罷業者(しゃ)(파업자), 罷業権(けん)(파업권)
*출제가능유형 : 한자읽기-음독 | 유의표현

Step 2 | 연관 단어	**Step 3** | 예문
= 外見(がいけん) 외견 = 外観(がいかん) 외관 = 見(み)え 외관, 외양, 볼품 = 面目(めんぼく) 면목, 체면 ↔ 内容(ないよう) 내용 ↔ 中身(なかみ) 내용(물) 참 体裁(たいさい)(×)발음 주의!	料理(りょうり)を体裁よく盛(も)り付(つ)ける。 요리를 보기 좋게 담다.
유 欲張(よくば)り 욕심을 부림, 욕심쟁이 └ 부정적인 의미로 사용 ↔ 無欲(むよく) 무욕, 욕심이 없음 참 貪(むさぼ)る 탐하다, 욕심부리다 암기 TIP 돈 욕심(どんよく) 많으니 탐욕	彼(かれ)は何事(なにごと)にも貪欲で、研究熱心(けんきゅうねっしん)だ。 그는 어떤 일에도 욕심이 많아서 연구에 열심이다.
유 温和(おんわ) 온화 └ 성격 · 태도만이 아니라 기후에도 사용 참 和(なご)やかだ 부드럽다, 온화하다 참 柔和(じゅうわ)(×)발음 주의! 참 柔和(にゅうわ)만 にゅう, 나머지는 じゅう로 발음 예 柔軟(じゅうなん) 유연	彼(かれ)は柔和な性格(せいかく)で皆(みんな)に好(す)かれている。 그는 온화한(부드러운) 성격이라서 모두가 좋아하고 있다.
= 捏(でっ)ち上(あ)げ 날조, 꾸밈, 조작 유 虚偽(きょぎ) 허위, 거짓 유 偽(いつわ)り 거짓(말), 허위 ↔ 事実(じじつ) 사실 참 捏(こ)ねる 억지쓰다, 떼쓰다	あの記事(きじ)は全(まった)くの捏造だ。 저 기사는 완전한 날조다.
= スト(ライキ) 동맹 파업 참 罷免(ひめん) 파면 참 罷業(はぎょう)(×)발음 주의!	全国各地(ぜんこくかくち)で罷業が起(お)こっている。 전국 각지에서 파업이 일어나고 있다.

DAY 23

표제어 | **Step 1** | 단어 풀이(용법·의미)

음독명사

11

必須

필수

(한자풀이) 必 반드시 필, 須 모름지기 수

ひっす

의미 마땅히 있어야 하는 것, 꼭 필요한 것

빈출표현 必須条件(필수 조건), 必須の知識(필수 지식)

*출제가능유형 : [한자읽기-음독] [문맥]

고유어

12

焚火

모닥불, 화톳불

(한자풀이) 焚 불사를 분, 火 불 화

たきび

의미 모닥불, 화톳불

빈출표현 焚火に当たる(모닥불을 쬐다),
焚火で手を暖める(모닥불에 손을 녹이다),
落ち葉で焚火をする(낙엽으로 모닥불을 피우다)

*출제가능유형 : [문맥] [용법]

13

嗜み

소양, 취미

(한자풀이) 嗜 즐길 기

たしなみ

의미 소양, 취미, 기호

빈출표현 音楽/華道/茶道の嗜み(음악/꽃꽂이/다도에 대한 소양)

*출제가능유형 : [문맥] [유의표현]

14

七夕

칠석, 칠석제

(한자풀이) 七 일곱 칠, 夕 저녁 석

たなばた

의미 음력 7월 7일

용법 'しちせき'로도 읽지만 'たなばた'로 읽는 것이 일반적

빈출표현 七夕祭り(칠석제)

*출제가능유형 : [한자읽기-훈독] [문맥]

15

てんてこ舞い

바빠서 부산하게 움직임

(한자풀이) 舞 춤출 무

てんてこまい

의미 찾아온 손님이나 응대 등 볼일이 많아서 바쁘게 뛰어다니는 것

용법 'てんてこ(북소리)'와 '舞い(춤을 춤)'가 합쳐져, 굿거리 장단에 맞추어 춤을 춘다는 의미

빈출표현 てんてこ舞いの忙しさ(눈코 뜰 새 없이 바쁨),
来客にてんてこ舞いする(손님이 와서 바빠서 쩔쩔매다)

*출제가능유형 : [유의표현] [용법]

Step 2 | 연관 단어	Step 3 | 예문
유 必修(ひっしゅう) 필수 └ 학문 · 기예를 닦는 것 예 必修科目(かもく) 필수 과목 유 必需(ひつじゅ) 필수 └ 요구 · 요청하는 물건 예 必需品(ひん) 필수품	努力(どりょく)は成功(せいこう)のための必須条件(じょうけん)である。 노력은 성공을 위한 필수 조건이다.
= かがり火(び) 화톳불 참 焚(た)く (불을) 때다, 지피다, 피우다	落(お)ち葉(ば)をかき集(あつ)めて焚火をする。 낙엽을 그러모아 모닥불을 피우다.
= 心得(こころえ) 소양, 이해 참 嗜好(しこう) 기호	母(はは)は茶道(さどう)の嗜みがあって毎週茶道教室(まいしゅうさどうきょうしつ)に通(かよ)っている。 어머니는 다도에 대한 소양이 있어서 매주 다도 학원에 다니고 계신다.
참 短冊(たんざく) 짧은 시를 쓰거나 물건에 매다는 데 쓰는 조붓한 종이	今年(ことし)の七夕は晴(は)れたらいいですね。 올해 칠석은 맑으면 좋겠네요.
유 多忙(たぼう) 다망, 매우 바쁨 유 ばたばた 급해서 쩔쩔매는 모양, 허둥지둥 유 東奔西走(とうほんせいそう) 동분서주, 여기저기 분주하게 다님 └ 볼일 등으로 실제로 여기저기를 분주하게 돌아다니는 것	てんてこ舞いの状況(じょうきょう)だったが、ようやく収(おさ)まってきた。 바쁜 상황이었지만 겨우 안정되었다.

DAY 23

표제어	Step 1 단어 풀이(용법·의미)
16 **どさくさ** 혼잡한 상태, 북새통	どさくさ 의미 (갑작스런 일 등으로) 혼잡한 상태, 북새통 빈출표현 どさくさの最中(さいちゅう)(한창 혼잡할 때), どさくさ紛(まぎ)れ(혼잡한 틈을 탐) *출제가능유형 : 문맥 / 용법
17 **年の瀬** 연말 한자풀이 年 해 년, 瀬 여울 뢰	としのせ 의미 연말, 세모, 세말 빈출표현 年の瀬を感(かん)じる/越(こ)す(연말을 느끼다/넘기다), 年の瀬が押(お)し迫(せま)る(연말이 닥쳐오다) *출제가능유형 : 한자읽기-훈독 / 유의표현
18 **土壇場** 막판 한자풀이 土 흙 토, 壇 단 단, 場 마당 장	どたんば 의미 마지막 결단을 해야 할 장면, 막판 용법 옛날의 '사형수의 목을 베는 형장(刑場)'이라는 의미에서 막판의 뜻 빈출표현 土壇場でキャンセル(막판에 취소), 土壇場で逆転(ぎゃくてん)される(막판에 역전당하다) *출제가능유형 : 한자읽기-음훈독 / 유의표현
19 **雪崩** 눈사태, 사태 한자풀이 雪 눈 설, 崩 무너질 붕	なだれ 의미 눈사태, 사태 빈출표현 雪崩に巻(ま)き込(こ)まれる(눈사태에 휘말리다), 人(ひと)の雪崩(사람 사태), 雪崩を打(う)つ(일시에 많은 사람이 이동하다) *출제가능유형 : 한자읽기-훈독 / 문맥
20 **八方塞がり** 손을 쓸 방법이 없음, 어찌할 방도가 없음 한자풀이 八 여덟 팔, 方 모 방, 塞 변방 새	はっぽうふさがり 의미 [팔방이 꽉 막힌 상태라는 뜻] 아무런 수단·방법도 없이 궁지에 빠져 있는 것 빈출표현 八方塞がりの状態(じょうたい)(손을 쓸 방법이 없는 상태), 八方塞がりの状況(じょうきょう)(손을 쓸 방법이 없는 상황) *출제가능유형 : 문맥 / 유의표현

고유어

Step 2 ｜ 연관 단어	Step 3 ｜ 예문
유 ごたくさ 혼잡, 혼잡한 상태 유 ごたごた 혼잡, 혼잡한 상태 유 混雑(こんざつ) 혼잡	いま引越(ひっこ)しでどさくさの最中(さいちゅう)だ。 지금 이사하느라 한창 혼잡할 때다.
= 年末(ねんまつ) 연말 = 歳末(さいまつ) 세말, 연말 = 歳暮(せいぼ) 세모, 연말, 연말 선물 = 年(とし)の暮(く)れ 연말, 세모, 세말 ↔ 年始(ねんし) 연시	大型(おおがた)の音楽番組(おんがくばんぐみ)を見(み)ると年の瀬を感(かん)じる。 대형 음악 프로그램을 보면 연말을 느낀다.
= 土俵際(どひょうぎわ) 막판 유 寸前(すんぜん) 직전 유 間際(まぎわ) 직전 참 土壇場(どだんば)(×)발음 주의! 참 土壇場(どたんば)만 たん으로 발음, 나머지는 だん으로 발음 예 花壇(かだん) 화단	彼は土壇場になって留学(りゅうがく)の計画(けいかく)を変更(へんこう)した。 그는 막판에 유학 계획을 변경했다.
참 地滑(じすべ)り 사태 참 山崩(やまくず)れ 산사태 참 土砂崩(どしゃくず)れ 토사 붕괴 참 雪崩(ゆきくずれ)(×)발음 주의!	開店時間(かいてんじかん)になると、お客さんたちは雪崩を打(う)って押(お)し寄(よ)せた。 개점 시간이 되자 손님들은 일시에 밀어닥쳤다.
유 四面楚歌(しめんそか) 사면초가 유 背水(はいすい)の陣(じん) 배수의 진 참 打(う)つ手(て)がない 손쓸 방법이 없다 참 手(て)の施(ほどこ)しようがない 손을 쓸 수가 없다 참 塞(ふさ)がる 막히다, 닫히다	資金(しきん)の目処(めど)も立(た)たず八方塞がりの状態(じょうたい)だ。 자금 마련의 전망도 서지 않아 팔방이 꽉 막힌 상태다.

DAY 23

표제어	Step 1 ｜ 단어 풀이(용법・의미)

い형용사

21

たどたどしい
(동작・말투 등이) 불안하다, 어설프다

たどたどしい

용법 일의 흐름・동작이 서툴러서 자주 끊기거나 틀리기를 반복하는 것에 사용

빈출표현 たどたどしい足取り(불안한 걸음걸이), たどたどしい字/英語(서투른 글씨/영어)

*출제가능유형 : 문맥 | 유의표현

22

とめどない
끝없다, 한없다

とめどない

의미 끝없다, 한없다, 그칠 줄 모르다

빈출표현 とめどない話/野望(끝없는 이야기/야망), とめどなくしゃべる(그칠 줄 모르고 지껄이다), 涙がとめどなく流れる(눈물이 한없이 흐르다)

*출제가능유형 : 유의표현 | 용법

23

はしたない
상스럽다

はしたない

의미 상스럽다, 조심성이 없다, 경망스럽다

빈출표현 はしたない言葉遣い(상스러운 말투), はしたない振る舞い(경망스러운 행동), はしたなく言い争う(상스럽게 말다툼하다)

*출제가능유형 : 문맥 | 유의표현

24

人懐っこい
사람을 잘 따르다, 붙임성이 있다

한자풀이 人 사람 인, 懐 품 회

ひとなつっこい

의미 사람을 잘 따르다, 붙임성이 있다, 상냥하다

용법 '人懐こい'로도 사용

빈출표현 人懐っこい子供/犬(사람을 잘 따르는 아이/개), 人懐っこい笑顔(붙임성 있는 웃는 얼굴)

*출제가능유형 : 유의표현 | 용법

25

ふてぶてしい
뻔뻔스럽다, 넉살 좋다

ふてぶてしい

의미 뻔뻔스럽다, 넉살 좋다, 유들유들하다

용법 멋대로이고 대담해서 무서운 것이 아무것도 없는 것에 사용

빈출표현 ふてぶてしい態度/顔付き(뻔뻔스러운 태도/표정), ふてぶてしい性格(넉살 좋은 성격)

*출제가능유형 : 문맥 | 유의표현

Step 2 | 연관 단어	Step 3 | 예문
유 不安(ふあん)だ 불안하다 유 ぎこちない 딱딱하다, 어색하다 └, 일의 흐름·동작·태도 등이 아직 딱딱하고 어색해서 세련되지 못한 것 암기 TIP 고소공포증이 있으면 비행기는 타도타도(たどたど) 싫(しい)고 불안하죠	留学生(りゅうがくせい)はたどたどしい日本語(にほんご)で自己紹介(じこしょうかい)をした。 유학생은 서투른 일본어로 자기 소개를 했다.
유 際限(さいげん)がない 끝이 없다, 한이 없다 유 果(は)てしない 끝없다, 한없다	彼(かれ)はとめどない野望(やぼう)を抱(いだ)いている。 그는 끝없는 야망을 품고 있다.
유 下品(げひん)だ 품위가 없다, 상스럽다 유 卑(いや)しい 비열하다, 저속하다, 상스럽다 ↔ 慎(つつ)ましい 조심스럽다, 얌전하다, 조신하다	あの夫婦(ふうふ)は、いつも些細(ささい)なきっかけからはしたなく言(い)い争(あらそ)う。 저 부부는 항상 사소한 계기로 상스럽게 말다툼을 한다.
유 懐(なつ)く 사람을 잘 따르다, 친해지다 예 人(ひと)によく懐く鳥(とり) 사람을 잘 따르는 새 유 人見知(ひとみし)りしない 낯을 가리지 않다 참 顔見知(かおみし)り 안면이 있음	彼女(かのじょ)は人懐っこく微笑(ほほえ)んでくれた。 그녀는 상냥하게 미소 지어 주었다.
유 図々(ずうずう)しい 뻔뻔스럽다, 넉살 좋다 └, 상대의 형편·기분 등을 전혀 생각하지 않고 제멋대로 행동하는 것 유 厚(あつ)かましい 뻔뻔스럽다, 철면피이다 └, 창피를 모르는 철면피라서 사양할 줄 모르는 것	彼(かれ)のふてぶてしい態度(たいど)に呆(あき)れてしまった。 그의 뻔뻔스러운 태도에 어이가 없었다.

な형용사

26
強かだ
매우 강하다, 만만치 않다

한자풀이 **強** 굳셀 강

したたかだ

의미 ① 매우 강하다 ② 다루기에 벅차다, 만만치 않다

빈출표현 強かに生きる/乗り越える(강하게 살아가다/극복하다)
強かな相手(벅찬 상대, 만만치 않은 상대)

*출제가능유형 : 유의표현 | 용법

27
凄絶だ
처절하다

한자풀이 **凄** 쓸쓸할 처, **絶** 끊을 절

せいぜつだ

의미 몹시 처참하다, 더할 나위 없이 애처롭다

빈출표현 凄絶な戦い/死闘/体験談(처절한 싸움/사투/체험담)

*출제가능유형 : 문맥 | 용법

28
拙劣だ
졸렬하다

한자풀이 **拙** 졸할 졸, **劣** 못할 렬

せつれつだ

의미 서투르고 보잘것없다

빈출표현 拙劣な文章/方法(졸렬한 문장/방법),
拙劣極まりない(졸렬하기 짝이 없다)

*출제가능유형 : 한자읽기-음독 | 유의표현

29
堪能だ
뛰어나다, 충분히 만족하다

한자풀이 **堪** 견딜 감, **能** 능할 능

たんのうだ

의미 ① (그 길에) 뛰어나다, 능란하다 ② 충분히 만족하다

용법 'かんのう'로도 읽지만 'たんのう'로 읽는 것이 일반적임

빈출표현 英会話に堪能だ(영어 회화에 뛰어나다),
美味しい料理を堪能する(맛있는 요리를 실컷 먹다)

*출제가능유형 : 한자읽기-음독 | 유의표현

30
稚拙だ
치졸하다

한자풀이 **稚** 어릴 치, **拙** 졸할 졸

ちせつだ

의미 유치하고 졸렬하다, 미숙하고 서투르다

빈출표현 稚拙な文章(치졸한 문장, 서툰 문장),
稚拙な絵(치졸한 그림, 서툰 그림),
やり方が稚拙だ(하는 방식이 치졸하다)

*출제가능유형 : 한자읽기-음독 | 용법

Step 2 │ 연관 단어	Step 3 │ 예문
유 しぶとい 끈질기다, 강인하다 유 気丈(きじょう)だ 마음이 굳세고 당차다 유 手強(てごわ)い (상대하기에) 만만치 않다, 힘겹다, 버겁다, 벅차다	彼(かれ)は逆境(ぎゃっきょう)に立(た)ち向(む)かってきた**強か**な男(おとこ)だ。 그는 역경에 맞서 온 매우 강한 남자다.
유 猛烈(もうれつ)だ 맹렬하다 참 凄(すご)い 굉장하다, 대단하다	かつてここでは**凄絶**な戦争(せんそう)があったと言(い)う。 옛날에 여기에서는 처절한 전쟁이 있었다고 한다.
유 下手(へた)だ 서투르다 유 拙(つたな)い 서투르다 유 稚拙(ちせつ)だ 치졸하다, 유치하고 졸렬하다, 미숙하고 서투르다 ↔ 巧妙(こうみょう)だ 교묘하다 ↔ 巧(たく)みだ 교묘하다, 능숙하다	**拙劣**な文章(ぶんしょう)ではございますが、ご一読(いちどく)のほどお願(ねが)い申(もう)し上(あ)げます。 졸렬한 문장이기는 합니다만, 한번 읽어 주시기를 부탁드립니다.
= 優(すぐ)れる 뛰어나다, 우수하다 = 秀(ひい)でる 뛰어나다, 빼어나다 = 満喫(まんきつ)する 만끽하다, 충분히 만족하다 참 ～に堪(た)える ～할 가치가 있다, ～할 만하다 N1 문법 참 勘能だ(×)*한자 주의!* 참 勘 헤아릴 감	京都(きょうと)は歴史(れきし)や風景(ふうけい)など、日本(にほん)を**堪能**することができる観光地(かんこうち)である。 교토는 역사와 풍경 등 일본을 충분히 느낄(즐길) 수 있는 관광지다.
유 下手(へた)だ 서투르다 유 拙(つたな)い 서투르다 유 拙劣(せつれつ)だ 졸렬하다, 서투르고 보잘것없다 ↔ 巧妙(こうみょう)だ 교묘하다 ↔ 巧(たく)みだ 교묘하다, 능숙하다	**稚拙**ながらプレゼン資料(しりょう)を作成(さくせい)しました。 치졸하지만 발표 자료를 작성했습니다.

표제어	Step 1 ㅣ 단어 풀이(용법·의미)

동사

31

嘆く
한탄하다, 개탄하다

(한자풀이) 嘆 탄식할 탄

なげく

의미 ① 한탄하다, 슬퍼하다
② 탄식하다, 개탄하다, 분개하다, 한숨짓다

★빈출표현 失敗/不運を嘆く(실패/불운을 한탄하다), 友の死を嘆く(친구의 죽음을 한탄하다), 世相を嘆く(세상을 개탄하다)

*출제가능유형 : [한자읽기-훈독] [용법]

32

和む
온화해지다, 누그러지다

(한자풀이) 和 화할 화

なごむ

의미 (기분 · 분위기가) 온화해지다, 누그러지다, 부드러워지다

★빈출표현 心が和む(마음이 온화해지다),
気持ちが和む(기분이 누그러지다),
雰囲気が和む(분위기가 부드러워지다)

*출제가능유형 : [한자읽기-훈독] [유의표현]

33

詰る
힐문하다, 힐책하다, 따지다

(한자풀이) 詰 물을 힐

なじる

의미 잘못을 따져 묻다(힐문하다), 잘못을 따져 꾸짖다(힐책하다)

용법 상대의 과실이나 나쁜 점 등을 캐물으며 비난하는 것에 사용

★빈출표현 失敗/怠慢を詰る(실수/태만을 힐책하다), 心変わりを詰る(변심을 힐문하다), 違約を詰る(위약을 따지다)

*출제가능유형 : [문맥] [유의표현]

34

嫉む/妬む
질투하다, 샘하다

(한자풀이) 嫉 시기할 질, 妬 샘낼 투

ねたむ

의미 질투하다, 시기하다, 샘하다

★빈출표현 人の幸福/友達の成功/同期の昇進を妬む
(남의 행복/친구의 성공/동기의 승진을 질투하다)

*출제가능유형 : [문맥] [유의표현]

35

罵る
욕을 퍼붓다, 욕을 하다

(한자풀이) 罵 욕할 매

ののしる

의미 욕설을 퍼붓다, 욕을 하다, 큰 소리로 비난하다

★빈출표현 罵り合いながら喧嘩をする(욕설을 하며 싸우다),
口汚く罵る(입정 사납게 욕을 퍼붓다)

*출제가능유형 : [유의표현] [용법]

Step 2 | 연관 단어

Step 3 | 예문

= 悲嘆(ひたん)する 비탄하다, 슬퍼하며 탄식하다

= 嘆息(たんそく)する 탄식하다, 한탄하며 한숨을 쉬다

= 慨嘆(がいたん)する 개탄하다, 분하게 여겨 탄식하다

참 嘆(なげ)かわしい 한탄스럽다, 한심스럽다

彼(かれ)は身(み)の不運(ふうん)を**嘆いている**。

그는 일신의 불운을 한탄하고 있다.

유 和(やわ)らぐ (날씨·기온·바람·통증이) 풀리다, 잔잔해지다, 완화되다, (마음이) 누그러지다, 부드러워지다

예 痛(いた)みが和らぐ 통증이 완화되다

참 和(なご)やか (분위기·기색이) 부드러움, 온화함

암기 TIP 나 고무(なごむ)야 부드러워

花(はな)とか奇麗(きれい)な景色(けしき)を見(み)ていると、心(こころ)が**和む**。

꽃이라든가 예쁜 경치를 보고 있으면 마음이 온화해진다.

유 責(せ)める 나무라다, 비난하다, 꾸짖다
└ 상대의 과실이나 죄 등을 지적하여 강하게 반성을 촉구하는 것

유 咎(とが)める 나무라다, 책망하다, 비난하다
└ 상대의 과실이나 나쁜 짓 등을 비난하는 것

참 詰(つ)まる 가득 차다, 막히다, 줄어들다

彼女(かのじょ)は彼氏(かれし)の心変(こころが)わりを**詰った**。

그녀는 남자친구의 변심을 따져 물었다.

유 嫉妬(しっと)する 질투하다

유 焼(や)き餅(もち)を焼(や)く 질투하다, 시기하다

참 妬(ねた)ましい 질투심이 나다, 샘이 나다

암기 TIP 네가 따로(ねたむ) 몰래 만나니 내가 질투하지

彼(かれ)は私(わたし)の昇進(しょうしん)を**妬んだ**。

그는 나의 승진을 질투했다.

= 悪態(あくたい)を吐(つ)く 욕설을 퍼붓다

= 悪口(わるくち)を言(い)う 욕을 하다

↔ 褒(ほ)める 칭찬하다

암기 TIP 너너 싫어!(ののしる) 하며 서로 욕설을 퍼부우며 싸우다

酔(よ)っ払(ぱら)い同士(どうし)が口汚(くちぎたな)く**罵り**合(あ)いながら喧嘩(けんか)をしている。

몹시 취한 사람끼리 입정 사납게 서로 욕설을 퍼부우며 싸우고 있다.

DAY 23

표제어	Step 1 | 단어 풀이(용법·의미)

동사

36

諮る

자문하다, 의견을 묻다

(한자풀이) **諮** 물을 자

はかる

의미 그 방면에 학식과 경험이 풍부한 전문가에게 의견을 묻는 것

빈출표현 役員会(やくいんかい)/委員会(いいんかい)/審議会(しんぎかい)に諮る(임원회/위원회/심의회에 자문하다)

*출제가능유형 : [한자읽기-훈독] [용법]

37

育む

기르다, 키우다

(한자풀이) **育** 기를 육

はぐくむ

의미 기르다, 키우다

용법 애정을 가지고 소중히 지키며 기르는 것에 사용

빈출표현 両親(りょうしん)の愛(あい)に育まれる(부모의 사랑을 받으며 자라다),
夢(ゆめ)/才能(さいのう)/愛(あい)を育む(꿈/재능/사랑을 키우다)

*출제가능유형 : [한자읽기-훈독] [유의표현]

부사

38

こぢんまり

아담하게, 조촐하게

こぢんまり

의미 아담하게, 조촐하게, 오붓하게

빈출표현 こぢんまり(と)した家(いえ)/店(みせ)(아담한 집/가게),
こぢんまり(と)暮(く)らす(오붓하게 살다)

*출제가능유형 : [유의표현] [용법]

39

さも

아주, 정말, 자못

さも

용법 모습을 나타내는 '~そうだ(~듯하다), ~げだ(~듯하다), ~ようだ(~같다)'를 강조하는 표현

빈출표현 さも嬉(うれ)しそうだ(정말 기쁜 듯하다),
さも誇(ほこ)らしげだ(정말 자랑스러운 듯하다)

*출제가능유형 : [문맥] [유의표현]

40

つくづく

곰곰이, 눈여겨, 절실히

つくづく

의미 ① 곰곰이, 골똘히 ② 눈여겨, 뚫어지게 ③ 아주, 절실히

빈출표현 つくづく(と)考(かんが)える(곰곰이 생각하다),
つくづく(と)眺(なが)める(눈여겨 바라보다),
つくづく(と)感(かん)じる(절실히 느끼다)

*출제가능유형 : [문맥] [유의표현]

Step 2 │ 연관 단어	Step 3 │ 예문
참 図る (여러모로) 도모하다 참 計る (수량 · 시간을) 재다 참 量る (무게 · 양을) 재다, 달다 참 測る (길이 · 깊이 · 면적을) 재다, 측정하다 참 謀る (나쁜 일을) 꾀하다, 기도하다, 음모하다	君の企画を役員会に諮ってみよう。 자네의 기획을 임원회에 자문해 보자.
유 育てる 기르다, 키우다, 양성하다 └, 크게 성장하도록 돌보며 기르는 것, 또 추상적인 것에도 사용 유 養う 기르다, 양육하다, 부양하다 └, 음식과 의복을 제공하여 생활을 돌보며 기르는 것 유 培う 기르다, 가꾸다, 배양하다 └, 식물을 소중히 가꾸는 것, 또 사람의 의지 · 체력 · 정신력 등을 육성하는 것	友達を大切にし、友情を育むことは人生にとってプラスになる。 친구를 소중히 하고 우정을 키우는 것은 인생에 도움이 된다.
유 小型 소형　유 小規模 소규모 유 コンパクト 콤팩트, 소형, 작지만 알참 ↔ 大型 대형　↔ 大規模 대규모 ↔ 壮大 장대, 웅대함　↔ 盛大 성대	広い部屋は落ち着かないので、こぢんまり(と)した部屋を探している。 넓은 방은 마음이 안정되지 않으니까 아담한 방을 찾고 있다.
= いかにも 정말로, 매우, 자못 예 いかにも悲しげな顔 자못 슬픈 듯한 얼굴	彼女はさも楽しそうに話していた。 그녀는 자못 즐거운 듯이 이야기를 했다.
= じっくり 곰곰이, 차분하게 = じっと 가만히, 꼼짝 않고 = しみじみ 절실히 암기 TIP 머리로 찌르듯이(つく) 곰곰이 생각하고, 눈으로 찌르듯이(つく) 뚫어지게 바라보며, 가슴 속 깊이 찔려(つく) 들어오듯 절실히 느끼죠	つくづく(と)将来の事を考える。 곰곰이 장래의 일을 생각하다.

표제어	Step 1 | 단어 풀이(용법·의미)

가타카나

41 **ジレンマ**
딜레마, 진퇴양난

dilemma

의미 두 개의 선택지 중, 어느 쪽을 선택해도 불이익이 발생하기 때문에 곤란한 상황에 있는 것

빈출표현 ジレンマを抱(かか)える(딜레마를 안다), ジレンマに陥(おちい)る/苦(くる)しむ(딜레마에 빠지다/괴로워하다)

＊**출제가능유형 :** 문맥 용법

42 **テナント**
테넌트, 세입자

tenant

의미 장사·사업 등을 위해서 빌딩의 한 부분을 빌리는 사람

빈출표현 テナントを募集(ぼしゅう)する(테넌트를 모집하다), テナント仲介(ちゅうかい)(테넌트 중개), テナントビル(테넌트 빌딩)

＊**출제가능유형 :** 문맥 유의표현

43 **デリケート**
섬세함, 미묘함

delicate

의미 ① 감수성이 강하고 섬세한 것
② 미묘해서 세심한 주의가 필요한 것

빈출표현 デリケートな神経(しんけい)(섬세한 신경), デリケートな人(ひと)(예민한 사람), デリケートな問題(もんだい)(미묘한 문제)

＊**출제가능유형 :** 문맥 유의표현

44 **ノスタルジア**
노스탤지어, 향수

nostalgia

의미 낯선 타향에 있으면서 고향이 그리워지거나, 지난날이 그리워지는 마음

빈출표현 ノスタルジアを感(かん)じる/覚(おぼ)える(향수를 느끼다), ノスタルジアに浸(ひた)る(향수에 잠기다)

＊**출제가능유형 :** 유의표현 용법

45 **ノミネート**
지명함, 추천함

nominate

의미 후보자로 지명(추천)함

용법 대개 '～にノミネートされる(～로 추천받다)'의 형태로 사용

빈출표현 ～賞(しょう)にノミネートされる(～상에 추천받다), 候補(こうほ)にノミネートされる(후보로 추천받다)

＊**출제가능유형 :** 문맥 유의표현

Step 2 | 연관 단어	Step 3 | 예문
= 進退両難(しんたいりょうなん) 진퇴양난, 이러지도 저러지도 못하는 매우 난처한 처지에 놓여 있음 유 葛藤(かっとう) 갈등	二人(ふたり)の男性(だんせい)に告白(こくはく)されジレンマに陥(おちい)っている。 두 명의 남성에게 고백을 받아 딜레마에 빠져 있다.
유 借(か)り主(ぬし) 차용인 └ 현재 무언가를 빌린 사람 유 借(か)り手(て) 차용인 └ 현재 무언가를 빌린 사람, 또는 빌리려고 하는 사람 참 店舗(てんぽ) 점포	新築(しんちく)ビルでテナントを募集(ぼしゅう)している。 신축 빌딩에서 세입자를 모집하고 있다.
= 繊細(せんさい) 섬세 = 鋭敏(えいびん) 예민 = 微妙(びみょう) 미묘	赤(あか)ちゃんの肌(はだ)はデリケートなので注意(ちゅうい)が必要(ひつよう)だ。 아기의 피부는 예민하기 때문에 주의가 필요하다.
= 郷愁(きょうしゅう) 향수 유 ホームシック 향수(병) 유 物懐(ものなつ)かしさ (왠지 모르게) 그리움 참 香水(こうすい) (화장품) 향수	この曲(きょく)には少年時代(しょうねんじだい)のノスタルジアを感(かん)じる。 이 곡에는 소년 시절의 향수를 느낀다.
유 推薦(すいせん) 추천 유 指名(しめい) 지명 참 キャンディデイト 후보자 참 候補者(こうほしゃ) 후보자	彼女(かのじょ)はアカデミー賞(しょう)にノミネートされた。 그녀는 아카데미상 후보로 지명되었다.

표제어	Step 1 ǀ 단어 풀이(용법·의미)

의성어·의태어

46

じろじろ
빤히, 뚫어지게

じろじろ

의미 삼가는 기색 없이 실례가 될 정도로 쳐다보는 모양, 빤히, 뚫어지게

★빈출표현 じろじろ(と)見る/眺める(빤히 쳐다보다/바라보다)

*출제가능유형 : 문맥 용법

47

ぞろぞろ
줄줄

ぞろぞろ

의미 많은 사람이나 동물 등이 비교적 천천히 줄지어 가는 모양, 줄줄

★빈출표현 ぞろぞろ(と)歩く/付いて来る/這い出る
(줄줄 걷다/따라오다/기어 나오다)

*출제가능유형 : 문맥 용법

48

なよなよ
나긋나긋, 하늘하늘

なよなよ

의미 가냘프고 나긋나긋한 모양, 나긋나긋, 하늘하늘

용법 가냘프고 연약한 것에 사용

★빈출표현 なよなよ(と)した体付き(가냘프고 나긋나긋한 몸매),
なよなよ(と)揺れる(하늘하늘 흔들리다)

*출제가능유형 : 문맥 용법

관용구

49

虫の居所が悪い
기분이 언짢다

한자풀이 虫 벌레 충, 居 있을 거, 所 바 소, 悪 악할 악

むしのいどころがわるい

의미 (평소와는 달리 사소한 일에도) 기분이 언짢다

★빈출표현 朝から虫の居所が悪い(아침부터 기분이 언짢다)

*출제가능유형 : 문맥 유의표현

50

身から出た錆
자업자득, 자승자박

한자풀이 身 몸 신, 出 날 출, 錆 자세할 창, 자세할 청

みからでたさび

의미 [칼 그 자체에서 녹이 생겨 도신(刀身 : 칼의 몸체)을 삭게 한다는 뜻] 스스로 초래한 나쁜 결과

*출제가능유형 : 문맥 유의표현

Step 2 | 연관 단어	Step 3 | 예문
유 つくづく 뚫어지게, 눈여겨, 지그시 유 じっと (몸·시선 등을) 움직이지 않고 있는 모양, 가만히, 꼼짝 않고 ↔ ちらちら 조금씩 되풀이해서 보는 모양, 힐끔힐끔, 슬쩍슬쩍	見知らぬ人をじろじろ(と)見るのは無作法である。 낯선 사람을 빤히 쳐다보는 것은 예의가 아니다.
유 どやどや 여럿이 떼 지어서 드나드는 모양, 우르르, 우 참 長蛇の列を成す 장사의 행렬을 이루다 참 ちょろちょろ 물이 조금씩 흐르는 모양, 졸졸	ビルからサラリーマンたちがぞろぞろ(と)出てくる。 빌딩에서 샐러리맨들이 줄줄 나오다.
유 しなしな 호리호리하고 탄력이 있는 모양, 나긋나긋 └ 탄력 있고 부드럽게 잘 휘는 것 참 なよやか (태도·동작이) 가냘프게 느껴질 만큼 나긋나긋함 참 しなやか 탄력이 있고 부드럽게 잘 휘어지는 모양, 나긋나긋함	柳の枝が風になよなよ(と)揺れている。 버드나무 가지가 바람에 하늘하늘 흔들리고 있다.
= ご機嫌斜めだ 기분이 언짢다, 저기압이다 = 不機嫌だ 기분이 언짢다, 심기가 좋지 않다 유 腹の虫が治まらない 화가 나서 견딜 수가 없다 참 虫 기분, 생각, 비위 (몸속에 벌레가 있어서 여러 가지 감정을 좌우한다는 데에서)	うちの部長は虫の居所が悪いと、すぐに大きな声で怒る。 우리 부장님은 기분이 언짢으면 바로 큰 소리로 화낸다.
= 自業自得 자업자득 유 因果応報 인과응보 참 錆 녹	君の失敗は身から出た錆だ。 자네의 실패는 자업자득이다.

Day 23

문제로 확인하기

❶ 다음 단어의 한자 읽는 법을 고르세요.

1. 雪崩　A. なだれ　B. ゆきくずれ
2. 喪失　A. そうしつ　B. そしつ
3. 体裁　A. たいさい　B. ていさい

❷ 다음 단어의 한자 표기를 고르세요.

4. どたんば　A. 土端場　B. 土壇場
5. にゅうわ　A. 柔和　B. 揉和
6. たんのうだ　A. 堪能だ　B. 勘能だ

❸ 다음 빈칸에 공통으로 들어갈 수 있는 한자 또는 단어로 적절한 것을 고르세요.

7. 巧(　)　稚(　)　(　)劣
A. 妙　B. 拙　C. 優

8. (　)灯　(　)出　手(　)げ
A. 街　B. 輸　C. 提

9. 年の(　)　(　)戸際　(　)戸物
A. 暮れ　B. 瀬　C. 江

❹ 빈칸에 들어갈 단어로 적절한 것을 고르세요.

A. ジレンマ　B. 嗜み　C. 醍醐味

10. 母は茶道の_________があって毎週茶道教室に通っている。
11. 2人の男性に告白され_________に陥っている。
12. 異文化に触れることが海外旅行の_________だ。

정답 | 1. A　2. A　3. B　4. B　5. A　6. A　7. B　8. C　9. B　10. B　11. A　12. C

WEEK 5

Day 24

강의와 예문 듣기

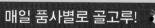

매일 품사별로 골고루! 오늘의 50단어 한눈에 보기!

음독명사

01. 疲弊
02. 不摂生
03. 侮辱
04. 辟易
05. 遍歴
06. 奔走
07. 微塵
08. 無頓着
09. 猛者
10. 擁護
11. 漏洩
12. 腕白

고유어

13. 引っ張りだこ
14. 日向
15. 身代金
16. 胸騒ぎ
17. 喪中
18. 屋敷
19. 横這い
20. わら

い형용사

21. みみっちい
22. 喧しい
23. 疚しい
24. やるせない
25. りりしい

な형용사

26. ちんぷんかんぷんだ
27. なおざりだ
28. 懇ろだ
29. ぶっきらぼうだ
30. 憂鬱だ

동사

31. 蔓延る
32. 膨れる
33. 謙る/遜る
34. 仄めかす
35. ぼやく
36. 貪る
37. 愛でる
38. 軒並み

부사

39. 甚だ
40. まんまと

가타카나

41. ノンフィクション
42. バリアフリー
43. パワハラ
44. ブティック
45. マンネリ

의성어・의태어

46. ふさふさ
47. もじもじ
48. もやもや

관용구

49. 横槍を入れる
50. 李下に冠を正さず

표제어	Step 1 ㅣ 단어 풀이(용법·의미)

음독명사

1 **疲弊**
피폐
(한자풀이) 疲 피곤할 피, 弊 해질 폐

ひへい
의미 지치고 쇠약해짐
빈출표현 疲弊した精神[せいしん](피폐한 정신), 心身[しんしん]の疲弊(심신의 피폐), 国力[こくりょく]が疲弊する(국력이 피폐하다)
＊출제가능유형 : 한자읽기-음독 | 문맥

2 **不摂生**
불섭생
(한자풀이) 不 아닐 불, 아닐 부, 摂 당길 섭, 生 날 생

ふせっせい
의미 (폭음 · 폭식 · 과로 따위로) 몸을 소중히 하지 않고 건강을 해침
빈출표현 不摂生な生活[せいかつ](불섭생한 생활), 不摂生で健康[けんこう]を損[そこ]なう(불섭생으로 건강을 해치다)
＊출제가능유형 : 한자읽기-음독 | 용법

3 **侮辱**
모욕
(한자풀이) 侮 업신여길 모, 辱 욕될 욕

ぶじょく
의미 깔보고 욕되게 함
빈출표현 侮辱罪[ざい](모욕죄), 侮辱的[てき]な発言[はつげん](모욕적인 발언), 侮辱を受[う]ける(모욕을 당하다)
＊출제가능유형 : 한자읽기-음독 | 유의표현

4 **辟易**
질림, 손듦
(한자풀이) 辟 임금 벽, 피할 피, 易 바꿀 역

へきえき
의미 몹시 성가시어 손을 듦, 질림
용법 같은 일을 반복하는 상대의 기세에 질리는 것에 사용
빈출표현 くどい説教[せっきょう]に辟易する(집요한 설교에 질리다), 同[おな]じ料理[りょうり]に辟易する(같은 요리에 질리다)
＊출제가능유형 : 문맥 | 유의표현

5 **遍歴**
편력
(한자풀이) 遍 두루 편, 歴 지낼 력

へんれき
의미 ① 널리 각지를 돌아다님 ② 여러 가지 경험을 함
빈출표현 遍歴詩人[しじん](편력 시인), 人生[じんせい]遍歴(인생 편력), 諸国[しょこく]を遍歴する(여러 지방을 돌아다니다)
＊출제가능유형 : 유의표현 | 용법

Step 2 ｜ 연관 단어	Step 3 ｜ 예문
유 疲労(ひろう) 피로 참 くたくた 지침, 녹초가 됨, 기진맥진함 참 へとへと 지침, 녹초가 됨, 기진맥진함 참 疲幣(×)*한자 주의!*	戦争(せんそう)のため国力(こくりょく)が**疲弊**する。 전쟁으로 국력이 피폐하다.
= 不養生(ふようじょう) 불섭생 참 摂(と)る (식사·영양을) 취하다, 섭취하다	日頃(ひごろ)の**不摂生**が原因(げんいん)で病気(びょうき)になった。 평소의 불섭생이 원인으로 병이 났다.
유 蔑視(べっし) 멸시 ↔ 尊敬(そんけい) 존경 참 侮(あなど)る 깔보다, 얕보다, 업신여기다 참 辱(はずかし)める 창피를 주다, 모욕하다 암기 TIP 원시 부족(ぶじょく)을 모욕하다	職場(しょくば)の上司(じょうし)から**侮辱**的(てき)な発言(はつげん)を受(う)けた。 직장 상사에게 모욕적인 발언을 들었다.
유 閉口(へいこう) 질림, 손듦 └ 입을 다물고 아무 말도 하고 싶지 않을 정도로 질리는 것 유 降参(こうさん) 항복, 질림, 손듦 └ 일상의 언쟁이나 놀이에 졌다는 의미로, 주로 개인의 투쟁 장면에서 사용 참 うんざり 지긋지긋하게, 진절머리 나게	会(あ)うたびに説教(せっきょう)を繰(く)り返(かえ)す父(ちち)に**辟易**する。 만날 때마다 설교를 반복하는 아버지에게 손들다.
유 巡回(じゅんかい) 순회, 여러 곳을 차례로 돌아다님 유 行脚(あんぎゃ) 행각, 도보 여행, 순회 참 履歴(りれき) 이력	多(おお)くの職業(しょくぎょう)を**遍歴**する。 많은 직업을 경험하다.

표제어	Step 1 | 단어 풀이(용법·의미)
6 **奔走** 분주 (한자풀이) 奔 달릴 분, 走 달릴 주	ほんそう 의미 (목적을 달성하기 위해서) 바쁘게 뛰어다님, 뛰어다니며 노력함 빈출표현 資金調達(しきんちょうたつ)/国事(こくじ)に奔走する(자금 조달/국사에 분주하다) *출제가능유형 : 한자읽기-음독, 문맥
7 **微塵** 미진 (한자풀이) 微 작을 미, 塵 티끌 진	みじん 의미 ① 아주 작은 먼지, 티끌 ② 아주 조금, 추호 용법 '微塵も～ない(조금도 ~ 않다)'의 형태로 자주 사용 빈출표현 微塵に砕(くだ)ける(산산조각으로 부서지다), 微塵切(ぎ)り(잘게 썲), 微塵もない(조금도 없다) *출제가능유형 : 문맥, 유의표현
8 **無頓着** 무관심, 개의치 않음 (한자풀이) 無 없을 무, 頓 조아릴 돈, 着 붙을 착	むとんちゃく 의미 무관심, 개의치 않음, 대범함, 아랑곳하지 않음 용법 일·사물에 대해서 구애되지(얽매이지) 않는 것에 사용 빈출표현 無頓着な性格(せいかく)(대범한 성격), 金(かね)に無頓着(돈에 무관심), 人(ひと)の事(こと)に無頓着(남의 일에 관심이 없음) *출제가능유형 : 유의표현, 용법
9 **猛者** 강자, 고수 (한자풀이) 猛 사나울 맹, 者 놈 자	もさ 의미 힘이 세고 용맹한 사람, 맹자, 강자, 고수, 명수, 수완가 빈출표현 柔道(じゅうどう)の猛者(유도의 강자), その道(みち)の猛者(그 방면의 강자), 業界(ぎょうかい)の猛者(업계의 수완가) *출제가능유형 : 한자읽기-음독, 유의표현
10 **擁護** 옹호 (한자풀이) 擁 안을 옹, 護 보호할 호	ようご 의미 편들어 지킴 빈출표현 人権(じんけん)擁護(인권 옹호), 自由(じゆう)を擁護する(자유를 옹호하다), 憲法(けんぽう)を擁護する(헌법을 옹호하다) *출제가능유형 : 한자읽기-음독, 용법

음독명사

Step 2 ｜ 연관 단어	Step 3 ｜ 예문
유 活躍(かつやく) 활약 └ 본인이 힘껏 노력하여 눈에 띄는 활동을 하는 것 유 奮闘(ふんとう) 분투 └ 강한 상대나 힘든 상황에 맞서 힘껏 노력하는 것 참 奔走(ふんそう)(×) *발음 주의!*	彼(かれ)は資金集(しきんあつ)めに奔走している。 그는 자금 모으기에 분주하다.
유 細かい塵(ちり) 자잘한 먼지 유 少(すこ)し 조금, 약간 유 ちっと 조금, 약간 참 塵(ちり) 티끌, 먼지　참 塵取(ちりと)り 쓰레받기 암기 TIP 저의 첫사랑 미진(みじん)이는 저를 조금도 사랑하지 않았어요	犯人(はんにん)は微塵も反省(はんせい)していない。 범인은 조금도 반성하고 있지 않다.
유 無関心(むかんしん) 무관심 └ 일·사물·사람에 대해서 관심을 갖지 않는 것 유 無感覚(むかんかく) 무감각 ↔ 執着(しゅうちゃく) 집착 ↔ 神経質(しんけいしつ) 신경질	夫(おっと)は食事(しょくじ)に無頓着なので、食事(しょくじ)の用意(ようい)が楽(らく)だ。 남편은 식사에 개의치 않아서 식사 준비가 편하다.
유 強者(きょうしゃ) 강자 유 ベテラン 베테랑 유 玄人(くろうと) 전문가, 프로 유 兵(つわもの) 수완가, 실력자, 베테랑 참 猛者(もうしゃ)(×) *발음 주의!*	彼(かれ)はこの業界(ぎょうかい)の猛者として知(し)られている。 그는 이 업계의 고수로 알려져 있다.
유 保護(ほご) 보호 유 庇護(ひご) 비호, 감싸 보호함 ↔ 侵害(しんがい) 침해 참 擁護(おうご)(×) *발음 주의!*	彼(かれ)の発言(はつげん)には批判(ひはん)もあるが、擁護する人(ひと)も多(おお)い。 그의 발언에는 비판도 있지만 옹호하는 사람도 많다.

DAY 24

표제어	Step 1 ㅣ 단어 풀이(용법·의미)

음독명사

11

漏洩

누설

(한자풀이) **漏** 샐 루, **洩** 샐 설

ろうえい

의미 액체 · 기체 · 빛 · 비밀 등이 샘

용법 'ろうせつ'라고도 읽지만, 'ろうえい'로 읽는 것이 일반적

빈출표현 ガスが漏洩する(가스가 새다), 機密(きみつ)が漏洩する(기밀이 누설되다)

*출제가능유형 : 유의표현 용법

12

腕白

장난꾸러기, 개구쟁이

(한자풀이) **腕** 팔 완, **白** 흰 백

わんぱく

의미 어린아이, 특히 사내아이가 말을 안 듣고 장난이 심한 모양, 또는 그런 아이

빈출표현 腕白な子(こ)(장난꾸러기 아이), 腕白時代(じだい)(개구쟁이 시절), 腕白盛(ざか)り(한창 개구쟁이 짓을 할 때)

*출제가능유형 : 문맥 유의표현

고유어

13

引っ張りだこ

사방에서 끎, 또는 그런 사람이나 물건

(한자풀이) **引** 끌 인, **張** 베풀 장

ひっぱりだこ

의미 인기가 있어 사방에서 끄는 것, 또는 그런 사람이나 물건

빈출표현 あちこちから引っ張りだこだ(여기저기서 끌려고 야단이다), 引っ張りだこのタレント(세나는 탤런트), 引っ張りだこの新製品(しんせいひん)(인기가 좋은 신제품)

*출제가능유형 : 유의표현 용법

14

日向

양지, 양달

(한자풀이) **日** 날 일, 해 일, **向** 향할 향

ひなた

의미 볕이 잘 드는 곳 **용법** 해가 드는 장소 전반에 널리 사용

빈출표현 日向に出(で)る(양지로 나가다), 日向に干(ほ)す(양달에 말리다), 日向に置(お)かないように(양달에 두지 않도록), 日向ぼっこ(양지에서 햇볕을 쬠)

*출제가능유형 : 한자읽기-훈독 문맥

15

身代金

(인질의) 몸값

(한자풀이) **身** 몸 신, **代** 대신할 대, **金** 쇠 금

みのしろきん

의미 (인질의) 몸값

빈출표현 身代金目当(めあ)て(몸값을 노림), 身代金を要求(ようきゅう)する(몸값을 요구하다)

*출제가능유형 : 한자읽기-훈음독 문맥

Step 2 | 연관 단어	Step 3 | 예문
유 漏出(ろうしゅつ) 누출 유 口外(こうがい) (비밀 따위를) 입 밖에 냄 유 暴露(ばくろ) 폭로 참 漏(も)れる 새다, 누설되다 참 漏(も)らす 새게 하다, 누설하다	顧客(こきゃく)の個人情報(こじんじょうほう)が**漏洩**して悪用(あくよう)されている。 고객의 개인 정보가 누설되어서 악용되고 있다.
= いたずらっ子(こ) 장난꾸러기 = やんちゃ 개구쟁이 유 おてんば 말괄량이	この子(こ)は**腕白**でいつも問題(もんだい)ばかり起(お)こしている。 이 아이는 개구쟁이라서 항상 문제만 일으키고 있다.
유 売(う)れっ子(こ) 인기 있는 사람, 잘 팔리는 사람 유 すごい人気(にんき) 굉장한 인기 참 'たこ(연)'을 '引っ張る(끌어 당기다)'라는 뜻에서 파생	ドラマがヒットして無名(むめい)の俳優(はいゆう)が今(いま)では**引っ張りだこ**になっている。 드라마가 히트를 쳐서 무명 배우가 지금은 서로 데려 가려고 한다.
유 日溜(ひだ)まり 양지, 양달 └, 해가 잘 들어서 따뜻해진 장소를 의미하므로, 주로 겨울 등 일광이 비교적 약할 때 사용 ↔ 日陰(ひかげ) 응달, 음지, 그늘 참 日向(にっこう)(×) *발음 주의!* 암기 TIP 히났다(ひなた) ➡ 해났다 ➡ 양지	**日向**でうとうとしているヒヨコの姿(すがた)が可愛(かわい)くてたまらない。 양지에서 꾸벅꾸벅 졸고 있는 병아리의 모습이 너무 귀엽다.
참 人質(ひとじち) 인질 참 身代金(みだいきん)(×) *발음 주의!*	その犯人(はんにん)は**身代金**目当(めあ)てに子供(こども)を誘拐(ゆうかい)した。 그 범인은 몸값을 노리고 어린아이를 유괴했다.

DAY 24

표제어	Step 1 ｜ 단어 풀이(용법·의미)
16 **胸騒ぎ** 가슴이 두근거림 (한자풀이) **胸** 가슴 흉, **騒** 떠들 소	むなさわぎ **의미** 걱정이나 불길한 예감 등으로 가슴이 두근거리는 것 **빈출표현** 胸騒ぎがする(가슴이 두근거리다), 胸騒ぎを覚(おぼ)える(가슴의 두근거림을 느끼다) **＊출제가능유형 :** [한자읽기-훈독] [문맥]
17 **喪中** 상중 (한자풀이) **喪** 잃을 상, 죽을 상, **中** 가운데 중	もちゅう **의미** 상복을 입고 있는 기간, 사후 1년간 **빈출표현** 喪中につき~(상중이므로 ~) **＊출제가능유형 :** [한자읽기-훈음독] [용법]
18 **屋敷** 저택, 고급 주택 (한자풀이) **屋** 집 옥, **敷** 펼 부	やしき **의미** 큰 주택, 저택, 고급 주택 **빈출표현** お屋敷に住(す)む(저택에 살다), 屋敷を構(かま)える(저택을 짓다), 屋敷町(まち)(고급 주택가) **＊출제가능유형 :** [한자읽기-훈독] [유의표현]
19 **横這い** 시세가 크게 변동이 없는 상태, 보합 (한자풀이) **横** 가로 횡, **這** 이 저	よこばい **의미** ① 옆으로 김, 모로 기어감 ② 시세가 크게 변동이 없는 상태, 보합 **빈출표현** 横這い状態(じょうたい)(보합 상태), 横這いで推移(すいい)する(큰 변동 없이 변해 가다) **＊출제가능유형 :** [문맥] [유의표현]
20 **わら** 짚, 지푸라기	わら **의미** (벼·보리의) 짚, 볏짚, 보릿짚 **빈출표현** わらにもすがる気持(きも)ち(지푸라기에라도 매달리고 싶은 심정), 溺(おぼ)れる者(もの)はわらをも掴(つか)む(물에 빠진 자는 지푸라기라도 잡는다) **＊출제가능유형 :** [문맥] [용법]

고유어

Step 2 │ 연관 단어	Step 3 │ 예문
참 どきどき 두근두근 참 嫌(いや)な予感(よかん) 싫은 예감 참 虫(むし)の知(し)らせ 불길한 예감 참 胸騒(むねさわ)ぎ(×)*발음 주의!*	息子(むすこ)の帰(かえ)りが遅(おそ)すぎるので胸騒ぎがする。 아들의 귀가가 너무 늦어 (걱정이 되어서) 가슴이 두근거린다.
유 忌中(きちゅう) 기중, 사후 49일간 참 喪中(そうちゅう)(×)*발음 주의!*	喪中につき年賀欠礼(ねんがけつれい)いたします。 상중이므로 새해 인사를 결례합니다.
= 邸宅(ていたく) 저택	彼(かれ)は大(おお)きな屋敷に住(す)んでいる。 그는 큰 저택에 살고 있다.
유 停滞(ていたい) 정체 유 足踏(あしぶ)み 제자리걸음, 정체 참 右肩上(みぎかたあ)がり 수치가 점점 높아짐, 상태가 점점 좋아짐 참 右肩下(みぎかたさ)がり 수치가 점점 낮아짐, 상태가 점점 나빠짐 참 這(は)う 기다, 기어가다	人口(じんこう)は横這い状態(じょうたい)が続(つづ)いている。 인구는 보합 상태가 이어지고 있다.
참 稲(いね) 벼 참 麦(むぎ) 보리	あの時(とき)はわらにもすがる気持(きも)ちだった。 그때는 지푸라기에라도 매달리고 싶은 심정이었다.

DAY 24

표제어	Step 1 │ 단어 풀이(용법·의미)

い형용사

21 みみっちい
쩨쩨하다, 인색하다

みみっちい

의미 쩨쩨하다, 인색하다

빈출표현 みみっちい人(쩨쩨한 사람),
みみっちい生活/根性(인색한 생활/근성)

*출제가능유형 : 문맥 유의표현

22 喧しい
시끄럽다, 요란스럽다

한자풀이 喧 떠들썩할 훤

やかましい

의미 시끄럽다, 요란스럽다, 떠들썩하다

용법 소리가 커서 방해가 되거나 불쾌한 감정을 느낄 때 사용

빈출표현 喧しい音/表通り(시끄러운 소리/큰 거리),
喧しく宣伝する(시끄럽게 선전하다)

*출제가능유형 : 문맥 유의표현

23 疚しい
양심의 가책을 느끼다, 뒤가 켕기다

한자풀이 疚 고질병 구

やましい

의미 양심의 가책을 느끼다, 뒤가 켕기다, 꺼림칙하다

빈출표현 疚しいことはない(양심의 가책을 느낄 일은 없다),
疚しいところがある(뒤가 켕기는 데가 있다),
疚しい気持ち(뒤가 켕기는 기분)

*출제가능유형 : 문맥 유의표현

24 やるせない
마음을 달랠 길이 없다, 안타깝다

やるせない

의미 마음을 풀 길이 없다, 마음을 달랠 길이 없다, 안타깝다

빈출표현 やるせない心(달랠 길이 없는 마음),
やるせない思い(안타까운 심정),
やるせない表情(안타까운 표정)

*출제가능유형 : 유의표현 용법

25 りりしい
씩씩하다, 늠름하다

りりしい

의미 씩씩하다, 늠름하다

용법 외관이 야무지고 탄탄한 느낌이 드는 경우에 사용

빈출표현 りりしい若者/姿/声(씩씩한 젊은이/모습/목소리),
りりしい顔立ち(늠름한 얼굴 모습)

*출제가능유형 : 문맥 유의표현

Step 2	연관 단어	Step 3	예문
= けち臭(くさ)い 인색하다, 쩨쩨하다 암기 TIP 돈 내는 것이 미미(みみ)하고 치사하면(ち い) 인색한 사람이죠	あまりにもお金(かね)を出(だ)し渋(しぶ)るとみみっちいと言(い)われるよ。 너무 돈 내기를 주저하면 인색하다는 말을 듣는다.
= うるさい 시끄럽다, 귀에 거슬리다 유 騒(さわ)がしい 시끄럽다, 소란스럽다, 뒤숭숭하다 ㄴ 조용한 분위기를 깨는 어수선한 잡음이나 소리를 객관적으로 형용하는 경우에 사용, 또 사건이나 일 등으로 세상이 불안정한(뒤숭숭한) 경우에도 사용 암기 TIP 야(や) 가만(かま)히 있어 시(しい)끄러워	工事現場(こうじげんば)の音(おと)が喧しくてたまらない。 공사 현장의 소리가 시끄러워 참을 수 없다.
= 後(うし)ろめたい 양심의 가책을 느끼다, 뒤가 켕기다, 떳떳하지 못하다 = 後(うし)ろ暗(ぐら)い 뒤가 켕기다, 떳떳하지 못하다	カンニングをしたあと、疚しいことをしたと後悔(こうかい)した。 컨닝을 하고 나서 양심의 가책을 받을 일을 했다고 후회했다.
유 苦(くる)しい 괴롭다, 고통스럽다 유 辛(つら)い 괴롭다, 고통스럽다 유 切(せつ)ない 애절하다, 애달프다, 안타깝다	テレビで事故(じこ)のニュースを見(み)ると、やるせない思(おも)いを抱(いだ)く。 TV에서 사고 뉴스를 보면 안타까운 심정이 든다.
유 勇(いさ)ましい 용감하다, 씩씩하다 ㄴ 행동이나 마음가짐, 또는 외관에 대해서 사용 ↔ 締(し)まりがない 야무진 데가 없다	選手(せんしゅ)たちは、りりしい姿(すがた)で入場(にゅうじょう)した。 선수들은 씩씩한 모습으로 입장했다.

DAY 24

표제어	Step 1 ㅣ 단어 풀이(용법·의미)
26 **ちんぷんかんぷんだ** 종잡을 수 없다, 횡설수설하다	ちんぷんかんぷんだ 용법 상황이나 대답을 전혀 몰라서 횡설수설하는 경우에 사용 빈출표현 ちんぷんかんぷんなことを言う(횡설수설하다), ちんぷんかんぷんで意味が分からない(횡설수설이어서 의미를 모르다) *출제가능유형 : 문맥 용법
27 **なおざりだ** 등한시하다, 소홀히 하다	なおざりだ 의미 등한시하다, 소홀히 하다 용법 거의 아무것도 하지 않고 그대로 방치하는 것에 사용 빈출표현 なおざりな態度(소홀한 태도), 勉強/規則をなおざりにする(공부/규칙을 등한시하다) *출제가능유형 : 문맥 유의표현
28 **懇ろだ** 정중하다, 정성스럽다 한자풀이 懇 정성 간, 간절할 간	ねんごろだ 의미 ① 공손하다, 정중하다, 정성스럽다 ② 친밀하다, 친하다 빈출표현 懇ろな言葉(정중한 말), 懇ろに作る/もてなす(정성스럽게 만들다/대접하다), 懇ろな間柄(친밀한 사이) *출제가능유형 : 유의표현 용법
29 **ぶっきらぼうだ** 무뚝뚝하다, 퉁명스럽다	ぶっきらぼうだ 의미 무뚝뚝하다, 퉁명스럽다 빈출표현 ぶっきらぼうな返事/挨拶/店員(무뚝뚝한 대답/인사/점원), ぶっきらぼうな態度(퉁명스러운 태도) *출제가능유형 : 유의표현 용법
30 **憂鬱だ** 우울하다 한자풀이 憂 근심 우, 鬱 답답할 울, 울창할 울	ゆううつだ 의미 우울하다 빈출표현 憂鬱な気分/顔/天気(우울한 기분/표정/날씨) *출제가능유형 : 유의표현 용법

な형용사

Step 2 │ 연관 단어	Step 3 │ 예문
유 しどろもどろだ 종잡을 수 없다, 횡설수설하다 └ 상황이 헷갈리거나 대답하기 어려워서 횡설수설하는 경우 예 しどろもどろな答(こた)え 횡설수설하는 대답	ちんぷんかんぷんで何(なに)が言(い)いたいのか全(まった)く分(わ)からない。 횡설수설해서 무슨 말을 하려는 건지 전혀 모르겠다.
= 疎(おろそ)かだ 소홀히 하다, 등한시하다 유 おざなりだ 건성이다, 무성의하다, 임시방편이다 └ 일을 하기는 하지만 임시방편으로, 적당히 건성으로 하는 것 ↔ まめだ 성실하다, 착실하고 꼼꼼하다	息子(むすこ)は遊(あそ)びにかまけて、勉強(べんきょう)をなおざりにする。 아들은 노는 데 빠져서 공부를 소홀히 한다.
= 丁寧(ていねい)だ 정중하다, 공손하다, 정성스럽다 유 手厚(てあつ)い 극진하다, 정중하다 유 親(した)しい 친하다 참 懇談会(こんだんかい) 간담회	老舗旅館(しにせりょかん)で懇ろなもてなしを受(う)けた。 오랜 전통이 있는 여관에서 정성스러운 대접을 받았다.
유 無愛想(ぶあいそう)だ 붙임성이 없다, 무뚝뚝하다, 상냥하지 못하다 유 素(そ)っ気(け)ない 무뚝뚝하다, 쌀쌀하다 ↔ 愛想(あいそ)がいい 상냥하다	彼(かれ)は機嫌(きげん)が悪(わる)いのか、ぶっきらぼうな態度(たいど)を取(と)っている。 그는 기분이 안 좋은지 퉁명스러운 태도를 취하고 있다.
유 うっとうしい 음울하다, 찌무룩하다, 울적하고 답답하다 +TIP 鬱 암기법 リンカーン(林缶)は(ワ)アメリカン(米)コーヒー(コヒ)を三(彡)杯飲んだ 링컨은 아메리칸 커피를 3잔 마셨다	体(からだ)の調子(ちょうし)が悪(わる)くて憂鬱だ。 몸 컨디션이 안 좋아서 우울하다.

DAY 24

표제어	Step 1 ǀ 단어 풀이(용법·의미)

동사

31

蔓延る

만연하다, 횡행하다

(한자풀이) 蔓 덩굴 만, 延 끌 연

はびこる

의미 만연하다, 횡행하다, 판치다

용법 좋지 않은 것, 특히 병이나 특정 사상 등이 널리 퍼지는 것에 사용

★ **빈출표현** 悪/伝染病/害虫が蔓延る(악/전염병/해충이 만연하다)

*출제가능유형 : [유의표현] [용법]

32

膨れる

부풀다, 뾰로통해지다

(한자풀이) 膨 부풀 팽

ふくれる

의미 ① 부풀다, 불룩해지다 ② 뾰로통해지다

★ **빈출표현** 餅が膨れる(떡이 부풀다), 腹が膨れる(배가 불룩해지다), 膨れて口も利かない(뾰로통해서 말도 안 하다)

*출제가능유형 : [한자읽기-훈독] [용법]

33

謙る/遜る

겸손하다, 겸양하다

(한자풀이) 謙 겸손할 겸, 遜 겸손할 손

へりくだる

의미 겸손하다, 겸양하다, 자기를 낮추다

★ **빈출표현** 謙った態度/言い方(겸손한 태도/말씨), 謙って話をする(겸손하게 이야기하다)

*출제가능유형 : [유의표현] [용법]

34

仄めかす

암시하다, 넌지시 비추다

(한자풀이) 仄 기울 측

ほのめかす

용법 상대방이 감지할 수 있도록 말·동작·표정 등으로 넌지시 암시하는 것에 사용

★ **빈출표현** 反対の意向/決意を仄めかす(반대의 뜻/결의를 넌지시 비추다), 辞退を仄めかす(사퇴를 암시하다)

*출제가능유형 : [문맥] [유의표현]

35

ぼやく

투덜거리다, 불평하다

ぼやく

의미 투덜거리다, 불평하다 **용법** 혼잣말처럼 투덜거리는 것에 사용

★ **빈출표현** ぼやいても始まらない(투덜거려도 소용없다), 安い給料をぼやく(적은 월급을 불평하다), 仕事がきついとぼやく(일이 힘들다고 투덜거리다)

*출제가능유형 : [유의표현] [용법]

Step 2 | 연관 단어

Step 3 | 예문

유 広(ひろ)がる 퍼지다

유 大流行(だいりゅうこう)する 대유행하다

유 のさばる 제멋대로 날뛰다, 함부로 설치다
ㄴ 세력을 얻어서 멋대로 행동하는 것
예 暴力団(ぼうりょくだん)がのさばる 폭력단이 설치다

新型(しんがた)の感染症(かんせんしょう)が世界(せかい)に蔓延っている。

신형 감염증이 세계에 만연해 있다.

유 膨(ふく)らむ 부풀다, 불룩해지다
예 腹(はら)が膨らむ 배가 불룩해지다
예 夢(ゆめ)が膨らむ 꿈이 부풀다

↔ 萎(しぼ)む 오그라들다, (초목이) 시들다

참 膨張(ぼうちょう) 팽창

うちの娘(むすめ)はちょっとしたことで、すぐに膨れて口(くち)も利(き)かない。

우리 딸은 사소한 일로 금방 뾰로통해서 말도 안 한다.

= 謙遜(けんそん)する 겸손하다

유 頭(あたま)が低(ひく)い 겸손하다, 저자세이다

유 腰(こし)が低(ひく)い 겸손하다, 저자세이다

↔ 高(たか)ぶる 교만하게 굴다, 우쭐거리다

암기 TIP 겸손하게 자기의 능력을 줄여서(へる) 말하고 머리가 아래로 내려가요(くだる)

彼(かれ)はいつも相手(あいて)に対(たい)して謙った態度(たいど)を取(と)る。

그는 항상 상대방에게 겸손한 태도를 취한다.

유 匂(にお)わせる 향기를 풍기다, 암시하다, 넌지시 비추다
ㄴ 주로 말로 넌지시 암시하는 것

참 仄々(ほのぼの) 어렴풋이, 희미하게

참 それとなく 넌지시, 슬며시

木村選手(きむらせんしゅ)はインタビューの中(なか)で引退(いんたい)することを仄めかした。

기무라 선수는 인터뷰 중에서 은퇴할 것을 암시했다.

유 愚痴(ぐち)る 푸념하다, 투덜대다
ㄴ 같은 말을 지겹게 되풀이하며 투덜대는 것
예 愚痴ってばかりいる 푸념만 하고 있다

유 こぼす 푸념하다, 투덜대다
ㄴ 불평 등을 자기도 모르게 무심코 드러내는 것

참 ぶつぶつ 중얼중얼, 투덜투덜

仕事(しごと)がとても忙(いそが)しいと彼(かれ)はぼやいた。

일이 너무 바쁘다고 그는 투덜거렸다.

DAY 24

표제어	Step 1 │ 단어 풀이(용법·의미)

동사

36

貪る
탐하다, 욕심부리다

(한자풀이) 貪 탐할 탐

むさぼる

의미 탐하다, 한없이 욕심부리다

빈출표현 暴利(ぼうり)を貪る(폭리를 탐하다), 安逸(あんいつ)を貪る(안일을 탐하다), 貪るように食(た)べる(게걸스럽게 먹다)

*출제가능유형 : [유의표현] [용법]

37

愛でる
귀여워하다, 즐기다

(한자풀이) 愛 사랑 애

めでる

의미 ① 귀여워하다, 사랑하다 ② 즐기다, 감상하다

빈출표현 娘(むすめ)を愛でる(딸을 귀여워하다), 花(はな)を愛でる(꽃을 즐기다), 月(つき)を愛でる(달을 보며 즐기다), 自然(しぜん)の美(うつく)しさを愛でる(자연의 아름다움을 즐기다)

*출제가능유형 : [문맥] [용법]

38

軒並み
일제히, 모두

(한자풀이) 軒 추녀 헌, 집 헌, 並 아우를 병

のきなみ

의미 ① 처마가 잇달아 늘어서 있음
② (같은 종류의 것이) 일제히, 모두, 다같이

빈출표현 軒並み値上(ねあ)がりする(일제히 가격이 오르다), 軒並み売(う)り切(き)れる(모두 다 팔리다)

*출제가능유형 : [유의표현] [용법]

부사

39

甚だ
매우, 심히

(한자풀이) 甚 심할 심

はなはだ

의미 매우, 심히, 대단히, 몹시 **용법** 흔히 좋지 않은 뜻으로 사용

빈출표현 甚だ残念(ざんねん)だ(매우 유감이다), 甚だ遺憾(いかん)である(심히 유감스럽다), 甚だ恐縮(きょうしゅく)です(매우 죄송스럽습니다)

*출제가능유형 : [한자읽기-훈독] [문맥]

40

まんまと
감쪽같이, 보기 좋게

まんまと

의미 감쪽같이, 보기 좋게

용법 'うまうまと(감쪽같이, 보기 좋게)'의 변한 말

빈출표현 まんまと騙(だま)される(감쪽같이 속다), まんまと罠(わな)にひっかかる(보기 좋게 함정에 걸려들다)

*출제가능유형 : [문맥] [용법]

Step 2 │ 연관 단어	Step 3 │ 예문
유 欲張る(よくば) 욕심부리다 참 貪欲(どんよく) 탐욕 암기 TIP 돈 욕심(どんよく) 많으니 탐욕	悪徳商人(あくとくしょうにん)が暴利(ぼうり)を貪る。 악덕 상인이 폭리를 탐하다.
= 可愛(かわい)がる 귀여워하다 = 楽(たの)しむ 즐기다 = 鑑賞(かんしょう)する 감상하다 참 愛(あい)でる(×)발음 주의!	この露天風呂(ろてんぶろ)では桜(さくら)を愛でることができる。 이 노천탕에서는 벚꽃을 즐길(감상할) 수 있다.
유 一様(いちよう)に 똑같이, 한결같이 └, 다수의 대상에게 기준이나 의도를 적용한 것이 아니라, 결과적으로 모두 똑같이 되는 것 유 一律(いちりつ)(に) 일률적으로, 한결같이 └, 다수의 대상에게 기준을 적용하여 의도적으로 모두 똑같게 하는 것 참 軒(のき) 처마　　참 並(な)み 줄지음, 늘어섬	野菜(やさい)が軒並み値上(ねあ)がりした。 채소의 가격이 일제히 올랐다.
유 大変(たいへん) 몹시, 매우, 대단히 유 非常(ひじょう)に 매우, 상당히 유 至(いた)って 지극히, 매우, 대단히 참 甚(はなは)だしい 매우 심하다, 대단하다 └, 흔히 좋지 않은 뜻으로 사용	甚だ恐縮(きょうしゅく)ではございますが、先約(せんやく)があるため出席(しゅっせき)できません。 매우 죄송스럽지만 선약이 있기 때문에 출석할 수 없습니다.
유 見(み)す見(み)す 눈앞에 보고서도, 빤히 알면서도 예 見す見す損(そん)をする 빤히 알면서 손해를 보다 예 見す見す取(と)り逃(に)がす 눈앞에 보고서도 놓치다	彼(かれ)は月並(つきな)みな広告(こうこく)にまんまと騙(だま)された。 그는 평범한 광고에 감쪽같이 속았다.

DAY 24

표제어	Step 1 | 단어 풀이(용법·의미)
41 ノンフィクション 논픽션	nonfiction **의미** 허구에 의하지 않고 사실을 바탕으로 쓴 작품 **빈출표현** ノンフィクション作品(さくひん)/映画(えいが)/作家(さっか)(논픽션 작품/영화/작가) ＊출제가능유형 : 유의표현 용법
42 バリアフリー 배리어프리	barrier free **의미** 장애인이나 고령자에게도 사용하기 편하게 장벽 · 장애를 제거하는 것 **빈출표현** バリアフリーデザイン/商品(しょうひん)/施設(しせつ) (배리어프리 디자인/상품/시설) ＊출제가능유형 : 문맥 용법
43 パワハラ 직장 권력(상사)의 괴롭힘	power harassment **의미** パワーハラスメント(power harassment)의 준말, 직장에서 상사가 정신적 · 신체적 고통을 주는 언동을 하는 것 **빈출표현** パワハラを受(う)ける(상사의 괴롭힘을 받다), パワハラで退職(たいしょく)する(상사의 괴롭힘으로 퇴직하다) ＊출제가능유형 : 문맥 유의표현
44 ブティック 부티크, 양품점	boutique(프랑스어) **의미** 고급 양복이나 액세서리 등을 전문으로 취급하는 소규모 양품점 **용법** 원래는 '작은 가게'라는 뜻 **빈출표현** ブティックを経営(けいえい)する(부티크를 경영하다), 高級(こうきゅう)ブティック(고급 부티크) ＊출제가능유형 : 문맥 유의표현
45 マンネリ 매너리즘, 천편일률	mannerism **의미** マンネリズム(mannerism)의 준말, 사고나 행동 등이 항상 틀에 박혀서 신선함이 없어지는 것 **빈출표현** マンネリ化(か)(매너리즘화), マンネリに陥(おちい)る(매너리즘에 빠지다), マンネリを脱(だっ)する(매너리즘을 벗어나다) ＊출제가능유형 : 문맥 유의표현

가타카나

Step 2 │ 연관 단어	Step 3 │ 예문
유 実話(じつわ) 실화 ↔ フィクション 픽션, 허구, 창작, 소설 ↔ 創作(そうさく) 창작	この映画(えいが)は戦争(せんそう)を題材(だいざい)にしたノンフィクション映画(えいが)だ。 이 영화는 전쟁을 소재로 한 논픽션 영화다.
참 段差(だんさ)なし 단차가 없음, 차도·보도·건물 등의 높이 차가 없음 참 障壁(しょうへき)なし 장벽이 없음 참 福祉(ふくし) 복지	高齢化社会(こうれいかしゃかい)に向(む)けてバリアフリー商品(しょうひん)がますます増(ふ)えている。 고령화 사회를 향하여 배리어프리 상품이 점점 늘고 있다.
유 虐(いじ)め 괴롭힘 유 強圧的(きょうあつてき) 강압적 참 セクハラ 성희롱 참 ハラスメント 괴롭힘, 학대	課長(かちょう)の言(い)い方(かた)は正(まさ)にパワハラだと思(おも)う。 과장님의 말투는 바로 상사의 괴롭힘이라고 생각한다.
유 洋服店(ようふくてん) 양복점 유 洋服屋(ようふくや) 양복점	表参道(おもてさんどう)には高級(こうきゅう)ブティックが立(た)ち並(なら)んでいる。 오모테산도(지명)에는 고급 부티크가 늘어서 있다.
= 千篇一律(せんぺんいちりつ) 천편일률 유 ルーティン 루틴, 정해진 일, 기계적인 일상 업무 └ 정해져 있는 순서, 정해진 일, 일정 등이 반복되는 것	職場(しょくば)と家(いえ)の往復(おうふく)ばかりで生活(せいかつ)がマンネリ化(か)している。 직장과 집을 왔다 갔다 할 뿐이라서 생활이 매너리즘화되어 있다.

DAY 24

표제어	Step 1 | 단어 풀이(용법·의미)

의성어·의태어

46 ふさふさ
주렁주렁, 치렁치렁

ふさふさ

용법 탐스럽게 양이 많은 모습으로 긍정적인 이미지로 사용

★ 빈출표현 バナナがふさふさ(と)生(な)る(바나나가 주렁주렁 열리다), ふさふさ(と)垂(た)れ下(さ)がる(주렁주렁 늘어지다), ふさふさ(と)した髪(かみ)(치렁치렁한 탐스러운 머리)

*출제가능유형 : 문맥 용법

47 もじもじ
머뭇머뭇, 주저주저

もじもじ

용법 조심스럽거나 수줍어서 확실한 행동을 취하지 못하는 것

★ 빈출표현 帰(かえ)りたくてもじもじする(돌아가고 싶어서 주저주저하다), 恥(は)ずかしそうにもじもじする(창피한 듯이 머뭇머뭇거리다)

*출제가능유형 : 문맥 용법

48 もやもや
자욱이, 몽롱하게

もやもや

의미 ① 연기·김·안개 등이 자욱한 모양
② 안개가 끼듯 몽롱한 모양

★ 빈출표현 もやもや(と)霧(きり)がかかる(자욱이 안개가 끼다), もやもや(と)した記憶(きおく)(몽롱한 기억)

*출제가능유형 : 문맥 용법

관용구

49 横槍を入れる
곁에서 말참견하다, 간섭하다

한자풀이 **横** 가로 횡, **槍** 창 창, **入** 들 입

よこやりをいれる

의미 곁에서 말참견하며 남의 이야기와 행동을 방해하는 것

*출제가능유형 : 문맥 유의표현

50 李下に冠を正さず
이하부정관(李下不整冠)

한자풀이 **李** 오얏나무 리, **下** 아래 하, **冠** 갓 관, **正** 바를 정

りかにかんむりをたださず

의미 [자두나무 밑에서는 갓을 고쳐 쓰지 말라는 뜻] 남에게 의심을 살 만한 짓은 삼가라는 말

*출제가능유형 : 문맥 유의표현

Step 2 ㅣ 연관 단어	Step 3 ㅣ 예문
유 ぼさぼさ 머리가 흐트러진 모양, 부스스, 덥수룩 ㄴ 자란 머리가 정리되지 않은 모습으로 부정적인 이미지 예 ぼさぼさに伸(の)びた髪(かみ) 부스스하게 자란 머리 참 房(ふさ) 송이, (실을 묶어 늘어뜨린) 술	色(いろ)とりどりのぶどうがふさふさ(と)生(な)っている。 가지각색의 포도가 주렁주렁 열려 있다.
유 いじいじ 어물어물, 주뼛주뼛 ㄴ 주눅이 들어서 확실한 행동을 취하지 못하는 것 유 うじうじ 우물쭈물, 꾸물꾸물, 머뭇머뭇 ㄴ 우유부단하여 확실한 행동을 취하지 못하는 것 ↔ はきはき 시원시원, 또렷또렷, 또랑또랑 참 いじける 주눅 들다, 위축되다	彼(かれ)は内気(うちき)で、女性(じょせい)の前(まえ)ではもじもじして落(お)ち着(つ)かない。 그는 내성적이라서 여성 앞에서는 머뭇머뭇거리며 침착하지 못하다.
유 かすかだ 희미하다, 어렴풋하다 유 ぼんやり 희미하게, 어렴풋이 ↔ はっきり 확실히, 분명히, 뚜렷이, 똑똑히 참 もやる 연무(연기와 안개)가 끼다	湯気(ゆげ)で浴室(よくしつ)がもやもや(と)している。 수증기로 욕실이 자욱하다.
= 脇(わき)から口(くち)を挟(はさ)む 옆에서 말참견하다 = 横(よこ)から口(くち)を出(だ)す 옆에서 말참견하다 = 干渉(かんしょう)する 간섭하다 참 横槍(よこやり) 옆에서 찌르는 창, 말참견, 간섭	隣(となり)に座(すわ)っていた見知(みし)らぬ客(きゃく)が、私(わたし)たちの会話(かいわ)に横槍を入れてきた。 옆에 앉아 있던 모르는 손님이 우리 이야기에 말참견을 했다.
참 冠(かんむり) 관 참 正(ただ)す 고치다, 바로잡다, 바로하다	李下に冠を正さずと言(い)うように、誤解(ごかい)を招(まね)くような言動(げんどう)はしない方(ほう)がいい。 자두나무 밑에서 갓을 고쳐 쓰지 말라고 하듯이, 오해를 초래할 만한 언동은 하지 않는 편이 좋다.

Day 24

문제로 확인하기

1 다음 단어의 한자 읽는 법을 고르세요.

1. 身代金　A. みだいきん　B. みのしろきん
2. 不摂生　A. ふせっせい　B. ふせっしょう
3. 膨れる　A. ふくれる　B. はれる

2 다음 단어의 한자 표기를 고르세요.

4. へきえき　A. 璧易　B. 辟易
5. はなはだ　A. 甚だ　B. 勘だ
6. ひへい　A. 疲幣　B. 疲弊

3 다음 빈칸에 공통으로 들어갈 수 있는 한자 또는 단어로 적절한 것을 고르세요.

7. (　)歴　満(　)なく　普(　)
   A. 履　B. 遍　C. 及
8. 屈(　)　雪(　)　侮(　)
   A. 指　B. 祭　C. 辱
9. (　)熱　(　)塵　(　)妙
   A. 微　B. 絶　C. 巧

4 빈칸에 들어갈 단어로 적절한 것을 고르세요.

A. なおざり　B. バリアフリー　C. まんまと

10. 息子は遊びにかまけて、勉強を＿＿＿＿＿にする。
11. 彼は月並みな広告に＿＿＿＿＿騙された。
12. 高齢化社会に向けて＿＿＿＿＿商品がますます増えている。

정답　1. B　2. A　3. A　4. B　5. A　6. B　7. B　8. C　9. A　10. A　11. C　12. B

WEEK
문제

5주차를 무사히 마치셨네요, 대단합니다!
이번주에는 무려 200단어를 배웠는데요,
다음 장의 WEEK 문제를 풀면서 실력을 점검해 봅시다.
틀린 것들은 해설에 적힌 단어 위치를 따라가서
다시 한번 읽으며 내것으로 만드세요!

다음 장으로 GO!

WEEK 5 : 문제

실전형 문제로 복습하기

問題 1. ＿＿＿の言葉の読み方として最もよいものを、１・２・３・４から一つ選びなさい。

1 ここが勝負の瀬戸際だから、集中して頑張ろう。
① らいこぎわ　② らいとぎわ　③ せとぎわ　④ せこぎわ

2 彼は柔和な性格で、何を言われても決して怒らない。
① にゅうわ　② じゅうわ　③ にゅわ　④ じゅわ

3 彼の発言を擁護するのは少数派である。
① よご　② おうご　③ おご　④ ようご

問題 2. (　　)に入れるのに最もよいものを１・２・３・４から一つ選びなさい。

4 年をとれば(　　)人生哲学も変わる。
① 自ら　② 自ずから　③ 手ずから　④ 口ずから

5 この仕事には日本語の知識がまず(　　)条件です。
① 必修　② 必須　③ 必需　④ 必然

6 彼のギター演奏は、(　　)ところもあるが人を惹きつける。
① ういういしい　② けばけばしい　③ ぎこちない　④ こうごうしい

7 彼は父親が取引先の社長だから、うちの会社に(　　)入社した。
① コネ　② エコ　③ エゴ　④ コツ

問題 3. ＿＿＿の言葉に意味が最も近いものを、１・２・３・４から一つ選びなさい。

8 彼は星空をつくづく眺めながら、しばらく何事か考え込んでいた。
① がつがつ　② ごつごつ　③ こつこつ　④ じっくり

9 彼女はお金に対して無頓着で、ブランド品でも値札を見ずに買ってしまう。

① 無作法　② 無関心　③ 無遠慮　④ 無邪気

10 私は相手の本当の能力を見極めるまでは、第一印象だけで相手を侮ることはありません。

① いやしむ　② あおぐ　③ とうとぶ　④ あがめる

問題 4. 次の言葉の使い方として最もよいものを１・２・３・４から一つ選びなさい。

11 斡旋

① 私は親友が斡旋してくれた学生時代の友達と結婚しました。
② やっぱりサッカーは斡旋で見るのが面白い。
③ 来月から人材派遣会社が斡旋してくれたところで働くことになった。
④ 私は次の社長に青山さんを斡旋した。

12 辟易

① 鹿児島県では、古くから海外との辟易が盛んに行われていた。
② 新年を迎えると、辟易さんに新年の運勢を占ってもらう人が多い。
③ 保険会社のしつこい勧誘には辟易した。
④ 両国の間には辟易を巡る争いがあったため、長年、関係が悪かった。

13 もじもじ

① 退院してからももじもじ食べて体力をつけましょう。
② 面接試験で、もじもじして答えられなかった。
③ 彼女は口になにやらもじもじ頬張りながらテレビを見ていた。
④ もじもじと霧のかかった山々はまるで一幅の絵のようだった。

WEEK 5 : 정답 및 해설

: 정답 :

1 ③ **2** ① **3** ④ **4** ② **5** ② **6** ③ **7** ①

8 ④ **9** ② **10** ① **11** ③ **12** ③ **13** ②

: 해석 :

문제 1.

1 ここが勝負の瀬戸際(せとぎわ)だから、集中して頑張ろう。 Day 22-20번

여기가 승부의 갈림길이니까 집중해서 힘내자.

2 彼は柔和(にゅうわ)な性格で、何を言われても決して怒らない。 Day 23-8번

그는 유화(부드럽고 온화)한 성격이라서 무슨 말을 들어도 결코 화내지 않는다.

3 彼の発言を擁護(ようご)するのは少数派である。 Day 24-10번

그의 발언을 옹호하는 것은 소수파다.

문제 2.

4 年をとれば(自(おの)ずから)人生哲学も変わる。 Day 21-39번

나이를 먹으면 저절로 인생 철학도 바뀐다.

5 この仕事には日本語の知識がまず(必須(ひっす))条件です。 Day 23-11번

이 일에는 일본어의 지식이 우선 필수 조건입니다.

6 彼のギター演奏は、(ぎこちない)ところもあるが人を惹きつける。 Day 22-21번

그의 기타 연주는 어색한 부분도 있지만 사람을 끌어당긴다(매혹한다).

7 彼は父親が取引先の社長だから、うちの会社に(コネ)入社した。 Day 22-44번

그는 아버지가 거래처의 사장이라서 우리 회사에 연줄로 입사했다.

문제 3.

8 彼は星空をつくづく(≒じっくり)眺めながら、しばらく何事か考え込んでいた。 Day 23-40번

그는 별이 총총한 하늘을 곰곰이 바라보며 잠시 무언가 골똘히 생각했다.

9 彼女はお金に対して無頓着(≒無関心)で、ブランド品でも値札を見ずに買ってしまう。 Day 24-8번

그녀는 돈에 대해 개의치 않아서 명품도 가격표를 보지 않고 사 버린다.

10 私は相手の本当の能力を見極めるまでは、第一印象だけで相手を侮る(≒いやしむ)ことはありません。 Day 21-33번

저는 상대의 진정한 능력을 확인하기까지는 첫인상만으로 상대를 얕보는 일은 없습니다.

문제 4.

11 来月から人材派遣会社が斡旋してくれたところで働くことになった。 Day 21-1번

다음 달부터 인재 파견 회사가 알선해 준 곳에서 일하게 되었다.

① 紹介(しょうかい) : 소개　② 生中継(なまちゅうけい) : 생중계

④ 推薦(すいせん) : 추천

12 保険会社のしつこい勧誘には辟易した。 Day 24-4번

보험사의 집요한 권유에는 질려 버렸다.

① 貿易(ぼうえき) : 무역　② 易者(えきしゃ) : 점쟁이

④ 交易(こうえき) : 교역

13 面接試験で、もじもじして答えられなかった。 Day 24-47번

면접 시험에서 머뭇머뭇거리며 답변을 못했다.

① もりもり : 왕성하게, 많이 (먹고)　③ もぐもぐ : 우물우물

④ もやもや : 자욱이